HERMAEA
GERMANISTISCHE FORSCHUNGEN
NEUE FOLGE

HERAUSGEGEBEN VON HELMUT DE BOOR
UND HERMANN KUNISCH

BAND 30

JOACHIM HEINZLE

Stellenkommentar
zu Wolframs Titurel

Beiträge zum Verständnis des überlieferten Textes

MAX NIEMEYER VERLAG TÜBINGEN
1972

ISBN 3-484-15025-4

© Max Niemeyer Verlag Tübingen 1972
Alle Rechte vorbehalten. Printed in Germany
Satz und Druck: Buchdruckerei Eugen Göbel, Tübingen
Einband von Heinr. Koch, Tübingen

Meinen Eltern

Inhaltsverzeichnis

Vorwort IX
Zur Einrichtung des Kommentars XIII
Kommentar 1
Abkürzungsverzeichnis 219
Sachregister 231
Quellenregister 240

Vorwort

Seit den Anfängen der wissenschaftlichen Beschäftigung mit mittelalterlicher Literatur hat die Kritik Wolframs Titurel immer wieder höchsten künstlerischen Rang bescheinigt.[1] Um die Voraussetzung des literarhistorischen Urteils freilich, die philologische Erschließung des Textes, ist es schlecht bestellt. Die schmale, nach Wortlaut und Textbestand heterogene Überlieferung; die Existenz einer jüngeren Bearbeitung, deren weit verzweigte Textgeschichte auf kaum durchschaubare Weise mit der der älteren Dichtung verbunden ist; die ungewöhnliche Form; die schwierige, oft dunkle Sprache; die metrischen und textkritischen Prinzipien der älteren Forschung, die als unrichtig erkannt, aber noch nicht durch neue ersetzt sind – all dies hat dazu geführt, daß wir weder eine zuverlässige Ausgabe noch einen brauchbaren Kommentar besitzen.

Das vorliegende Buch[2] ist als Beitrag zur Behebung dieses Mangels gedacht. Mit ihm soll der künftigen literarhistorischen und philologischen Forschung ein Auskunftsmittel über das erhaltene Textmaterial an die Hand gegeben werden: ein Sprach- und Sachkommentar zur Überlieferung, die in Form einer nur leicht regulierten Gebrauchsfassung vollständig bereitgestellt wird. Es unterliegt den Beschränkungen, die sich aus den Gattungsgesetzen der »archaischen Form« (WALTER BENJAMIN) des philologischen Kommentars ergeben: indem er das Werk in eine Reihe von Einzelstellen zerlegt, kann er keine größeren Zusammenhänge aufdecken und keine abschließende ästhetisch-kritische Würdigung geben.

Als nicht immer einfach erwies sich die Auswahl der zu kommentierenden Stellen. Selbstverständlich waren Realien, schwierige Wendungen und Gedankenentwicklungen zu erläutern, war auf Besonderheiten des Wortschatzes und Stils einzugehen, waren – soweit die Form des Stellenkommentars dies erlaubte – Interpretationsfragen zu erörtern. Die Probleme sind jedoch zu vielfältig, als daß es möglich wäre, einen Kanon des zu Kommentierenden aufzustellen.

Bei der Kommentierung selbst war ich bestrebt, alle irgendwie sinnvollen Erklärungsmöglichkeiten vorzuführen. Nicht selten erwiesen sich dabei mehrere als gleichberechtigt, so daß auf eine Entscheidung verzichtet werden mußte.

---

[1] Cf. die bei BUMKE 100 zusammengestellten Zeugnisse sowie aus jüngster Zeit das Urteil HUGO KUHNS, der den Titurel »das genialste Stück Literatur im deutschen Mittelalter« nennt (KUHN 166).
[2] Es geht auf eine Dissertation zurück, die im Sommersemester 1969 von der Philosophischen Fakultät der Freien Universität Berlin angenommen wurde.

Die Grenzen, die unserem Verständnis mhd. Texte gesetzt sind, wurden hier deutlich sichtbar, denn nichts berechtigt uns zu der Annahme, Sätze, die wir nicht eindeutig verstehen, seien auch nicht eindeutig gemeint. Ich sage das in der Überzeugung, daß genaues Aufzeigen aller Fälle, in denen uns die Texte mehrdeutig erscheinen oder ganz verschlossen bleiben, die Voraussetzung zur Erweiterung unserer Kenntnisse und zur Verbesserung unserer hermeneutischen Verfahren ist. Den älteren Kommentatoren kann der Vorwurf nicht erspart werden, durch die zumeist starre Entscheidung für jeweils eine einzige Erklärungsmöglichkeit die Schwierigkeiten des Textverständnisses verdeckt zu haben.

Ein Wort noch zu der herkömmlichen Praxis, Parallelen auch dann zu registrieren, wenn sie zum unmittelbaren Verständnis einer Stelle nicht unbedingt erforderlich sind. Ich habe sie trotz einiger Bedenken beibehalten, denn solche Belege liefern vielfach den Hintergrund, vor dem die stilistische, literar- oder sprachgeschichtliche Eigenart einer Stelle erst deutlich wird. Als größten Mangel habe ich dabei die Zufälligkeit vieler Nachweise empfunden, die angesichts des beklagenswerten Standes der mhd. Lexikographie nicht zu vermeiden war. Wo es nur auf die Häufigkeit eines Wortes bei Wolfram ankam, habe ich mich auf die Nennung der Summenzahl beschränkt, da die Stellen mit geringer Mühe anhand des Wortindexes[3] zu ermitteln sind. Bei Wortverbindungen habe ich dagegen stets die genauen Verszahlen angegeben, nicht selten auch den vollständigen Text zitiert, weil »nichts ermüdender und den Gedankengang hemmender ist, als eine Menge Citate hintereinander nachzuschlagen«.[4]

Die Unzulänglichkeit meiner Arbeit in mancher Hinsicht ist mir bewußt, doch mag es angesichts der Vielfalt des zu Bewältigenden – nicht zur Entschuldigung, wohl aber zur Erklärung – erlaubt sein, an eine Bemerkung WILHELM MÜLLERS in der Vorrede zum Mittelhochdeutschen Wörterbuch zu erinnern: »wo die arbeit eine so mühsame und langwierige ist, dass auch starke nerven erschlaffen müssen, da kann leicht einmal, während man sich nach so vielen seiten zu wenden hat, der sinn für die scharfe durchdringung der einzelheiten abgestumpft sein, so dass ungeachtet aller sorgfalt sich mängel und versehen einschleichen, welche derjenige leicht entdecken wird, der sich eben mit einzelnen punkten näher beschäftigt.«[5]

Ich danke allen, die zum Zustandekommen dieses Buches beigetragen haben, insbesondere Herrn Prof. Dr. JOACHIM BUMKE für die Anregung, es zu schreiben, und für die Förderung durch Rat und Kritik, die er ihm mehrere Jahre hindurch hat zuteil werden lassen; Herrn Prof. Dr. HELMUT DE BOOR als Herausgeber der »Hermaea« und dem Verlag für die Aufnahme in diese Reihe; den Verwaltungen der Bayerischen Staatsbibliothek München, der Universi-

---

[3] Collected Indexes to the Works of Wolfram von Eschenbach, Ed. by R.-M. S. HEFFNER, Madison 1961.
[4] SAN-MARTE (Studien 2) IX.   [5] BMZ I, XII.

tätsbibliothek München und der Österreichischen Nationalbibliothek Wien für die Freundlichkeit, mit der sie mir die Benutzung der Handschriften ermöglichten; der Deutschen Forschungsgemeinschaft für die Gewährung einer Sachbeihilfe.

Das Manuskript war im August 1970 abgeschlossen. Später erschienene oder bekannt gewordene Literatur konnte nicht mehr berücksichtigt werden.

Köln, im Herbst 1970 J. H.

Zur Einrichtung des Kommentars

Es wird fortlaufend Strophe für Strophe in der Reihenfolge der LACHMANN-schen Ausgabe kommentiert. Die in der nachträglich gefundenen Hs. M überlieferten Strophen, die LACHMANN nur aus dem JT kannte und als Strophen (56)–(59ᵇ) und (61) in den Apparat zu den Strophen 80 und 82 gesetzt hat,[1] werden als Strophen 80a–80d und 82a eingefügt.[2] Nur in Hss. des JT überlieferte Strophen bleiben unberücksichtigt.

Die Überschrift zu jedem Kommentierungsblock[3] verzeichnet die Strophennummer(n) des T nach LACHMANN (mit Ausnahme der Strophen 80a–80d und 82a, s. o.), die des JT nach WOLF in Klammern sowie die der T-Hss., die die Strophe(n) überliefern.

Auf die Überschrift folgt der Abdruck der Hs(s).[4] Als Leittext, auf den sich der Kommentar bezieht, dient Hs. G, wo sie ausfällt H bzw. M (die Lesungen der Parallelüberlieferung werden im Kommentar berücksichtigt, wenn sinnvolle, den Inhalt der Aussage berührende Alternativen vorliegen).

---

[1] LACHMANNS Bezeichnung dieser Strophen bezieht sich auf das VII. Kapitel der Inkunabel des JT von 1477 (WOLFS J), cf. p. XXVII f. seiner Ausgabe.

[2] MARTIN ist der Strophenordnung in M gefolgt und hat die ersten vier Zusatzstrophen als 78a–78d eingeschoben: 78, 78a–78d, 81, 79, 80 (mit dieser Bezifferung!). Weniger konsequent war LEITZMANN in der 1. Auflage, der diese Strophen zwar auch nach Str. 78 eingeschoben hat, im übrigen aber bei LACHMANNS Anordnung geblieben ist: 78, 78a–78d, 79, 80, 81. MARTINS Verfahren schien mir nicht praktikabel, denn ich mochte dem Benutzer nicht zumuten, den Kommentar zu Str. 81 vor dem zu den Strophen 79 und 80 zu suchen. Die Strophenfolge LEITZMANNS zu übernehmen, konnte ich mich ebenfalls nicht entschließen, da sie weder von der Überlieferung (M oder JT) gedeckt noch aus anderen Gründen gerechtfertigt ist. Blieb also die Wahl zwischen Neubezifferung der Strophen 78a–78d (Reihenfolge LACHMANN – LACHMANNS verwirrende Numerierung beizubehalten, war von vornherein ausgeschlossen) und Neubezifferung der Strophen 79–81 (Reihenfolge M/MARTIN). Ich habe mich für die erste Möglichkeit entschieden in der Überzeugung, daß der Nachteil der Neubezifferung durch die konsequente Beibehaltung der – hier vom JT und zum Teil von G (cf. zu Str. 79) gedeckten – Strophenfolge LACHMANNS aufgewogen wird, die es dem Benutzer erlaubt, jede Strophe ohne Schwierigkeit aufzufinden.

[3] In der Regel wird jeweils eine Strophe als geschlossener Komplex behandelt, doch ist es in einigen Fällen erforderlich, den Kommentar zu mehreren aufeinanderfolgenden Strophen zusammenzufassen.

[4] G = Bayerische Staatsbibliothek München, Cod. germ. 19, Fol. 71ra–74rc; cf. E. PETZET, Die deutschen Pergament-Handschriften Nr. 1–200 der Staatsbibliothek in München, München 1920 = Catalogus Codicum Manu scriptorum Bibliothecae Monacensis, V/1, Ed. alt., p. 35. – H = Österreichische Nationalbibliothek Wien,

Wenn nötig, wird den Texten ein Apparat mit Erläuterungen zum handschriftlichen Befund beigegeben. Im einzelnen gelten folgende Editionsgrundsätze:

1. Der Abdruck ist – von den im folgenden zusammengestellten Regulierungen abgesehen – buchstabengetreu.[5] Eindeutige Schreiberverbesserungen werden stillschweigend beachtet. Durch Schäden im Pergament (Abrieb, Löcher etc.) nicht klar erkennbare Textteile werden in runde Klammern gesetzt. Die Lücken der stark beschädigten Hs. M werden, soweit sie nicht nach Punkt 5 zu ergänzen sind, durch drei Punkte angedeutet. Sind zwei Lesungen möglich, wird die Alternativform mit einem Fragezeichen in den Apparat gesetzt.
2. Paläographische Varianten eines Buchstabens (z. B. langes *s*, rundes *s*, Schluß-*s* der deutschen Kurrentminuskel) werden vereinheitlicht, die Ligatur d^e (nur G) wird aufgelöst.
3. Die Wortabteilung der Hss. wird entsprechend der Praxis der DTM[6] mit wenigen Ausnahmen[7] beibehalten. Wo sie wegen des Zeilenbruchs fraglich sein könnte, wird dieser im Apparat vermerkt.
4. Das erste Wort jeder Strophe und die Eigennamen werden groß, alle anderen Wörter klein geschrieben.[8]

Ser. Nova 2663 (»Ambraser Heldenbuch«), Fol. 234ra–235rb; cf. H. MENHARDT, Verzeichnis der altdeutschen literarischen Handschriften der österreichischen Nationalbibliothek, III, Berlin 1961 = Veröffentlichungen des Instituts für deutsche Sprache und Literatur der Deutschen Akademie der Wissenschaften zu Berlin, 13/3, p. 1476. – M = Universitätsbibliothek München, 8° Cod. ms. 154 (= Cim. 80^b), ausgelöstes Fragment II; cf. G. KORNRUMPF und P.-G. VÖLKER, Die deutschen mittelalterlichen Handschriften der Universitätsbibliothek München, Wiesbaden 1968 = Die Handschriften der Universitätsbibliothek München, Hrsg. von G. SCHOTT, I, p. 232. – Auch die Parallelüberlieferung des JT abzudrucken, ist aus technischen Gründen nicht möglich; sie wird jedoch im Kommentar soweit erforderlich herangezogen. Dabei standen mir außer den über WOLFS Ausgabe zugänglichen Hss. A, B, D, E, X die Textzeugen H, J, K, Y, Z und a zur Verfügung.

[5] In H läßt sich meist nicht entscheiden, ob ein Index ⌣ oder ein Index ○ vorliegt (cf. dazu auch: Kudrun, Die Handschrift, Hrsg. von F. H. BÄUML, Berlin 1969, 30f.). Ich habe mich deshalb entschlossen, stets ○ zu schreiben. Es sei jedoch darauf hingewiesen, daß alle eindeutig als ○ zu identifizierenden Indices über *u* in den alten Diphthongen *uo* und *ou* (nur 32, 2 *Tûnazzen* – anders THORNTON, ZfdPh 81 [1962] 70f.) stehen. Ob dieser Befund auf ein System weist oder – was zunächst wahrscheinlich ist – auf Zufall beruht, müßte eine Untersuchung des gesamten Codex zeigen.

[6] Cf. A. HÜBNER in: Johannes Rothe, Das Lob der Keuschheit, Nach C. A. SCHMIDS Kopie einer verschollenen Lüneburger Hs. hrsg. von H. NEUMANN, Berlin 1934 = DTM, 38, p. VII.

[7] Sie betreffen nur die Wiedergabe von G, wo die Abtrennung in folgenden Fällen beseitigt wurde: 8, 2 *ge vrbort*; 14, 1 *er warp*; 23, 4 *ne gerte*; 97, 4 *vn bildest* (Loch zwischen *vn* und *bildest*!); 161, 1 *zer chrazzet*; 165, 2 *un mære*; am Zeilenbruch: 109, 2 *vn | sanfte*; 138, 2 *vnver | zagetliche*.

[8] In G fehlen die Initialen, sind jedoch für den Rubrikator – mit wenigen Ausnahmen in Minuskeln – vorgezeichnet. In einigen Strophen ist die Vorzeichnung wohl infolge Beschädigung des Codex durch Abrieb und Schnitte – es handelt sich aus-

5. Im Leittext werden sinnstörende Fehler verbessert[9] und fehlende Textteile ergänzt. Die entsprechenden Eingriffe werden im Textbild kenntlich gemacht: Änderung oder Umstellung von Wörtern durch Sperrdruck, Streichung von Wörtern durch zwei unmittelbar nebeneinander gesetzte eckige Klammern, Einfügung von Buchstaben oder Wörtern durch Winkelklammern. Ergänzung von Textteilen aus dem JT (stets in normalisierter Form) wird außer durch Winkelklammern durch kleineren Schriftgrad bezeichnet. Soweit erforderlich, informiert der Apparat über die Lesung der Hs. und gegebenenfalls über die Quelle der Besserung.
6. Die Interpunktion der Hss. bleibt unberücksichtigt.[10] Der Leittext wird mit moderner Interpunktion versehen.[11]
7. Die Texte werden in Reimzeilen, aber – wegen der Unsicherheit hinsichtlich des Baus der Titurelstrophe – ohne Zäsuren abgesetzt. Der Zeilenbruch der Hss. wird – von den unter Punkt 3 genannten Fällen abgesehen – nicht bezeichnet.[12]

Auf den Textteil jedes Kommentierungsblocks folgt der Kommentar, der gelegentlich durch allgemeine Erläuterungen – insbesondere zur Echtheit und Reihenfolge der jeweiligen Strophe(n) – eingeleitet wird. Bei Textzitaten im Kommentar werden grundsätzlich normalisierte Formen verwandt.

---

schließlich um Strophen in den a-Spalten – nicht zu erkennen: in diesen Fällen wird der entsprechende Buchstabe – soweit kein Zweifel möglich ist – stillschweigend ergänzt. Öfters ist der erste Buchstabe als Initialenvorzeichnung am Rand und als Anfangsbuchstabe (Minuskel) des ersten Wortes doppelt geschrieben (nur in Str. 153 steht der zweite Buchstabe zweimal: s i it). Die übrigen Wörter sind mit Ausnahme einiger weniger Eigennamen klein geschrieben. – In H und M sind alle Strophenanfänge mit Initialen ausgezeichnet; die Eigennamen sind meist groß geschrieben. In M sind die übrigen Wörter klein geschrieben; in H wechseln Groß- und Kleinschreibung, ohne daß eine bestimmte Regelung konsequent befolgt wäre (cf. dazu auch BÄUML [s. o. Anm. 5] 27f.).

[9] Die Schreibung der Eigennamen bleibt grundsätzlich unverändert, doch wird im Kommentar die nach Ausweis der anderen Werke bei Wolfram gebräuchliche Form verwandt. Nur im Fall der stark verstümmelten Form 147, 2 *Yiote* (Y aus k verbessert!) schien es geboten zu emendieren: *Y⟨l⟩i⟨n⟩ote*.

[10] Alle drei Hss. setzen grundsätzlich Reimpunkte. Mitunter finden sich auch Punkte im Versinnern.

[11] Auch die Parallelüberlieferung mit Interpunktion zu versehen, schien mir nicht ratsam. Interpunktion setzt einen sinnvollen Text voraus, der in den hier allein in Frage kommenden Hss. H und M meist durch umfangreiche Eingriffe erst hergestellt werden müßte. Der Bequemlichkeit des Benutzers, der ja den Leittext zum Vergleich vor Augen hat, wäre durch eine solche Komplizierung des Textteils nicht gedient.

[12] Es sei jedoch angemerkt, daß sich die Auslassungszeichen in H stets unmittelbar am Zeilenende befinden (6, 3; 7, 2; 8, 3; 12, 4; 18, 4; 21, 4; 24, 1; 24, 4; 28, 4; 38, 4; 42, 4; 47, 4; 53, 3; 55, 2; 61, 2).

Kommentar

1 (500) = 1 G, 1 H

G
*Do sich der starche Tytvrel mohte gerŏren,
er getorste wol sich selben vñ die sine in sturme gefŏren.
sit sprach er in alter: ›ich lerne,
daz ich schaft mŏz lazzen. des phlach ih schone vñ gerne.‹*

H
*Do sich der starche Tytorel nicht gerůeren
da getorst er wol sich selben mit die seine in sturme gefůeren
seyt sprach er im alter ich lernne
daz ich den schilt mues lassen des phlag ich ettwen schone vnd gerne*

1, 1: Der Name des Begründers der Graldynastie findet sich auch in HEr 1651 und im Lai de Tidorel.[1] Ob direkte Entlehnung aus HEr vorliegt, läßt sich nicht mit Sicherheit sagen, weil der Name ebenso wie *Malivliôt* (cf. zu 23, 1f.) und *Ganatulander* (cf. zu 42, 3) in CEr fehlt, also unter dem Einfluß Wolframs im Laufe der Überlieferungsgeschichte interpoliert sein könnte; cf. BARTSCH (Eigennamen) 126, SINGER (Stil) 60 und FOURQUET (noms) 250. Aus der Ähnlichkeit einiger Motive des Lai de Tidorel mit solchen der Schwanrittersage folgert KOLB 57ff. eine »enge typologische Verwandtschaft« zwischen »dem Namensvorbild des ersten und dem letzten Gralkönig« (sc. Lohengrin) und weiter aus der Verknüpfung der Schwanrittersage mit Gottfried von Bouillon eine figurative »Beziehung des Gralkönigtums auf das ›höchste Königtum der Christenheit‹ in Jerusalem«. Die Gestalt Titurels in Wolframs Werken bietet indessen so gut wie keinen Anhaltspunkt für diese Hypothese, die ebenso wie Versuche, den ersten Gralkönig mit Kronos/Saturn, dem iranischen Zeitgott Zervân u. a. in Verbindung zu bringen, rein spekulativ bleibt; cf. u. a. SCHRÖ-

---

[1] Le Lai de Guingamor, Le Lai de Tydorel (12. Jahrhundert), Berlin 1922 = Romanische Texte zum Gebrauch für Vorlesungen und Übungen, 6. Wie alle anonymen Lais ist der Lai de Tidorel nicht sicher zu datieren. GRÖBER setzt ihn in die Zeit »nach 1200« (Grundriß der romanischen Philologie, Unter Mitwirkung von ... hrsg. von G. GRÖBER, II/1, Straßburg 1902, 599), LOMMATZSCH in der zitierten Ausgabe ins 12. Jahrhundert; cf. auch H. BAADER, Die Lais, Zur Geschichte einer Gattung der altfranzösischen Kurzerzählungen, Frankfurt a. M. 1966 = Analecta Romanica, 16, p. 261ff.

DER 53f.; RAHN 12; KAHANE 35ff.; deutlicher sind die Parallelen zwischen Anfortas und Kronos, cf. MARTIN II, LVIII. Die äußere Form des Namens ist ungeklärt. Herleitung aus dem Iranischen oder dem Spanischen kann ebensowenig überzeugen wie allegorische Erklärung; cf. SUHTSCHECK, Klio 25 (1932) 70; RICHTHOFEN, Boletin de Filologia 12 (1960) 46f. und 13 (1961) 27, Anm. 142; SAN-MARTE, Germania 2 (1857) 390f.[2] Plausibel, aber nicht beweisbar, ist die von BARTSCH (Eigennamen) 140 vorgeschlagene Ableitung aus *Thieter* mit romanischer Endung *-el* (nach BRUGGER 94 ist *Tidorel* »wohl der Name ›tuduoret‹«). Bemerkenswert ist die Beobachtung KOLBS 26ff., daß die typische Struktur der Namen der ersten drei Gralkönige (Titurel, Frimutel, Anfortas) und des Einsiedlers Trevrizent: Dreisilbigkeit und Ausgang auf *-el*, *-as*, *-ent* charakteristisch ist nicht für den Gral-Artus-Kreis, sondern für die Chansons de Geste, und zwar besonders für »Epen oder Episoden, die den Orient zum Schauplatz oder Heidenkämpfe zum Inhalt« haben. KOLB schließt aus diesen und einer Reihe weiterer Namen, für die Entsprechendes zutrifft, daß Wolfram entweder eine außergewöhnliche Kenntnis der französischen Heldenepik besessen oder die Namen »von dem Romanen Kyot« übernommen habe (34f.). Eine Untersuchung anderer mhd. Dichtungen unter diesem Gesichtspunkt, die als Kontrolle methodisch wünschenswert wäre, unternimmt er nicht. – Nach Titurel als der ersten namentlich aufgeführten Person trägt das Werk, mittelalterlichem Brauch entsprechend, seinen Titel; cf. LACHMANN XXIX, über moderne Versuche, einen dem Inhalt des Werkes angemessenen Titel zu finden, den Kommentar zu 39, 4.

Die Wendung *sich gerüeren* = »seine Kräfte ausüben«, »kämpfen« ist bei Wolfram sonst nicht bezeugt. Zu dem von LEXER II, 530 angeführten Beleg Wolfdietrich[2a] D X, 77:

in dem strîte sie sich ruorten

---

[2] SAN-MARTE schreibt: »Der erste Gralkönig T i t u r e l, dem das Heiligthum von Gott zur Pflege anvertraut ward, scheint zwar sein Pflegeramt (›tuterie‹, tutela) in seinem Namen wiederzuspiegeln; allein die Worte Wolframs, womit er sein herrliches Fragment eröffnet ... stempeln ihn ebenso ... zu einem D i e n e r m i t b r e i t e m S c h i l d e (t h i u, servant; – t h y r e u s, écu large).« – Ich stehe derartigen Versuchen, einen »Zusammenhang zwischen Wortbedeutung und Namensträger« herzustellen (BOESCH, DVjs 32 [1958] 247), skeptisch gegenüber, auch wo sie besser fundiert sind. Sie gehen letztlich auf die Kyot-Hypothese zurück, d. h. die Annahme einer von Wolfram sprachlich mißverstandenen oder bewußt veränderten Parzivalquelle neben dem Conte du Graal; denn hätte er selbst die Namen als allegorische konzipiert, dann hätte er die meisten gleichzeitig durch Zufügen oder Weglassen von Silben, Veränderung des Lautstandes etc. so verrätselt, daß sie ihrer einzig möglichen literarischen Funktion, »die Vorstellung in einer bestimmten Richtung bildlich« festzulegen (BOESCH, l. c.), verlustig gegangen wären. Gegen die Existenz »sprechender« Namen ist damit nichts gesagt; auch verkenne ich nicht die Bedeutung pseudoetymologischer Namensallegorese in der Literatur des Mittelalters (cf. CURTIUS 486 ff. sowie den Kommentar zu 24, 1 und 105, 4).

[2a] Wolfdietrich C und D, Hrsg. von O. JÄNICKE, in: Deutsches Heldenbuch, IV, Berlin 1873.

cf. noch Kudrun 688, 3f. mit gleicher Reimbindung:
 der mac uns guoter helde *wol tûsent gevüeren.*
 die vînde werdent inne, *daz wir uns under helme türren gerüeren.*
Vielleicht ist aber auch an Titurels durch Lähmung bedingte Unbeweglichkeit gedacht: »als er sich noch bewegen konnte« (cf. zu 12, 2).

1, 2: Zeugma wie z. B. P 222, 14; 385, 10f.; 689, 9; ähnlich auch T 137, 4ff. und 154, 2; weniger deutlich T 11, 4.

1, 3: Ob die adverbiale Bestimmung *in alter* zum epischen Bericht (so unsere Interpunktion in Übereinstimmung mit den Herausgebern außer LEITZMANN) oder zur Rede Titurels (so LEITZMANN) gehört, läßt sich nicht sicher entscheiden.

1, 4: Die Wendung *(den) schaft* bzw. *schilt lâzen* bedeutet soviel wie: »das ritterliche Leben aufgeben«; cf. die entsprechenden Wendungen T 22, 4 und 23, 3. BARTSCH und PIPER haben sich für *schilt* (H, JT) gegen *schaft* (G) entschieden, weil der Schild bevorzugtes Symbol der Ritterschaft ist (so BARTSCH z. St. – im T noch 8, 1; 39, 1; 71, 4; 80, 2f.; 101, 2; 129, 2; 174, 4; cf. auch MASSMANN 155). Da aber auch andere Attribute des Ritters wie Helm (z. B. P 321, 26) und Schwert (z. B. P 480, 21) in diesem Sinn gebraucht werden, kommt diesem Argument kein entscheidendes Gewicht zu. Allerdings finde ich keine Parallelstelle für die Wendung *schaftes phlegen*, während *schiltes phlegen* bei Wolfram zweimal belegt ist (P 504, 17 und 815, 19; cf. auch LEXER II, 253; dazu noch Lanz 2084).

2 **(501/502) = 2 G, 2 H**

 G
 ›*Möhte ih getragen wappen‹, sprach der genende,*
 ›*des solt der luft sin geret von spers chrache vz miner hende.*
 spriezzen gaben schate vor der svnnen.
 vil zimierde ist vf helmen von mines swertes eke enbrunnen.‹

 H
 Mocht ich getragen wappen so sprach der genente
 des mues der lufft sein geeret von spers krache aus meiner hennde
 die spreÿssen geben schatten vor der sunnen
 vil zÿmmere ist auf helme von meines schwertes egke enprunnen

2, 2: *des* kann sowohl kausale (a) als auch instrumentale (b) Funktion haben; eine sichere Entscheidung ist nicht möglich: a) »…dann sollte infolgedessen (bzw. dafür) die Luft geehrt werden…«, cf. P 323, 20f.:
 ob ich in kampfe sol genesn,
 des hâstu immer êre.

b) »...dann sollte damit (sc. mit meiner Fähigkeit, Waffen zu führen) die Luft geehrt werden...«, cf. P 297, 26f.:
> swâ man solhen sanc nu tuot,
> des sint die valschen gêret.

Cf. auch BOYSEN 150ff. – Durch das Getöse der brechenden Speere und die auffliegenden Splitter wird der Luft Ehre angetan, sie sind gleichsam Ehrengeschenke. MARTI z. St. erinnert dazu an die Wendung »einem etwas verehren«; cf. HOEFER, Archiv für die Geschichte deutscher Sprache und Literatur 1 (1878) 466, und LEITZMANN, Beitr 62 (1938) 426f., auch LEXER I, 625 und DWb III, 58. LEITZMANN, ZfdPh 43 (1911) 305, weist die Vorstellung auch in RWl 6753ff. nach:
> Durch pris vil sper verswenden
> Und die trunzen senden
> Gen lúften durch den site
> Das er gieret si doch mitte.

2, 3: *schate* ist hier »der mangel des lichtes, der dadurch entsteht, dasz ein körper das licht hemmt« (DWb VIII, 2239), cf. P 578, 18f.:
> einen pfelle sult ir umbe iuch nemen,
> unde entwâpentn in dem schate.

Daß die Geschosse – hier die Speersplitter – so zahlreich sind, daß sie den Himmel verfinstern, ist ein aus der Antike stammender Kampfschilderungstopos (MARTI z. St. verweist auf Herodot VII, 226 und Vergils Aeneis XII, 578). In der mhd. Literatur scheint der Topos in dieser Form ziemlich selten zu sein. Außer im JT, wo die vorliegende Stelle mehrfach nachgeahmt ist (159, 4; 274, 4; 2128, 4 – nach BORCHLING 164f.), finde ich ihn noch in UAl 7909f.:
> er sach von geschozze ob im ein dach,
> dâ durch er kûm die wolken sach.

C. GERHARDT verdanke ich den Hinweis auf Wittenwilers Ring[3] 8702:
> Der tag von pfeillern tunkel wart.

Über verwandte Topoi cf. JÄNICKE zu Bit 10193 und BODE 283ff.

2, 4: In der deutschen Literatur scheint Wolfram der erste zu sein, der das Zimier, den plastischen Helmschmuck des Ritters, beschrieben hat. Es bestand aus Leder, Pergament oder Leinwand mit Gipsüberzug und war oft mit Federn und Bändern versehen. Cf. W. GRIMM, Kleinere Schriften, Hrsg. von G. HINRICHS, III, Berlin 1883, 137, und SCHWIETERING, Germanica, E. SIEVERS zum 75. Geburtstage 25. November 1925, Halle 1925, 554ff. An der vorliegen-

---

[3] Heinrich Wittenwiler, Ring, Nach der Meininger Hs. hrsg. von E. WIESSNER, Leipzig 1931 = Deutsche Literatur in Entwicklungsreihen, Reihe Realistik des Spätmittelalters, 3. – W 351, 24 *trunzûne wurdens veldes dach* ist wohl gemeint, daß die Splitter den Boden bedeckten.

den Stelle ist gemeint, daß das Schwert Funken aus dem Helm schlägt, die das Zimier entzünden. Der Zusammenhang wird klar aus JT 274, 2f.:
uz helmen starke fiure   slûc er, di man sach di virre glesten,
also daz die zimiere gar verbrennet
wurden ...
Cf. auch JT 159, 2f. und Loh 6889f.
Die Hyperbel von den funkenschlagenden Waffen ist ein allgemein verbreiteter Topos der Kampfschilderung; cf. bei Wolfram noch P 112, 29; 222, 5; 263, 3; 537, 21; 542, 11; 705, 17; 742, 12; 743, 28; W 413, 2; T 129, 3f., dazu die umfangreiche Belegsammlung bei BODE 197ff.
Das altertümliche Wort *ecke*, das sich bei Wolfram 4mal im P, 13mal im W und 2mal im T findet, wird von Ulrich von Zatzikhofen, Gottfried und Konrad Fleck gemieden; bei Hartmann ist es nur einmal (HEr 9260), bei Wirnt 2mal (Wig 7356; 9372) belegt. Cf. JÄNICKE 19 und WG 183.

3   (596) = 3 G, 3 H

G
›*Obe ich von hoher minne ie trost enphienge,*
vn̄ op der minnen sœzze ie sælden chraft an mir begienge,
wart mir ie grôz von minnchlichen wibe,
daz ist nv gar verwildet minem seneden chlagendem libe.‹

H
Ob ich von hoher mÿnne ye trost emphienge
vnd ob der suessen mynnen clam ye genade an mir begienge
ward mir ye grůs von mÿnneklichem weibe
das ist nu gar verwildet meinem senenden clagenden leibe

3, 1: Liebe ist im Gralbereich nur dem König erlaubt, und zwar ausschließlich zu der ihm durch die Inschrift am Gral zur Gemahlin bestimmten Frau (cf. P 478, 13ff.; 495, 7ff.). Den Gralrittern, die *durch den grâl, niht durch diu wîp* (P 823, 26) kämpfen, ist sie versagt, solange sie im Dienste des Grales stehen; cf. SCHWIETERING (Schuld) 27. Wesentlich für Wolframs Auffassung der *hôhen minne*[4] ist ihre erzieherische Wirkung und die Forderung, daß sie vom Ritter durch Bewährung im Kampf errungen werden muß (cf. die folgenden Strophen sowie u. a. P 11, 10ff.; 318, 13ff.; 757, 24ff.; W 329, 18; 387, 4f.; 412, 4f.; 427, 20ff.). Mit Ehe und körperlicher Liebeserfüllung ist sie durchaus zu vereinbaren (cf. WESLE, Beitr 72 [1950] 21ff., auch SCHUMACHER 80), hat also nicht den Sinn idealer Stilisierung der *frouwe* ins Überwirkliche (dazu etwa F. NEUMANN, Zeitschrift für Deutschkunde 39 [1925] 81ff.). Im P führt

---
[4] Belege: P 11,10; 318, 15; 458, 7; 712, 6; 731, 8; 757, 24; W 36, 21; 64, 6; 95, 13; 329, 18; 387, 5; 412, 4; 427, 22; T noch 13, 2; 23, 4; auch 87, 1.

die *hôhe minne* zwischen Itonje und Gramoflanz (P 712, 6) zu *rehter ê* (P 729, 28), im W wird das Verhältnis zwischen den Eheleuten Willehalm und Gyburg *hôhiu minne* genannt (W 95, 13), und auch die *hôhe minne* zwischen Sigune und Schionatulander (T 87, 1) ist nicht Minne »in asketischer Sublimierung«, nicht »Gegensatz zur natürlichen Geschlechtsgemeinschaft« (BOESTFLEISCH 101): Signues Versprechen, sich Schionatulander hinzugeben, ist, wie LABUSCH 116f. mit Recht betont, durchaus ernstzunehmen (cf. zu 168, 1), und daß diese Liebe *magtuomlîche* bleibt (cf. zu 37, 4), ist nicht erstrebtes Ziel, sondern Verhängnis, das von Sigune ausdrücklich als solches beklagt wird (P 141, 20f.).
trôst meint hier nicht die Hoffnung auf Liebeserfüllung, sondern diese selbst: »Freude«, »Glück durch Gewährung der Liebe« (ebenso 108, 4; cf. GÖTZ 147ff. und 163ff.).

3, 2: *der minnen süeze* ist wohl Subjekt, *sælden kraft* Objekt (nicht umgekehrt, wie BENECKE 944 meint), cf. W 385, 9ff.:
> *ob denne der minne süeze*
> *sölhen kumber büeze,*
> *swâ der site wirt begangen,*
> *dâ ist der minne solt enphangen.*

sælde bedeutet hier sicher nicht direkt »ewigliches Heil« (PIPER z. St.), sondern zunächst »Beglückung durch Gewährung der Liebe«, cf. z. B. P 685, 29f.:
> *op mir diu sælde sol geschehn*
> *daz si mîn dienst ruochet sehn?,*

ferner P 8, 10ff.; 600, 27; L 9, 25ff., dazu STRÜMPELL 48f., SCHARMANN 68 und GÖTZ 38ff. Die geistliche Komponente des Wortes mag indessen mitschwingen, cf. 51, 2 sowie zu 4, 4. Die Form *sælden* ist wahrscheinlich starker Gen. Pl.; schwache Flexion des Wortes ist, soweit ich sehe, bei Wolfram nirgendwo eindeutig belegt (gegen SCHARMANN 65f.). Zur Wendung *sælden kraft* (= P 254, 19) cf. SCHARMANN 66f. *kraft* ist hier nicht als Mengenbezeichnung im eigentlichen Sinn aufzufassen (MARTIN z. St.: »Fülle des Glücks«), sondern als verstärkende Umschreibung, cf. z. B. P 12, 5: *durch liebe kraft*, ferner P 65, 18; 92, 6; 105, 28; 301, 11; 431, 28; 810, 17. – *an mir begienge* = »an mir bewirkte«, »mir zuteil werden ließ«; cf. P 88, 21 *êre an einem begên* und die entsprechende Wendung *einem geschiht sælde* (P 624, 27; 685, 29) bzw. *êre* (P 547, 6).

3, 3: Konstruktionswechsel im Konditionalsatz vom Konjunktions- zum Inversionstypus wie häufig bei Wolfram, cf. W 48, 6ff.:
> *ob ich der triwe ir reht wil tuon*
> *und rîterlîchem prîse,*
> *und ist mîn munt sô wîse,*
> *ich sag daz mære erkenneclîch,*

ferner u. a. P 419, 2ff.; 451, 13ff.; W 66, 30ff.; 376, 22ff.; 449, 18ff.; dazu ERBE, Beitr 5 (1878) 39ff., auch PMS §§ 352, 1, c und 383, a. Ob der Indikativ *wart* nach den vorausgehenden Konjunktiven »die Rede zuversichtlicher klingen« läßt (MARTIN z. St.), ist fraglich: entscheidend für die Wahl des Modus in den ersten beiden Zeilen waren wohl die Reimverhältnisse (nach MARTI z. St. ist das verallgemeinernde *ie* für die Konjunktive verantwortlich, wogegen z. B. P 649, 16 und W 171, 28 anzuführen wären). Die Lösung WOLFS (JT 596), der 3, 1/2 als indirekten Fragesatz mit Ellipse des Hauptsatzes (Fragezeichen nach *begienge*), 3, 3/4 als eigenständige Konditionalperiode auffaßt, ist wenig glücklich, weil sie in der folgenden Strophe wegen der Nominalstruktur der ersten Gliedgruppe (Zeile 4, 1) schwerlich wird angewandt werden können, diese Strophe aber in deutlicher Parallele zur vorliegenden steht.

3, 4: *verwildet* ist bei Wolfram sonst nicht belegt (cf. aber 97, 3 *entwilden*). Es ist vor allem Terminus technicus der Beizjagd, wo es den Rückfall des gezähmten Vogels in seinen wilden Zustand bezeichnet (cf. DALBY 303 a). Der Kontext läßt an das bekannte Bild vom Minnefalken denken (cf. zu 64, 4).

4   (615) = 4 G, 4 H

G
›*Min salde, min chusche, mit sinnen min stæte,*
vñ op min hant mit gabe vñ in sturmen ie hohen pris getæte,
des mach niht min ivnger art ferderben.
ia mōz al min geslahte imer ware minne mit triwen erben.‹

H
Mein selikait mein ke̊usche mein syn vnd all mein ste̊te
vnd ob mein hannt mit gabe oder in sturme ye hohen preys gete̊te
das mag nicht mein hohe art verderben
ia mues all mein geslecht ymmer ware mẙnne mit trewen erben

4, 1: Die Gralsælde, die vom Gral ausgestrahlte (cf. P 238, 21) und den Leuten um ihn innewohnende Begnadung (cf. P 252,4; 254, 19ff.; 484, 30; 488, 25; 781, 23ff.; T 9, 2; 19, 2), ist sowohl im Diesseits als auch im Jenseits wirksam (cf. 44, 2) und wird durch die Aussendung von Graljungfrauen und -rittern in herrenlose Länder (cf. P 494, 7ff.) in der Welt verbreitet (cf. 10, 2; 44, 3ff.; 58, 4). Cf. auch SCHARMANN 67ff.
kiusche ist die zentrale Graltugend (cf. P 235, 28ff.; 454, 27ff.; 455, 6ff.; 493, 23ff.). Sie entspricht der *diemuot* (cf. dazu MAURER 145 und WAPNEWSKI 141) und bezeichnet als Gegensatz zur »Todsünde der Hoffart« (MAURER l. c., cf. P 472, 16–30, auch 446, 20 und 465, 16), der Verabsolutierung des eigenen Selbst, eine Haltung demütigen Hintansetzens des eigenen Willens, Unterwerfung unter Gottes und damit auch des Grales Gesetz, der, wie RANKE,

Trivium 4 (1946) 20ff., gezeigt hat, u. a. als Symbol eben der Demut aufgefaßt werden kann. Ihre Bedeutung zeigt neben dem Schicksal Parzivals und Trevrizents vor allem das des Anfortas, der sich über das Gebot hinwegsetzte, daß der Gralkönig nur die ihm vom Gral zur Gemahlin bestimmte Frau lieben darf (cf. zu 3, 1), in jugendlicher *hôchvart minne ûzerhalp der kiusche sinne* (P 472, 23ff.; 478, 17ff.) suchte und, mit dem Makel dieser Schuld behaftet, trotz Reue und Buße das Königtum abgeben mußte (cf. P 484, 4). *kiusche* in diesem Sinn ist es, wenn Titurel sich, wehmütig zwar, aber ohne aufzubegehren, in sein Schicksal ergibt, *unkiusche* könnte es sein, wenn Sigune, sich selbst und ihren Willen absolut setzend (cf. 165), den Geliebten nach dem Brackenseil jagt. Wenn sie dennoch im ersten Teil mehrfach als *kiusche* bezeichnet wird (33, 4; 105, 4; 110, 3), unterstriche dies nur die Schwere jenes Vergehens als Verstoß gegen die ererbte Anlage, die erst in ihrem Klausnerinnendasein nach Schionatulanders Tod wieder zum Tragen käme (cf. zu 4, 4);[5] cf. aber die zu 166, 4 gegen die Interpretation von Sigunes Verhalten als Schuld geäußerten Bedenken. Zu *kiusche* als Graltugend cf. auch KINZEL, ZfdPh 18 (1886) 449; EHRISMANN, ZfdA 49 (1908) 436ff.; und die mehr spekulativen Versuche von WEBER 78f. und KAHANE 91f., sie mit gnostischen bzw. hermetischen Vorstellungen in Verbindung zu bringen.

mit sinnen min stæte = »meine Festigkeit in bezug auf Gesinnung, meine beständige treue Gesinnung« (BARTSCH z. St.); zur Konstruktion cf. z. B. P 296, 18: *mit siten ein ribbalt*, zum Gedanken P 542, 8: *stætlîcher sin*. Mit der Erklärung MARTINS z. St.: »meine bewußte, überzeugte Treue« ist ebensowenig anzufangen wie mit derjenigen MARTIS: »Vernunft und Beständigkeit« (cf. Lectio H: *mein syn vnd all mein stête*, auch JT B: *min sin, min stæte*). Über die Bedeutung der *stæte* als Grundtugend, die zu allen anderen Tugenden gehört, cf. SCHWIETERING, ZfdA 91 (1961/62) 130, zur Verbindung von *kiusche* und *stæte* bei Wolfram P 192, 3; 414, 23 und T 5, 2.

4, 2: Konstruktionswechsel (cf. zu 3, 3): auf die nominalen Akkusativobjekte folgt ein funktionsgleicher konditionaler Objektsatz. Vergleichbar ist etwa die Periode P 810, 23ff.:

waz hilfet al mîn rîchheit,
und swaz ich ie durch wîp gestreit,
und op mîn hant iht hât vergeben,
muoz ich sus pîneclîche leben?

Umschreibung der handelnden Person durch den tätigen Körperteil wie an der vorliegenden Stelle durch *mîn hant* ist bei Wolfram sehr oft belegt; cf. KINZEL, ZfdPh 5 (1874) 22f.; DAHMS 90ff. und BRINKMANN, WW Sonderheft

---

[5] Zu bedenken ist auch, daß das Wort nicht in jedem Fall das gleiche bedeutet, in seinem ganzen ethischen, letztlich religiös verwurzelten Sinn aufzufassen ist – ob dabei als Entsprechung zur Lauterkeit Gottes, wie SCHWIETERING (Schuld) 27 meint, sei dahingestellt –, sondern auch die rein weltliche Tugend der Zurückhaltung in der Gesellschaft bezeichnen, ja nicht mehr als höfisches Klischeewort sein kann; cf. HECKEL 58ff.; HEMPEL 158; BOHNER 28.

2 (1954) 28ff.; im T noch 26, 4 (*houbet*); 80b, 4; 117, 4; 127, 3; 130, 4; 145, 4 (*ouge* bzw. *ougen*); 101, 3; 148, 2; 169, 2 (*hant*).[6]
fortitudo-et-liberalitas-Topoi finden sich im T noch 14, 4; 16, 2 und 101, 2 (cf. z. St.).

4, 3: *art* meint hier das Geschlecht, die Sippe Titurels, und zwar deren junge Angehörige, also seine Nachkommen; cf. z. B. P 754, 18f.:

wir vinden unsern rehten art,
liut von den wir sîn erborn

sowie W 122, 27f. und 267, 29f. SCHULTHEISS 19f. ist der Ansicht, mit *art* sei hier nur Frimutel gemeint, während die übrigen Nachkommen mit *geslähte* (4, 4) bezeichnet würden, und übersetzt: »Die kann ja mein junger Sohn gar nicht zu Schanden machen: Ja sogar meine ganze Nachkommenschaft muß immer minne und triwe erben«. Ich halte demgegenüber die vierte Zeile nicht für eine Steigerung, sondern nur für eine wiederholend-variierende Bekräftigung des in der dritten Zeile Gesagten. An der von SCHULTHEISS als Stütze seiner These herangezogenen Stelle W 386, 20f.:

der swan ist zweier slahte gevar:
alsô was ouch Josweizes art

bezeichnet *art* die Eigenart von Josweiz' Aussehen, hat also eine andere Bedeutung. Zum Verständnis der vorliegenden Stelle ist zu berücksichtigen, daß *art* nicht nur für das biologische Verwandtschaftsverhältnis, sondern auch für die besonderen überpersönlichen Anlagen des Geschlechtes steht, die dessen Angehörige prägen, für das Gesetz, unter dem sie stehen. So zwingt z. B. der *art*, die ererbte Familienanlage, Gahmuret, Parzival, Schionatulander und Sigune zur Minne (P 96, 20f.; 179, 24ff.; 769, 1ff.; T 53, 1ff.), Parzival zu Tapferkeit (P 174, 24ff.), Schionatulander zu vorbildlichem Verhalten (T 38, 2f.), Sigune zu *helfe* (T 58, 2f.) – und alle Angehörigen des Titurelgeschlechtes zu *wârer minne mit triuwen* (cf. zu 4, 1 und zum Folgenden). Cf. dazu BOESTFLEISCH 22ff. und die grundlegenden Ausführungen von SCHWIETERING, ZfdA 91 (1961/62) 108ff., vor allem 118f. Im Gegensatz zu der prägnanten Fassung G (= JT): *junger art* ist die von H gebotene Lesart *hohe art* (der Genusunterschied hat keine semantische Relevanz) formelhaft blaß; cf. SCHULTHEISS 15f.

4, 4: *wâriu minne mit triuwen*[7] steht in Bezug zur Liebe Gottes, des *wâren minnære* (P 466, 1), dessen Wesen *triuwe* ist (P 462, 19 – cf. SCHWIETERING [Schuld] 22ff. und WAPNEWSKI 68ff., 191ff.), und führt zur ewigen Seligkeit, wie vor allem aus den Worten Sigunes an Schionatulanders Sarg deutlich wird:

---

[6] Anders als DAHMS l. c. habe ich die allgemein übliche Umschreibung mit *lîp* und Stellen wie 62, 2, wo nicht im eigentlichen Sinn von einer Umschreibung der handelnden Person gesprochen werden kann, nicht berücksichtigt.

[7] Cf. P 301, 24f.; 365, 12f.; 474, 16f.; 482, 14f.; 532, 7f.; 532, 10; 586, 24; 715, 19; 732, 7f.; W 15, 16; T 115, 2.

> *der rehten minne ich pin sîn wer,*
>
> ...
>
> *der rehten ê diz vingerlîn*
> *für got sol mîn geleite sîn.*
> *daz ist ob mîner triwe ein slôz*

(P 440, 3ff.; cf. auch Curschmann 160ff. sowie zu 51, 2). Die vorliegende Stelle ist wohl auch als Hinweis auf das Schicksal der Helden des Gedichts zu verstehen (cf. Rahn 84ff.).

erben kann hier sowohl »erben« (wie z. B. P 543, 7) als auch »weiter vererben« (wie z. B. P 213, 18f.) heißen.

5 (617/618) = 5 G, 5 H

G

> ›*Ich weiz wol, swen wiplichez lachen enphahet,*
> *daz imer chusche vñ stætcheit dem herzen nahet.*
> *div zwei chunnen sich nimer da ge⟨v⟩irren,*
> *wan mit dem tode al eine, anders chan daz niemen verirren.*‹
>
> 3. gevirren mit allen Herausgebern nach JT ABEHJKXYZ.
> 4. al | eine.

H

> *Ich wayss wol wen weyplich grüessen emphahet*
> *daz keůsche vnd stěte dem hertzen ymmer nahet*
> *der zweỳ kunnen sich da nicht guriern*
> *wann mit dem tode allaine annders kan das niemant da geyrren*

5, 1: *ich weiz wol* ist als feststehende, den Versbeginn oder -schluß beschwerende Beteuerungsformel vor allem im Minnesang gebräuchlich (cf. Lieres und Wilkau 159 und 176ff.). Zu den von Martin z. St. angeführten Belegen T 62, 1 und 120, 4 cf. noch 164, 2 sowie P 221, 4; 331, 25; 604, 6; 606, 15; 614, 6; 787, 9; W 66, 18; 86, 27; 100, 28; 104, 8; 161, 16; 191, 1; L 8, 3; ferner zu 63, 4.

enphâhen meint hier wohl nicht einfach die Begrüßung beim Kommen (Martin z. St.), sondern die Aufnahme in ein Minneverhältnis (Rechtsterminologie des Lehnswesens? cf. BMZ III, 205b und DRWb II, 1519f. sowie zu 71, 2). Cf. z. B. HKl 1875ff.:

> *Frowe, ja hat ⟨der⟩ din strit*
> *sünde an mir begangen,*
> *sit ich began daz mich niht sit*
> *din gnade hat enphangen,*

Reinmar, MF 154, 17:

> *ir gruoz mich minneclîche enphie,*

Morungen, MF 125, 23:
>   *sît daz mich ir trôst enpfie,*
ders., MF 127, 10f.:
>   *ôwê, solte ich von ir reinen minnen sîn*
>   *alsô werdeclîche enpfangen.*

5, 2: *imer* = »jedesmal«, »in jedem Fall« bringt die Zwangsläufigkeit der Verbindung von Minne und sittlicher Läuterung zum Ausdruck. MARTINS Erklärung z. St.: »mehr und mehr« (unter Hinweis auf LACHMANN zu HIw 2669) führt zu einer unnötigen Verkomplizierung des Gedankengangs. *stætekeit* = *stæte* ist bei Wolfram nur hier belegt; cf. zu 4, 1.

5, 4: *daz* meint wohl die Tatsache, daß *kiusche* und *stætekeit* dem Herzen nahe sind. Mit PIPERS Erklärung z.St.: »d a z ist Subjekt, scil. *wîplîchez lachen*« weiß ich nichts anzufangen.

6   (512) = 6 G, 6 H

> G
> ›*Do ih den gral enphiench von der botschefte,*
> *die mir der engel here enbot mit siner hohen chrefte,*
> *da vant ih geschriben al min orden.*
> *div gabe was vor mir nie menschlicher hende worden.*‹

> H
> *Do ich den gral emphie von der corscheffte*
> *die mir der engl heer empot mit seiner hohen creffte*
> *da vant ich geschriben allñ mein orden*
> *der gab was vor mir nie menschlicher hennde worden*
> 1. *torscheffte?*

6, 1: Die Etymologie des Wortes *grâl*, das bei Wolfram einen Stein nicht näher beschriebenen Aussehens (cf. P 469, 3ff.), in der französischen Tradition, an die in Deutschland z. B. Heinrich von dem Türlin anknüpft (cf. Kr 29367ff., 29426), ein sakrales Gefäß bezeichnet, ist umstritten. Herleitungen aus dem Keltischen, Hebräischen oder Iranischen überzeugen nicht (cf. u. a. F. DIEZ, Etymologisches Wörterbuch der romanischen Sprachen, 5. Ausg. mit einem Anhang von A. SCHELER, Bonn 1887, 602; WEBER 87f. und 127f.; SUHTSCHECK, FuF 7 [1931] 139f.). Aussicht, allgemein akzeptiert zu werden, haben vor allem folgende Thesen:
1. Herleitung aus *gradus* (»Stufe«) bzw. dessen Derivat *gradalis* – cf. vor allem ROQUES, Romance Philology 9 (1955/56) 196ff., und BARB, Journal of the Wartburg and Courtauld Institutes 19 (1956) 40ff.; ähnlich bereits im 13.

Jahrhundert Helinand von Froidmont (Chronicon, MPL 213, 814f.), nach dessen Ausführungen *graalz*, lat. *gradalis sive gradale*, eine Schüssel ist, in der die Speisen *gradatim*, stufenweise, angeordnet sind; zu spekulativ RICHTHOFEN, Boletin de Filologia 13 (1961) 15f. und 22f.[8]

2. Herleitung aus *cratis* (»Flechtwerk«) bzw. dessen Derivat *cratalis, *gradalis* – cf. vor allem W. von WARTBURG, Französisches etymologisches Wörterbuch, Eine Darstellung des galloromanischen Sprachschatzes, II/2, Basel 1946, 1293ff., und TRIER, ZfdPh 70 (1948/49) 365ff.

3. Herleitung aus *crater* (»Mischgefäß«) bzw. dessen Derivat *cratalis, *gradalis* – cf. vor allem DIEZ l. c. 601f. und NITZE, Modern Philology 13 (1915/16) 185ff.; zuletzt KAHANE 14f. (auch ZfdA 89 [1958/59] 191ff.) und, wesentlich besser fundiert, GOSSEN, Vox Romanica 18 (1959) 177ff.

Cf. im einzelnen die – durch einige der hier genannten Titel zu ergänzende – umfangreiche Bibliographie bei GOSSEN l.c. 180, Anm. 1, für die ältere Literatur EHRISMANN 251f.; zur Gralforschung allgemein zuletzt WOLF, Romanische Forschungen 78 (1966) 399ff., und BUMKE (Forschung) passim.

6, 2: Der Gral wurde seit Luzifers Fall von den neutralen Engeln gehütet, bis von Gott dazu berufene Menschen sie ablösten (cf. P 454, 24ff.; 471, 15ff.; 798, 11ff.). Diesen Menschen sandte Gott seinen Engel (cf. P 471, 28; JT 271), der wohl mit dem hier erwähnten identisch ist (gegen WILLSON, ZfdPh 83 [1964] 55, Anm. 11, der die Parzivalstelle für korrumpiert hält). Eine Änderung der Gralkonzeption gegenüber dem P, wie RAHN 12f. meint, ist nicht festzustellen. Nach KAHANE 17f. geht der Engel auf den Gottesboten des Corpus hermeticum zurück, eine These, die schwerlich Zustimmung finden wird.

In *here* (G) bzw. *heer* (H) ist sicher das Adjektiv *hêr(e)* zu sehen, nicht das Adverb *her* (MARTI; LEITZMANN seit der 2. Auflage: *die mir der engel hêre her enbôt...*); cf. bereits SCHLEGEL 313. *hêre* = »heilig« (cf. W 352, 2; 404, 15; 463, 12 sowie die Wörterbücher: BMZ I, 663aff.; LEXER I, 1251; DWb IV/2, 790) kommt auch sonst als Epitheton von *engel* vor, z. B. Kchr 5599 und 10274; Kudrun 1167, 2; 1169, 1; 1174, 1 u. ö.

6, 3: Nach der durch den Engel vermittelten Berufung zum Gral fand Titurel an dessen Rand (cf. P 470, 23ff.) die Gralordnung aufgezeichnet.

---

[8] Neuerdings vermutet GÜNTHER, Festschrift W. von WARTBURG zum 80. Geburtstag 18. Mai 1968, Hrsg. von K. BALDINGER, I, Tübingen 1968, 433ff., afrz. *graal* (»Saint Graal«) gehe wie das homonyme afrz. *grael* (»Gradualienbuch«) auf mlat. *gradalis/-e* (»liturgisches Gesangbuch«) zurück und habe sich erst sekundär mit afrz. *graal* (»grande jatte«) verbunden. Die Annahme, der Gral sei ursprünglich ein liturgisches Buch gewesen, wirft ein klärendes Licht auf Stellen wie Robert de Boron, Le Roman de l'estoire dou Graal (Ed. par W. A. NITZE, Paris 1927 = Les classiques français du moyen âge, 57) 935ff.: *li grant secré ... Qu'en numme le Graal et dit*, wo das Wort ein geheimes Wissen zu bezeichnen scheint; cf. dazu KOLB 144ff. und GÜNTHER l. c. 345ff.

Wolfram verwendet das Wort *orden* für die verschiedensten Ordnungen und
Stände und die mit der Zugehörigkeit zu ihnen verbundenen Rechte und
Pflichten: Christentum (W 9, 16); Heidentum (P 13, 28; 55, 25; 107, 17);
Rittertum (P 69, 4; 97, 26; 126, 7; 787, 21); *der krîgierer orden* (P 652, 8);
Trevrezents Einsiedlerleben (P 485, 23); *wîbes orden* (P 172, 30). Zur vorliegenden Stelle cf. vor allem P 819, 26, wo Anfortas seinen neuen Stand als
Gralritter und die ihm daraus erwachsenden Obliegenheiten *mîn orden* nennt.
Zu den Pflichten des Gralkönigs gehört neben dem bewaffneten Schutz des
Grals (cf. P 480, 22f.; T 11, 4) vor allem die Einhaltung des Keuschheits- und
Demutsgebotes (cf. die folgende Strophe sowie zu 3, 1 und 4, 1). Der Dichter
des JT macht daraus eine regelrechte Gralsatzung, die Frimutel den Gralrittern
einmal wöchentlich vorlesen soll (JT 639 ff.).

6, 4: MERGELL (Gral) 23 ff. verweist – schwerlich mit Recht – auf das biblische
sine manibus (Dan. 2, 34; 8, 25).

7   (621) = 7 G, 7 H

G
›*Des grales herre möz sin chusche vñ reine.*
owe, sŏzzer Frimutel, ih han niht wan dich aleine
miner chinde hie behabet dem grale.
nv enphach des grales chrone vñ den gral, min sun der lieht gemale!‹

H
Des grales herre muess sein keŭsch vnd rain
ey suesser sun Freymuntel ich han nicht wañ dich allain
meiner kinde behabet hie dem grale
nu emphach den gral vnd des grales crone mein sun der liecht gemale

7, 1: *des grâles hêrre* (auch P 477, 21; 478, 13; 500, 29f.; 781, 16; wie *landes
hêrre,* P 207, 12 u. ö., oder *volkes hêrre,* P 99, 19) ist derjenige, *dem der grâl
ist undertân* (P 519, 20), der Gralkönig; cf. auch die Wendung *hêrre übern
grâl* (P 474, 23; 476, 16).
Ähnlich wie hier von Frimutel wird auch von Parzival bei der Übernahme
des Gralkönigtums gefordert:
   nu wis kiusche...
(P 781, 12) und
   nu kêrt an diemuot iwern sin
(P 798, 30). Es ist »die Quintessenz dessen, was sein hohes Amt von ihm verlangt« (RANKE, Trivium 4 [1946] 28). SCHWIETERING (Schuld) 27 (vgl. auch
ZfdA 91 [1961/62] 123) setzt die Reinheit und *kiusche* des Gralgeschlechtes
zur Reinheit und *kiusche* des Grals in Beziehung (Reinheit hier im Sinne des

Freiseins von Schuld und Sünde, cf. GAUPP 33); dazu auch SCHUMACHER 43 und 181ff. sowie zu 4,1 und 43,4. Die Doppelformel *kiusche unde reine* (cf. SCHULZE, Archiv 54 [1875] 310, DWb V, 651 und VIII, 693f.) ist bei Wolfram sonst nicht belegt; cf. aber P 28, 14; 527, 11; T 33, 4.

7, 2: Unter den höfischen Dichtern ist Wolfram der erste, der *süeze* als Personenattribut (Lehnprägung nach dem frz. *doux*, cf. WG 157, 275), vor allem für männliche Personen in größerem Umfang gebraucht (Belege bei RIEMER 90f., cf. auch ARMKNECHT 105ff. und W. SCHRÖDER, Euph 54 [1960] 46ff.). Der formale Typus *süeze* + Eigenname in der Anrede findet sich bei Wolfram noch W 90, 2 und 217, 15. Dagegen ist der Typus *süeze* + Personenbezeichnung + Eigenname, wie ihn H (= JT) bietet, in Wolframs Werken sonst nicht belegt [9] (H folgen LACHMANN, BARTSCH, PIPER, MARTIN, LEITZMANN in der ersten Auflage). Die Tatsache, daß der Name Frimutels ohne jede Vorbereitung hier zum erstenmal genannt wird, könnte die Genesis von Lectio H/JT erklären: vielleicht ist *sun* erläuternder Schreiberzusatz, der auch die Ersetzung von *owe* (G) durch *ey* (H/JT) zur Folge hatte, wodurch er besser in den metrischen Rahmen einzupassen war.

Über die Struktur des Namens *Frimutel* cf. zu 1, 1. Ein direktes Vorbild für ihn hat sich bis jetzt noch nicht finden lassen. Möglicherweise handelt es sich um eine Analogiebildung zu *Titurel*: Wolfram liebt es ja, die Namen zusammengehöriger Personen ähnlich klingen zu lassen, durch Gleichklang des Anfangs: *Gandîn – Gâlôes – Gahmuret* ebenso wie der Endung: *Matreiz – Utreiz – Passigweiz* (weitere Beispiele bei SINGER [Stil] 56, cf. auch FOURQUET [noms] 259). BARTSCH (Eigennamen) 140 hält den Personennamen *Frimunt* als Ausgangspunkt der Bildung für möglich (FÖRSTEMANN 524, dazu auch SCHERER, Beiträge zur Namenforschung 4 [1953] 7f. – eine deutsche Grundlage des Namens vermutete bereits J. GRIMM, ZfdA 1 [1841] 8). Träfe dies zu, so wäre, weil *Frimunt* zum Stamm ahd./mhd. *frî* gehört, die Transkription *Frîmutel* denkbar. HANS RIED jedenfalls schreibt hier Diphthong und Nasal: *Freymuntel*, scheint sich aber seiner Sache nicht ganz sicher gewesen zu sein, wie die übrigen Schreibungen zeigen: *Freymutel* (12, 3), *Frimuntel* (27, 4) und *Frimuttel* (35, 1). Abzulehnen ist die von RICHTHOFEN, Boletin de Filologia 13 (1961) 27, Anm. 142, versuchte Herleitung aus dem Spanischen.

---

[9] Belege für *süeze* in der Anrede: Parzival zu Kahenis' Töchtern (P 450, 27); Artus zu Itonje (P 712, 10); Artus zu Bene (P 718, 23); Willehalm zu Gyburc (W 39, 12; 51, 20; 90, 2; 92, 25); Terramer zu Gyburc (W 217, 15); der Dichter zu Gyburc (W 14, 29); Schionatulander zu Sigune (T 66, 1; 76, 4; 164, 4; 167, 4); Sigune zu Herzeloyde (T 114, 4); der Wächter zur Dame (L 4, 30); Schoette zu Gahmuret (P 11, 20); Gahmuret zu Killirjacac (P 47, 6); Sigune zu Parzival (P 141, 5); Feirefiz zu Parzival (P 748, 26); Gawan zu seinen Knappen (P 430, 6); der Wächter zum Ritter (L 6, 39). BOHNER 25 weist für den P darauf hin, daß das Wort »in der Anrede oder im Ausruf ... nur von älteren gegen jüngere« gebraucht wird; die Belege zeigen, daß dies, soweit eine Aussage über die Altersverhältnisse möglich ist, mit einer Ausnahme (T 114, 4) auch für die anderen Werke gilt.

7, 3: *mîner kinde* ist Gen. part., abhängig von *dich aleine* oder von *niht* (Konstruktion: *niht mîner kinde wan,* cf. W 341, 11: *er hete kindes niht wan in*).
Von den im JT 459, 4 erwähnten 12 Kindern Titurels nennt Wolfram außer Frimutel nur Rischoyde, die Gemahlin Gaylets von Hoskurast (P 84, 10ff.).

7, 4: *des grâles krône* wird auch P 819, 18 erwähnt.
Der bestimmte Artikel im Vokativ findet sich bei Wolfram nur an relativ wenigen Stellen, die sich alle durch große Emphase auszeichnen. Belege außer T 7, 4: P 740, 20; 798, 9f.; W 224, 10; 345, 2f. (nach RADTKE 36).
lieht gemâl = »strahlend schön«, Oppositum *rûch gemâl* (P 793, 9 von Cundrie). Zunächst von bunten, glänzenden Gegenständen gebraucht, wird der Ausdruck in den letzten Büchern des P (ab 619, 9) und im T, nie aber im W auf Menschen angewandt (stets im Reim, cf. W. HOFFMANN, Der Einfluß des Reims auf die Sprache Wolframs von Eschenbach, Straßburg, Phil. Diss. 1894, 34). Belege außer T 7, 4: P 64, 29 (Gahmurets Wappenzeichen); P 263, 13; W 77, 28; 410, 28 (Schwerter); P 661, 14 (Speer); W 417, 30 (Zimier); P 144, 19 (Blumen); P 243, 3; W 16, 5; 33, 16 (kostbarer Stoff); P 565, 10 (das Palasdach von Schastel marveil); P 730, 25; 754, 16; 762, 17 (Frauen); P 619, 9; 732, 2; 740, 20; 742, 28; 801, 3 (Cundwiramurs); P 694, 24 (Bene); P 706, 18 (Itonje); P 764, 20 (Orgeluse); P 814, 12 (Repanse de Schoye); P 723, 23 (Ritter); P 695, 8; 717, 30; 727, 20 (Parzival); T 43, 4 (das Gralgeschlecht). Wie die verwandten Ausdrücke *lieht* (cf. 125, 3), *lieht gevar, klâr* (cf. zu 19, 1) u. a. bezeichnet *lieht gemâl* das ästhetische Ideal des in seiner Schönheit »leuchtenden« Menschen, zu dessen Propagierung in der höfischen Literatur Wolfram Entscheidendes beigetragen hat. Cf. K. BURDACH, Reinmar der Alte und Walther von der Vogelweide, Ein Beitrag zur Geschichte des Minnesangs, Leipzig 1880, 49; SINGER (Stil) 21f.; JACOBSOHN 41f.; SONNTAG 4ff.; die umfangreiche Materialsammlung bei SAN-MARTE (Studien 3) 152ff.; 104, 3 *sunnenbære* und 106, 4.

8   (651) = 8 G, 10 H

G
›Dv hast bi dinen ziten schiltes ambet
gevrbort hurtchlichen. din rat was al da verchlamet.
vz der riterschaft möse ih dich ziehen.
nv wer dich, sun, aleine! min chraft wil vns beiden enphliehen.‹

H
Sun du hast beÿ deinen teůrn schildes ampt
geurbort so hurtikleichen das dein manlich tat was vnuerklampt
aus der ritterscheffte můs ich mich ziehn̄
nu were dich sun allaine mein crafft der wil vnns baiden emphliehen

Strophenfolge: In H steht Str. 8 hinter Str. 10, schließt also statt dieser die Rede Titurels ab. Für die Reihenfolge von H haben sich ZARNCKE, Beitr 7 (1880) 604, und FRANZ 31 eingesetzt (POHNERT 13 schwankt); MARTIN und LEITZMANN in der 1. Auflage haben sie in ihre Ausgaben übernommen. In der Tat scheint der emphatische Imperativ in Zeile 8, 4 als Redeschluß rhetorisch besser geeignet als der etwas matte Preis der Kinder Frimutels; auch ist ZARNCKES Erklärung für die mutmaßliche Umstellung in G einleuchtend: der Schreiber habe »die strophe, die von dem sohne handelt, zu den übrigen, in denen von diesem die rede ist« gestellt, »so dass nun Frimutel und seine kinder der reihe nach durchgenommen werden«. Aber zwingend ist diese Argumentation nicht: ein Sinnbruch liegt in der Reihenfolge G nicht vor, und sie wird von den Hss. des JT mit Ausnahme von H, die die Reihenfolge 9 – 10 – 7 – 8 bietet, gestützt.[10] Möglicherweise hängt mit der Strophenfolge auch das *sun* in H zusammen, das in G und im JT fehlt: wenn Str. 8 nicht auf Str. 7 folgt, in der Frimutels Name genannt wird, sondern auf die Aufzählung der Kinder in den Strophen 9 und 10, scheint es angebracht, ins Gedächtnis zu rufen, wer eigentlich angesprochen ist.

8, 2: *geurbort hurteclîchen* = »mit Stößen Zins genommen (vom *schiltes ambet*)«, d. h. »(als Ritter) erfolgreich gekämpft«, cf. HEr 2529f.:
   hiute hât Erec sêre
   gurbort sper unde swert.
Das Verbum *urborn* ist nach JÄNICKE zu Bit 4190 ein Lieblingswort Wolframs. Hartmann gebraucht es im Erec (HEr 2530; 2584; 2726; 7256), bei Gottfried, im Nibelungenlied und in der Nibelungenklage kommt es nicht vor, dagegen mehrfach in der Kudrun (168, 4; 679, 3; 872, 1) und – in der Nachfolge Wolframs – im JT (cf. BORCHLING 161). Bei Wolfram sind noch folgende Verbindungen belegt: *den lîp urborn* (P 685, 7; W 6, 1); *manheit u.* (P 614, 25); *tjoste u.* (W 362, 27); *gotes drîvalt u.* (P 817, 15); *vogel ir alten dôn u.* (L 7, 12).

8, 2f.: Was mit *rat* gemeint ist, bleibt unklar. Das Verständnis der Stelle wird zudem erschwert durch die Mehrdeutigkeit des Terminus *rîterschaft* (»Ritterwürde« oder »Ritterkampf«). Ich nenne einige Erklärungsmöglichkeiten:
I. Mit dem Rad ist das Glücksrad gemeint (Hinweis MARTINS z. St. ohne weitere Erläuterungen):[11]

---

[10] FRANZ l. c. sieht diese Schwierigkeit für seine These und äußert in diesem Zusammenhang interessanterweise schon den neuerdings von RÖLL 113ff. systematisch entwickelten Gedanken sekundärer Wolframrezeption innerhalb der Texttradierung des JT: »Es scheint, daß die verschiedenen Fassungen des Wolframschen Textes später die verschiedenen Redaktionen des jüngeren Titurel beeinflußt haben.«

[11] Zur Glücksradvorstellung im Mittelalter cf. SANDERS 22ff. und die dort verzeichnete Literatur sowie das umfangreiche Belegmaterial in den Wörterbüchern: BMZ I, 1049af.; II/1, 559b; LEXER I, 829; II, 346; III/Nachtr. 189; DWb IV/1/5, 253f., 386ff.

I. 1. Das sich drehende Rad ist Symbol der Unbeständigkeit des Glücks, cf. z. B. Renner 17270ff.:

> Gelücke daz ist sinewel
> Und belîbet niht an einer stat:
> Des triuget manigen man sîn rat.
> Einer ûfstîget: den wil ez rîche,
> Der ander nider sîget: dem wil ez entwîche,
> Jener sitzet ûf dem rade: wer könde im gelîche?

Wolfram hat diese Vorstellung offensichtlich gekannt:

> ... gelüke ist sinewel.
> mir was nu lange trûren bî:
> dâ von bin ich ein teil nu vrî.

(W 246, 28ff.; cf. auch P 9, 22; 335, 30; 510, 7; W 12, 1; dazu SANDERS 23).
I. 1. a. Das festgeklemmte Rad bedeutet Sicherheit: *Stante rota fortuna favet* (Hildebert von Lavardin, De infidelitate fortunae et amoris mundi, MPL 171, 1424 A, dazu H. R. PATCH, The goddess Fortuna in mediaeval literature, Cambridge 1927, Neudruck o. O. 1967, 157f.); cf. aus der deutschen Literatur z. B. Reinb 194f.:

> er ist komen ûf gelückes rat,
> daz muoz im immer stille stên.

Man könnte also übersetzen: »Bisher warst du bei der Ausübung des *schiltes ambet* sicher, denn es war meine Aufgabe, dich unversehrt aus dem Kampf bzw. der Schar der kämpfenden Ritter zu bringen. In Zukunft mußt du dich allein wehren.« (cf. 11, 4; für *ziehen ûz* in diesem besonderen Zusammenhang vermag ich keine Parallelstelle nachzuweisen).
I. 1. b. Das festgeklemmte Rad bedeutet Stagnation in der Karriere Frimutels: »Bisher hat dein Glücksrad den höchsten Punkt noch nicht erreicht, du mußtest unter den einfachen Rittern kämpfen. Jetzt aber, da ich alt geworden bin, habe ich dich aus deren Stand herausholen (= befördern) müssen.« In diesem Fall wäre in Zeile 3 das Präsens *muoz* statt des in G sicher überlieferten Präteritums natürlicher (das dem *möse* in G entsprechende *mûs* in H könnte Präsens sein: 64, 3 steht *mûs* H für *môz* G, 18, 3 *mûste* H für *môse* G; die Hss. ABH des JT haben Präsens, die übrigen Präteritum). Auch für diesen speziellen Gebrauch der Wendung *ziehen ûz* finde ich keine Parallele. Daß die verwandte Erklärung SAN-MARTES (Studien 3) 47: »der (neue) Gralkönig soll an den persönlichen Kämpfen der Templeisen nicht mehr teilnehmen« unwahrscheinlich ist, zeigt 11, 3 (SAN-MARTE schreibt *muoz*!).
I. 2. Neben dieser Vorstellung vom Glücksrad steht die, daß dessen ununterbrochene Umdrehung Glück bedeute, cf. z. B. Loh 4719f.:

> alsô daz uns gelückes rat
> ob got wil, loufl die sumer und die winder

und Neidh 68, 19:

> dem sîn schîbe als ebene gie,

wozu WIESSNER bemerkt: »Glück bezeichnet somit der ruhige, gleichmäßige Lauf seiner Scheibe, er darf weder stocken noch von seiner Bahn abirren.«[12] Das festgeklemmte Rad bedeutete also Unglück; cf. dazu Emblemata 1809: unter der Überschrift *FATA OBSTANT* Bild des durch Ketten an der Drehung gehinderten Rades der Fortuna mit der Erklärung:

    OBSTANT (quid faciam?) pulcris, FATA jnvida, coeptis
    Ut nequeam cursum continuare meum.

I. 2. a. Für die vorliegende Stelle käme dann die Übersetzung ZARNCKES, Beitr 7 (1880) 604f., in Frage: »wenn du bisher in not geraten warst, da war ich zu deiner hülfe bereit« (ähnlich bereits SIMROCK und GODDARD; auch DOCENS Erklärung z. St. ist wohl so zu verstehen: »durch Jugend und Unerfahrenheit wagtest du dich zu sehr in den Kampf; Titurel mußte ihn aus dem Gedränge der feindlichen Ritter befreien«), cf. auch JT HAHN 5743:

    Fvrste vnd graswalden...
    vil dicke dv mir behalden. min leben hast des wer dv mich ie wernde.
    swenn ich in herten stvrmen verclammet.
    vf mines libes vare. vil manic hundert ritter was gesammet.

Der konditionale Charakter der Aussage käme an der vorliegenden Stelle durch die von LACHMANN (wohl aus metrischen Gründen) vorgeschlagene Konjektur: *swenne dîn rat* (so LEITZMANN, MARTIN *swenn*) besser zum Ausdruck; unbedingt erforderlich ist sie jedoch nicht.

I. 2. b. Der durch das Stocken des Rades bezeichnete Mangel an Glück kann auch hier wie unter I. 1. b. Stagnation der Karriere Frimutels bedeuten.

II. Mit dem Rad ist – in Zusammenhang mit *urborn* – ein Pflugrad gemeint (J. GRIMM 120f.).

II. 1. Das festgeklemmte Rad bedeutet Unglück, cf. Seifr 1, 1219 (nach BMZ II/1, 560a):

    als ein verfuortez pfluocrat
    sô eben iur geschefte stât,

Neidh 94, 2:

    daz ich hân von sînen schulden ninder gênden phluoc

und Wolkenst Nr. 36/I, 9f.:

    Ich watten noch geswimmen kan
    und get mein pflüg uneben.

II. 1. a. Gefahr im Kampf wie I. 2. a. (so MARTI z. St.). Zur Ackermetaphorik in der Kampfschilderung cf. z. B. W 244, 22f.:

    ich nenn iu sînen besten phluoc:
    ze reht er phlac der wâfen,

W 327, 22f.:

    Rennwart die tôtlîchen furch
    mit sîner grôzen stangen ier

---

[12] *schîbe* kann hier allerdings auch »Kugel« bedeuten (cf. WACKERNAGEL [Kl. Schr.] 254ff.), cf. aber z. B. HMS III, 442b: *Gelückes rat, wie nu din schibe mir ze sælden ümbe rent.*

und Strickers Daniel [13] 5052ff.:
> Ahî, wie manegen slac grôz
> der künec Artûs dâ sluoc!
> er was der anderen pfluoc,
> er brach vornen hindurch
> und machte ein als wîte furch
> daz sie alle nâch im riten.
> er begunde niderwiten
> ros unde liute.

(dazu BODE 288ff.).

II. 1. b. Stagnation der Karriere wie I. 1. b.

II. 2. Das Rad ist nicht eingeklemmt, sondern fest an die Furche gedrückt: »Fils tu as ... œuvré avec vigueur, comme un bon laboureur, ta roue ne quittait pas ce sillon. A ce monde des chevaliers, il faut que je t'enlève« (FOURQUET), also Lob der Tüchtigkeit Frimutels.

III. Es ist *rât* zu schreiben (so die 2. und 3. Aufl. von LACHMANNS Edition – Druckfehler oder Korrektur HAUPTS nach LACHMANNS Handexemplar? [14] –, PIPER).

III. 1. *rât* = »Vorrat«, »Verteidigungsmittel«: »deine Verteidigungsmittel waren in die Enge gebracht« (SCHLEGEL 313), also Gefahr wie I. 2. a.

III. 2. *rât* = nhd. »Rat«:

III. 2. a. »du wußtest dir nicht zu raten noch zu helfen« (Alternativvorschlag SCHLEGELS), also Gefahr wie I. 2. a.;

III. 2. b. »du warst übel beraten« (SAN-MARTE), also Gefahr wie I. 2. a. oder Stagnation der Karriere wie I. 1. b.

III. 3. *rât* = »Anschlag«: »alle deine Anschläge waren enge damit verknüpft« (PIPER z. St.), also Stagnation der Karriere wie I. 1. b. oder Lob der Tüchtigkeit wie II. 1.

Die Fülle der möglichen Kombinationen, die sich durch Heranziehung des Textes von H [15] noch erheblich vermehren ließen, ist erdrückend. Nach dem

---

[13] Der Stricker, Daniel von dem blühenden Tal, Ein Artusroman, Hrsg. von G. ROSENHAGEN, Breslau 1894 = GA, 9.

[14] Im Vorwort zur 2. Auflage schreibt HAUPT, der auch die 3. Auflage besorgt hat: »Was Lachmann an seinem Wolfram nachgebessert hatte ist in dieser zweiten ausgabe sorgfältig befolgt worden« (XLV). Dem Betreuer der 4. Auflage, MÜLLENHOFF, stand LACHMANNS Handexemplar, »aus Haupts nachlasse verkauft in unbekannte hände übergegangen« (ibid.), nicht mehr zur Verfügung. Er hat Abweichungen der 2. Auflage anhand der 1. korrigiert: »in den allermeisten fällen, wo die beiden ersten ausgaben sich von einander abwichen, war die entscheidung wie mir schien durch eine sehr einfache erwägung gegeben« (ibid.). In einigen Hss. des JT könnte ein ursprüngliches *rât* durchschimmern: *Dv macht zu etleicher stæte. wol werdes weib erwerben. ob du d^s trewē ræte. in deine^s gæch an dir nicht læst v^{e}derben.* (X, entsprechend HJKYZ).

[15] BARTSCH übernimmt *tât* aus H und erklärt: »all dein Thun war fest darauf (sc. schiltes ambet) gerichtet.« Normalisiert und mit Satzzeichen versehen, lautet der H-Text: *Sun, du hâst bî dînen tiuren schiltes ambet geurbort sô hurticlîchen,*

Kontext (8,1 und 11,3) liegt die Auffassung »Not im Kampf« am nächsten, wobei der Ausdruck *urborn* und die zur Ackermetaphorik in der Kampfschilderung beigebrachten Belege für Lösung II. 1. a. sprechen könnten. Ohne die anderen Lösungen damit verwerfen zu wollen, paraphrasiere ich: »Du hast zeit deines Lebens mit Speerstößen guten Ertrag aus dem Acker des Rittertums gezogen. Dein Pflugrad ist dir dabei festgefahren. Ich mußte dich aus dem Kampfgetümmel herausziehen.«

9 (652) = 9 G, 8 H

G
›Got hat dich, sun, beraten funf werder chinde.
div sint och hie dem grale ein werdez ingesinde.
Anfortas vn̄ Trevrezent der snelle,
ih mach geleben, daz ir bris wirt vor anderm prise der helle.‹

H
Nun got hat dich beraten auf vil werder kinde
die sint hoch bey dem grale ain vil selig werdes ynngesinde
Anphortas vnnd Tresfezzent der snelle
ich mag geleben daz jr preys wirt ob allem preÿse der helle

9, 1: Das vordem in oberdeutscher Dichtung seltene Adjektiv *wert* ist bei Wolfram stereotype Bezeichnung alles Ritterlichen (cf. STEINMEYER 9f., auch WG 164; Belege bei RIEMER 72f.).

9, 2: *dem grâle* (G) ist possessiver Dat. (cf. im T noch 13, 1; 110, 2; 158, 1; 163, 1; dazu BEHAGHEL, Beitr 45 [1921] 134ff.).
Zu Lectio H (= JT ADHJKXYZ) cf. z. B. P 468, 24f.:
   ez wont manc werlîchiu hant
   ze Munsalvæsche bîme grâl.
hôch bezieht sich wohl auf die Berglage der Gralburg; cf. dazu KOLB 100.

---

daz dîn manlîch tât was unverklambet. ûz der ritterschaft muoz (muose?) ich mich ziehen...«, was etwa heißen könnte: »Sohn, du hast neben deinen dir werten Gefährten so tapfer gekämpft, daß du nie Feigheit gezeigt hast. Ich muß das Ritterleben aufgeben...« Daß Titurel seinem Sohn aus der Not geholfen hat, wäre hier sinngemäß aus 8, 4 und 11, 4 zu entnehmen. Diese Fassung erweckt den Verdacht, es sei hier eine unverstandene Vorlage zurechtgebogen worden, wie denn auch der Verfasser des JT die ersten beiden Zeilen gänzlich umgemodelt hat. JT 1943 zeigt indessen auffallende Parallelen zu Fassung H: *Do jach der von Berbester, der manheit unverklammet: ›swie daz in min swester zer werlde gebar, e wolt ich schildes ammet immer mer und ander wirde vliehen, e daz ich kampf verbære! ich wolt mich e uz ritters orden ziehen.‹* Zum letzten Satz cf. P 364, 12f.: *ûz schiltes ambt in einen sac wolt ich mich ê ziehen.*

9, 3: Über die Struktur der Namen *Anfortas* und *Trevrezent* cf. zu 1, 1. Die in der Forschung mehrfach versuchte allegorische Deutung von *Anfortas* geht aus von lat. *infirmitas* (MARTIN zu P 472, 22) bzw. dessen galloromanischen Entsprechungen; cf. SAN-MARTE, Germania 2 (1857) 391; BARTSCH (Eigennamen) 140; PARIS, Romania 4 (1875) 149; SINGER (Stil) 90; KOLB 30f. Der Name bezöge sich demnach auf seines Trägers Krankheit oder moralische Schwäche (so MERGELL [Gral] 138 und KAHANE 93ff., cf. auch WAPNEWSKI 89). Die Erwähnung des Namens im Lehrgedicht von Tirol und Fridebrant steht sicher unter Wolframs Einfluß (cf. BARTSCH [Eigennamen] 129f.). SUHTSCHECKS Herleitung aus dem Iranischen (FUF 7 [1931] 139 und Klio 25 [1932] 62) ist ebenso abwegig wie RICHTHOFENS Versuch, Anfortas mit Alfons II. von Kastilien zu identifizieren (Boletin de Filologia 12 [1960] 39 und 13 [1961] 26f.). WALSHE, MLR 43 (1948) 515, denkt an Entstellung aus CP 4650f.:

> *Que tu ne la retenis mie*
> *Fortune quant tu l'ancontras.*

Der Name *Trevrezent* wird gedeutet als prov. *treu-rezems*, »der den Frieden Wiedererkaufende« oder »-erlangende« (BARTSCH [Eigennamen] 140) bzw. afrz. **tref-recevant* in der gleichen Bedeutung (MARTIN zu P 251, 15) oder **tref-récent*, »neu erfüllte und sich erfüllende triuwe« (MERGELL [Gral] 78, Anm. 1). Dagegen wendet KOLB 31f. ein, prov. *treu* bedeute speziell »Einstellung der Fehde«, nicht »Friede« allgemein, **tref* sei im Afrz. nicht belegt und das erste Zeugnis für *récent* stamme aus dem 15. Jahrhundert (cf. auch die Kritik von PARIS, Romania 4 [1875] 149f.). Nicht zu überzeugen vermögen Herleitungen aus dem Iranischen (SUHTSCHECK, FuF 7 [1931] 139 und Klio 25 [1932] 60) und Altslovenischen (SCHREIBER 92, Anm. 17). Auch die von KAHANE 60ff. gegebene Erklärung *Trevrezent = tribla essentia*, afrz. *treble escient*, Übersetzung von *(Hermes) Trismegistos*, ist trotz der Zustimmung WOLFS, Romanische Forschungen 78 (1966) 411, ziemlich abwegig. Recht unverbindlich bleibt schließlich der Versuch FOURQUETS (noms) 254, den Namen mit *Treverîn* (HEr 1916) bzw. *Entreferich* und *Tenebroc* (ibid. 2234) in Verbindung zu bringen.

Unter Hinweis auf 133, 3f., wo Trevrezents Schnelligkeit gerühmt wird, geben die meisten Erklärer das Epitheton *snel* an der vorliegenden Stelle mit *celer* wieder; BMZ II/2, 445a, JÄNICKE 11 und RIEMER 42 führen es dagegen unter *snel = robustus* auf. Als zu spekulativ zurückgewiesen werden muß der Versuch von KAHANE 63, es mit *celer* als dem klassischen Beiwort des Hermes/ Merkur in Verbindung zu bringen.

9, 4: Cf. P 546, 17:

> *für wâr sîn prîs was ie sô hel,*

ferner P 551, 28; W 45, 19; 428, 22; T 35, 2; auch P 339, 9 und 660, 8. Das im Nhd. nicht mehr gebräuchliche prädikative Adjektiv bzw. Partizip mit

bestimmtem Artikel gehört der poetischen Sprache an; Wolframbelege bei
FÖRSTER 8f. und RADTKE 37; im T noch 12, 1; 67, 2; 79, 2; 132, 4 (cf. z. St.);
154, 3; 164, 2.

10 (653) = 10 G, 9 H

G
›Din tohter Schoysiane in ir herzen beslivzzet
so vil der gŏten dinge, des div werlt an sælden geniuzzet.
Herzelaude hat den selben willen.
Vrrepanse de schoyen lop mach ander lop niht gestillen.‹
1. Die Vorzeichnung der Initiale könnte *m* sein (cf. Lectio H!), ist aber nicht sicher zu identifizieren.
4. der.

H
Mein tochter Tchrosiane in ir hertzen besleŭsst
so vil der gŭeten dinge daz ir der welt an selden geneusset
Hertzenlayde hat denselben willen
Vrrepano de Tschyen lob mag der anndern laÿ nicht gestillen

10,1: Der Name *Schoysiâne* erinnert an den der Heldin der französischen epischen Chanson von Beuve de Hantone, *Josiane*, deren Schwiegervater bemerkenswerterweise den Namen *Guiot* trägt, der das genaue lautliche Äquivalent zu *Kîôt*, dem Namen von Schoysianes Mann, ist; cf. SINGER (Stil) 73; RICHEY 32 und KOLB 15f. Den ersten Teil des Namens hat man mit frz. *joie* in Verbindung gebracht, ihn allegorisch als »die Fröhliche« oder »die Freudenspendende« gedeutet (BARTSCH [Eigennamen] 140f.) und unter Hinweis auf *Urrepanse de schoye* (cf. zu 10, 4) auf die »oberste Gralfreude« bezogen (MERGELL [Gral] 139). KOLB 128 weist darauf hin, daß im Perlesvaus die Gralburg neben anderen Paradiesbezeichnungen auch den Namen *chastel de joie* trägt (cf. auch zu 12, 4).

10,2: *des* ist wohl konsekutives Relativum (LACHMANN, PIPER, MARTIN schreiben dagegen *dês* < *daz es* – cf. PM § 347, 3, auch WOLFF zu HIw [7] 504): »daß die Welt davon Segen empfängt«.
Zum Gedanken cf. P 800, 6f.:
... *Schoysiân sîn* (sc. Kiots) *kiusche wîp*
ze Munsalvæsche im sælde erwarp,
ferner zu 4, 1.

10,3: Der Name *Herzeloyde* entspricht dem frz. *Herselot* (BARTSCH [Eigennamen] 143 vermutet germanische Grundlage – *Hirzhilde*, möglicher Name einer Hindenfee, wie JOSTES nach PSCHMADT 67, Anm. 5, erwägt, liegt bestimmt nicht zugrunde). H. und R. KAHANE, ZfdA 89 (1958/59) 211, haben in einem um 1170 verfaßten Ensenhamen des Troubadours Guiraut de Cabreira die Namen *Anfelis, Riqueut* und *Arselot* nachgewiesen, die an die Namen der bei Wolfram thematisch eng verbundenen Gestalten Anphlise (cf. zu 38, 1), Rischoyde (cf. zu 7, 2) und Herzeloyde erinnern. Das Ensenhamen zählt eine Reihe von Stücken auf, die im Repertoire eines Troubadours nicht fehlen durften; die erwähnten Namen repräsentieren Erzählstoffe. Bereits ein Jahrzehnt früher kennt der Verfasser eines Fabliau die Namen *Richeut* und *Herselot*, jener der einer Dirne, dieser der ihrer Dienerin; die Entsprechungen sind also nur »etymologisch, nicht typologisch« (KAHANE l. c.) – der spätere Versuch von H. und R. KAHANE, doch noch einen typologischen Zusammenhang aufzudecken, kommt über einige belanglose Analogien nicht hinaus (Mélanges de Linguistique romane et de Philologie médiévale offerts à M. DELBOUILLE, II, Gembloux 1964, 329ff.). Mit Sicherheit kann man nur sagen, daß die Namen einer thematisch zusammengehörenden Personengruppe bei Wolfram lautlich an ebensolche der galloromanischen Literatur anklingen. SINGER (Stil) 32 führt den Namen etymologisch auf *herce* zurück und vermutet P 140, 18f. ein Wortspiel:

grôz liebe ier solch herzen furch
mit dîner (sc. Parzivals) *muoter triuwe.*

FOURQUET (noms) 257 weist in diesem Zusammenhang auf eine der ersten Erwähnungen von Percevals Mutter bei Chrestien hin:

La sont li herceor ma mere
Qui ses terres hercent et erent

(Perceval zu den vorbereitenden Rittern, CP 300f.). Fraglich ist, ob in dem Namen ein Anklang an *herzeleit* beabsichtigt ist; cf. Lectio H *Hertzenlayde* und JT 1059, 4; 1097, 4 (Lesarten!); HAHN 5424, 4; 5923, 1f. (nach BORCHLING 169); ferner BARTSCH (Eigennamen) 143; ADOLF, JEGP 49 (1950) 296; MERGELL (Gral) 78, Anm. 1.
den selben willen = die Absicht, die Welt *an sælden geniezen* zu lassen.

10, 4: *Urrepanse de schoyen* ist Gen. von *Urrepanse de schoye*: Wolfram hat den Namen also als Einheit aufgefaßt. *Urrepanse* ist die Form eines Zweiges der *G-Klasse des P, in *D steht immer, in G einmal (P 477, 15) *Repanse*. Der zweite Teil des Namens weist auf *joie* (cf. zu 10, 1), den ersten führt man i. a. zurück auf afrz. *repense/repenser* (cf. GODEFROY VII, 55b und X, 546c) bzw. prov. *repensar* (cf. LEVY VII, 243a): »Gedenken«, »Andenken an Freude« o. ä.; cf. SAN-MARTE, Germania 2 (1857) 391, der versucht, auch die Vorsilbe *Ur-* zu deuten: »›ourer‹, prier, orare; ›pens, pense‹, pensée, réflexion, also: die in Gebet, in Andacht Versenkte, mit dem Zusatz ›de joie‹« (zu *o(u)rer* cf. TOBLER-LOMMATZSCH VI, 1241f.); BARTSCH (Eigennamen) 143; MARTIN zu P 228, 14; SINGER (Stil) 82; FRAPPIER, Lumière du Graal, Etudes et textes présentés sous la direction de R. NELLI, Paris 1951, 195 (gegen WILMOTTE, der an *Réponse de Joie* denkt); KLEIBER, DU 14/6 (1962) 87; KAHANE 84ff. Da-

gegen schlägt MERGELL (Gral) 78, Anm. 1, Herleitung aus afrz. *respancher* bzw. *respandre* vor (cf. GODEFROY VII, 108bf. und X, 558cf.): »Verbreiterin von Freude«. KOLB 123, Anm. 138, hält diese Deutung für wahrscheinlicher, weil Wolfram »in seinen Wörtern französischer Herkunft und Lautung niemals die Nasale ẽ und ã« vermenge.
ander lop ist Subjekt.

11 (601/602) = 11 G, 11 H

G
Dise rede horten riter vñ fröwen.
man mohte an te⟨m⟩pleisen manges herzen iamer schöwen,
die er dicche brahte vz manger herte,
swenne er den gral mit siner hant vñ mit ir helfe werte.

H
Dise rede horten ritter vnd frawen
sy mochten an dem tempheÿse maniges hertzen iammer dick schawen
die er offt bracht aus maniger herte
wenn er den gral mit seiner crafft vnd mit jr hilffe ritterlichen werte

11,1: Die Zusammenstellung *rîter und frouwen* ist formelhaft; Belege bei BUMKE (Ritterbegriff) 85f.; cf. auch RADTKE 56ff. und KIEFNER 72.

11,2: Wolfram liebt es, »das zu Erzählende ... gleichsam aus der Wahrnehmung Anderer, und in diesem Sinne indirect« zu berichten (FÖRSTER 26); cf. im T noch die Wendungen *wart (wirt) gesehen* (14,2; 72,2); *man (ge)sach* (15,4; 25,2); *wart entstanden* (19,3); *man hiez* (22,2); *man nante* (42,2); *wart genennet* (45,4); *man kôs* (89,2; 137,3; 141,2; 161,3); dazu FÖRSTER l. c.; BÖTTICHER, Germania 21 (1876) 280; DAHMS 41ff.; KIEFNER 69f.; BRINKMANN, WW 2. Sonderheft (1954) 30f.; über Nachahmung im JT BORCHLING 173.
Historisches Vorbild für die Gralgemeinschaft der *templeisen*, der Gralritter, ist wohl der Ritterorden der Templer: wie diese bilden jene eine *rîterlîche bruoderschaft* (P 470,19), sind sie zur Einhaltung des Zölibats verpflichtet (cf. zu 3,1) und geben sie im Kampf keinen Pardon (cf. P 443,16ff.). Aber die Unterschiede dürfen nicht übersehen werden: zur Gralgemeinschaft gehören auch die Graljungfrauen und die Königin, das Wappen der *templeise* ist nicht das Kreuz, sondern die Taube (cf. P 474,5ff. – MARTIN II, XL macht darauf aufmerksam, daß im Perlesvaus die Gralritter das gleiche Wappen wie die Templer, ein rotes Kreuz in weißem Feld, führen). Für MARTIN l. c. und SINGER (Stil) 93f. ist die Tatsache, daß der Templerorden in der zweiten Hälfte des 12. Jahrhunderts ausgesprochen deutschfeindlich war, Indiz für die

Herkunft dieses Komplexes aus einer französischen Quelle. Gegen diese Auffassung, die seit jeher Gemeingut der Forschung ist,[16] hat sich KOLB 64ff. gewandt, weil sie seiner These, »daß das Gralkönigtum und seine Gefolgschaft eine Präfiguration des Sakralkönigtums Gottfrieds« sei, widerspreche, denn: »Wenn die Gleichsetzung[17] zu Recht bestände, was sollte eine solche Ritterschaft, die erst zwei Jahrzehnte nach dem Tod des Lothringers in Jerusalem gegründet wurde, schon in der Umgebung seiner legendären Ahnen vom Gral?« Er argumentiert: 1. Die Templer hießen nicht *templeise*, sondern *templier* im Altfranzösischen und Provenzalischen, *templarii* im Lateinischen; der Name *templeis* sei eine künstliche Bildung, entstanden aus *templensis*, »der zum Tempel Gehörende« (P 816, 15 wird der Aufbewahrungsort des Grals *tempel* genannt – die gleiche Auffassung zur Wortbildung vertreten LEXER II, 1420 und SINGER [Stil] 93; SUOLAHTI [8] 257 und MERGELL 210, Anm. 25, halten das Wort für eine Prägung Wolframs). Vorbild für diese Namensableitung sei wahrscheinlich das Wolfram geläufige Adjektiv *curteis*, Synonym zu *hövisch*, gewesen. 2. Wolfram unterscheide die Synonyma *curteis* und *hövisch* im syntaktischen Gebrauch: *hövisch* werde attributiv verwandt, *curteis* substantiviert: »ein substantiviertes ›curteis‹ aber ist zunächst formal das genaue Gegenwort zu dem im Parzival ausschließlich substantivisch gebrauchten Adjektiv ›templeis‹«. 3. Während die Mitglieder der Artussippe *hövisch* und *curteis* genannt würden, habe es Wolfram »sorgfältig vermieden, irgendein Mitglied der anderen Königsfamilie, der vom Gral, mit einem der beiden höfischen Beiworte zu kennzeichnen«. Darin zeige sich »die Gegenüberstellung zweier Lebensformen, deren eine durch das substantivierte Adjektiv ›curteis‹, deren andere durch das ... substantivierte Adjektiv ›templeis‹ gekennzeichnet ist. Nicht gegensätzlich, sondern graduell: ›templeis‹ zu sein schließt die ›curtôsîe‹ nicht aus ... ›templeis‹ zu sein, erhöht die Qualifikation des ›curteis‹ ... Darum gilt diese im Gralbereich nicht, dort ist sie unwesentlich geworden ... Wenn aber eine Schar von ›templeisen‹ einmal diesen Bezirk verläßt, ... werden auch sie ... ausnahmsweise ›curteis‹ genannt«. Dazu ist zu bemerken: 1. Daß *templeis* in den galloromanischen Wörterbüchern nicht verzeichnet ist, sagt über die tatsächliche Existenz dieses Wortes nichts aus. Beachtung verdient in diesem Zusammenhang der Hinweis von KAHANE 153f. auf die aragonesisch-katalanische Form *templés* (Plural von *templé*, der in diesen Dialekten lautgerechten Entsprechung von *templarius*), die allerdings erst für das frühe 14. Jahrhundert nachweisbar ist. Ob das im DWb XI/1/1, 245 angeführte afrz. *templois* nur erschlossen oder tatsächlich belegt ist, bleibt unklar. Im Mhd. ist sowohl *templeis* als auch *tempelære* mehrfach belegt (*templeis* außer bei

---

[16] Belege bei KOLB 64, Anm. 43, denen noch SINGER (Stil) 93f. beizufügen ist.
[17] KOLB verkennt den Unterschied zwischen Gleichsetzung und Bezug auf ein spezifisch abgewandeltes Vorbild, der seiner Präfigurationsthese keineswegs widerspricht. (Nachträglich finde ich diesen Einwand bestätigt von W. MOHR, Festschrift H. DE BOOR zum 75. Geburtstag am 24. März 1966, Hrsg. von den Direktoren des Germanischen Seminars der Freien Universität Berlin, Tübingen 1966, 63, Anm. 22.)

Wolfram und im JT z. B. Marner XV, 304; HzgE D 5112; Rfr 786; LKr
1773; UWl 3841; *tempelære* JT 421, 2 [in Hs. B als Variante zu *templeise*!];
Renner 11134; LKr 1596; Jeroschin[18] 173b [25, 412] – nach BMZ III, 29a;
LEXER II, 1419f.; SUOLAHTI [8] 257). 2. *curteis* wird nicht nur substantiviert
gebraucht, cf. z. B. T 79, 3: *zweinzic kint von hôher art kurteise*. Wenn es aber
substantiviert gebraucht wird, steht es immer in Beziehung zu einem anderen
Substantiv, während *templeis* ausschließlich als absolutes Substantiv belegt
ist, nie – wie *curteis* – als Attribut oder prädikativ (cf. z. B. P 62, 3: *sîn volc
daz ist kurtoys*). 3. Die Unterscheidung zwischen einer Gralqualitas *templeis*
und einer gewissermaßen profanen Qualitas *curteis/hövisch* ist allzu künstlich:
keiner der Angehörigen der Gralfamilie erhält die Bezeichnung *templeis*, wohl
aber nennt Feirefiz Parzival *minnen slüzzel kurteis* (P 748, 30, cf. auch die G-
Variante zu P 797, 14–16: *Parcifal was so bedaht unde kurteis*), wird der
Gralkönig Lohengrin als *höfsch mit zühten wîs ein man* gerühmt (P 825, 8)
und ist die Gralbotin Kundrie *der witze kurtoys* (P 312, 22).

12 (603/655) = 12 G, 12 H

G
*Svs was der starche Titurel worden der swache
beidiv von grozzem alter vñ von siecheit vngemache.
Frimutel besaz da werdchliche
den gral vf Muntsalvatsche. daz was der wun⟨s⟩ch uber irdeschiv riche.*

H
*Sŭnst was der starche Titurel worden der swache
baide von grossem alter vnd von siecheite vngemache
Freÿmutel besass da wirdicleiche
ze Monsalvatsch den gral das ist der wunsch ob jrdischm̄ reiche*

12, 1: Prädikatives Adjektiv mit bestimmtem Artikel, cf. zu 9, 4.

12, 2: Titurels Krankheit wird P 501, 26f. beschrieben:
*ein siechtuom heizet pôgrât
treit er, die leme helfelôs.*

12, 3: *besaz* heißt nicht »nahm in Besitz« (BARTSCH, PIPER, MARTI z. St.),
sondern »hatte in Besitz«, denn das *daz* in der folgenden Zeile wird man wohl
auf die Aussage dieses Satzes zu beziehen haben, und es liegt näher, daß der

---

[18] Nikolaus von Jeroschin, Di Kronike von Pruzinlant, Hrsg. von E. STREHLKE, Leipzig 1861.

Zustand der Herrschaft über den Gral, nicht der Vorgang der Inbesitznahme *wunsch über irdeschiu rîche* genannt wird; cf. W 455, 26f.:
> dô ich der Provenzâlen lant
> mit grôzen vreuden hie besaz.

Dagegen scheint in der durch H (= JT ADEHJKXYZ) repräsentierten Texttradition *wunsch ob irdischem rîche* auf den Gral bezogen zu sein, denn nur dann ist das Präsens in Zeile 4 sinnvoll.

12, 4: Seit BARTSCH (Eigennamen) 139f. erklärt der überwiegende Teil der Forschung *Munsalvæsche* (über die hier vorliegende Lautform *Muntsalvâtsche* bzw. *Monsalvâtsch* s. u.), den Namen der Gralburg, als *mont sauvage/mons silvaticus* (u. a. LEXER I, 2231; PIPER, p. 114, Anm. 1; MARTIN zu P 251, 2; HEINZEL 8f.; FOURQUET [noms] 256; BOESCH, DVjs 32 [1958] 248; KLEIBER, DU 14/6 [1962] 87) und sieht in ihm eine Übersetzung des P 230, 13 erwähnten Burgnamens *Wildenberc* (womit vielleicht die im Odenwald gelegene Burg Wildenberg der Herren von Durne gemeint ist; der Name der Gralburg könnte dann eine Anspielung auf den Wohnsitz dieser möglichen Gönner Wolframs sein, cf. dazu SCHREIBER 36ff.; P. P. ALBERT, Die »Gralsburg« Wildenberg und die historische Kritik, Buchen 1949; STAMMLER, Wolfram-Jahrbuch 1 [1952] 45ff.; W. HOTZ, Burg Wildenberg im Odenwald, Ein Herrensitz der Hohenstaufenzeit, Amorbach 1963). Dieser These stehen jedoch sprachliche Schwierigkeiten entgegen: in der Bezeichnung des Gralreiches, *Terre de salvæsche* (P 251, 4; 792, 10; 797, 7), ist *salvæsche* offensichtlich abstraktes Femininum, denn eine Fügung Substantiv + Präposition + Adjektiv wäre sinnlos. Ein Abstraktum *sauvage*, »die Wildnis«, aber gibt es im Französischen nicht, und so muß man, soll an der erwähnten Deutung von *Munsalvæsche* festgehalten werden, *Terre de salvæsche* für einen sprachlichen Schnitzer Wolframs halten (cf. SINGER [Stil] 89f., KOLB 129f.). Um dieser Schwierigkeit zu entgehen, führt KOLB 129ff. *salvæsche* auf das freilich erst nach Wolfram belegte Substantiv *salvaige*, »Schutz«, »Rettung«, »Bewahrung«, zurück. *Munsalvæsche* wäre dann eine Analogiebildung zu Ortsbezeichnungen des morphologischen Typs *Munjoie* oder *Monpeslier*, *Terre de salvæsche*, für das es derartige Analogiefälle nicht gab, eine normale Fügung Substantiv + Präposition + Substantiv. *Munsalvæsche* hieße dann »Berg des Schutzes«, »der Errettung«, »der Bewahrung«, was auf den Vorstellungskreis vom irdischen Paradies weisen könnte (ähnlich bereits SAN-MARTE, Germania 2 [1857] 392: »Die Burg des Grals Munsalvæsche ist deutlich als mont-salvaige, der Berg des Heiles... bezeichnet«, und RENOIR, Revue des Langues vivantes 26 [1960] 470f.). Eine Bestätigung für seine These sieht KOLB in der allegorischen Deutung des Namens im JT (523) als *der behalten berc*, »Berg der Erretteten« (Hinweis bereits bei DOCEN z. St.). KOLBs Erklärung nötigt jedoch zu einer sprachlichen Unterscheidung, der nur mit Vorbehalt zugestimmt werden kann: In der Bezeichnung des Gebietes, in dem Trevrezents Klause sich befindet, *Fontâne la salvâtsche* (P 452, 13; 456, 2), ist *salvâtsche* eindeutig Adjektiv. Nach KOLB unterscheidet nun Wolfram dieses *salvâtsche* von *salvæsche/salvaige*, geht es auf das für *Munsalvæsche* abgelehnte *silvaticus/salva(t)ge* zurück (dazu gehörte dann auch *salfâsch flôrîe* [T 151, 1], das Wolfram selbst mit *bluome diu wilde* [T 152, 4] paraphrasiert – cf. z. St.).[19] Ein Blick in die Überlieferung zeigt, daß G gewöhnlich *muntsalva(t)sche* schreibt (in verschiedenen orthographischen Varianten: *mvntschalvatsch, mvntsaluatsche, mvntsalvasche* u. a.), also genau die Lesung bietet, die nach KOLB auf *silvaticus* zurückgeht. Diese Lesung findet sich gelegentlich auch in D (P 340, 1 *mvntsalvasce*), der Kronzeugin für die Lesung *Munsalvæsche*, und P 261, 28 steht statt der in *G und einem Teil der *D-Klasse überlieferten Alternativbezeichnung für die Gralburg: *salva(t)sche ah muntane* gerade in D *zer wilden ah muntane*. Auch KOLBS Hinweis auf den JT überzeugt nicht, denn dessen Verfasser – der im übrigen eine besondere Vorliebe für allegorische Auslegung von Eigennamen zeigt (cf. BORCHLING 169) – hat »von der französischen Sprache nur sehr oberflächliche Kenntnisse besessen« (BORCHLING 131) und *Munt salvasch*[20] wahrscheinlich als lateinische Bildung aufgefaßt: *mons salvationis* (so u. a. auch BMZ II/1, 234a [cf. aber p. V, Anm.]; SAN-MARTE [Studien 2] 243; SINGER [Stil] 89f.; SCHRÖDER 44; MERGELL [Gral] 24, Anm. 2; DEINERT 94), wie er auch *Terre de salvæsche* zu *Salvaterre* (314, 1) latinisiert hat:

> Daz selbe lant genennet ist nach got dem hôsten.
> ein sin nam erkennet ist uns vil wert. des kristenheit sich trôsten
> mit sælden mac, swer kan des gelouben walten,
> daz Salvator got heizet ... (323).

So muß nach wie vor mit der Möglichkeit gerechnet werden, daß *Munsalvæsche* eine Übersetzung von *Wildenberc* ist. Dabei braucht man übrigens nicht unbedingt einen sprachlichen Schnitzer Wolframs anzunehmen: *salvæsche* in *Terre de salvæsche* könnte eine Abkürzung von *Munsalvæsche* sein, *Terre de salvæsche* also bedeuten: »Land, das zur Burg Munsalvæsche gehört«; cf. die G-Lesart zu P 792, 10: *in terre de muntsalfatsche*. Nicht zu überzeugen vermag die Identifizierung von *Munsalvæsche* mit dem Parsenheiligtum *Kûh-î sâl chwâdschä* (SUHTSCHECK, FuF 7 [1931] 139 und Klio 25 [1932] 63f.) oder dem spanischen *Mon(asterium sancti) Salvat(oris)* (RICHTHOFEN, Boletin de Filologia 12 [1960] 33f.). Über weitere Identifizierungsversuche, die nicht den Namen, sondern den Ort der Gralburg betreffen, unterrichtet HEINERMANN, Die Welt als Geschichte 6 (1940) 139ff. und 8 (1942) 164ff.

Faßt man *rîche* als Substantiv auf (Akk. Pl. in G, Dat. Sgl. in H), lautet der

---

[19] Cf. RENOIR l. c. 471: »Accordingly, it is by no means inconceivable that Wolfram rendered ›salvaige‹ (act of saving) by ›salvæsche‹, and ›salvage‹ (wild) by ›salvâtsche‹, thus preserving fairly close phonetic correspondence with the words in the original document. Of course, the name ›Montsalvage-Munsalvæsche‹ may well have been intended as a serious pun on both the adjectival and the substantive meaning of the term.«

[20] Der JT bietet das Wort in der G-Lautung; daß der P-Text, der seinem Verfasser zur Verfügung stand, dem *G-Zweig angehörte, geht aus mehreren Indizien eindeutig hervor; cf. RÖLL 52.

letzte Satz: »das (sc. die Herrschaft über den Gral) übertraf alle irdische(n) Herrschaft(en)« (in diesem Sinn DOCEN und BARTSCH z. St.). Cf. RZw 42, 3:
   ...*den Grâl von arte reine, des wunsch was allen künicrîchen obe.*
Auf der Grundlage von Lectio H könnte man *rîche* jedoch auch als Adjektiv auffassen:
   daz was der wunsch, ob irdischem rîche,
»die Herrschaft über den Gral war das Höchste, herrlicher als alles Irdische«, cf. P 519, 10f.:
   dô sagete man ir umben grâl,
   daz ûf erde niht sô rîches was.
Der Gedanke, daß der Gral bzw. die Herrschaft über ihn alle irdische Herrlichkeit übersteigt, findet sich mehrfach im P (cf. etwa noch 235, 24 und 254, 26). Diese Einmaligkeit des Grales, der auch *wunsch von pardîs* genannt wird (P 235, 21; 470, 14), rückt ihn neben anderen Merkmalen (s. o.) in den Vorstellungskreis vom irdischen Paradies (cf. DEINERT 92 und KOLB 122ff.).

13   (656) = 13 G, 18 H

G
Dem waren siner tohter zwo von den iaren,
daz si gein hoher minne an vriundes arm vol wahsen waren.
Schoysianen minne **s c h o n e   g e r t e**
vil chunge vz mangen landen, des si doch einen fursten gewerte.
3. *gerte schone* mit Reimpunkt nach *gerte*, aber über beiden Worten je drei Punkte, die wohl als Umstellungszeichen aufzufassen sind.

H
Dem waren seiner tochter zwo von den iaren
des sy gegen hoher mynne an freundes arm volwachsen waren
Thyosyanen mynne schone gerte
vil künige aus manigen lannden des sy doch einen fürsten gewerte

13, 1: »Zwei seiner Töchter waren in dem Alter ...«, possessiver Dativ, cf. zu 9, 2. – Die beiden Töchter Frimutels, deren Schicksal in den folgenden Strophen erzählt wird, sind Schoysiane und Herzeloyde, Mutter und Erzieherin der Signe.

13, 2: Ich fasse *arm* als Dat. auf (mit Apokope des Endungs-*e* wie z. B. P 663, 16 *krâm* und 663, 1 *bach*, cf. dazu WEINHOLD 479, für den T JANDER 14 und KIEFNER 26), *an vriundes arm* mithin als Umstandsergänzung zu *hôher minne* und übersetze: »zu edler Liebe in ehelicher Umarmung erwachsen«. So hat wohl auch LEITZMANN die Stelle aufgefaßt: er schreibt *arme*, was kaum als Akk. Pl. gemeint sein wird, denn in den Wendungen des Typs *an vriundes arm(e)* steht *arm* gewöhnlich im Sgl. (cf. BMZ I, 57a). Faßt man *arm* als

Akk. Sgl. auf, wären *gein hôher minne* und *an vriundes arm* gleichgeordnet auf *volwahsen* bezogen (so MARTIN und MARTI z. St., cf. auch JT X: *gen hoh^s minne vnd an vrewndes arem*, ebenso JT JKZ), oder es wäre *gein hôher minne* Umstandsergänzung zu *an vriundes arm* (*gein* = »im Hinblick auf« wie z. B. 14, 4). Zum Terminus *hôhiu minne* bei Wolfram cf. zu 3, 1; daß *vriunt* bei den Gralkönigstöchtern nur »Ehemann« heißen kann, steht wohl außer Zweifel (cf. P 494, 7ff., zum Terminologischen SCHUMACHER 108).

13, 4: Es könnte gemeint sein, daß die Königstochter Schoysiane einen Fürsten den »höherstehenden Königen« (MARTI z. St.) vorzieht. Der Dichter des JT hat daran vielleicht Anstoß genommen: er hebt ausdrücklich die Ebenbürtigkeit des Herzogs Kiot hervor, JT 660, 2ff.:

vil kunige hoch getiuret   vorsagt man Tschosian und wolt ir gunnen
uz Katelangen einen fursten richen.
der mocht an lop, an eren,   an der geburt den kunigen wol gelichen.

(Anders RÖLL 88, der in dieser Strophe nur eine »duplicatio der Umschreibung« in der der Str. T 13 entsprechenden Str. 656 sieht.) Es ist jedoch möglich, *fürste* auch als allgemeinen Ausdruck für »Landesherr« aufzufassen (cf. DWb IV/1/1, 843). Allerdings gebraucht Wolfram den Terminus *fürste* sonst nie in diesem übergreifenden Sinn. RÖLL 88 ist der Ansicht, Wolfram habe die Umschreibung »einen Fürsten« gewählt, »um sein Publikum in Spannung zu versetzen (die er allerdings souverän gleich zu Beginn der nächsten Str. wieder löst)«. – Das *des* kann sich syntaktisch nur auf *minne gern* beziehen; vom Sinn her würde man eher *der*, sc. *der minne*, erwarten.

14   (661) = 14 G, 19 H

G
Kiot vz Katelangen erwarp Schoysianen.
schoner maget wart nie gesehen bi sunnen noch bi m a n e n.
er het vil manger tugent genozzen.
sin herze was gegen hohem prise ie der chost vñ der tat vnverdrozzen.
2. *mannen.*

H
Kÿot von Kathelanngen erwarb Thyosÿanen
schöner magt ward nie gesehen seyt noch ee beÿ sůnnen noch bey mannen
auch het er maniger tugende genossen
sein hertze was ye der coste vnnd der tat gegen preyse vnuerdrossen

14, 1: Zur Erklärung von Namen und Person des Herzogs *Kîôt ûz Katelangen* (= Katalonien? [21]) hat man in der Forschung zwei Wege beschritten: den

---

[21] Cf. die afrz. Formen für Katalonien bei LANGLOIS 87: *Cateloigne, Cateloingne, Catelongne* und FLUTRE 219a: *Catheloigne, Castellongne*.

der historischen Identifikation und den der literarischen Herleitung. MARTIN zu P 186, 21 vermutet, es seien wohl die »Grafen von Barcelona und von Provence« gemeint, muß aber feststellen, daß der »nordfranzösische Name Guiot = Kyôt ... unter diesen nicht zu finden« sei. In der Nachfolge seines Landsmannes DANIELS[22] hat dann SCHOLTE, Neoph 33 (1949) 36, versucht, Kiot, den Herzog, und Kiot, den angeblichen Gewährsmann Wolframs, gleichzusetzen: in Zusammenhang mit den angevinischen Anspielungen im P (cf. zu 40, 1) hält er Kiot für einen im Gefolge des Richard Löwenherz nach Deutschland gekommenen »Grafen von Provence, der sich als Kreuzritter orientalische Erfahrungen sammelte und sich als Literaturfreund und Sänger für heimatliche Mystik interessierte, einerseits als Gewährsmann für angevinische Verhältnisse, Berichterstatter über orientalische Ereignisse, Gelehrsamkeit und Kultur, Kenner internationaler Dichtung, andererseits als ritterliche Gestalt in der unmittelbaren Umgebung des Haupthelden, als nächster Verwandter und Angehöriger der Familie der Gralhüter, Vater der Sigune, Erzieher des Kardeyz ...«. Diese These ist – trotz der Zustimmung ZEYDELS, Neoph 34 (1950) 11ff. – recht unwahrscheinlich, zumal SCHOLTE nicht einmal den Versuch einer im strengen Sinn historischen Beweisführung unternimmt. Fundierter, aber letztlich auch nicht beweisbar, ist schließlich die These KOLBS 19ff., der den Herzog Kiot von Katelangen mit dem Herzog Guido Gottfried von Aquitanien (1058–1086), dem berühmten Eroberer der Sarazenenfestung Barbastro in Katalonien (cf. zu 42, 2), in Verbindung bringt: »Mit dem historischen Herzog Guido Gottfried von Aquitanien hat ›der herzoge Kyot von Katelangen‹ mehrere wesentliche Merkmale gemeinsam. Erstens den Namen: Guiot ist die mit einem Diminutivsuffix erweiterte Form des Namens Gui ... zweitens auch den Rang ... Und drittens verbindet den literarischen Kyot von Katelangen und den historischen Herzog Guido die Stätte ihrer Wirksamkeit ... Da die Taten, die den Herzog Guido Gottfried über sein eigenes Land hinaus berühmt machten, sich in Katalonien abspielten, konnte ihm leicht der legendäre Beiname ›von Katelangen‹ zugelegt werden.« Ganz anders FOURQUET, Mélanges offerts à R. CROZET ... éd. par P. GALLAIS et Y.-J. RIOU, II, Poitiers 1966 = Cahiers de civilisation médiévale, Suppl., p. 975 ff.: er sieht in Wolframs Einführung eines zweiten Oheims der Kondwiramurs/Blancheflur gegenüber Chrestien (cf. dazu MERGELL 73) eine Parodie auf Ulrichs Lanzelet: Lanzelet sendet zwei Boten, Iwan und Giot (Lanz 8155), nach Genewis. Sie wurden ausgewählt, weil *sî wol reden kunden* (Lanz 8157), doch führt der als Artusritter bekannte Iwan die Verhandlungen im wesentlichen allein, während der sonst

---

[22] J. C. DANIELS, Wolframs Parzival, S. Johannes der Evangelist und Abraham Bar Chija, Nijmegen, Proefschrift 1937 = Disquisitiones Carolinae, 11, p. 193ff. DANIELS denkt an den hebräischen Gelehrten Abraham Bar Chija als Vorbild für die beiden Kiot. Noch weniger überzeugt der neuerdings von RICHTHOFEN, Boletin de Filologia 13 (1961) 6ff., unternommene Versuch einer Identifikation mit Michel Scot, »fameux traducteur et magicien«, die sich sogar auf die Struktur des Namens bezieht: »un copiste aurait-il remplacé par ›k‹ les ›s‹ et ›c‹ liés étroitement dans le modèle; et l' ›y‹ s'expliquerait-elle par le génitif ›Scoti‹?«

unbekannte Giot schweigt. FOURQUET schließt daraus, Ulrich habe – wie Wolfram später seinen Kiot – diese Figur sekundär eingefügt (»dédoublement du rôle«), und zwar als »allusion à une personnalité contemporaine« (von hier aus wäre dann eine Brücke zu schlagen zu den oben skizzierten historischen Herleitungen). Dieser Erklärungsversuch wird, weil auf einer höchst unsicheren Interpretation des Lanzelet beruhend, dessen Quelle wir ja nicht kennen, wohl kaum die Zustimmung der Forschung finden. Schließlich kann man von der Beobachtung ausgehen, daß sich das Namenspaar *Schoysîâne/Kîôt* bereits in der afrz. Literatur findet (cf. zu 10, 1), aus der es Wolfram – durch welche Vermittlung auch immer – übernommen haben könnte. Die Herkunftsbezeichnung *ûz/von Katelangen* hätte er dann möglicherweise von *Malivliôt von Katelange* (HEr 1679), dem wahrscheinlichen Namensvorbild für den Bruder Kiots (cf. zu 23, 1f.), auf diesen übertragen. Auch diese Herleitung vermag jedoch nicht restlos zu überzeugen.

14, 2: Zum Stilistischen (indirekte Ausdrucksweise) cf. zu 11, 2.
bî sunnen noch bî mânen bedeutet nach Ansicht der Kommentatoren »weder bei Sonnen- noch bei Mondlicht« = »weder bei Tag noch bei Nacht« = »zu keiner Zeit«. Der Wortgebrauch *bî sunnen/mânen* = »beim Licht der Sonne«/»des Mondes« ist bei Wolfram belegt, cf. P 376, 6f.:

dô mâzen si ir letze zil
bî dem liehtem mânen

sowie P 302, 14ff.:

... ougen nebel
hât dich bî liehter sunnen hie
mir benomn ...

und W 416, 14. Falls das in H (und im JT) überlieferte *sît noch ê*[23] in den Text gehört (LACHMANN, BARTSCH, PIPER, MARTIN–LEITZMANN: *... wart nie noch gesehen ê ...*), wäre dies jedoch nur eine recht überflüssige Wiederholung eines bereits ausgedrückten Gedankens. Bei einigen Übersetzern ist deshalb die zeitliche Vorstellung unversehens zu einer räumlichen geworden: »Jamais on ne vit plus belle vierge, sous le soleil ou sous la lune« (FOURQUET, ähnlich SIMROCK). Der Gedanke »die Schönste unter der Sonne«, d. h. »auf der ganzen Welt«, wird im Mhd. jedoch gewöhnlich anders ausgedrückt, cf. z. B. Lanz 729f.:

er hât der schœnsten tohter ein,
die diu sunne ie beschein,

ähnlich Rol 4395f. An unserer Stelle läge dann eine verkürzte Ausdrucksweise vor, doch fragt man sich, weshalb zwei Gestirne genannt werden, was doch hier keine Steigerung bedeuten kann (so unterschlägt denn auch SIMROCK die Sonne). Die Formelhaftigkeit der Verbindung Sonne/Mond könnte nur dann

---

[23] MARTIN z. St.: »altepische Formel« – cf. P 230, 12 und 492, 23. Materialsammlungen bei R. M. MEYER, Die altgermanische Poesie nach ihren formelhaften Elementen beschrieben, Berlin 1889, 289; MARTIN zu Kudrun (M) 266,2 und MATZ 76.

als Gegenargument angeführt werden, wenn es gelänge, diese Formel in der hier zur Debatte stehenden Bedeutung zu belegen. Es gibt indessen noch eine weitere Erklärungsmöglichkeit: Sonne und Mond werden in der mhd. Literatur oft zu Vergleichen mit menschlicher Schönheit herangezogen (cf. die Belege bei BMZ II/1, 54bf. und II/2, 744bf., WEINHOLD [Frauen I] 206f. und KÖHN 20ff.; der Gedanke findet sich bereits in der Bibel, Cant. 6, 9: *pulchra ut luna, electa ut sol*, cf. dazu KESTING 69ff. und KRATZ, Arcadia 4 [1969] 300ff.). Übersetzt man nun *bî* mit »neben«, »im Vergleich mit«,[24] so könnte die Stelle lauten: »zu keiner Zeit hat man im Vergleich mit Sonne und Mond ein schöneres Mädchen gesehen«, cf. Neidh 56, 20f.:

sunne und ouch der mâne
gelîchent sich der schœnen niht...

14, 3: Cf. HKl 777ff.:
so kan ich dir bescheiden wol
wes ein man geniezen sol:
tugende unde sinne
und Reinmar, MF 154, 20:
der tugende si geniezen sol.

14, 4: *gegen hôhem prîse* = »um hohen Ruhm zu erwerben« (BARTSCH z. St.), verkürzter Nebensatz. Die Wendung *hôher prîs* findet sich im T noch 4, 2; 42, 4 und 82, 4 (Lectio G wird vom JT gestützt).
Mit *kost* sind wohl die Kosten fürstlicher *milte* gemeint; cf. zu 4, 2 und 101, 2.

15 (662) = 15 G, 20 H

G
Si wart schone braht vñ riliche enphangen.
der chunch Tampunteire, sin brôder, chom ze Katelangen.
riche fursten vngezalt da waren.
so kostchliche hochgezit gesach niemen bi mangen iaren.

H
Sy ward im schone bracht vnd reichlich emphanngen
der künig Tampuntier sein brueder kam auch ze Kathelangen
vil reicher fürsten vngezalte da waren
so costliche hochtzeit die gesach noch nieman in manigen iaren

15, 2: Herkunft und Bedeutung des Namens *Tampunteire* müssen als ungeklärt gelten. Die Herleitungsversuche SAN-MARTES, Germania 2 (1857) 393

---
[24] Cf. z. B. W 364, 21ff.: *bî Ehmereizes kursît der heide glanz ins meien zît ... an prîse wære verkrenket.*

(»der Stürmer« aus den galloromanischen Entsprechungen zu lat. *tempestas*) und BARTSCHS (Eigennamen) 144 (prov. *tamp-en-taire* = »Hüll-in-Schweigen«)[25] sind ebenso unhaltbar wie derjenige RICHEYS, GLL 17 (1963/64) 1f., die die Wendung *Kardeiz fîz Tampenteire* (P 293, 12), die auf *Garades fils d'emperere* zurückgehe,[26] für den Ausgangspunkt der Bildung hält: Wolfram habe aus *d'emperere* zunächst den Namen *Tampunteire* für Kondwiramurs' Vater gebildet (erste Nennung P 180, 26) und deren Bruder Kardeiz dann später eingeführt (an der genannten Stelle P 293, 12).

15, 4: Derartige Einzigartigkeits- oder Unüberbietbarkeitstopoi (cf. CURTIUS 171ff.) sind fester Bestandteil der Festschilderung, cf. bei Wolfram noch P 100, 23ff. und 730, 30f.; Belege aus anderen Denkmälern bei H. BODENSOHN, Die Festschilderungen in der mittelhochdeutschen Dichtung, Münster 1936 = Forschungen zur deutschen Sprache und Dichtung, 9, passim.
Zur indirekten Ausdrucksweise cf. zu 11, 2.
Das mit *kost(en)lîch* gleichbedeutende *kosteclîch* (zur Wortbildung cf. WILMANNS II, 490f.) ist in den Wörterbüchern (LEXER I, 1688, JELINEK 424) nicht vor Wolfram belegt (bei Wolfram P 683, 19 G; 775, 3 Gdg; T 141, 2; W 248, 30; 386, 13; 387, 2l); cf. auch zu 57, 4.
MARTIN z. St. und ROGOZINSKI 24 zählen unbestimmte Zeitangaben des Typs *bî (in) mangen jâren* (cf. P 465, 25ff.; W 332, 8ff.; 435, 8ff.; 440, 26f.) zu den stilistischen Eigentümlichkeiten des »Volksepos«. Zu der von MARTIN z. St. angeführten Parallele Kudrun 617, 1 cf. etwa noch Nib 1725, 2 und Kl 2940f.; über unbestimmte Zeitangaben in der Lyrik LIERES UND WILKAU 142ff., 157, 200; cf. auch zu 19, 4.

16 (663) = 16 G, 21 H

G
Kiot, des landes herre, bris het erworben
mit milte vñ ellen. sin tat was vil vnverdorben,
swa man hurtchliche solte striten
vñ ŏch durch wibe lon gezimiert gein der tioste riten.

---

[25] Dazu PARIS, Romania 4 (1875) 149: »Qui croira jamais qu'un poète provençal ait formé le nom ›Tampenteire‹ ... »proprement ›cache en silence‹«?«
[26] Was RICHEY mit »original context« meint, bleibt unklar. Sollen wir wirklich aus den beiden Zeilen der Minneanklage *Kardeiz fîz Tampenteire, ir* (sc. Kondwiramurs') *bruoder, nâmt ir och sîn lebn* (P 293, 12f.) auf »some unrecorded tale of misfortune in love« schließen? Das sind denn doch zuviele Unbekannte in der Rechnung! MARTIN zu P 180, 26 ist da vorsichtiger: »vielleicht ist T (in Tampunteire) als ein angeschmolzenes franz. d' aufzufassen«. Diese Ableitung als »generally accepted« zu bezeichnen, geht zu weit.

H
Kyot des lanndes herre preys het erworben
mit milte vnd auch mit aller seiner tat was vil vnuerdorben
wo man ritterlichen solte streiten
vnd durch der weybe lon gezÿmmeret gegen tyost reiten

16, 2: Über den *fortitudo-et-liberalitas*-Topos cf. zu 4, 2.
Im Gegensatz zu den anderen höfischen Dichtern, die *ellen* gar nicht oder selten gebrauchen, verwendet Wolfram dieses alte, dem Bereich der Heldenepik angehörende Wort recht häufig (69mal im P, 32mal im W und je 1mal im T̊ und in den Liedern); bei Hartmann findet es sich 6mal im Erec (HEr 759, 768, 821, 4381, 9061, 9132), 1mal im Gregorius (Gr 1993) und 1mal im Iwein (HIw 2999), bei Gottfried 1mal (Tr 7006), bei Ulrich von Zatzikhofen 4mal (Lanz 1040, 2411, 3382, 8362), bei Wirnt 5mal (Wig 5610, 7181, 8436, 10170); bei Konrad Fleck ist es nicht belegt; cf. JÄNICKE 20 und WG 185.

17   (664) = 17 G, 22 H

G
Gewan ie furste lieber wip, waz der dolte
der herzenlichen liebe! alsus div minne mit in beden wolte!
owe des, nu nahet im sin truren.
sus nimet div werlt ein ende: vnser aller sȯzze an dem orte ie mȯz suren.

H
Wann ye fůrste lieber weib was der dolde
hertzenlicher wunne also die mÿnne an jn baiden wolte
awe des nu nahet im sein trauren
vnnser aller sůesse můes ye ze iůngst an dem orte sauren

17, 1f.: »Wenn je ein Fürst eine liebere Frau erwarb, was hat der an inniger Freude erfahren! So wollte es die Liebe an ihnen beiden!« (MATTHIAS). – Andere syntaktische Möglichkeiten:
1. In Zeile 1 Konstruktion wie oben, in Zeile 2 Komma statt Ausrufezeichen nach *liebe* (*wünne*) und Auffassung des *alsus/also* der Hss. als Konjunktion »so wie« (LACHMANN, BARTSCH, PIPER, MARTIN, LEITZMANN: *als*).
2. In Zeile 1 Ausrufezeichen (BENECKE 944) oder Fragezeichen (MARTI) nach *wîp*, in Zeile 2
a) Konstruktion wie oben (BENECKE, MARTI [27]),

---

[27] MARTI setzt jedoch Doppelpunkt statt Ausrufezeichen nach *wolte* und erklärt: »›alsus‹, auf das folgende weisend: daß erst Lust, dann Leid kommt.« Man wird der Minne, wie es diese Deutung impliziert, schwerlich die Absicht unterstellen können, sie habe den Tod der Schoysiane herbeiführen wollen.

b) Auffassung des *alsus/also* der Hss. als Konjunktion wie unter 1.
In der ersten Zeile könnte man auch übersetzen: »wenn je ein Fürst eine Frau lieber gewonnen hat« (»hat je ein Fürst...«),[28] doch ist diese Lösung aus inhaltlichen Gründen wenig wahrscheinlich, denn der Fürst wird ja nicht über die Liebe, die er seiner Frau entgegenbringt, sondern über deren liebevolles Wesen Freude empfinden. Auch der Verfasser des HzgE D, der, worauf LACHMANN im Apparat hinweist, die Stelle nachahmte, hat den Text so verstanden:
> Gewan ie furste liebes weip
> Dem es frauwe Selde wolde,
> Was der freuden dolde! (424ff.).

Alle Herausgeber bevorzugen *wünne* H gegenüber *liebe* G, wohl in der Vermutung, dieses sei versehentlich aus der ersten Zeile kopiert. Lectio G läßt sich jedoch gut verteidigen: die Verbindung *minne/liebe* findet sich mehrfach im T: 46, 2f.; 52, 3f.; 81, 1; und zwar 46, 2 und 81, 1 mit der Wendung *herzenlîchiu liebe*, die sonst bei Wolfram nicht belegt ist; die Wendung *herzenlîchiu wünne* gebraucht Wolfram außer an der vorliegenden fraglichen Stelle nirgends. Das Wortspiel *lieber/liebe/minne* entspricht ganz seinem Stil. Die Wendung *mit in wolte* (G – so LEITZMANN und MARTI – MARTI z. St.: »mit ihnen im Sinn hatte«) ist ebenso ungewöhnlich wie die Wendung *an in wolte* (H – so LACHMANN, BARTSCH, PIPER, MARTIN – PIPER z. St. faßt *an einem wellen* analog zu *einem an gewinnen* auf und erklärt: »von ihnen verlangte, wie einen Tribut«, MARTIN z. St.: »ihnen beschied«).

17, 3: Die Vorausdeutung, die zu den bevorzugten stilistischen Mitteln der Heldenepik zählt (dazu grundsätzlich A. GERZ, Rolle und Funktion der epischen Vorausdeutung im mittelhochdeutschen Epos, Berlin 1930 = Germanische Studien, 97) ist ein wichtiges Strukturelement auch im T, cf. 48, 1; 56, 2; 78, 4; 80a, 4; 80b, 2; 132, 4; 134, 2f.; 135, 3; 136, 4; 138; 154, 1f.; 155, 2; 158, 4; 159, 4; 163, 2; 170, 2 (dazu ROGOZINSKI 25f. und LEITZMANN, Beitr 26 [1901] 142f.). Durch diese Technik wird die Katastrophe schon heraufbeschworen, »wenn im äußeren Handlungsablauf noch nichts auf sie hinweist, wodurch sie den Charakter eines zwangsläufig eintretenden Ereignisses erhält« (KÖNNEKER 34).
nâhet halte ich mit KIEFNER 51 für Präsens. Der Tempuswechsel bringt die innere Anteilnahme des Erzählers am Geschehen zum Ausdruck (»Autor-Präsens« [HEMPEL], cf. PMS § 297, 3 – im T noch 47, 4/48, 1, cf. auch zu 134, 2f.).
trûren ist hier gleichbedeutend mit *leit*; entsprechend 61, 1 (*kumber*); 134,3 (Gegensatz zu *fröude*) und 135,3. Cf. auch MAURER 271.

---

[28] Cf. BARTSCH z. St.: »wenn je ein Fürst ein Weib besaß, das ihm noch lieber war als Kiot Schoisiane war«. Die Wendung *einen liep gewinnen* ist im Mhd. belegt; zu der BMZ III, 710a angeführten Stelle Eng 1003f.: *daz si bî einander zwêne man in ir herzen liep gewan* cf. noch Hausen, MF 50, 14: *sît ich si sô liep gewan* und Heidin 1172f.: *Nû hâst dû keinen man gewunnen mêre liep.*

17, 4: Cf. P 103, 23f.:
alsus vert diu mennischeit,
hiute freude, morgen leit.
Nach WOLFF 119 hebt diese Sentenz »die Allgemeingültigkeit des Geschehens hervor« (cf. auch ROGOZINSKI 20; RAHN 15; LABUSCH 158, Anm. 188). Derartige Klagen über den Lauf der Welt, in der *ie diu liebe leide z'aller jungeste gît* (Nib 2378), begegnen in der mhd. Literatur überaus oft, cf. dazu EHRISMANN 309, Anm. 2 und die dort verzeichnete Literatur; ARMKNECHT 81 und 85. Eine der Wurzeln dieser Redensart ist wohl in der Bibel zu suchen, cf. Prov. 14, 13: *Risus dolore miscebitur, et extrema gaudii luctus occupat.*
ein ende nemen statt des üblichen *ende nemen* (P 562, 4; W 13, 27; dazu DS I, 72) findet sich bei Wolfram noch P 484, 11; 641, 1 (cf. aber Lectio Ggg); W 443, 25; 448, 17 und T 82, 3 (dazu auch RADTKE 72).

18 (669) = 19 G, 23 H

G
Sin wip in zerehter zit gewerte eins chindes.
daz mich got erlazze in minem hus eines solhen ingesindes,
daz ich als tivre mŏse gelten!
die wile ih han die sinne, so wirt es von mir gewunschet selten.

H
Sein weib jn gewerte ze rechter zeit eines kindes
so mich got erlasse in meinem hause all solhes ynngesindes
daz ich also tewre mŭste gelten
die weyl ich han die sÿnne so wirt sein von mir gewŭnst seltn̄

Strophenfolge: Die Strophenfolge in Hs. G, in der Str. 18 nach Str. 19 steht, ist wenig sinnvoll, denn was soll die allgemeine Feststellung *sîn wîp in ... gewerte eins kindes* nach der präzisen Aussage *Schoysîâne ... gebar eine tohter?* Zudem wird dadurch die in Str. 18 so kunstvoll erregte Spannung zerstört. Außer MARTI haben deshalb alle Herausgeber mit H und dem JT die beiden Strophen zu Recht umgestellt. Die Frage nach der Stellung des im JT hier eingeschobenen Aventiurengesprächs berührt diese Überlegungen nicht (cf. WOLF, ZfdA 82 [1948/50] 256ff., und RÖLL 87f.).

18, 2: *eines solhen ingesindes* = »eines solchen Hausgenossen«, dessen Eintritt in die Familie mit dem Tod der Gattin verbunden ist; cf. P 686, 29f.:
solt i'nkelten sus der swester mîn,
ich wolte ê âne swester sîn.
Über die Stileigentümlichkeit Wolframs, sich selbst in die erzählte Geschichte einzumischen, cf. ROGOZINSKI 10ff., über Nachahmung im JT BORCHLING 175.

Sie findet sich – von formelhaften Höreranreden (cf. zu 36, 1) u. ä. abgesehen – im T noch 140, 4; 142, 4; 148, 2; 155, 2ff.; 156, 2f. Aus der vorliegenden Stelle hat man gelegentlich geschlossen, daß Wolfram verheiratet war; cf. u. a. PFEIFFER, Germania 4 (1859) 304f.; SIMROCK 500; MARTIN II, VIII; MARTI z. St.; SCHREIBER 99; KRAUS, KLD II, 648. Am weitesten ging PFEIFFER, der aus diesen Zeilen die »angstvolle Besorgnis« des jungen Ehemannes »über den möglichen Verlust des ... geliebten Weibes« herausgelesen und sie als Stütze für seine Frühdatierung des T in Anspruch genommen hat; dem haben bereits JÄNICKE, Zeitschrift für das Gymnasialwesen 22 (1868) 301, und HERFORTH, ZfdA 18 (1875) 285, widersprochen, dieser aber nicht grundsätzlich, sondern nur insofern, als »der wunsch, gott möge dem dichter ein kind erlassen, dessen geburt ihm die gattin koste ... auch für einen länger verheirateten mann natürlich« sei. Solche Argumentation verkennt, daß derartige Erzählereinschübe zunächst nur eine stilistische Funktion im Zusammenhang der epischen Fiktion haben.

18, 4: Wolfram gebraucht die pluralische Wendung *sinne hân* (cf. P 109, 30; 141, 20; 172, 24 u. ö.) gleichberechtigt neben der singularischen *sin hân* (cf. P 24, 8; 49, 6; 88, 2 u. ö.). Für die Ansetzung eines starken Femininums *sinne* (cf. BMZ II/2, 317a; LEXER II, 932; DWb X/1, 1104) gibt es, soweit ich sehe, bei Wolfram keinen sicheren Anhaltspunkt.

19   (670) = 18 G, 24 H

G
*Div sôzze Schoysiane vñ div stæte
gebar mit tode eine tohter, div vil sælden hæte.
an der wart alwiplich ere enstanden.
div phlach so vil triwen, die man noch saget in mangen landen.*

H
*Die sůesse Tschyosiane der klar vnd der stête
gepar mit tode ein tochter die vil selten hâte
an der wardt alle magtlich ere enstanden
sy phlag souil der trewen die man von jr noch saget in manigem lannde*

19, 1: Die im Nhd. ungebräuchliche Spaltung der adjektivischen Erweiterungsgruppe nach dem Muster (Artikel +) Adjektiv + Substantiv + *und* (+ Artikel) + Adjektiv ist in der alten Sprache nicht ungewöhnlich; cf. BEHAGHEL, Indogermanische Forschungen 31 (1912/13) 386ff., und die Materialsammlung in BEHAGHELS Ausgabe der Eneide (En [B] CIXf. – dort u. a. der Wolframbeleg W 240, 15 *mit zerstochen schilden und zerhurt*). Nach MARTI z. St. findet sich die Kombination von vorgesetztem und mit Artikel nachgesetztem Adjektivattribut bei Eigennamen in Wolframs Werken nur hier.

Ob das nur in H (und im JT als Reimwort in der Zäsur) überlieferte *klâr* in den Text gehört (so alle Herausgeber außer MARTI), läßt sich nicht entscheiden. Das wahrscheinlich vom Westen (Mittel- und Niederrhein) in den hochdeutschen Sprachraum eingedrungene Adjektiv ist durch Wolfram zu einem der wichtigsten Termini höfischer Menschendarstellung geworden: »es gilt als generell hervorhebendes Epitheton: ›die klare Frau‹ besagt nichts anderes als ›die schöne Frau‹« (STEINMEYER 7f.); cf. dazu auch SONNTAG 4ff.; WG 162; W. SCHRÖDER, Euph 54 (1960) 56ff.; den Kommentar zu 7, 4. Zusammenstellung der Wolframbelege bei RIEMER 32.

19, 2: GIESE 26f. rechnet Sigune den durch ihre Geburt verursachten Tod der Mutter als Schuld an, und zwar handle es sich dabei »um eine metaphysische, nicht um eine moralische Schuld«. Diese Interpretation findet im Text keine Stütze.
sælden ist Gen. Pl., cf. zu 3, 2. Mehr als nur Ausdruck höfischer Vollkommenheit, meint *sælde* hier den Segen, der auf den Angehörigen des Gralgeschlechtes ruht und, von ihnen ausgehend, in die Welt wirkt (cf. zu 4, 1 sowie 32, 3 und 58, 4).
hæte ist Indikativ. Anders als etwa Gottfried hat Wolfram diese Form, die sich nur noch P 703, 7 findet, gemieden, weil sie ihm nicht geläufig war oder weil er wußte, daß sie anderen nicht geläufig war (cf. ZWIERZINA 491ff.).

19, 3: Indirekte Ausdrucksweise, cf. zu 11, 2.
Für Lectio G *wîplîch* (LEITZMANN, MARTI) lassen sich die Parallelstellen P 435, 16f.:
wîplîcher sorgen urhap
ûz ir herzen blüete alniuwe
und T 36, 4 *wîplîche güete* (beidemal auf Sigune bezogen) anführen, wenn man auch geneigt ist, im Hinblick auf die zentrale Stellung, die die *magetlîche* (*magtuomlîche* H) *minne* (37, 4) im Schicksal Sigunes einnimmt, Lectio H vorzuziehen. *magtlîch* begegnet bei Wolfram nur im T (cf. aber die Lesarten zu P 526, 29; 805, 1; 806, 17), sicher bezeugt 56, 2.

19, 4: *triwen* ist Gen. Pl. *triwe* ist »die Eigenschaft der Sigune ... Sie ist förmlich das Sinnbild der Treue in der Liebe über den Tod des Geliebten hinaus« (HECKEL 46f.):
al irdisch triwe was ein wint,
wan die man an ir lîbe sach
(P 249, 24f.). Cf. ferner P 253, 18; 435, 18; 436, 24 und 440, 15 sowie SCHWIETERING 180 (auch SCHWIETERING [Schuld] 25); MAURER 118; GIESE 33; LABUSCH 43ff. sowie zu 4, 4.
Unter Hinweis auf Nib 1142, 4 und Kudrun 197, 4 bemerkt MARTIN z. St.: »Ähnliche Beziehungen auf die allgemeine Sage begegnen in den Gedichten des Volksepos, allerdings besonders an Stellen, die als Nachträge erscheinen«.

Der Sinn dieser Bemerkung bleibt unklar: solche »Beziehungen« begegnen als Topoi des Personenlobs ohne Unterschied in allen Gattungen, cf. z. B. AH 36f.:

man sprach dô nieman alsô wol
in allen den landen

sowie HIw 5827; Walther 64, 28f. etc. — im T noch 34, 4; 35, 3; 45, 4; 46, 1: 55, 4; 78, 2; 82,4; 82a, 4; 104, 1; 127, 4; 149, 4.

20 (671) = 20 G, 25 H

G
Sus was des fursten leit mit liebe vnder scheiden.
sin ivngiv tohter lebte vñ ir mŏter was tot. daz het er an in beiden.
Schoysianen tot half im vz borgen
die flust an rehten frŏden vñ gewin imer mere an den sorgen.

H
Sŭst was des fŭrsten lait mit iammer vnderschaiden
sein junge tochter lebete ir mŭeter tot das het er an jn baiden
Thyosianem todt halff jm aus porgen
die fleŭst an den freuden vnd ymmer mer gewin an den sorgen

20, 1: *mit liebe underscheiden* = »mit freudigem Erleben durchsetzt« (WOLFF 120). *underscheiden* scheint in der Bedeutung »abwechselnd verzieren«, »verschiedentlich versehen« (DWb XI/3, 1748), wiewohl bereits im Ahd. belegt (cf. GRAFF VI, 434), nach Ausweis der Wörterbücher nicht sehr gebräuchlich gewesen zu sein (cf. BMZ II/2, 104b und LEXER II, 1796), woraus sich wohl Lectio H erklärt. Die konkrete Bedeutung erhellt etwa aus der bei JELINEK 756 vermerkten Stelle UAl 12073ff.:

nû was ouch Geôn komen dar,
wîz und swarz was der gevar.
mit den varwen beiden
sîn vel was underscheiden
hin und her gar wunderlîchen.

Zum bildlichen Gebrauch vergleiche man einen Beleg aus dem 17. Jahrhundert: »biszhero haben wir ... unsere seuftzer mit hoffnung eines besseren glücks unterschieden« (Johann Balthasar Schupp, Schriften 691, zit. nach DWb XI/3, 1749).

20, 2: Alle Herausgeber außer MARTI ziehen Lectio H (= JT) vor (Metrik, Lectio difficilior). Dabei ist *tôt* wohl als Substantiv aufzufassen, cf. Str. 4 (Kommentar zu 4, 2), wo die antizipierte und mit *daz* aufgenommene Objektgruppe in ähnlicher Weise aus einem Satz und einzelnen Substantiven besteht.

Möglich, aber komplizierter, ist auch die Erklärung MARTINS z. St., der *tôt* als Adjektiv auffaßt und Ellipse des Verbum substantivum annimmt, cf. etwa P 570, 5f.:

einen kolbn er in der hende truoc,
des kiule grœzer denne ein kruoc

(dazu und zu weiteren Belegen BOCK, Beitr 11 [1886] 185f.), ferner T 44, 2; 140, 3; 143, 3; 162, 1f. (cf. zu den einzelnen Stellen und zu 80, 2 sowie BÖTTICHER, Germania 21 [1876] 296ff., und KIEFNER 43).

20, 3: Es gibt drei Erklärungsmöglichkeiten:
1. *ûz borgen* = »auf Borg geben«;
a) »... ermöglichte es ihm, auf Borg wegzugeben«, d. h. »mit der mutter tod hatte sich für den vater gleichsam ein capital von sorgen und kummer errichtet, das ihm nachher ständige zinsen trug« (J. GRIMM 121);
b) »... trug dazu bei, daß ihm auf Borg gegeben wurde« (in diesem Sinn BENECKE 944; LACHMANN [Kl. Schr.] 178; BMZ I, 163a; PIPER z. St.);
2. *ûz borgen* = »auf Borg nehmen«, »erwerben« (Nachweis dieser Bedeutung bei ZARNCKE, Beitr 7 [1880] 602f.): »... half ihm zu erwerben« (in diesem Sinn ZARNCKE l. c. und, ihm folgend, MARTIN und MARTI z. St.).[29]
Am einleuchtendsten ist die dritte Lösung; die beiden anderen Vorschläge verdanken ihr Zustandekommen wohl nur der Tatsache, daß den Interpreten die Bedeutung »auf Borg nehmen« nicht bekannt war.

20, 4: Verlust-Gewinn-Metaphorik im Sinnbereich von Freude und Leid, die gleichsam als Geldbesitz angesehen werden, findet sich sehr oft bei Wolfram (im T noch 76, 2; 84, 2; 93, 4; 124, 3; 126, 2; 134, 2f.; 154, 2); cf. dazu BOCK 30ff.; FÖRSTER 49f.; BÖTTICHER, Germania 21 (1876) 309.

21   (672) = 21 G, 26 H

G
Do bevalch man die frŏwen mit iamer der erden.
si mŏse gearomatet vñ gebalsmet e werden,
durch daz man lange mŏse biten.
vil chunge vñ fursten dar chomen ze der lichlege an allen siten.

H
Da beualch man die frawen mit iammer der erden
sÿ mŭste ee gearomacet vnd auch gepalsempt schone werden
darŭmb man lange mŭeste mit jr peiten
vil kŭnige vnd fŭrsten komen dartzŭ der leich lege an allen seitñ

---

[29] Unklar BARTSCH z. St.: »auf Sicherheit entlehnen, gewinnen, verschaffen«.

21, 2: Der ausgeweidete Leichnam wurde »mit stark duftenden, die Verwesung verhindernden Spezereien« (SCHULTZ II, 465) gefüllt und mit Balsam bestrichen.

Das Verbum *arômâten*, wohl von dem bereits bei Veldeke bezeugten Substantiv *arômât* abgeleitet (cf. LEXER I, 96; bei Wolfram W 451, 22 *arômât und amber*), scheint nur bei Wolfram und im JT belegt zu sein (bei Wolfram außer an der vorliegenden Stelle noch W 462, 27; im JT z. B. 989, 1: *Gebalsmet, gearomatet wart Gamuret mit flize*); cf. auch das in den Wörterbüchern nicht verzeichnete Synonym *aromatieren* (RWchr 8328). Es entspricht dem Fachterminus *aromatizare* (cf. DU CANGE I, 406b und MlWb I, 973), afrz. *aromatisier* (cf. TOBLER-LOMMATZSCH I, 542), der im Macer de herbis von 1394 mit *wolsmekken machen* glossiert ist (nach DIEFENBACH 50a). Das Begriffspaar *balsamum et aromatum* ist formelhaft, cf. CAFLISCH-EINICHER 115, Anm. 3 und Register.

21, 3: »... weil man (wegen der Anreise der Gäste) lange warten mußte« (so auch DOCEN und MARTI), cf. Heinrich von Melk [30] 573ff.:

mirre unt wîrouch
wirt dâ gebrennet ouch
unt wirt des verhenget
daz diu bivilde wirt gelenget,
untz sich sîne vriunde gar
gemäinlîchen gesamnen dar

(der Beleg ist freilich nicht ganz eindeutig, da man *des* auch auf den folgenden *daz*-Satz beziehen kann). – Andere syntaktische Möglichkeiten:
1. *durch daz* = »damit«, *muose* = »konnte« (cf. z. B. P 6, 20; 153, 14; 660, 21; dazu ZEHME 41): »damit man (wegen der Anreise der Gäste) lange warten konnte« (Interpunktion wie oben – so SAN-MARTE);
2. *durch daz* = »deswegen«,
a) bezogen auf 21, 2: »deswegen (sc. wegen der umständlichen Einbalsamierung) mußte man lange warten« (Doppelpunkt nach *werden*, Punkt nach *bîten* – so LACHMANN, BARTSCH, MARTIN, LEITZMANN);
b) bezogen auf 21, 4: »deswegen (sc. wegen der Anreise der Gäste) mußte man lange warten« (Punkt nach *werden*, Doppelpunkt nach *bîten* – so GODDARD).
mit ir H (= JT) kann sich sowohl auf *frouwe* (21, 1) als auch auf *lîchlege* (= »Begräbnis«, 21, 4, cf. aber z. St.) beziehen. Der Sinn der Aussage wird davon nicht wesentlich berührt.

21, 4: Das vor Wolfram nicht belegte Wort *lîchlege* kann sowohl »Begräbnis« als auch »Ort des Begräbnisses«, »Friedhof« bedeuten (cf. DWb VI, 625).

---

[30] Der sogenannte Heinrich von Melk, Nach R. HEINZELS Ausg. von 1867 neu hrsg. von R. KIENAST, Heidelberg 1946 = Editiones Heidelbergenses, 1.

22 (673) = 22 G, 28 H

G
Der furste het sin lant von Tampunteire,
von sinem broder, dem chunge, den man da hiez von Pelrapeire.
siner chlein tohter hat erz lihen.
er begunde sich des swertes, helmes vñ schiltes verzihen.

H
Der fůrste het sein lannd von Tampuntiere
seinem prueder dem kůnige den man hiess von Pelrapiere
seiner tochter pat ers leyhen
da begund er sich des swertes vnd helmes vnd schiltes vertzeihen

22, 1: »Der Fürst hatte sein Land zu Lehen ...«, Rechtsterminologie, cf. DRWb IV, 1366b.

22, 2: Cf. W 243, 6:
den man dâ hiez von Tandarnas
sowie zu 11, 2 (indirekte Ausdrucksweise).
Pelrapeire, den Namen der Hauptstadt von Brubarz (cf. zu 28, 2) und Residenz der Kondwiramurs hat Wolfram aus Chrestiens Perceval übernommen, wo die Residenz der Blancheflur *Belrepeire* heißt (CP 2386; 2406; 2687; 3123).

22, 3: Über die Lehnsfähigkeit der Frauen cf. G. WAITZ, Deutsche Verfassungsgeschichte, VI, 3. Aufl., Graz 1955, 88, und SCHUMACHER 19, vor allem Anm. 6 und die dort verzeichnete Literatur.

22, 4: *swert*, *helm* und *schilt* stehen hier für das ritterliche Leben; cf. zu 1, 4 und 23, 3.
Über die Umschreibung des einfachen Verbs mit *beginnen*, auch wo keine ingressive Bedeutung vorliegt, cf. DAHMS 60ff.

23 (675) = 23 G, 29 H

G
Der herzoge Manfilot sach vil leide
an sinem werden broder. daz was ein suriu ǒgenweide.
der schiet ǒch durch iamer von sinem swerte,
daz ir dewedere hoher minne noch tioste negerte.

H
Der hertzoge Monfiles sach vil laide
an seinem werden brueder das was ein vil saûrer augen wayde
er schied sich auch vor iammer von dem swerte
daz ir entweder hoher mÿnne noch tÿoste nicht gerte

23, 1f.: Es gibt zwei syntaktische Möglichkeiten:
1. *vil* ist substantivische Mengenbezeichnung, *leide* Gen. Pl. des starken Neutrums *leit* (MARTI z. St.) oder Gen. Sgl. des starken Femininums *leide* (cf. P 329, 21: *als ez mir leide kündet* sowie BMZ I, 982b und LEXER I, 1863): »... sah den tiefen Schmerz, den sein edler Bruder empfand« (in diesem Sinn SIMROCK und FOURQUET).
2. *vil* ist Steigerungsadverb, *leide* Adverb (BARTSCH und MARTIN z. St.): »... sah an seinem edlen Bruder, was ihm große Betrübnis machte«, »... hatte einen sehr schmerzlichen Anblick an seinem edlen Bruder« (in diesem Sinn RICHEY). Obgleich diese Wendung gewöhnlich mit reflexivem Dat. konstruiert wird (cf. BMZ I, 980b, II/2, 272a; LEXER I, 1864), ist es wohl nicht nötig, mit MARTIN und LEITZMANN nach LACHMANNS Vorschlag zu konjizieren (*sach im vil leide*).
Im ersten Fall beschränkt sich der Beobachter auf die bloße Registrierung eines Sachverhalts, im zweiten ist er selbst von diesem affiziert. Da, wie aus dem Kontext hervorgeht, das Mit-Leiden Manfilots der entscheidende Handlungsfaktor ist, wird man sich für die zweite Lösung entscheiden.
Den Namen *Manfilôt* hat Wolfram wohl aus Hartmanns Erec übernommen: *Malivliôt von Katelange* (HEr 1679) und die Herkunftsbezeichnung auf Manfilots Bruder Kiot übertragen (cf. zu 14, 1):
Von Katelangen Kyôt
unt der werde Manpfilyôt
(P 186, 21f.). Cf. HAUPT zu HEr (H) 1679; BARTSCH (Eigennamen) 126; HEINZEL 5; FOURQUET (noms) 251 sowie zu 1, 1.

23, 2: Ebensowenig wie ihr Gegenteil *süeziu ougenweide* (Hartmann, MF 211, 2) als Pleonasmus muß die Wendung *sûriu ougenweide* als Ironie aufgefaßt werden (MARTIN z. St.: »eine bittere Augenlust«), da – anders als im Nhd. – *ougenweide* im Mhd. ganz allgemein »Anblick« heißen kann: »a sight on which the eyes may ›feed‹ (normally a sad or beautiful sight)« (DALBY 289a; cf. ferner BMZ III, 552bf.; LEXER II, 190; DWb I, 813f.; ARMKNECHT 70 und 105). Bei Wolfram ist *ougenweide* nur an dieser Stelle belegt.

23, 3: Cf. P 480, 21:
daz ich schiet von dem swerte mîn
sowie zu 1, 4 und 22, 4. Eine andere Begründung gibt P 186, 26f.:
durch die gotes minne
heten se (sc. Kiot u. Manfilot) *ûf gegebn ir swert.*

24 (676) = 24 G, 27 H

G
Sigune wart daz chint genant in der tŏffe.
die het ir vater Kiot vergolten mit dem tivren chŏffe,
wan er wart ir mŏter dur si ane.
die sich der gral zemersten lie tragen, daz was Schoysiane.

H
Sugaůne wart das kint genāt in der tauffe
die jr vater Kÿot het vergolten mit vil teurem kauffe
wann er ward jr můeter durch sÿ ane
die sich der gral ye zum erstn̄ tragen lie das was Thysiane

Strophenfolge: Str. 24 folgt in Hs. H bereits auf Str. 21. ZARNCKE, Beitr 7 (1880) 605, dem FRANZ 31f. zustimmte, gab dieser Reihenfolge den Vorzug, weil in G das Lob der Schoysiane (24, 4) »recht ohne fühlung mit dem voraufgehenden und nachfolgenden« stehe und es besser sei, wenn Gleichzeitiges beieinanderstehe (Tod Schoysianes und Taufe Sigunes vor deren Belehnung) und man den Namen des Mädchens bereits bei der Belehnung kenne. Die Logik dieser Argumentation ist unbestreitbar, doch wird man sich ohne zwingende Gründe, die hier nicht vorliegen, schwerlich gegen das übereinstimmende Zeugnis von G und JT entscheiden können. Cf. auch STOSCH, ZfdA 25 (1881) 198, Anm. 1, und POHNERT 13.

24, 1: Den Namen *Sigûne* hält BARTSCH (Eigennamen) 141 für eine Femininbildung zu dem deutschen Personennamen *Sig(i)win* (cf. FÖRSTEMANN 1333f.), SINGER (Stil) 72f. für eine Femininbildung zu dem *Sigwin* entsprechenden französischen Namen *Seguin* (cf. LANGLOIS 612f. und FLUTRE 171b); MARTIN zu P 138, 17 denkt an *Sigyn*,[31] den Namen der Gattin Lokis in der nordischen Mythologie.[32] Eine ahd. Namensform *Siguna* weist SCHATZ, ZfdA 72 (1935) 156, nach. Daneben stehen die allegorischen Deutungen des Namens als »die Schwanenreine« (zu *cygne*, SAN-MARTE, Germania 2 [1857] 391) oder als »poetische Variation zu mhd. ›segen (signum)‹« (MERGELL [Gral] 78, Anm. 1), die wohl niemand mehr ernst nimmt, wenn ihnen auch Wolfram selbst Vorschub geleistet hat:

Sigûne, diu sigehafte ûf dem wal, dâ man welt magede kiusche und süeze.
Diu dir hât ane gesiget...

(T 105, 4f., cf. z. St.). Man darf in diesen Versen nicht mehr sehen als ein nachträglich zurechtgemachtes pseudoetymologisches Wortspiel,[33] allenfalls

---

[31] Die bei MARTIN angegebene Form *Signy* ist »Flüchtigkeitsfehler« (II, XLIII).
[32] Zur Etymologie des Namens *Sigyn*, die in unserem Zusammenhang jedoch nicht weiter führt, cf. SPRINGER 118f. und die dort zitierte Literatur. Noch unwahrscheinlicher als die Herleitung aus *Sigyn* ist MARTINS Alternativvorschlag (II, XLIII), *Sigûne* mit *Ine*, dem Namen der zweiten Gattin des Dauphins Guy VII., in Beziehung zu setzen.
[33] Über »Etymologie als Denkform« cf. CURTIUS 486ff.

den Versuch »einer Erfassung des Zusammenhangs zwischen Namen und Schicksal dieser Gestalt«[34] (KOLB 32, Anm. 121). Immerhin hätte Wolfram, wenn die Herleitung aus *Sig(i)wina* zutrifft, zufällig das Richtige getroffen. Schließlich kann man mit M. PAETZEL, Wolfram von Eschenbach und Crestien von Troyes (Parzival, Buch 7–13 und seine Quelle), Berlin, Phil. Diss. 1931, 35, Anm. 1, und SCHOLTE, Neoph 33 (1949) 33, *Sigûne* auch als Anagramm zu *cosine* auffassen (bei Chrestien wird die der Sigune entsprechende Gestalt *germainne cosine* genannt, CP 3600).

24, 2: *kouf* hier im Sinne von »Kaufpreis«, cf. W 120, 12f.:
> *du hâst mit tiurem koufe*
> *ir minne etswenne errungen.*

24, 3f.: Erweiterter Reim, cf. KRAUS, ZfdA 56 (1918/19) 15ff.

24, 4: Der Gral, der
> *...sô swære wigt*
> *daz in diu falschlîch menscheit*
> *nimmer von der stat getreit*

(P 477, 16ff.), läßt sich nur von einer *kiuschen* Jungfrau tragen (cf. P 235, 27ff.). Nachfolgerin Schoysianes in diesem Amt war ihre Schwester Repanse de schoye, cf. P 235, 25f.:
> *Repanse de schoy si hiez,*
> *die sich der grâl tragen liez*

und P 809, 9ff.:
> *...Repanse de schoye, ein magt,*
> *sich liez der grâl, ist mir gesagt,*
> *die selben tragen eine.*

25   **(677) = 25 G, 30 H**

G
Der chunch Tampunteire Sigunen die chleinen
zŏ siner tohter fŏrte. do Kiot si chuste, man sach da vil geweinen.
Kondwiramus lach ŏch an der bruste.
die zwo gespilen wohsen, daz nie wart gesaget von ir prises verluste.

---

[34] Keineswegs ist, wie KIEFNER 96 anzunehmen scheint, diese allegorische Deutung des Namens bereits im P vorauszusetzen, wo nur »sein tieferer Sinn noch nicht zum Ausdruck gekommen« sei; ebenso muß die These von HELEN ADOLF, JEGP 49 (1950) 296, abgelehnt werden, die den Namen im Hinblick auf das im P geschilderte Klausnerinnendasein seiner Trägerin als »die die Anfechtungen des Fleisches Überwindende« (sinngemäß) auffaßt (unter Hinweis auf des armen Hartmann Rede vom Glauben 3004ff. [jetzt MRD II, Nr. 46, 177, 1ff.]: *swer mit deme geiste widerstêt dem fleische daz er daz verwinnet, den sige dar ubir gewinnet...*).

H
*Der kůnig Tampuntier Sÿgaůnen die klainen
zu seiner tochter fuerte do Kyot sy kuste man sach da vil geweÿnen
Kondewiramůs lag dannoch an der průste
die zwo gespilen wůchsen daz nie ward gesaget von jr preÿses verlůste*

25, 2: Tampunteire führte seine Nichte Sigune zu seiner Tochter Kondwiramurs. Kiot küßte Sigune zum Abschied (die mögliche Auffassung von *si* als Nom., *Kîôt* als Akk. kann wohl außer Betracht bleiben).
geweinen ist Verbum,[35] *vil* Adverb: »in Fülle«, d. h. »bitterlich weinen«; cf. z. B. P 152, 16:
diu vil von friwenden wart geklagt.
Das Subjekt von *geweinen* (etwa »Kiot und die Umstehenden«) muß ergänzt werden, cf. z. B. P 382, 25:
... dâ man strîten sach.
Über die indirekte Ausdrucksweise cf. zu 11, 2.

25, 3: Der Name *Kondwîrâmûrs* ist wohl zusammengesetzt aus den Substantiven *condwier* (P 401, 13; 741, 15; 821, 28; W 391, 1 — im Romanischen in dieser Form nicht belegt[36]) und *âmûrs*, bedeutet also »Geleit der Liebe«,[37] cf. P 495, 22f.:
ir (sc. Kondwiramurs') *minne condwierte
mir freude in daz herze mîn.*
Anders als *Repanse de schoye* (cf. zu 10, 4) faßt Wolfram diesen Namen nicht als ein Wort auf, sondern flektiert im Akk., dem allein belegten obliquen Kasus, nur den ersten Teil: *Condwîren âmûrs* (P 327, 20; 508, 22).[38] — Daß Kondwiramurs, wie aus dieser Zeile hervorgeht, etwa gleichaltrig mit Sigune ist, steht in Widerspruch zu P 805, 3ff., wo berichtet wird, Schoysiane, die doch bei der Geburt der Sigune gestorben war (P 477, 2f.; T 19), habe Kond-

---

[35] Ein kollektives Substantiv *geweinen*, das KIEFNER 56 hier ansetzt, ist nach Ausweis der Wörterbücher im Mhd. nicht belegt.
[36] Die korrekte altfranzösische Form lautet *conduit* (cf. GODEFROY II, 228cff. und TOBLER-LOMMATZSCH II, 667ff.). Möglicherweise hat Wolfram das Wort als substantivierten Infinitiv aufgefaßt; derartige Zusammensetzungen aus substantiviertem Infinitiv und abhängiger Bestimmung sind nicht etwa unromanisch, wie BARTSCH (Eigennamen) 144, MARTIN zu P 177, 30 und KLEIBER, DU 14/6 (1962) 86, annehmen, sondern in allegorischen Namen gut belegt (z. B. *Viestir-la-hair*, cf. SINGER [Stil] 81).
[37] BARTSCHS Deutung des Namens als *coin de voire amors* = »Typus, Ideal der wahren Liebe« (Eigennamen 144) hat nicht die Zustimmung der Forschung gefunden (cf. PARIS, Romania 4 [1875] 149).
[38] Dazu kommt noch P 214, 11, wo LACHMANN unverständlicherweise gegen die Hss. Dg, die die flektierte Form aufweisen, der auch in den beiden anderen Fällen nicht flektierenden Hs. G folgt. Abzulehnen ist SINGERS Erklärung dieser Form als Alternativbildung *Conduire en amors* (Stil 81), da es kaum Zufall sein kann, daß sie in den Hss., in denen sie überliefert ist, nur, und zwar immer im Akk. erscheint.

wiramurs aufgezogen. Man braucht diesen Widerspruch weder wegzuinterpretieren,[39] noch kann man aus ihm Schlüsse hinsichtlich der Stellung des T zum P (DOMANIG 27ff.) oder der Quellenfrage (HAGEN, ZfdPh 38 [1906] 4f.) ziehen: »Bei dem ungeheuren Personal und den verwickelten Verwandtschaftsverhältnissen ... sind solche Irrungen so natürlich, daß man sich eher wundern möchte deren so wenige zu finden« (HEINZEL 26).

26   (683) = 26 G, 32 H

G
In den selben ziten was Kastis erstorben.
der het ŏch ze Muntsaluatsche die chlaren erworben.
Kanvoleiz gap er der frŏwen schone
vñ Kingrivals. zin beiden trŏch sin hŏbet vor fursten die chrone.

H
In denselben zeiten was Castis auch erstorben
der het Hertelauden ze Montsalvatsch die claren erworben
Anfuleis gab er der frawen schone
vnnd Küngrifalsch ze den baiden trůg sein haubt vor fůrsten die krone

26, 1: *in den selben zîten* ist formelhaft, cf. MATZ 97, auch LEITZMANN, Beitr 26 (1901) 135; bei Wolfram nur hier.[40]
Den Namen *Kastis* hat BARTSCH (Eigennamen) 143 wohl richtig als *li castes* erklärt, weil Kastis »vor der vollzogenen Vermählung starb«. RICHTHOFENS Hinweis auf Alfons II. *le chaste* von Kastilien führt nicht weiter (Boletin de Filologia 12 [1960] 39, Anm. 204).

26, 2: *ouch,* nämlich »wie Kiot Schoisiane« (MARTI z. St.).
In H ist *die clâren* syntaktisch als eine Art Nachtrag aufzufassen; cf. BEHAGHEL, Indogermanische Forschungen 31 (1912/13) 391.

26, 3: Kastis übereignete Herzeloyde vor seinem Tod *mit sale (per legitimam traditionem,* cf. MARTIN zu P 494, 25) die Länder Waleis und Norgals mit den Hauptstädten Kanvoleiz und Kingrivals (cf. P 494, 22ff.). Diese Übereignung ist wohl als Bestandteil des Ehevertrages, als Wittum o. ä., aufzufassen; cf. R. SCHRÖDER, Geschichte des ehelichen Güterrechts in Deutschland, II/2, Stettin 1872, 210ff., sowie 27, 3.
Kanvoleiz, der Name der Hauptstadt von Waleis (cf. zu 40, 3), ist möglicher-

---

[39] Cf. MARTIN zu P 805, 6: »Möglich wäre allerdings auch, daß Schoysiane Kondwiramur vor der Geburt Sigunens eine Zeitlang gehütet hätte«; ähnlich SCHREIBER 187, Anm. 119.
[40] Dagegen oft *an den selben zîten*: P 443, 29; 492, 12; 569, 28; 669, 28; 784, 28; 822, 9; W 55, 23; 143, 24; 265, 2; 414, 22; 446, 5.

weise als *Camp Valois* zu deuten; cf. BARTSCH (Eigennamen) 144 und MARTIN zu P 59, 24.

26, 4: *Kingrivâls* ist die Hauptstadt von Norgals (cf. zu 82, 1). Die erste Silbe erinnert an französische Namen mit *Guin-* (z. B. *Guingamp, Guinguené*), die letzte bedeutet wohl *vals*, »Tal«; cf. BARTSCH (Eigennamen) 144 und MARTIN zu P 103, 10.
Syntaktisch liegt Fernstellung vor; cf. BEHAGHEL, Indogermanische Forschungen 31 (1912/13) 377ff.
Die Wendung *krône tragen* ist bei Wolfram noch P 660, 13f.; W 30, 7ff.; 73, 4f.; 204, 20f.; 382, 9ff. belegt (über die Umschreibung der Person durch *sîn houbet* cf. zu 4, 2). *vor* ist nicht konkret-räumlich (BARTSCH z. St.), sondern rang- bzw. machtmäßig zu verstehen, cf. etwa Nib 1237, 3f.:

gewalt den aller hœhsten,   den Helche ie gewan,
den sult ir gewaltèclîchen   haben vor Etzelen man.

27   (685) = 27 G, 33 H

G
Kastis Herzelauden nie gewan zewibe,
div an Gahmurets arme lach mit ir magetlichem libe.
doch wart si da frŏwe zweiger lande,
des sŏzzen Frimuteles chint, die man von Mvntsalvatsche dar sande.

H
Kastis Hertzelaiden nie gewan ze weibe
der an Gamuretes arme lag mit magtumlichen leibe
doch ward sy da frawe zwaÿer lande
des reichen Frimuntels kint die man von Montsaluasch dar sande

27, 1: »Es kam nie zum Beilager zwischen Kastis und Herzeloyde...« Daß sich die Wendung *eines mannes wîp werden* im Sprachgebrauch Wolframs nicht primär auf den formalen Rechtsakt der Eheschließung, sondern auf die *copula carnalis* bezieht, hat SCHUMACHER 51f. gezeigt (cf. auch MARTIN zu P 28, 9 und HAUPT zu MF 3, 20).

27, 2: Der Name *Gahmuret* stammt wohl aus Chrestiens Perceval, wo einer der Brüder Percevals in die Dienste des Königs *Ban de Gomeret* tritt (CP 467). Wolfram hat aus dem Ländernamen einen Personennamen gemacht,[41]

---
[41] Nach BRUGGER wurde diese Umdeutung des Ortsnamens, der sich bereits in einer Chrestien und Kiot (!) voraufgehenden Urfabel als Herkunftsbezeichnung des Vaters des Helden gefunden habe, nicht von Wolfram, sondern von Kiot oder dessen Vorgänger durchgeführt, von wo aus Gomeret als Personenname auch in das Gedicht vom Atre perilleux (um 1250) übernommen worden sei (cf. auch

wobei er an den deutschen Namen *Gamarit* gedacht haben mag (cf. FÖRSTEMANN 592 und BARTSCH [Eigennamen] 117 und 138; der Hinweis auf Chrestien bereits bei ROCHAT, Germania 3 [1858] 119). Andere Herleitungen können demgegenüber nicht überzeugen, weder die Ansetzung einer vorwolframischen Fassung der epischen Fragmente von Tirol und Fridebrant, in denen der Name *(G)amuret* ebenfalls vorkommt (cf. BARTSCH [Eigennamen] 129f.), noch der Hinweis HEINZELS 86 auf *Gamor*, einen Sarazenenfürsten aus Anguis' Geschlecht, in der jüngeren Version des altenglischen Romans von Arthour und Merlin (*Gamur der Sarrazîn* bei Heinrich von dem Türlin, Kr 22646; cf. auch SINGER [Parzival] 373 und [Stil] 64 sowie BRUGGER 73). Abstrus sind die Erklärungen SAN-MARTES, Germania 2 (1857) 400f. (allegorische Spekulationen), und SUHTSCHECKS, Klio 25 (1932) 54 (Herleitung aus dem Altiranischen).

Das Adjektiv *magtuomlîch* (H) scheint nach Ausweis der Wörterbücher in dieser Form vor Wolfram nicht belegt zu sein.[42] In den Hss. steht ihm – wie hier in G – oft das gebräuchlichere *magetlîch* gegenüber (cf. die Lesarten zu P 526, 29; 805, 1; 806, 17; T 35, 1; 37, 4).

27, 3: Obwohl es nicht zum Beilager hatte kommen können, wurde Herzeloyde Herrin der ihr im Heiratsvertrag überschriebenen Länder, weil die Ehe *solo consensu* rechtsgültig war (cf. SCHUMACHER 51f.).

28 (679) = 28 G, 31 H

G
*Do Tampunteire starp vñ Karideiz der chlare
– in Brubarz trôch er die chrone, daz was in dem vunften iare,
daz Sigune was al da behalten –,
do môsen si sich scheiden, die ivngen zwo gespilen, niht die alten.*

H
*Da Tampuntier erstarb vnd Kardus der clare
in Brubars trůg die crone das was in dem fůnfften jare
daz Sygaůne was all da behalten
da můstñ sy sich schaiden die jungen zwo gespilen nicht die alten*

MARTIN II, XLV). Dieser Prozeß habe in Zusammenhang gestanden mit der Einfügung des Motivkomplexes eines (erschlossenen) Sagremors-Romans in die Vorgeschichte des Helden (erstes Parzivalbuch). *Gremoret* (Variante von *Gomeret*) sei möglicherweise für eine Form von *Sagremoret* (Diminutiv zu *Sagremor*) gehalten worden. Die »Beweisführung« BRUGGERS (cf. auch Zeitschrift für französische Sprache und Litteratur 49 [1927] 227, Anm. 59), an allen entscheidenden Punkten auf Hypothesen angewiesen, ist zu spekulativ, um ernsthaft erwogen zu werden.

[42] Nach LEXER I, 2009 in kontrahierter Form schon in Heinrichs Litanei, KMÜ Nr. 2, 1048: *maitûmeliche schame* (Fassung G, Fassung S: *magitlíche scame*).

Strophenfolge: Str. 28 steht in H und im JT bereits vor Str. 26. ZARNCKE, Beitr 7 (1880) 603f., dem FRANZ 32 zustimmte, gab dieser Reihenfolge den Vorzug, weil es auffalle, »dass Herzeloyde, die tante Sigunens, fünf jahre als kinderlose witwe wartet, ehe sie sich ihrer schwestertochter erinnert«, und weil die Erwähnung von Herzeloydes Verwitwung, »gerade als Tampunteire die kleine zu sich nahm«, unmotiviert und zweckwidrig sei. Demgegenüber haben STOSCH, ZfdA 25 (1881) 199, Anm., und MARTIN, AfdA 30 (1906) 223, mit Recht auf den engen Zusammenhang zwischen den Strophen 28 und 29 hingewiesen: »Sigune und Kondwiramurs müssen sich scheiden (28), denn Herzeloide nimmt Sigunen zu sich. Kondwiramurs weint beim abschied (29)« (STOSCH l. c.). Die Reihenfolge in H/JT erklärt sich wohl aus dem Bestreben, die beiden Strophen, in denen von Tampunteire die Rede ist, zusammenzurücken, so daß nun die Tampunteire- und die Kastisgeschichte als in sich geschlossene Komplexe nacheinander abgehandelt werden. Cf. auch POHNERT 13.

28, 1: *Kardeiz*, Sohn des Tampunteire (cf. P 293, 12), ist zu unterscheiden von Parzivals gleichnamigem Sohn (cf. HARTL 438b). Der Name stammt wahrscheinlich aus HEr 1652: *Garedeas von Brebas* (CEr 1719: *Karadues Briébraz* – cf. FOURQUET [noms] 254) = *Kardeiz von Brûbarz*. Mit den Deutungen SAN-MARTES, Germania 2 (1857) 408 (*cardex* = »Gottlieb«), und BARTSCHS (Eigennamen) 144 (*cordeiz* = »der Beherzte«) ist nichts anzufangen. Cf. auch zu 15, 2.

28, 2: Nach Lectio H (alle Herausgeber außer MARTI, bereits von DOCEN z. St. vermutet) folgt Kardeiz seinem Vater auf dem Thron nach (so ausdrücklich JT 678f.), während Lectio G (MARTI) die Frage der Nachfolge offen läßt, da man *er* sowohl auf Kardeiz als auch auf Tampunteire beziehen kann. Im ersten Fall (*er* auf Kardeiz bezogen) würde sich an der Aussage über die Thronfolge gegenüber H nichts ändern, nur das Todesdatum Tampunteires wäre vorverlegt und der Leser erhielte eine zusätzliche Information über Kardeiz' frühen Tod (cf. P 293, 12f.), im zweiten Fall (*er* auf Tampunteire bezogen) wäre Kardeiz vor oder gleichzeitig mit Tampunteire gestorben, also nie König von Brubarz gewesen, als welcher er auch im P nie erwähnt wird, cf. P 180, 25ff.:

> ...*die stat ze Pelrapeire.*
> *der künec Tampenteire*
> *het sie gerbet ûf sîn kint* (sc. Kondwiramurs)

und P 194, 18f.:

> *mîn vater Tampenteire*
> *liez mich* (sc. Kondwiramurs) *armen weisen.*

Mit der Herleitung des Namens *Brûbarz* aus dem Erec (s. o.) entfallen die Spekulationen SAN-MARTES, Germania 2 (1857) 407, und BARTSCHS (Eigennamen) 144.

28, 4: Die hier vorliegende Art der Versfüllung durch Hinzufügen der Negation des Gegenteils findet sich bei Wolfram überaus oft, cf. SAN-MARTE (Studien 3) 226ff.; KINZEL, ZfdPh 5 (1874) 12; KIEFNER 23, der hier eine Verstärkung des Ausdrucks sieht (»die beiden Gespielen und ihre Freundschaft waren noch so jung!«); ferner zu 118, 4.

29   (686) = 29 G, 34 H

G
Div chungin Herzelaude an Sigunen dahte.
si wa⟨r⟩p mit al ir sinnen, daz man die von Brubarz ir brahte.
Kondwiramurs begunde weinen,
daz si gesellcheit vñ der stæten liebe an ir solte vereinen.

H
Die kŭnigin Hertzelaude an Sigaŭnen dachte
sy warb mit allen irn synnen daz mans ir von Brŭbram dar prachte
Condewiramius begunde haysse wainen
daz sich der geselleschat vnd der stête liebe vnder jn solte verainen

29, 2: *mit al ir sinnen* = »mit dem gesamten Streben«; bei Wolfram nur hier, cf. BMZ II/2, 314bf. und DWb X/1, 1113.

29, 4: Der Artikel vor dem zweiten Glied trägt syntaktisch auch das erste mit. Es ist nicht nötig, ihn mit H dort ebenfalls einzusetzen (cf. 69, 1ff.; 75, 2; dazu RADTKE 60 sowie zu 69, 1ff.).
Die Konstruktion von *vereinen* ist ungewöhnlich: es wird sonst reflexiv oder in Verbindung mit anderen Objekten gebraucht (cf. Lectio H; BENECKE 944; MARTIN z. St.; BMZ I, 424a; LEXER III, 104).

30/31 (689/690) = 35/36 H, –/1 M

H
Das kint sprach: ›liebes våterlin, du hayss mir gewinnen
mein schrein vollen tocken, wenn ich zu meiner můmen var von hynnen.
so bin ich zu der ferte wol berichtet.
es lebt manig ritter, der sich in meinen dienst noch verphlichtet.‹

›Wol mich so werdes kindes, das ist also versůnnen!
got můss Kathelangen also heer freüen an dir lannge gunnen.
mein sorge slaffet, so dein sålde wachet,
vnd were Swartzwalde hie ze lannde, er wurd ze s c h e f t e n gar durch
                                                    [dich gemacht.‹

31, 4 *Scheffen.*

M
... versvnnen
got mv̊(z) ... izze ... frowen da g ...
... (wa)chet
wære der Sw(a) ... (w)alt hie z ... ar ze speren (d)urch dich gem(a)...

Echtheit: Die in G fehlenden Strophen wurden für echt gehalten von LACH-MANN; BARTSCH; PIPER; GOLTHER, ZfdA 37 (1893) 282; EHRISMANN 288; athetiert von MARTIN; FRANZ 21f.; LEITZMANN; POHNERT 5f.; MARTI. Außer ihrem subjektiven Empfinden haben die Kritiker vor allem drei Gründe gegen die Echtheit der Strophen angeführt: den kompositorischen, daß der Abschnitt »in dem kurzen Bericht über Sigunes Kindheitsgeschichte« »ganz einzigartig und abgerissen dastehe« (FRANZ l. c.), den psychologischen, daß »das fünfjährige Gör ... schon viel verständiger oder besser viel berechnender« rede »als die viel ältere Sigune in dem langen Zwiegespräch mit Schionatulander 57ff.« (ibid.), schließlich den, daß die ganze Szene nur eine Nachahmung der Obilot-Episode im P sei. Keiner dieser Gründe ist stichhaltig, weder der kompositorische, weil man gerade von einem Interpolator erwarten würde, daß er, die Bruchstellen verwischend, seine Zusätze glatt in den Kontext einbaut (wie denn auch der Dichter des JT zwei Übergangsstrophen vorgeschaltet hat), noch der psychologische, weil hier nicht wie im Zwiegespräch mit Schionatulander von der Minne die Rede ist, sondern das kleine Mädchen lediglich auf die äußeren Bedingungen des Dienst-Lohn-Verhältnisses anspielt, noch der Hinweis auf die Obilot-Episode, weil ein Vergleich mit den in Frage kommenden Partien zeigt, daß es sich nicht um Nachahmung eines fixierten Textes, sondern um Variation eines literarischen Grundmusters handelt, cf. P 372, 15ff.:

des burcgrâven tohterlîn
diu sprach ›nu saget mir, frouwe mîn,
wes habt ir im (sc. Gawan) ze gebne wân?
sît daz wir niht wan tocken hân
...

P 374, 10ff., Lippaut über seine Tochter:
mîn herze nâch freuden schrei,
dô mich got dirre magt beriet
und mich von ungemüete schiet,

P 372, 5ff., Gawan zu Obilot und Claudite:
... sult ir werden alt,
trüeg dan niht wan sper der walt
als erz am andern holze hât,
daz wurde iu zwein ein ringiu sât.

Metrisch unterscheiden sich die Strophen nicht von den anderen. Es läßt sich nicht beweisen, daß in Str. 30 ursprünglich ein Zäsurreim *veterlîn: schrîn* vorgelegen hat (POHNERT 5; MARTIN, AfdA 34 [1910] 111f.), denn bei einer den

Zäsurreim grundsätzlich meidenden Strophenform wie der des T ist es keineswegs »merkwürdig, wenn die erste und zweite Zeile Reimworte« enthalten, »diese aber trotzdem nicht aufeinander gebunden« sind (POHNERT l. c.); so enthalten z. B. auch die unzweifelhaft echten Strophen 69, 109 und 129 in den ersten beiden Zeilen die funktionslosen Reimworte *kan/man, fürstinne* (M)/*minne* und *under/wunder*[43] (cf. auch zu 33/34 und zu 80a). Auch die Behauptung, beide Strophen hätten »völlig glattes Metrum« (POHNERT l. c.), muß zurückgewiesen werden, cf. außer der umstrittenen Zeile 30, 2 Zeile 30, 4 ... *diènst nòch verphlíhtèt* und 31, 2 M ... *fróuwèn dâ gúnnèn*.
An einzelnen Wendungen sind auffällig: *veterlîn* (30,1; nach Ausweis der Wörterbücher – BMZ III, 279b und LEXER III, 33 – erster Beleg,[44] cf. auch HASTENPFLUG 89); *sich verphlihten in* (30, 4; ungewöhnliche Konstruktion, nachgeahmt im JT, Str. HAHN 5438; LEXER III, 193 bietet einen weiteren Beleg aus LASSBERGS Liedersaal); *versunnen* als Adjektiv in absoluter Konstruktion[45] (31, 1; die bei LEXER III, 258 und DWb XII/1, 1338 verzeichneten Belege gehören ausschließlich der Zeit um die Mitte des 13. Jahrhunderts und danach an; dazu kommt noch [PS-]Walther XVIII, 9: ... *si ist sô rehte wol versunnen*); *hêr* als Attribut in Erststellung (31, 2; sonst immer nachgestellt und meist im Reim, cf. POHNERT 6). Die beiden letzten Wendungen sind das stärkste Argument gegen die Echtheit der Strophen, doch dürften sie allein nicht ausreichen, zumal der T reich ist an seltenen bzw. früher nicht belegten Worten und Formulierungen.
Die Unechtheit der beiden Strophen läßt sich also nicht wahrscheinlich machen.

30, 1: Sigune und Kiot sind gemeint.

30, 2: Zur Flexion des prädikativen Adjektivs bei Wolfram cf. BUCHENAU 55.

30, 3: Cf. JT 1277, 1:
Du hast so werdiclichen   mich zur vart berichtet.

30, 4: ROGOZINSKI 38 ist der Ansicht, die ungewöhnliche Konstruktion von *sich verphlihten* mit *in* (s. o.) gestalte »das Dienstverhältnis gleichsam fester« und sei wohl gewählt, »um zur Charakteristik der kleinen Signue beizutragen«.

---

[43] In Str. 129, 1 setzen LACHMANN, PIPER und MARTIN die Zäsur nach *herze*; man könnte sie mit BARTSCH, LEITZMANN und MARTI (die freilich in Zeile 3 *wie* zum Anvers zieht) auch nach *under* setzen. Da es jedoch, wie gezeigt, Strophen mit eindeutig funktionslosen Reimworten gibt, dürfte dieser Einzelfall kaum als Beweis für Zäsurreim bei Wolfram ausreichen.
[44] Wie ein Zitat klingt Kudrun 386, 4: *Si sprach: ›liebez vaterlîn, heiz in hie ze hove singen mêre ...‹*
[45] Als Partizip mit abhängiger Bestimmung ist *versunnen* W 232, 11 und 318, 6 belegt.

31, 3: Cf. P 550, 10:
> *hêr, unser sælde wachet.*

Die Wirksamkeit bzw. Unwirksamkeit von Glück, Unglück, Verderben, Gefahr u. a., die als personifizierte Mächte gedacht sind, wird in der älteren Sprache oft bildlich mit »wachen« bzw. »schlafen« ausgedrückt. Dieser Sprachgebrauch, der sich bereits bei Otfrid nachweisen läßt:
> *sid wácheta allen mánnon   thiu sálida in then úndon*

(I/26, 4), ist möglicherweise biblischen Ursprungs, cf. 2 Petr. 2, 3: ... *et perditio eorum non dormitat* (die von MERGELL [Gral] 171, Anm. 1 angeführte Stelle Cant. 5, 2: *ego dormio, sed cor vigilat* paßt hier nicht). Cf. DM II, 720; DR I, 6f; DWb XIII, 39; BMZ III, 450af.; LEXER III, 624f.; BOCK 23; SCHARMANN 70f.; KRAUS zu Botenlauben, KLD I, XI/3, 3 (= KLD II, 373).

31, 4: Cf. P 379, 6ff.:
> *wær Swarzwalt ieslîch stûde ein schaft,*
> *man dorft dâ niht mêr waldes sehn,*
> *swer sîne schar wolde spehn*

und W 390, 1ff.:
> *Man tuot von sînen tjosten kunt,*
> *der Swarzwalt und Virgunt*
> *müesen dâ von œde lign.*

Der Sinn dieser – von Kiot im Hinblick auf das kleine Mädchen mit seinen Puppen selbstverständlich ironisch gemeinten – Worte ist: »Bei der Aussicht auf solchen Lohn werden sich die Ritter im Kampf sehr anstrengen und soviele Speere zerbrechen, daß der gesamte Holzbestand des Schwarzwalds, wäre er hierzulande, zu Schäften verarbeitet werden müßte.« Der Teichner [46] hat gegen solche Hyperbolik polemisiert:
> *ich waiz nicht dar zu zu sprechen,*
> *waz ein ritter mag zuprechen*
> *meniger sper pey seinen tagen*
> *denn der Swartz walt mag getragen*
> *zwey und est.*
> ...
> *wie mag daz dw worhait wesen?*

(317, 11ff.). Cf. auch LEXER II, 1345 und BORCHLING 176, ferner zu 102, 1 sowie zum Syntaktischen (Artikellosigkeit) RADTKE 34 und DS I, 56f.

---

[46] Die Gedichte Heinrichs des Teichners, Hrsg. von H. NIEWÖHNER, I–III, Berlin 1953–1956 = DTM, 44, 46, 48.

32 (692) = 30 G, 37 H, 2 M

G
Kiotes chint Sigune alsus wŏhes bi ir mŏmen.
er chos si fur des meien blich, swer si sach bi den tŏnazzen blŏmen.
vz ir herzen blŏte sælde vñ ere.
lat ir lip in div lobes iar vol wahsen, ich sol ir lobes sagen mere.
4. *vol* | *wahsen.*

H
Kyotes kint Sigaůne also wůchs bey jr můmen
man kos sÿ fůr des mayen plick wer sy sach bey tůnazzen plůmen
aůs ir hertzen plůete seld vnd ere
nu lat iren leib volwachsen in der lobes jar ich sol jr lobes kůnden noch
[*mere*

M
(K)yotes c(h) ... (o)chs bi ir mŭmen
er chos si f ... dez mey ... bi tovnazzen blŭmen
vz ir (h) ... (n) w̆chs s(æ) ...
... r lip (in) div lobes iar volwac(h) ... sol ir lob ...

32, 2: »Wer sie neben taunassen Blumen sah, gab ihr(er Schönheit) den Vorzug vor der strahlenden (Blüten)pracht des Mai.« Anders die Herausgeber seit Docen, die Komma auch nach *sach* setzen, *bî tounazzen bluomen* mithin als Umstandsergänzung zu *meien blic* auffassen.
Zu *kiesen für* = »vorziehen« cf. T 147, 4:
 ... *kôs in für alle gewinne*
sowie P 760, 6 und W 207, 10.
meien blic ist offensichtlich eine Neuprägung Wolframs; der Ausdruck findet sich mehrfach bei seinen Nachahmern: JT 1094, 4; 1974, 1; JT Hahn 5393, 4; 5577, 1; UAl 27517 (nach Borchling 164 und Jelinek 497).
Daß die Schönheit einer Frau die Frühlingspracht der Natur übertrifft, ist Topos des Personenlobs, cf. etwa P 426, 29:
 ir munt den bluomen nam ir prîs
und P 601, 1ff.:
 Swaz dâ stuonden bluomen lieht,
 die wârn gein dirre varwe ein nieht,
 die Orgelûse brâhte,
ferner die Materialsammlungen bei San-Marte (Studien 3) 158f.; Kinzel, ZfdPh 5 (1874) 30; Köhn 37.
Wie *meien blic* scheint auch *tounaz* nur im T und bei den Epigonen belegt zu sein (cf. BMZ II/1, 319a und Lexer II, 1484). Die Tautropfen verstärken den bunten Glanz der Blumen, cf. L 7, 17f.:

> *Der bliclîchen bluomen glesten*
> *sol des touwes anehanc erliutern ...*

Besonders beliebt ist das Bild von der Rose im Tau (cf. zu 110, 1).

32, 3: Das Herz, Sitz des Denkens, Fühlens, Wollens und damit Zentrum des Charakters ist gleichsam der Boden, dem *sælde und êre* entsprießen, cf. P 92, 20f.:

> *... der wâren milte fruht*
> *ûz dîme herzen blüete,*

ferner P 28, 8; 435, 16f.; W 463, 9; dazu BOCK 27.
Zur Formel *sælde und êre*, »Gnade vor Gott und Ansehen bei den Menschen«, die im T nur hier vorkommt, cf. BENECKE zu HIw 1 sowie die Materialsammlungen bei MATZ 69; SCHULZE, Archiv 52 (1874) 75; LIERES UND WILKAU 84. Deutliche Anklänge an die vorliegende Stelle finden sich bei Hohenfels, KLD I, Nr. 6, IV/1, 11f. (ein Lied, das auch sonst aus dem T schöpft – cf. zu 33):

> *sist sælden ursprinc, diu kan si vil reine sinne lêren.*
> *dâ bî ûz ir herzen blüejet   diu vil süeze minne.*

und VI/2, 5:

> *seht dâ* (sc. im Herzen) *wahset sælde und êre.*

32, 4: Aufforderung an das Publikum, die einen Konditionalsatz vertritt, im T noch 87, 1; cf. zu 36, 1; FÖRSTER 32f.; DAHMS 22; MATZ 67.
diu lobes jâr = »das Alter, in dem man Frauen zu rühmen pflegt«, offensichtlich Neuprägung Wolframs, die ich sonst nur noch bei Ulrich von Etzenbach nachzuweisen vermag, cf. UWl 120ff.:

> *alsô ir wol vernemet her nâch,*
> *swan sie volwehst in lobes jâr;*
> *vil lobes erwarp sie offenbâr*

und UAl 27986:

> *sô wechst ir craft in lobes jâr.*

33/34 (693/695) = 38/39 H, 3/5 M

H
Was man an rainem weibe sol ze gantzen tugenden messen,
an jr vil sůessem leibe was des nindert h a r e s groes vergessen:
sy rainer frucht, gar lauter, valsches ane,
der werden Tÿosyanen kint, gleicher art, die keůsche iunge raine.

Nu sůllen wir gedencken Hertzelauden der rainen.
der kund jr lob nicht krencken. mit warhait wil ich die lieben mainen.
sey vrsprung aller weiblichen eren,
sy kunde wol verdienen, daz man jr lob můss in den lannden meren.
33, 2 *hais.*

M
(S)waz m(a) ... sol ze gŭte mezzen
an (i)r sŏ ... zem libe ... (s) groz vergezzen
si reiniv frv ... chlivhte(c) ...
... (t) si div mŭter div si trŭc da(z) ... (s) Tscho(y) ...
... svle(n o) ... (n) Herzenlovden der vil rei(n) ...
div chv(n) ... nchen mit warheit wil ich ... n mein(e) ...
... ler wiplichen eren
si (ch)vnd ... verdiene ... ŏse in den (l)a(nd)en meren

Echtheit: Diese beiden in G nicht überlieferten Strophen wurden von allen Herausgebern außer LACHMANN (1. Aufl.) und BARTSCH athetiert.
HAUPT, ZfdA 4 (1844) 396f., hat die Strophen für unecht erklärt, weil man nach Vers 32, 4 kaum erwarten könne, daß der Dichter in Sigunes Lob fortfahre, und der Neueinsatz in Str. 34 nicht sehr geschickt sei, da Herzeloyde ja erst zwei Strophen vorher (32, 1) erwähnt wurde. Zudem sei Wolfram die funktionslose vierfache Wiederholung von *lop* (34, 2; 34, 4; 35, 2; 35, 3) nicht zuzutrauen. Dagegen sei der Übergang von Str. 32 zu Str. 35 »echt Wolframische kunst«: »Sigune ist jetzt noch zu jung zu vollem lobe; von Herzeleuden kann ich sagen dass sie vor allen gelobt war.« POHNERT 7 weist zusätzlich auf die Wiederholung von *reine* (33, 1; 33, 3; 33, 4; 34, 1) und *kund(e)* (34, 2; 34, 4) hin.
Was die Metrik betrifft, könnte der Zäsurreim *gedenken: krenken* in Str. 34 auf einen jüngeren Bearbeiter schließen lassen. Ob Str. 33 Zäsurreim aufweist (*wîbe: lîbe*), ist nach dem zu 30/31 über funktionslose Reimwörter Bemerkten unsicher (Zäsurreim *wîbe: lîbe* in den von HAUPT betreuten Auflagen der LACHMANNschen Edition, bei PIPER, MARTIN und LEITZMANN, Zäsur in der ersten Zeile nach *sol* bei LACHMANN und BARTSCH – cf. auch HAUPT l. c. 397; LEITZMANN, Beitr 26 [1901] 138; FRANZ 7). Fraglich scheint mir die von POHNERT im Anschluß an BARTSCH, Germania 13 (1868) 2, vertretene These, M/JT böten in Str. 33 die ursprüngliche Fassung: H habe in Vers 33, 1 durch stärkere Füllung des Abverses (*ganzen tugenden* gegen *güete* M bzw. *wunsche/lob* JT) dem Zäsurreim ausweichen und in Vers 33, 4 die Wiederholung von Vers 24, 4 (*daz was Schoysiane*) tilgen wollen, sei dabei aber in »eine andere Falle« geraten: »denn nun drängen sich die ›reine‹ noch mehr«. Wenn dem Bearbeiter an der Tilgung von Zäsurreimen gelegen wäre, hätte er den Zäsurreim in Str. 34 sicherlich nicht belassen. Auch ist es wenig wahrscheinlich, daß er, der angeblich soviel Stilgefühl besitzt, eine Wiederholung nach neun Strophen als störend zu empfinden, seinerseits die Wiederholungen innerhalb ein und derselben Strophe vermehrt. Die Fassung des ersten Verses in M und im JT ließe sich aus dem Streben nach metrischer Glättung erklären, und in der Reimbindung *âne: reine* könnte H einen ursprünglichen Fehler konservieren, der in M/JT nach dem Vorbild von Str. 24 ausgeglichen wurde.
An einzelnen Wendungen fallen auf: die bei Wolfram sonst nicht belegte Stei-

gerung *vil süeze* (33, 2 – cf. dazu auch ARMKNECHT 121) und der Ausdruck *nu sulen wir gedenken* (34, 1), der zwar für sich genommen gut zu Wolframs Stil paßt (cf. zu 36, 1), aber an der vorliegenden Stelle wenig sinnvoll ist (s. o.) und aus Str. 83, 2 übernommen sein könnte.
Schließlich ist zu berücksichtigen, daß Str. 33 mehrfach nachgeahmt wurde, cf. UWl 4653ff.:
> *swaz man an rehtem wîbe,*
> *an erwunschtem reinem lîbe*
> *ze süezen tugenden mezzen sol:*
> *dâ mit was sie gezieret wol.*
> *daz gebrach an ir niht hâres grôz,*

UAl 17325ff.:
> *waz man an reinem wîbe*
> *und wunneclîchem lîbe*
> *ze tugende sol mezzen,*
> *des was dâ niht vergezzen,*

vielleicht auch Hohenfels, KLD I, Nr. 6, IV/1, 1:
> *Swer ir lop wil rehte mezzen.*

Daß Ulrich sich nicht auf den JT bezieht, zeigen die Wendungen *tugende(n)* und *hâres grôz* (JT *sîden grôz*). Da man wohl ausschließen kann, daß H unter dem Einfluß Ulrichs steht, müßte man, wenn man die Strophe Wolfram abspricht, mit einem frühen Interpolator rechnen. Diese Annahme ist von vornherein nicht sehr wahrscheinlich, so daß zumindest Str. 33 bis auf weiteres als Wolframs Eigentum zu gelten hat.

33, 2: Cf. W 229, 11:
> *dazz im vrumte niht ein hâr.*

»Bei mittelhochdeutschen schriftstellern kehrt dieses bild unzähligemal wieder. Es bezeichnet das werthloseste und dünnste aller dinge...« (ZINGERLE, Sitzungsberichte der Akademie der Wissenschaften in Wien, Phil.-hist. Kl., 39/3, Wien 1864, p. 438, ibid. 438–452 erschöpfende Materialsammlung).

33, 3: Der Terminus *reiniu fruht*, der sich bei Wolfram nur noch W 60, 21 findet (Vivianz), stammt aus dem geistlichen Bereich (bezogen auf Christus oder Maria), cf. SALZER 343.
Die unmittelbare Verbindung des appositionell gebrauchten Substantivs mit dem Personalpronomen in elliptischen Ausrufen begegnet bei Wolfram recht oft; cf. im T noch 34, 3 und 103, 3; ferner die Materialsammlung bei KINZEL, ZfdPh 5 (1874) 29ff.; dazu BÖTTICHER, Germania 21 (1876) 316f.; MARTIN zu P 4, 15; RADTKE 54; DS I, 325f.

34, 3: Cf. 96, 1: *minnen ursprinc.* Auch dieses Bild findet sich im geistlichen Bereich auf Christus und Maria bezogen; cf. BMZ II/2, 543bf.; LEXER II, 2012; SALZER 50, 554, 560, 569, 571.

35 (696) = 31 G, 40 H, 6 M

G
Div magetliche witewe, daz chint Frimutelles,
swa man bi ir iungen zit der frŏwen lop sprach, sone erhal niht so helles.
ir lop gie fur in mangiv riche,
vnze ir minne wart gedient vor Kanuoleiz mit den speren hurtchliche.

H
Der magtumliche witbe das kint Frimuttelles
wer bey jr jungen iaren sprach frawen lob da erhal nicht so helles
lob daz fŭr die verre in manige reiche
v̂ntz jr werder munde ward verdienet vor Konfoleis mit speren hurtik-
[*leiche*

M
... iv mag(t) ... (n)t Frimvtelles
swa (m)an d(er) ... lop bi ... hal et nich so helles
ir ... die firre ... (n)
vnz ir minne wart g(e) ... m(it) spe ... vil hvrtechlichen

35,1: Entsprechend wird in der Erzählung Peter von Staufenberg[47] die Braut des wie Kastis vor Vollzug der Ehe gestorbenen Ritters *witwe âne wîp* genannt (1117, dazu G. GERHARDS, Das Bild der Witwe in der deutschen Literatur des Mittelalters, Bonn, Phil. Diss. 1962, 161). Cf. auch Sigunes Worte:
magetuom ich ledeclîche hân:
er ist iedoch vor gote mîn man
(P 440, 7f.) sowie zu 27, 1.
Die in der höfischen Sprache ungebräuchliche Zweitstellung des genitivischen Eigennamens bei der Bezeichnung von Verwandtschaftsverhältnissen ist bei Wolfram nur noch P 195, 6 und 764, 28 belegt; cf. JÄNICKE 28 und BOYSEN 63f.

35,2: Cf. zu 9, 4.

35,3: Zu Lectio G (MARTI) cf. Winsbecke[47a] 19, 5:
... kumt dîn lop wol vür gevlogen,
zu Lectio H (= JT – alle Herausgeber außer MARTI) etwa Eckenlied[48] 10, 2:
sîn lop wît in dem lande vert
und Bit 44:
daz noch sîn lop vil wîten vert
sowie JÄNICKES Anmerkung dazu. Cf. auch zu 19, 4 sowie BOCK 23.

---

[47] Zwei altdeutsche Rittermæren, Moriz von Craon, Peter von Staufenberg, Neu hrsg. von E. SCHRÖDER, 4. Aufl., Berlin 1929.
[47a] Winsbeckische Gedichte nebst Tirol und Fridebrant, Hrsg. von A. LEITZMANN, 3., neubearb. Aufl. von I. REIFFENSTEIN, Tübingen 1962 = ATB, 9.
[48] Eckenlied, Hrsg. von J. ZUPITZA, in: Deutsches Heldenbuch, V, Berlin 1870.

35,4: Diese Zeile setzt die Kenntnis des zweiten Parzivalbuches voraus (cf. zu 37, 4).

36   (694) = 41 H, 4 M

H
Nu hœret frŏmde wŭnder von der maget Sigaŭnen.
do sich ir prŭstel drăeten vnd jr rayd fal har begŭnde braŭnen,
da hueb sich in jr hertzen hoch gemŭete.
sy begunde stoltzen vnd losen vnd tet das doch mit weiplicher gŭete.

M
...u hŏret ... (d)er magde Sygvne(n)
(do si)ch i ... brv(s)tel ... ar begvnde brvne(n)
do hŏb ... in ir lib(e) ... gemv̆te
si begvnde loslich ... en vn̄ ... plicher gv̆te

Echtheit und Strophenfolge: Die in G nicht überlieferte Strophe wurde von STOSCH, ZfdA 25 (1881) 197f., LEITZMANN, FRANZ 22 und 32 und MARTI athetiert, von LACHMANN, BARTSCH, PIPER, MARTIN, POHNERT 12f. und EHRISMANN 288 Wolfram zugesprochen. Ich sehe keinen Grund zur Athetese. Die Str. steht in H zwischen 35 und 37, in M und JT I zwischen 33 und 34, in JT II zwischen 32 und 33. Am unglücklichsten ist die Stellung in H, weil dadurch der enge thematische Zusammenhang zwischen 35, 4 und 37, 1 zerrissen wird,[49] aber auch die beiden anderen Möglichkeiten befriedigen nicht, denn nach Str. 33 ist der Neueinsatz *Nu hœret fremdiu wunder von der maget Sigûnen* wenig sinnvoll, und nach Zeile 32, 4 wird man kaum erwarten, daß der Dichter im Lob Signes fortfährt (cf. oben zu 33/34), doch scheint diese Stellung die ursprüngliche zu sein: der Verfasser wollte »das Mädchen gewissermaßen in der Zäsur zur nächsten Str. heranwachsen« lassen (RÖLL 87). Die Stellung in den anderen Hss. ließe sich damit erklären, daß man »später fand, so schnell dürfe das 32, 4 gegebene Versprechen doch nicht erfüllt werden« (FRANZ 32).

36,1: Formelhafte Anrede an die Zuhörer und zugleich Hinweis auf Kommendes, vor allem in der Heldenepik gebräuchlich. Cf. im T noch 56, 2 und 141, 3, auch 34, 1; 78, 2; 83, 2; 94, 1; 108, 2; 138, 1; 152, 3; dazu FÖRSTER 30ff.; JANDER 19; DAHMS 8ff.; MATZ 65f.; MARTIN zu P 120, 7 und zu Kudrun (M) 50, 1.

---

[49] POHNERT 14 glaubt, einen gedanklichen Zusammenhang zwischen den Strophen 36 und 37 zu erkennen: »Als Signe zur Jungfrau erblühte, begann sie bald ihres vollen Wertes sich bewußt zu werden, ohne jedoch die Grenzen des echt Weiblichen zu überschreiten. Und von ›magtuomlîcher minne‹, nicht von den Liebesverhältnissen Gahmurets will ich diesmal erzählen.« Im Text steht davon nichts.

Der Ausdruck *fremdiu wunder* ist bei Wolfram sonst nicht belegt. Er findet sich z. B. noch bei Gottfried (Tr 1004 und 4893), bei Werbenwag (KLD I, Nr. 27, II/1, 1), mehrfach bei Konrad von Würzburg (Eng 6502; Silvester[49a] 449 und 3033, Schwanritter[50] 241 und 1632).

36,2: Cf. P 258, 25 ff.:
> ... *ir brüstelîn,*
> *als sie gedræt solden sîn.*
> *diu stuonden blanc hôch sinewel:*
> *jane wart nie dræhsel sô snel*
> *der si gedræt hete baz.*

Die Wendung *gedræte brüste* ist bei späteren Dichtern Topos der Frauenschilderung, cf. SCHULTZ I, 217, Anm. 5; WEINHOLD (Frauen I) 205; KÖHN 92 f.
brûnen = »braun, dunkel werden« belegt LEXER I, 365 f. nur noch aus dem JT (2464, 4) und aus Had 234. Neben blondem gehört auch braunes Haar zum höfischen Schönheitskanon; cf. WACKERNAGEL (Kl. Schr.) 166 f.; WEINHOLD (Frauen I) 202; JACOBSOHN 88; L. HOFMANN, Der volkskundliche Gehalt der mittelhochdeutschen Epen von 1100 bis gegen 1250, München, Phil. Diss. 1939, 2; KÖHN 104 (SCHULTZ I, 220, Anm. 3, reiht die Stelle fälschlicherweise unter die Belege für Häßlichkeit ein). Sigunes braunes Haar wird auch P 138, 18 und 252, 30 erwähnt.

36,3: *hôchgemüete* = »Selbstbewußtsein«, »Bewußtwerden des eigenen Wertes«, doch klingt – trotz der Einschränkung im folgenden Vers – vielleicht die negative Wendung zur Superbia, zur Verabsolutierung des eigenen Selbst an (cf. zu 4, 1 und zu 166, 4; ferner BOCK 48; A. ARNOLD, Studien über den hohen Mut, Leipzig 1930 = Von deutscher Poeterey, 9, p. 40 f.).

36,4: Cf. Reinb 270 f.:
> ... *und stolzen unde lôsen*
> *begunnen riter und frouwen,*

Neifen, KLD I, Nr. 15, V/4, 1 f.:
> *Lôs in rehter wîbes güete*
> *sach ich zeinem mâle ir kiuschen wîbes lîp.*

Auch der Ausdruck *stolzen und lôsen* ist ambivalent: »stolz und fröhlich« oder »überheblich und mutwillig werden« (entsprechend *lôslîch stolzen* – M? /JT I – das bei WOLF verzeichnete *loblich* A beruht auf einem Lese- oder Druckfehler); cf. BMZ I, 1034b f. und II/2, 658b; LEXER I, 1958 f. und II, 1211 (*lôsen* und *lôslîch* sind bei Wolfram sonst nicht, *stolzen* ist W 296, 4 belegt).

[49a] Konrad von Würzburg, Die Legenden, Hrsg. von P. GEREKE, I, Halle 1925 = ATB, 19.
[50] Ders., Kleinere Dichtungen, Hrsg. von E. SCHRÖDER, II, 3. Aufl., Berlin 1959.

37 (698) = 32 G, 42 H, 7 M

G
*Wie Gahmuret schiet von Belachanen
vñ wie er werdchliche erwarp die swester Schoysianen
vnde wie er sich enbrach der Franzoisine,
des wil ih hie geswigen vñ iv chunden von magetlicher minne.*

H
*Wie Gamuret schied von Belacanen
vnd wie wirdiclichen erwarb er die swester Thẏosianen
vnd wie er sich enprach der Frantzosynne
des wil ich alles gesweigen vnd wil ew kŭnden von magtumlicher mỹnne*

M
*(W)ie Ga(h) … (v)on Beleganen
vñ wi(e) … dechli … ter Tschoysianen
v … (brach de) …
… (z) sv̊len wir allez ge … l ich iv s(a) … er minne*

37,1: *wie* steht hier und in den folgenden Zeilen für das in Objektsätzen gebräuchlichere *daz* (LEITZMANN, Beitr 26 [1901] 139, gegen STOSCH, ZfdA 25 [1881] 198; cf. BMZ III, 573a; LEXER III, 876; PMS § 349).
Der Name *Belakâne* ist ungeklärt. SAN-MARTE, Germania 2 (1857) 400, denkt an »Pelikan« (!), BARTSCH (Eigennamen) 138 an *bela cana* bzw. *bele cane* = »schönes Rohr« (»ihr Name bezöge sich also auf ihre schlanke Erscheinung« – KLEIBER, DU 14/6 [1962] 88), HEINZEL 87 an eine Femininbildung zu *Baligant*, SINGER, ZdfA 44 (1900) 342, an Entstellung aus *Balkis*, »dem arabischen namen der königin von Saba«, BRUGGER 63 an *Sebile*, den Namen der weiblichen Hauptfigur des Sagremor-Abenteuers im Livre d'Artus (Diminutiv *Sebeline* > *Cebeline*, dann Buchstabenumstellung), GOETZ, Archiv für Kulturgeschichte 49 (1967) 12, im Rahmen einiger Parallelen zwischen der Belagerung Patelamunts im ersten Buch des P und der Belagerung Aleppos von 1124 an »Witwe des Belek (Balak)«.

37,2: *die swester Schoysîânen* = Herzeloyde.

37,3: Die *Franzoisine* ist Amphlise, die Königin von Frankreich; cf. zu 38, 1.

37,4: Formal liegt (wie 52,4) die Stilfigur der Transitio-Aposiopese vor, deren Ziel es ist, »dem Publikum das Anhören von Inhalten des soeben ablaufenden Redeabschnitts (zu) ersparen, um sein Interesse sofort und um so stärker für den neuen Abschnitt zu gewinnen« (H. LAUSBERG, Handbuch der literarischen Rhetorik, Eine Grundlegung der Literaturwissenschaft, München

1960, 439, cf. auch Jänicke zu Bit 3973 und Kraus zu Reinb 5511f., ferner für Wolfram die Materialsammlungen bei Dahms 15ff. und Matz 67). Inhaltlich kann die Stelle sowohl als Vorschau auf noch (im P) zu Erzählendes wie auch als Rückverweis auf bereits (im P) Erzähltes verstanden werden. Die zweite Deutung ist wegen der Knappheit der Anspielungen die wahrscheinlichere (so u. a. Lachmann XXVII; Hagen, HMS IV, 210b; Jänicke, Zeitschrift für das Gymnasialwesen 22 [1868] 300; Herforth, ZfdA 18 [1875] 281ff.; Piper 29; Leitzmann, Beitr 26 [1901] 147; Martin II, XXXVI und z. St.; Domanig, Die Kultur 12 [1911] 278; gegen Pfeiffer, Germania 4 [1859] 302, und Bartsch XIVf.). Da grundsätzlich jedoch beide Möglichkeiten offenstehen, taugt die Stelle nicht zur Bestimmung der relativen Werkchronologie.

magetlîchiu (*magtuomlîchiu*) *minne* bezieht sich auf die Liebe zwischen Sigune und Schionatulander, das eigentliche Thema des Gedichts. Auch Sigunes Klausnerinnendasein im P steht unter diesem Begriff, cf. P 805, 1:

Diu (sc. Sigune) *magtuomlîche minne im* (sc. Schionatulander) *gap.*
Cf. auch zu 27, 2.

38   (699) = 33 G, 43 H, 8 M

G
Der Franzoisine Anphlisien wart ein chint gelazzen,
erboren von fursten chunne vnde von art, daz mőse sich mazzen
aller dinge, da von pris verdirbet.
swene alle fursten werdent erboren, ir neheiner noch baz nach brise
[*wirbet.*

H
Der Frantzosin Anfflisen ain kint wardt verlassen
erporn aus fůrsten kunne vnd von der art das muesse sich massen
aller dinge dauon preỹs verdirbet
weñ alle fůrsten werdent geporn jr dhainer bas nach preỹse wirbet

M
(D)e(r) Fra ... n w(a)rt ein chint g ...
... (n) ... vñ von d ... azzen
aller dinge (d) ...
... en werdent geboren ...

38,1: *Anphlîse,* die Königin von Frankreich, ist zu unterscheiden von einer Graldienerin gleichen Namens (P 806, 22; cf. Hartl 423a). Der Name *Anfelise* begegnet in der französischen Literatur recht häufig (cf. Langlois 31 und Flutre 14b – Schultz-Gora, ZfrPh 24 [1900] 122ff., erwägt Herleitung aus

dem Arabischen), doch haben die Versuche, Wolframs Anphlise auf ein bestimmtes französisches Denkmal (oder eine historische Persönlichkeit) zurückzuführen, keine sicheren Resultate erbracht (cf. zu 10, 3; MARTIN II, XLI und KOLB 12f.[51]). Die etymologischen Deutungen SAN-MARTES, Germania 2 (1857) 392f., und BARTSCHS (Eigennamen) 138 sind unbrauchbar.
gelâzen = »zur Erziehung überlassen« (cf. 96, 2f.; 124, 1).

38, 2: Syntaktische Möglichkeiten:
1. Interpunktion wie oben. Der mit *daz* eingeleitete Satz kann als Relativsatz in konsekutiver Funktion (cf. zu 10, 2) oder als eigenständiger Hauptsatz in der Funktion eines Gliedsatzes (Koordination statt Subordination wie 43, 2; 58, 1 und 132, 2 – cf. PM § 334) aufgefaßt werden. Die Übersetzung ist in beiden Fällen die gleiche: »...von solcher Abstammung, daß es...« (MARTIN z. St.). Das Demonstrativum (Lectio H/JT – alle Herausgeber außer MARTI) ist nicht unbedingt erforderlich, aber gebräuchlich.
2. Lectio G, Komma nach *künne* statt nach *art*: »...aus fürstlichem Geschlecht, und auf Grund seiner Abstammung mußte es...«
3. Lectio G, Punkt nach *art*, *von art* = *von rehter art* im Gegensatz zu *kebes kint* wie RWchr 3882f.:
   ... *van dem lande uz dem du bist*
   von art geborn ...
(cf. EHRISMANN z. St.). Die Lösung ist vom Kontext her wenig wahrscheinlich.
4. Lectio H, Punkt nach *art*, *der* auf Fürsten bezogener Gen. Pl. (WOLF, JT 699), *von der art* abhängig von *erboren* (Tautologie) oder von *kint* (»aus fürstlichem Geschlecht geboren und mit fürstlichen Eigenschaften ausgestattet«).
Das altertümliche Wort *künne* ist bei Wolfram 16mal im P, 19mal im W und 4mal im T belegt; Gottfried und Hartmann im Iwein meiden es (cf. aber HEr 1796, 9468; AH 80, 388, 1170; Gr 3147; Lanz 2359, 3331, 4047, 5095, 5250, 9244; Flore 1192; Wig 2343, 2475; dazu JÄNICKE 23 und WG 180).

38, 4: »Wenn einmal alle Fürsten geboren sein werden...«, d. h. Schionatulander übertrifft alle Fürsten vor und nach seiner Zeit. Überbietungstopos, cf. CURTIUS 171ff.

---

[51] KOLB will den Namen der Königin von dem bei Andreas Capellanus 181 überlieferten Frauennamen *Amphelix* (Hinweis bei MARTIN z. St.) herleiten, den der Graldienerin aber von *Anfelise*, dem Namen einer der Hauptfiguren der Chanson de geste von Foulque de Candie (Hinweis bereits bei PARIS, Romania 4 [1875] 149, und MARTIN II, XLI). Zu solcher Differenzierung besteht kein Anlaß: Wolfram unterscheidet die Namen der beiden Figuren lautlich nicht voneinander (für den Namen der Königin überliefern die Hss. u. a. die Formen *Ampflise*, *Amphlise*, *Anphlise*, *Anflise*, für den der Graldienerin *Ampflise* und *Amflise*).

39 (700) = 34 G, 44 H, 9 M

G
*Do Gahmuret schilt enphie von Anphlisen,
div werde chungin im lech diz chint. daz mŏzen wir noch prisen.
daz erwarp sin wariv chindes sŏzze.
er wirt dirre auenture herre. ih han reht, daz ih chint durh in grŏzze.*

H
*Da Gamuret den schilt emphie von Anphlÿsen
der lihe jm dasselbe kint das mŭessen wir noch preÿsen
das erwarb sein ware kindes sŭesse
er wirt noch diser abentheŭre ain herre ich han recht daz ich kint durch
   [jn grüesse*

M
*(D)o Gahmvret den (schilt enphie) ...
... chvneginne im lech daz c(h) ... noch pri ...
... az erwarp im sin reinev chi(n) ...
... der ave(n) ... wer herre ich han reht daz ... grŏze*

39,1: »Als Gahmuret die Schwertleite empfing...« (cf. auch P 97, 25ff.). Daß Frauen die Schwertleite erteilen, begegnet in der deutschen Literatur des 13. Jahrhunderts nicht selten (z. B. Tr 12736ff., Wig 6175ff., Partonopier und Meliur[52] 11886ff.); das erste historische Zeugnis stammt, soweit ich sehe, jedoch erst aus der Mitte des 14. Jahrhunderts: beim zweiten Romzug Karls IV. soll die Kaiserin am 1. November 1368 anläßlich ihrer Krönung auf der Engelsbrücke Ritterpromotionen vorgenommen haben (cf. ERBEN, Zeitschrift für historische Waffenkunde 8 [1918/20] 139f., und MASSMANN 102ff.). Zum Terminologischen ist zu bemerken, daß das Akkusativobjekt in den Formeln *schilt, swert, wâfen* etc. *enpfâhen, nemen, gewinnen* etc. sowohl mit als auch ohne Artikel stehen kann, cf. etwa P 97, 29:
   wan daz ich schilt von ir gewan
und P 258, 21:
   sît ich den schilt von êrst gewan.
Nicht selten gehen die Hss. wie an der vorliegenden Stelle auseinander, cf. z. B. Kl 4015f.:
   *wol hundert knappen man dar zuo vant
   den man des tages swert* (Hs. C: *daz sw.*) *umbe bant*;
cf. auch die Belegsammlung bei MASSMANN 14ff.

---

[52] Konrad von Würzburg, Partonopier und Meliur, in: K. v. W., Partonopier und Meliur, Turnei von Nantheiz, Sant Nicolaus, Lieder und Sprüche, Aus dem Nachlass von F. PFEIFFER und F. ROTH hrsg. von K. BARTSCH, Wien 1871.

39, 2: *im lêch* = »ihm zeitweise überließ«, und zwar als Knappen (cf. auch 96, 3). *lîhen* in bezug auf Personen ist bereits bei Otfrid belegt:
*Joh thie éwarton réhto   liwun fílu knehto,
thie fárira ouh ginúage   zi thémo selben wíge*
(IV/16, 13f.), cf. auch Nib 913, 3 und 914, 2.

39, 3: *daz* bezieht sich wohl auf *prîsen*, nicht auf *lêch* (BARTSCH z. St.: »weil es ein so liebliches Kind war, wurde ihm das Glück zuteil, von Gahmuret erzogen zu werden«), da das Lob in Zeile 2 »sonst etwas kahl da stünde« (MARTIN z. St.). Ganz anders KIEFNER 101, der *daz* als Nom., *sîn wâriu kindes süeze* als Akk. aufzufassen scheint: »Wolfram wollte ... nicht einen R o m a n von den Abenteuern Schionatulanders schreiben, sondern s i n g e n, wie er ›erwarp sîn wâriu kindes süeze‹ (39, 3)!« — eine zumindest originelle Auffassung des Textes.

39, 4: »Er wird der Held dieser Geschichte.« Cf. P 140, 12f.:
*daz ir wol müget erkennen
wer dirre âventiur hêrre sî,*
ferner P 338, 7 und 434, 1. »Die genaue Parallele ist nicht anzufechten; wie im Parzivalroman Parzival, so soll in dieser Dichtung Schionatulander im Mittelpunkt stehen« (FRANZ 46) — und er steht, durch das Liebesgeständnis im ersten und durch den Fang des Bracken im zweiten Teil den Verlauf der Geschichte bestimmend, im Mittelpunkt. Alle Versuche, Sigune zur Hauptfigur der Dichtung zu erklären, scheitern an dieser Stelle,[53] die exakt die Verhältnisse des vorliegenden Textes trifft, projizieren in unzulässiger Weise das Sigunenbild des P in den T.[54] Möglicherweise deutet die Stelle sogar darauf

---

[53] RAHNS Kompromißvorschlag, Sigune sei zwar die Hauptfigur, Schionatulander aber unter den männlichen Personen der »Hauptheld« der Dichtung (29 – ähnlich bereits GIESE 15, Anm. 1) ist zu gezwungen, zumal mit dem in Hs. H (= JT) überlieferten *ein*, wie RAHN selbst zugeben muß, nichts anzufangen ist, aus textkritischen Gründen, denn Lectio G (MARTIN, LEITZMANN, MARTI) ist durch das Zeugnis der sonst so eigenwilligen Hs. M. gesichert, und aus syntaktischen Gründen, denn *ein* ist wohl nicht Numerale, sondern unbestimmter Artikel: »ein Herr, und zwar Herr dieser *âventiure*« (cf. KRAUS, ZfdA 67 [1930] 4ff.). – Gestützt auf Str. JT HAHN 5687 vertritt BORCHLING 4 die Ansicht, Gahmuret, Parzival und Schionatulander seien die drei Helden des JT: »In dieser Weise hat der Dichter des jg. Titurel die Andeutung Wolframs..., dass Schionatulander ›dirre âventiure ein hêrre‹ werden solle, aufgefasst.« Der stoffliche Befund mag BORCHLING recht geben; zur Interpretation der vorliegenden Stelle in H/JT kann er nicht herangezogen werden, zumal der Dichter des JT Schionatulander u. a. *vrünt der aventiure* (1940, 4), *wirt der aventiure* (2278, 3), *der auentevre weisel* (HAHN 4857, 1) und *dirre auentevre herre* (HAHN 5071, 2) nennt.
[54] Wie groß die von der Sigunengestalt des P ausgehende Suggestivkraft ist, zeigt z. B. die scheinbar fraglose Behauptung KÖNNEKERS 26: »in den Titurelfragmenten erzählt Wolfram die Geschichte der Sigune«. – Mit der Frage nach dem Helden hängt die Frage nach dem angemessenen Titel der Dichtung zusammen, denn daß »Titurel« (cf. zu 1, 1) den Inhalt nicht trifft, steht außer Zweifel. U. a. wurden

hin, daß Schionatulander »der Held einer größeren Dichtung werden sollte« (SCHREIBER 180, Anm. 107) – cf. die Ausführungen im Anschluß an Str. 131. *grüezen* steht hier im Sinne von »preisen« wie P 4, 19; 559, 4 u. ö. (cf. auch DWb IV/1/6, 1006f.). Zum Gedanken weist MARTIN z. St. u. a. auf Tr 8297ff. hin:

> *ir schœne diu schœnet,*
> *si zieret unde crœnet*
> *wip unde wiplichen namen.*

40 (701) = 35 G, 45 H, 10 M

G

Och fŏr daz selbe chint mit dem Anschevine
hin vber in die heidenschaft zŏ dem baruch Ahkarine.
er braht ez ze Waleis wider dannen.
swa chint genendcheit erspehent, daz sol helfen, opse imer gemannen.

H

Auch fůr dasselbe kint mit dem Answine
hinůber ůber die haẏdenschafft zu dem barůch ze Allexandrine
ze Waleis bracht er jn herwider dannen
wo kindt genendicait erspehent es sol sy helffen obs ymmer gemannen

M

(O)vch fŏr daz selbe ch ... t m ... (e)
hin vb ... in die heidensch(aft) z(e) d(e) ... e
d(o) bra ... z ze Waleis wider danne ...
... endechei ... pehent in der ivgent daz so ... gemā ...

folgende Vorschläge gemacht: »Sigune« (W. J. SCHRÖDER, FuF 26 [1950] 177; KUHN 166; DE BOOR 122; RAHN 25f.; LABUSCH 12 und 94f.; WAIS, BBSIA 18 [1966] 148), »Sigunenepos« (RANKE, Deutsche Literaturgeschichte in Grundzügen, Die Epochen deutscher Dichtung, ... Hrsg. von B. BOESCH, 2. Aufl., Bern und München 1961, 67), »Schionatulander« (EHRISMANN 289; SCHREIBER 180, Anm. 107; HALBACH, Deutsche Philologie im Aufriß, ... Hrsg. von W. STAMMLER, 2. Aufl., II, Berlin 1960, 577; PANZER [Zitieren] 25; WOLFF 116), »Schionatulander und Sigune« bzw. »Sigune und Schionatulander« (EHRISMANN 289; RICHEY; SCHWIETERING 180ff.; WOLFF im Titel seines gleichnamigen Aufsatzes und – einschränkend – WW 10 [1960] 187; SIMON 185), »Liebesroman von Sigune und Schionatulander« (SCHNEIDER 304). Die beiden letzten Auffassungen können sich, wenn WOLFS Ergänzung richtig ist, auf das Zeugnis des Heidelberger Verfasserbruchstücks stützen (JT Ausw. p. 78, Ergänzungsversuch in Klammern): ⟨*Her Wolfram, der durch prisen di mær alsus*⟩ *enborte Tituel dem wisen, di Tschionatvlander angehorte vnd Sigvne*... Ich halte den Streit um die Titelgebung für ziemlich unfruchtbar, da man sich doch nicht einigen wird und ich nicht einsehe, weshalb man das Werk nicht mit dem Namen bezeichnen sollte, unter dem es im Mittelalter wahrscheinlich bekannt war.

40,1: Schionatulander hat Gahmuret bereits auf dessen erster Orientfahrt begleitet (die von DOCEN z. St. in Anlehnung an den JT vorgeschlagene Konjektur *sît* statt *ouch* ist unnötig, cf. auch zu 40, 3).
Die Bezeichnung *Anschevîn* ist abgeleitet von *Anschouwe*, dem Heimatland Gahmurets (cf. HARTL 423b). Man bringt diese Namen wohl zurecht mit dem Herrscherhaus der Anjous in Verbindung:[55] »Zugehörigkeit zum machtvollen Anjougeschlecht ... sollte das Ansehen Gahmurets heben, das durch ihn zu verwirklichende Ideal des Höfisch-Ritterlichen steigern« (SCHWIETERING [Schuld] 12). Die angevinischen Anspielungen reichen jedoch kaum aus, einzelne Motive des P direkt aus der historischen Wirklichkeit zu erklären (cf. MARTIN II, XLf.), und schon gar nicht, Gahmuret mit Richard Löwenherz zu identifizieren (cf. W. SNELLEMANN, Das Haus Anjou und der Orient in Wolframs ›Parzival‹, Amsterdam, Proefschrift 1941; PANZER 63ff.; SCHOLTE, Neoph 33 [1949] 24; SCHWIETERING [Schuld] 11ff.); auch geht es zu weit, in Wolfram deswegen einen Parteigänger der mit den Anjous verschwägerten Welfen zu sehen (cf. KOLB 24ff.). In einen ganz anderen Bereich, die Steiermark, weist der Name von Gahmurets Vater Gandin (cf. zu 82, 2): die Burggrafen von Steier waren seit dem 13. Jahrhundert mit dem niederösterreichischen Geschlecht von Ansouwe, Antschou verschwägert: »zeichnete vielleicht Wolfram die herren von Steyer aus, indem er sie, die ›Anschower‹, zu ›Anjous‹ machte und Parzival zu ihrem verwanten?« (SCHÖNBACH, AfdA 27 [1901] 154, cf. auch W. SCHERER, Geschichte der deutschen Dichtung im elften und zwölften Jahrhundert, Straßburg und London 1875 = QF 12, p. 140, Anm. 1; MÜLLER, ZfdA 31 [1887] 102f.).

40,2: *hin über* = »übers Meer«, cf. P 101, 23.
Den *bâruc von Baldac* (cf. zu 73, 2ff.), den Kalifen von Bagdad, beschreibt Wolfram P 13, 16ff. als geistliches Oberhaupt, dem Papst vergleichbar, und mächtigsten Herrscher der Heiden, dem zwei Drittel oder mehr der Erde untertan sind. Daneben gibt es den *admirât al der Sarrazîne* (93, 2, cf. z. St.), der mit dem römischen Kaiser verglichen wird. HEINZEL 8 verweist dazu auf Ottos von Freising Chronicon (cf. Anm. 95) VII, 3, wo ebenfalls zwei Gewalten im Orient analog dem Verhältnis Papst/Kaiser unterschieden werden, PANZER 77 auf die Schilderung der überragenden Stellung des Kalifen von Bagdad in Wilhelms von Tyrus Historia rerum in partibus transmarinis gestarum (MPL 201) XIX, 13. Das Wort *bâruc* ist hebräischen Ursprungs: *Baruch, qui in lingua nostra benedictum sonat* (Hieronymus, Comment. in Epist. ad Ephesios, I, 1 = MPL 26, 474). Wie Wolfram dazu gekommen ist,

---

[55] FOURQUET (noms) 255 vermutet, Wolfram habe *Anschouwe* aus dem von Hartmann nicht überlieferten Schluß des Erec übernommen: *Que des Gales jusqu'an Anjo* (CEr 6649). Um auf den Namen der Anjous zu kommen, bedurfte es indessen gewiß nicht der Kenntnis des Erec. – Völlig haltlos ist die Spekulation MERGELLS (Gral) 25, Anm. 2, der Name *Anschouwe* deute »zugleich auch auf das ›Anschauen‹ (›schouwen‹, ›beschouwen‹) des Grals (807, 16; 813, 21)« (cf. auch ibid. 110 und 139).

dem Kalifen diesen Namen als Amtsbezeichnung zu geben, weiß man nicht. HAGEN 44ff. vermutet, daß der Name auf die nach dem Zeugnis mittelalterlicher Schriftsteller hauptsächliche Tätigkeit des Kalifen, das Segnen der Gläubigen, hinweise; BRUGGER 59ff. denkt an *Baruc* den Schwarzen, eine wichtige Figur im Sagremor-Abenteuer des Livre d'Artus.
Den Namen des Baruc, *Ahkarîn*, nennt Wolfram nur hier und im W (45, 16).[56] Er stammt wahrscheinlich aus Aliscans (1428: *Acarin*, cf. bereits BARTSCH [Eigennamen] 130 – HERTZ 471 weist auf den ähnlich klingenden Namen *Agarrain*, GRd ðb 34, hin). Für die Werkchronologie wirft dieser Zusammenhang jedoch nicht viel ab: man kann nicht mehr sagen, als daß der T zu einer Zeit verfaßt wurde, »als Wolfram entweder schon am Willehalm arbeitete, oder doch bereits mit der hauptquelle desselben ... sich bekannt gemacht hatte« (STOSCH, ZfdA 32 [1888] 471; cf. auch LEITZMANN, Beitr 26 [1901] 153f.; DOMANIG, Die Kultur 12 [1911] 279, Anm. 1; ferner zu 42, 2). Die Bedeutung des Namens erklärt HAGEN 41 aus einer zeitgenössischen Schilderung Bagdads: »a Harim oder a Herim ... heißt der abgeschlossene Stadtteil, in dem der Kalif in geheimnisvoller Unsichtbarkeit residiert«; MARTIN z. St. denkt dagegen an arab. *Al Kerim* = »der Geehrte«.

40,3: EHRISMANN 292, Anm. 1, sieht in dieser Zeile einen Widerspruch zum Kontext bzw. eine Vermischung der beiden Fahrten Gahmurets: »Nach Waleis konnte ja Gahm. von der ersten Fahrt nie zurückgekehrt sein, da er dieses Land erst durch die Heirat mit Herzel. erhielt und auf der zweiten Fahrt in der Heidenschaft umkam« (ähnlich bereits DOCEN z. St.). Gahmuret begab sich aber nach seiner Rückkehr nach Kanvoleiz, die Hauptstadt von Waleis, und wurde dort Landesherr. Es muß also übersetzt werden: »er brachte es wieder zurück aus dem Heidenland, und zwar nach Waleis«.
Wâleis, bei Chrestien *Gales*, ist Wales, und zwar wohl Südwales, da Norgals, Nordwales, davon unterschieden wird (cf. zu 82, 1). Für die in der Forschung mehrfach geäußerte Annahme, Wolfram habe den Namen mit dem französischen *Valois* verwechselt oder absichtlich vermengt, gibt es keinen sicheren Anhaltspunkt (cf. BARTSCH [Eigennamen] 117 und 143; MARTIN II, XLI; HERTZ 477; BRUGGER 77; SINGER [Stil] 48f.; dagegen mit Recht WILMOTTE, Mélanges de Philologie offerts à J.-J. SALVERDA DE GRAVE, Groningen/La Haye/Batavia 1933, 399ff., dem aber leider einige grobe Fehler im Verständnis des Textes unterlaufen sind).

---

[56] Vom Baruch zu unterscheiden ist der mit ihm verwandte *künec von Marroch Ackarîn* (W 96,7; auch W 73, 19; 236, 19; 357, 1; HARTL 422a hält die beiden Personen nicht auseinander). Die Namen sind wohl identisch, denn W 45, 16 hat LACHMANN gegen das Zeugnis aller Hss. für den Namen des Baruch die nur an der vorliegenden Stelle belegte Form mit *h* eingesetzt, und auch im JT »heißt der Baruch durchweg ›Ackerîn‹ oder ›Akerîn‹, niemals ›Ahkerîn‹« (BORCHLING 17). Der Dichter des JT kannte den Namen wohl aus dem W, denn er schreibt an dieser Stelle wie H *Alexandrine*, was wohl auf einem Mißverständnis beruht (Wolfram kennt nur die Form *Alexandrîe*, cf. HARTL 422b).

40,4: Der Gedanke dürfte sprichwörtlich sein, cf. z. B. Flore 634ff.:
> wan den kinden in der jugent
> die lêre aller meiste frument
> die dâ nâch ze nutze kument,
> sô sie beginnent sich verstân.

genendekeit ist bei Wolfram noch W 457, 5, nach Ausweis der Wörterbücher sonst nur in HEr 2503 und UAl 14884 belegt (BMZ II/1, 379a; JELINEK 284; dazu noch JT 239, 2).

sol = »man sagt, daß...« wie P 197, 18:
> sehs ritter solter hân gevalt

u. ö. (cf. ZEHME 17f.).

gemannen = »zum Mann werden«, nach Ausweis der Wörterbücher in dieser Bedeutung nicht vor Wolfram und nur sehr selten belegt (cf. LEXER I, 835 und III/Nachtr. 190).

41   (704) = 36 G, 46 H, 11 M

G
Ein teil ih wil des chindes art iv be⟨ne⟩nnen.
sin ane was von Kraharz Churnomanz, chunde isen zetrennen.
des phlager zer tiost mit manger hurte.
sin vater was genant Kurzkri. der lach tot vmbe Schoydelakurte.

H
Ain tail wil ich euch des kindes frucht benennen
sein ane der hiess Gurnemans von Grahaÿs kund ÿser zertrennen
des phlag er zu der tyost mit maniger hůrte
sein vater der hiess Gruzgri der lag tot durch Tschoy de lagurte

M
(E)in teil wil ich iv dez ch...nen
sin ... (der) hiez Gurnamanz (v) ... vnde o(v) ... (sen zetr)ennen
dez pf(l)ach ... mane(g) ... vrte
(sin) vater hiez Gurz(e) ... urch Ts ... de la cv ...

41, 2: *Gurnemanz von Grâharz* = *Gornemanz de Goort* (CP 1548, cf. HILKA z. St.), *Gornemanz de Gohort* (CEr 1695), *Gornemanz von Grôharz* (HEr 1632). Die etymologische Deutung von *Gurnemanz* ist umstritten (cf. SAN-MARTE, Germania 2 [1857] 393; BARTSCH [Eigennamen] 141; BRUGGER, Zeitschrift für französische Sprache und Litteratur 49 [1927] 242, Anm.; SUHTSCHECK, FuF 7 [1931] 139), ebenso die geographische Identifizierung von *Grâharz* (MARTIN II, XLIII und zu P 68, 22 denkt an Greierz in der Schweiz, RICHTHOFEN, Boletin de Filologia 13 [1961] 33, Anm. 166, an Graiar in Spanien), cf. auch FOURQUET (noms) 247.

Die Konstruktion des Satzes ist mehrdeutig; zur Erläuterung der verschiedenen Möglichkeiten geht man am besten von der Frage nach dem Subjekt von *kunde* aus:

1. Subjekt von *kunde* ist *sîn ane*; *was von Grâharz Gurnemanz* ist Einschub mit Nichtbezeichnung eines pronominalen Subjekts (Komma nach *ane* und *Gurnemanz* – so PIPER und LEITZMANN, BARTSCH mit *hiez* H statt *was*) wie z. B. W 89, 4f.:
   ein alter kapelân, hiez Steven,
   ûf der wer ob der porte stuont.[57]
2. Subjekt von *kunde* ist *von Grâharz Gurnemanz*, das zugleich Gleichsetzungsnominativ zu *sîn ane* ist (keine Interpunktion – so MARTI), also Konstruktion ἀπὸ κοινοῦ.[58]
3. Subjekt von *kunde* ist *Gurnemanz* (Punkt oder Doppelpunkt nach *Grâharz*).
4. Subjekt von *kunde* ist ein nicht bezeichnetes Pronomen (Komma nach *Gurnemanz* – so die vorliegende Textfassung mit DOCEN), cf. dazu GÄRTNER, Beitr T 91 (1969) 161ff. und die dort verzeichnete Literatur sowie PMS § 270.

Für den Text von H (= M?) kommen die Möglichkeiten 2 und 4 in Frage (*der* wäre dann *sîn ane* aufnehmendes Demonstrativum, cf. DS I, 282). Ferner könnte man *der hiez Gurnemanz von Grâharz* als eingeschobenen Hauptsatz (Klammer vor *der* und nach *Grâharz* – so LACHMANN und MARTIN) oder als Relativsatz mit nachgestelltem Gleichsetzungsnominativ (cf. DS IV, 123f.) auffassen.

41,4: *Gurzgrî* ist nach RICHEY, GLL 17 (1963/64) 1, Anagramm aus *Grîgorz* (P 210, 8, 19) wie z. B. *Loherangrîn* aus *Garin li Loherain*. Weniger wahrscheinlich ist Entlehnung aus CEr 1961: *Guergesins* (= HEr 1936: *Guelguezins*), cf. FOURQUET (noms) 254. Die etymologischen Erklärungen SAN-MARTES, Germania 2 (1857) 394, und BARTSCHS (Eigennamen) 141 sind unbrauchbar.
lac tôt = »fand den Tod«, cf. WIESSNER, Beitr 26 (1900/01) 461ff.
Schoy de la kurte = des hoves vreude (HEr 8006), Abschlußabenteuer im Erec, bei dem es galt, den Ritter Mabonagrin zu bestehen (cf. auch P 178, 20ff.; 583, 26f.; T 84, 4).

---

[57] Also der syntaktische Typ, den KARG als »eingeschobene *hiez*-Konstruktion« bezeichnet hat; cf. F. KARG, Syntaktische Studien, Halle 1929, 7ff., und PMS § 270, Anm. 2. – Gegen diese Lösung spricht ein Faktum, auf das mich K. GÄRTNER hinweist: anders als im vorliegenden Fall, wo *sîn ane* Bezugswort ist, beziehen sich *hiez*-Konstruktionen bei Wolfram wie überhaupt im 12. und 13. Jahrhundert in der Regel auf eine nicht oder noch nicht näher bestimmte Größe.

[58] Diese Lösung müßte verworfen werden, wenn – wie vielfach angenommen – eine metrische Pause vor dem κοινόν für die Konstruktion ἀπὸ κοινοῦ konstitutiv wäre (cf. dazu die forschungsgeschichtliche Übersicht bei GÄRTNER, Beitr T 91 [1969] 124ff.).

42 (705) = 37 G, 47 H, 12 M

G
Mahute hiez sin mŏter, Ehkunates swester,
des richen phalenzgrauen, den man da nante vz der starchen Berbester.
selbe hiez er Schoynatulander.
so hohen bris erwarp bi siner zit nie einer noch der ander.

H
Nachte hiess sein mŭeter Ekunares swester
des reichen phaltzgraŭen den man da nante aus der starchen Bebester
selber hiess er Tschyonatulander
so hohn̄ preys erwarp beÿ seinen zeiten nie ainer noch der ander

M
(M)ohvte hies sin mv̆ter E ...
dez richen pfalnzgrave ... (z) vz der ... hen Prebester
selbe hiez e(r) ... (e)r
so ho ... (p)ris erwarp nie bi siner z ... ander

42,1: *Mahaute* (cf. die Lesarten zu P 178, 16, 24 und die Form *Mahaude* T 126, 4 und 127, 2) ist die romanische Form des deutschen Personennamens *Mathilt* (afrz. Lautform *Mahaut*, cf. LANGLOIS 413 und FLUTRE 127b; nordprov., zur Heimat der Mahaute, dem Dauphiné, stimmende Lautform *Maeut*, cf. KOLB 11 sowie zu 92, 2). Der Name spielte vor allem in der Familie der Anjous eine Rolle, doch ginge es zu weit, Mahaute mit einer bestimmten historischen Persönlichkeit zu identifizieren (cf. SAN-MARTE, Germania 2 [1857] 394; BARTSCH [Eigennamen] 141f.; MARTIN II, XLIII und SCHOLTE, Neoph 33 [1949] 33).
Der Pfalzgraf *Ehkunat* ist zu unterscheiden von dem gleichnamigen Geliebten der Clauditte (cf. HARTL 428a). Der Name erinnert an *Equinot* (HEr 1669); cf. BARTSCH (Eigennamen) 142, FOURQUET (noms) 251 sowie zu 1, 1.

42,2: Über die indirekte Ausdrucksweise cf. zu 11, 2.
Berbester ist wohl die Sarazenenfestung *Barbastro* in Nordspanien (cf. zu 14, 1). Sie spielt im W als Heimat Bertrams und Schlachtruf eine Rolle (cf. HARTL 426b – Aliscans 5134: *Barbastre*). BEHAGHEL, Germania 34 (1889) 488, weist darauf hin, daß diese Herkunftsbezeichnung Ehkunats wie der Name des Baruch erst im W und im T erscheint, obwohl Ehkunat im P mehrmals genannt wird (178, 19; 413, 15; 503, 16). Über die Konsequenzen, die sich daraus für die Werkchronologie ergeben, cf. zu 40, 2. Cf. auch LEITZMANN, Beitr 26 (1901) 153ff.; HEINZEL 94; FRANZ 43; KOLB 18 und Anm. 57.
Zum bestimmten Artikel bei Ortsnamen mit Adjektivattribut cf. P 498, 25 *in die wîten Gandîne* und 687, 10 *ûz der wîten Acratôn* (dazu auch RADTKE 34).

42,3: Der Name des Helden (nach der Überlieferung des P *Schîânatulander* oder *Schîonatulander*) ist ungeklärt. Der zweite Teil erinnert an *Ganatulander* (HEr 1691 – cf. BARTSCH [Eigennamen] 126, MARTIN z. St., HEINZEL 5, SINGER [Stil] 56, FOURQUET [noms] 251 sowie zu 1, 1), den ersten Teil will WAIS, BBSIA 18 (1966) 148, auf **Schionar*, aus *Guiomar, Gigemar*, dem Namen der Geliebten der Morgain in der Artussage, zurückführen.[59] Die allegorischen Deutungen SAN-MARTES, Germania 2 (1857) 391, und BARTSCHS (Eigennamen) 142 (*li joenet de la lande* = »der Jüngling von der Aue« oder *li joenet ù l'alant* = »der Jüngling mit dem Hunde«, cf. dazu PARIS, Romania 4 [1875] 150) überzeugen ebensowenig wie MARTINS Versuch, Schionatulander mit dem früh verstorbenen Dauphin Guy VIII. zu identifizieren (II, XLIII – cf. auch SCHOLTE, Neoph 33 [1949] 33).

43   (706) = 38 G, 48 H, 13 M

G

Daz ih des werden Kurzkrien sun niht benande
vor der maget Sigunen, diu genoz des: ir mŏter man sande
vz der phlege von dem reinen grale.
ir hochgeburt si zuchet ŏch her fur vnde ir chunne daz lieht gemale.

H

Daz ich des werden Gurtzgrien sun nicht benante
vor der maget Zigaunen das was des schult daz man jr můter sande
aus der phlege von dem rainen grale
jr gepurt sy zugkhet noch herfůr vnd ir kůnne das liecht gemale

M

(D)az ich dez werden Gvr ... benand(e)
... der magt (S)y(g)vn(en) dev ... ir mvt(e) ... (a)nde
vz der pflege von de ...
... r hoh g ... (c)h zvchet her fvr vñ ir ch ... male

Allgemeines: Wolfram rechtfertigt sich in dieser Strophe dafür, daß er wider epischen Brauch *der âventiure hêrre* (39, 4) nicht zuerst eingeführt hat.[60] Be-

---

[59] Die sagengeschichtlichen Hinweise von WAIS verdienen gewiß eine eingehende Prüfung; es ist jedoch bedauerlich, daß sich der Verfasser so wenig mit seinem Gegenstand vertraut gemacht hat, daß er von vier Titurelfragmenten spricht, also offensichtlich die beiden von KARL BARTSCH gedichteten Partien Wolfram zuschreibt (cf. das im Anschluß an Str. 131 Bemerkte).

[60] RAHN 30, Anm. 26, und SCHUMACHER 209, Anm. 83, weisen dazu auf die Verwunderung Heloises über die Ehrung hin, die ihr Abälard zuteil werden läßt, indem er ihren Namen in der brieflichen Anrede vor dem seinen nennt: *Miror, unice meus, quod praeter consuetudinem epistolarum, imo contra ipsum ordinem naturalem rerum, in ipsa fronte salutationis epistolaris me tibi praeponere praesumpsisti, feminam videlicet viro, uxorem marito, ancillam domino, monialem monacho et sacerdoti, diaconissam abbati* (MPL 178, 191f.).

gründet wird dieses Verfahren mit Sigunes ständischer Überlegenheit (*hôchgeburt* in Zeile 43, 4 dürfte sich auf das Geschlecht ihres Vaters beziehen) und ihrer Verwandtschaft mit dem *erwelten* (44, 1) Gralgeschlecht, das wohl mit *künne lieht gemâle* (43, 4) gemeint ist (cf. auch 7, 4). Diese zweite Begründung wiederholt das bereits in Zeile 43, 2 Gesagte, in dem man jedoch auch einen Hinweis auf die erzählerische Ökonomie, einen weiteren Rechtfertigungsgrund also, sehen kann, denn es lag in der Tat nahe, die Geschichte des Gralgeschlechtes von Titurel über Frimutel und dessen beide vom Gral ausgesandten Töchter bis zu Sigune in einer Linie zu erzählen. Keinesfalls jedoch beweist, wie RAHN 29f. meint, die Bevorzugung der Sigune, daß sie die Heldin des Gedichts ist (cf. zu 39, 4), denn die Rechtfertigung bezieht sich ausschließlich auf vor der eigentlichen Geschichte Liegendes, nicht auf diese selbst. Cf. auch HEINZEL 7f.

43, 2: Der Nachsatz *diu genôz des* »entspricht dem Vordersatze nicht genau; dazwischen liegt etwa: das verhält sich so« (BARTSCH z. St., ähnlich MARTIN z. St.). Darauf folgt ein Hauptsatz in der Funktion eines Objektsatzes (Parataxe statt Hypotaxe, cf. zu 38, 2).

43, 3: »... aus der Obhut des reinen Grals«, cf. P 826, 23f.:
   der (sc. Lohengrin) *fuor wazzer unde wege,*
   unz wider in des grâles pflege.
reine ist als Epitheton des Grals, dessen Makellosigkeit und Heiligkeit bezeichnend, nur an dieser Stelle belegt (indirekt P 469, 3f. und 471, 22; cf. auch zu 7, 1 sowie über *reine* im religiösen Sinn GAUPP passim, ARMKNECHT 124, die Belege in den Wörterbüchern [BMZ II/1, 659af.; LEXER II, 389; DWb VIII, 694ff.], ferner zu 80b, 1).

43, 4: *si zucket ... her für* = »erhöht sie«, »gibt ihr den Vorzug«, oft in Kontrastkoppelung mit *(nider)drucken*, cf. außer dem BMZ III, 933a angeführten Beleg Freidank 77, 8ff.:
   swer die werden nider drucket
   und die swachen für zucket
z. B. Minneburg 2388ff.:
   So wurde die leyd dyptonge
   ›Oi my‹ gar verdrucket
   Und ›wol mich‹ her fur getzücket,
Kchr, Anh. I, 140:
   man zuht in ûf durchs rîches nôt
(ebenso ibid. 422), ferner Heslers Apokalypse[61] 9823ff. (Anrede an Christus):
   Und haz den tuvel gedruct
   Unde uns uber in gezuct,

---

[61] Heinrich von Hesler, Die Apokalypse, Aus der Danziger Hs. hrsg. von K. HELM, Berlin 1907 = DTM, 8.

WvÖ 14372f.:
   sin gût getæt
   kundent in wol uf zucken,
auch Neifen, KLD I, Nr. 15, XXIV/2, 3f.:
   swie diu hêre mîn gemüete
   alsô selten zucket hôh enbor.

44   (707) = 39 G, 49 H, 14 M

G
Aldes grales diet daz sint die erwelten,
imer salch hie vñ dort in den stæ⟨te⟩n pris die gezelten.
nv was Sigune ŏch von dem selben samen,
der vz von Muntsalvatsche in die werlt wart gesæt, den die heilhaften
[*namen.*

H
Alle grales diet das sint die erwelten
ymmer selig hie vnd dort an den stĕtten preÿs die erwelten
nu was auch Sugaŭne desselben samen
der vnns von Montsaluatsch ward in die welt gesait den da seit die
[*halhafften namen*

M
(A)l dez grales diet (da)z sin ...
(i)mer s(æ) ... hie vñ dort in den steten ... n
nv w(a) ... (g)vne von dem selben (s) ...
... alfatsch ... wart gesæt den (d) ... (m)en

44,1: *des grâles diet* = *des grâles schar* (P 473, 11 u. ö.), *des grâles folc* (P 500, 15). Möglicherweise ist an eine Beziehung zum auserwählten Volk der Bibel gedacht, cf. etwa Deut. 26, 18: *et Dominus elegit te hodie ut sis ei populus peculiaris* (dazu auch KOLB 163ff.). Über weitere Anklänge an die Bibel cf. zu 44, 3 und zu 46, 1.

44,2: Faßt man *imer sælec* und *in den stæten prîs die gezelten* als Erweiterungen zu *die erwelten* auf, kann man *hie und dort* (»im Diesseits und im Jenseits«) zum Vorhergehenden (Komma nach *dort* – so DOCEN, BARTSCH, PIPER, MARTI), zum Folgenden (Komma nach *sælec*), teils zum Vorhergehenden, teils zum Folgenden (Komma nach *hie* – so BENECKE 945) oder zugleich zum Vorhergehenden und zum Folgenden (keine Interpunktion, Konstruktion ἀπὸ κοινοῦ – so LACHMANN, MARTIN, LEITZMANN?) ziehen. Es kann jedoch, worauf mich K. GÄRTNER aufmerksam macht, auch ein eigenständiger Hauptsatz mit Ellipse des Verbum substantivum (cf. zu 20, 2) vorliegen.

Die im Gralsymbol geleistete Synthese von Immanenz und Transzendenz (cf. auch P 827, 19ff. sowie MERGELL [Gral] 21 und KÖNNEKER 30) findet ihre Entsprechung in der Liebe (cf. 51, 2) und gehört so zum eigentlichen Thema des Gedichts. Sie ist jedoch nichts Selbstverständliches, sondern wird dem Menschen erst nach sittlicher Bewährung zuteil (cf. 144, 3f.). Über die Geltung der Gralverheißung für Sigune und Schionatulander cf. zu 166, 4.

44,3: *sâme* hier im biblischen Sinn = »Nachkommenschaft« (ähnlich P 109, 27 und W 62, 4). Die Analogie zu Abrahams Segen über die Erde verbreitendem Samen ist unverkennbar, cf. etwa Gen. 26, 4: *Et benedicentur in semine tuo omnes gentes terrae* (dazu auch RAHN 24). Ähnliches Bild bei Reinb 259ff.:
do gesât wart sîn sâme,
dâ was mit voller âme
diu werlt mit fröuden übersât.

44,4: *die heilhaften* sind »die Glücklichen«, »die Begnadeten«, denen das Glück zuteil wurde, einen Abgesandten des Grals als Landesherrn oder Landesherrin zu erhalten. Das Adjektiv *heilhaft* ist in der Doppelbedeutung *fortunatus/salutaris* im Ahd. gut bezeugt (cf. GRAFF IV, 866f. – dazu auch GÖTZ, Beitr H 82 [1960] 213f.). Im Mhd. hat sich bis jetzt nur ein weiterer Beleg in der Bedeutung *salutaris* finden lassen,[62] »aber man wird die an unserer stelle verlangte bedeutung ›fortunatus‹ unbedenklich auch dem mhd. zuschreiben« (E. SCHRÖDER, ZfdA 66 [1929] 64). SCHRÖDERS Konjekturvorschlag *die heithaften* (cf. GRAFF IV, 807), »die dem Ordo (des Grals) Angehörenden«, ist schon deswegen zu verwerfen, weil *des grâles diet* ja Spender, nicht Empfänger des *sâmen* ist.

45 (708) = 40 G, 50 H, 15 M

G
Swa des selben samen hin wart braht von dem lande,
daz möse werden berhaft vñ in vil reht ein schur uf die schande.
da von Kanvoleiz verre ist bechennet.
si wart in manger zungen der triwen höbet stat ge⟨ne⟩nnet.

H
Wo des samen icht ward bracht hin von dem lannde
der muste werden perhafft an preise wann jn fiel ain schaůr auf die [schannde
dauon Kanuolaÿs verre ist bekennet
sy ward in maniger zungen ye der getrewen haubtstat genennet

---

[62] Priester Konrads Predigtbuch (Altdeutsche Predigten, Hrsg. von A. E. SCHÖNBACH, III, Graz 1891), p. 63, 34f.: *der linde fluz des hailhaften bluotes, der götlichen wûnten* (cf. LEXER III/Nachtr. 232).

M
... z samen hin iht w ... lande
... werden berhaft a(n) ... el ein sch ... schande
da (v)on C(a) ... che(nn)en ...
... ngen der ... gen(en)ne(t)

45,1: *von dem lande* meint wohl: »aus dem Land des Grals« (BARTSCH und MARTI z. St.), doch ist von diesem (*Terre de Salvæsche*, cf. P 251,4; 792,10; 797,7) vorher nicht die Rede gewesen, weshalb MARTIN z. St. erklärt: »es bezieht sich vielmehr auf ein in ›swâ hin‹ liegendes Pronomen: ›den Einwohnern des Landes‹«, was der Text indessen schwerlich hergibt. Daß die Stelle schwierig ist, zeigen die Änderungen im JT: *zů dem lande* (ADE), *dem lande* (JKXYZ, bereits von BENECKE 945 als Konjektur vorgeschlagen).

45,2: *daz* bezieht sich auf den ganzen Vordersatz.
in = *den heilhaften* (44,4).
Die Gegenwart der Abgesandten des Grals wirkt gleichsam als Hagelschauer, der alles Schlechte wie Unkraut vertilgt. Zur *schûr*-Metaphorik bei Wolfram cf. SAN-MARTE (Studien 3) 222; KINZEL, ZfdPh 5 (1874) 29; ROGOZINSKI 61; BORCHLING 165.

45,4: Über die indirekte Ausdrucksweise cf. zu 11,2, zur Wendung *der triwen houbetstat* den BMZ II/2, 601b angeführten Beleg Speculum Ecclesiae,[63] fol. 125v (= p. 123, 31f.): *... Rôme. Daz was ein hôbetstât uor Cristes geburt alles irretômes.* Der für Lectio H (= JT DE) verantwortliche Schreiber hat offensichtlich den metaphorischen Charakter der Aussage nicht verstanden.

46   (709) = 41 G, 51 H

G
Owol dich, Ganuoleiz, wie man sprichet dine stæte
vñ herzenliche liebe, div vf dir geschach niht zespate!
minne hŏp sich frŏ da von zwein chinden.
div e r g i e so luterliche, al div werlt moht ir trŏpheit dar vnder niht
                                                                            [finden.
4. ergit.

H
Wol dir Kanuoleis wie man sprichet deine stȇte
von hertzenlicher liebe der auf dir geschach nicht ze spate
mÿnne hueb sich da frue an zwaÿen kinden
all der welt mochte nie jr tumphait darůnder pefinden

---
[63] Speculum Ecclesiae, Eine frühmittelhochdeutsche Predigtsammlung (Cgm. 39), Mit sprachlicher Einl. neu hrsg. von G. MELLBOURN, Lund und Kopenhagen 1944 = Lunder germanistische Forschungen, 12.

46, 1: Die Anrede an die Stadt erinnert an den Stil der Bibel, cf. Matth. 11, 21: *Vae tibi, Corozaim, vae tibi Bethsaida*..., ferner Luc. 10, 13 sowie KRAUS zu Reinb 844f. und ROGOZINSKI 16.

46, 2: Lectio H (BENECKE 945, LACHMANN, BARTSCH, PIPER, MARTIN) begründet, weshalb man die *stæte* der Stadt Kanvoleiz preist. Der Leser erfährt dadurch indirekt, daß die *herzenlîche liebe* eine beständige war (BARTSCH z. St.: »daß herzliche Neigung dauernd in dir sich fand«), was Lectio G (LEITZMANN, MARTI) durch syndetische Gleichordnung von *stæte* und *liebe* zum Ausdruck bringt. In beiden Fällen kann der Relativsatz *diu ûf dir geschach niht ze spæte* als Erläuterung des zunächst etwas befremdlichen Possessivpronomens in der ersten Zeile verstanden werden: wie die *herzenlîche liebe* so *geschiht* auch die zu ihr gehörende *stæte* in der Stadt, deshalb ist es »ihre«, sc. die in ihr beheimatete *stæte*. Die Lesarten sind durchaus gleichberechtigt. Lectio H bietet indessen die Möglichkeit einer anderen syntaktischen Gliederung, die manches für sich hat: Ausrufezeichen nach *stæte*, Komma nach *spæte*, Punkt oder Doppelpunkt nach *kinden*, also: »Gepriesen seist du, Kanvoleiz, wie rühmt man die Beständigkeit, die in dir beheimatet ist! Aufgrund inniger Zuneigung, die frühzeitig in deinen Mauern empfunden wurde, begann früh eine Liebe zwischen zwei Kindern.« In diesem Fall könnte die Aussage über die *stæte* parallel zu 45, 4 allgemeiner (auch Herzeloyde miteinschließend) verstanden werden. – MARTI verbindet *niht ze spæte* als nachgestelltes Attribut mit *liebe* (Komma nach *geschach*), da das Adverb keinen Umlaut (der hier durch den Reim gesichert ist) aufweise; möglich wäre auch Verbindung von *spæte* mit dem folgenden *minne* (Punkt nach *geschach*, keine Interpunktion nach *spæte*). Wolfram verwendet in der Tat die umgelautete Form sonst nur in Verbindung mit dem Verbum substantivum: P 173, 18; 194, 5; dagegen *spâte* in Verbindung mit anderen Verben: P 437, 6; 530, 8; 804, 22; W 25, 5; 175, 4 (alle P-Belege im Reim!). Ich möchte jedoch die Auffassung von *spæte* als Adverb nicht ganz verwerfen (der Unterschied zwischen umgelautetem Adjektiv und nicht umgelautetem Adverb ist ja schon früh im Wanken begriffen, cf. WILMANNS II, 607 und DWb X/1, 1974): es ergibt sich dann die Parallelkonstruktion: *liebe geschach niht ze spæte / minne huop sich fruo*. (Zu der bei Wolfram häufigen Litotes mit *niht ze* cf. KINZEL, ZfdPh 5 [1874] 13.)

46, 4: Zur *lûterlîchen minne* cf. P 533, 21; auch P 533, 25f.; T 53, 2.
ir ist wohl von *werlt* abhängiges Possessivpronomen (J. GRIMM 121, MARTI z. St.): die reine Liebe der beiden Kinder wird ausdrücklich von der Unreinheit der Welt abgesetzt, sie ist »von ihrem Ursprung her ungetrübt durch fremde Beimischungen, die das Vollkommene auf Erden stets zu verzerren drohen« (KÖNNEKER 31). Das Possessivpronomen auf *minne* zu beziehen (MARTIN z. St.: »die an der menschlichen Minne zu erwartende Falschheit«;

ähnlich DOCEN [64]) ist schon syntaktisch zu gezwungen. Allenfalls könnte man *ir* als reflexiven Dat. auffassen, wie er bei Verben der Wahrnehmung nicht selten auftritt (cf. DS I, 631), cf. z. B. Walther 185, 34:
> *er enfünde im ouch ein harte swerendez herzeleit.*

Lectio H dürfte auf Unverständnis der Wendung *der werlde truopheit* beruhen; zur Antithese *lûter / trüebe* cf. P 303, 3f.; 402, 2f.; 414, 3; 427, 15f.; 489, 8; 533, 26; 711, 25; 738, 8; T 90, 3.

47   (710) = 42 G, 52 H

G
Der stolze Gahmuret disiv chint mit ein ander
in siner chemenaten zoch do. Schoyinatulander
was danoch niht starch an sinem sinne.
er wart iedoch in herzen not geslozzen von Sigunen minne.

H
Der stoltze Gamuret dise kind bey einander
in seiner kemmenaten zoch Tschyonatulander
dannoch was nicht starch an seinem synne
er ward doch seit beslozzn̄ in hertzen not von Sygaunen minne

47, 2: *in sîner kemenâten* ist nach MARTIN z. St. allgemeiner zu fassen: »in seiner nächsten Umgebung«. Die Ortsbezeichnung in den Wendungen dieses Typs wechselt; MARTIN verweist dazu auf Niclas' von Wyle Translationen [65] 334, 17: *Ir genad hat mir ain tochter in Irem gezimber zů hofe also gezogen;* cf. auch Tandareis und Flordibel [66] 178ff.:
> *Artûs, der werde künec rîch,*
> *den rehtiu missewende ie vlôch*
> *disiu kint mit vlîze zôch*
> *in sînem hove vil manegen tac.*

47, 2ff.: Die oben gegebene Interpunktion ist eine Notlösung. Die bisherigen Versuche der Herausgeber, mit diesen Versen syntaktisch fertig zu werden, befriedigen indessen noch weniger. LACHMANN, PIPER und MARTI setzen Punkt nach *zôch* und Komma nach *sinne*. Die dadurch nahegelegte Auffassung als Satzgefüge ist wegen der Zusammenstellung von *dô* und *dannoch* ziemlich

---

[64] Unklar BARTSCH z. St.: »daß alle Welt nichts Trübes, Unlauteres an ihr finden könnte« (ähnlich SAN-MARTE und SIMROCK); PIPER z. St. präzisiert: »ir Dat. ohne daß jemand irgendeine Unreinheit an ihr finden könnte«.
[65] Niclas von Wyle, Translationen, Hrsg. durch A. VON KELLER, Stuttgart 1861 = BLVS, 57.
[66] Der Pleier, Tandareis und Flordibel, Ein höfischer Roman, Hrsg. von F. KHULL, Graz 1885.

hart: »als Schionatulander damals noch unverständig war...«. Setzt man statt des Punktes nach *zôch* Komma und statt des Kommas nach *sinne* Punkt, ergibt sich die gleiche Schwierigkeit. Faßt man die beiden Sätze jedoch als Satzreihe auf und bezieht *dannoch* in adversativem Sinn auf die Aussage der vierten Zeile (Doppelpunkt nach *sinne*: »damals war Schionatulander gleichwohl unverständig...« – so LEITZMANN), wäre die Wortstellung *dô was Sch....* (MARTIN) natürlicher. BARTSCH entgeht diesen Schwierigkeiten, indem er H (= JT) folgt.

48 (711) = 43 G, 53 H

G
Owe des, ⟨si⟩ sint noch zetump [] zesolher angest,
wan, swa div minne in der iugent begriffen wirt, div wert aller langest.
op daz alter minnen sich gelŏbet,
danoch div iugent wont in der minnen bant, minne ist chrefte unberŏbet.
1. *zes zesolher.*

H
Aŵe des sy sint noch ze tůmb ze solher angst
wo mỹnne wirt begriffen in der jugent die weret aller langest
ob das alter mỹnne sich gelaubet
dannoch wont der jugent in jr panden mỹnne ist an crefften vnberaůbet

48, 1: *sint* ist Autor-Präsens, cf. zu 17, 3.
noch ze tump ze solher angest = »noch zu unerfahren, um mit einem solchen Zustand unheimlicher Bedrängnis fertig werden zu können«.[67] Die Minne ergreift in ihrer Allmacht auch Kinder, bewirkt aber da nichts Gutes (cf. 49, 1), weil diese noch zu unerfahren sind, um ihr angemessen begegnen zu können. Der Geltungsbereich dieser Aussage innerhalb der Dichtung ist schwer zu bestimmen: man kann sie auf die unsichere Reaktion der Kinder auf das Erlebnis der Liebe und die ihnen daraus erwachsende Pein im ersten Teil beziehen[68] oder sie als Hinweis auf die Katastrophe verstehen (Vorausdeutung, cf. zu 17, 3), die dann ihren Grund darin hätte, daß Sigune und Schionatulander in *tumber* Unkenntnis über das Wesen der Minne »sich die Regeln, die in der Gesellschaft aufgestellt sind, äußerlich zu eigen (machen), statt nach dem tieferen menschlichen Gesetz zu leben, dem schließlich auch die Regeln nach dem ursprünglichen, tieferen Sinn nur dienen sollen« (WOLFF 121). Diese – in Analogie zur Parzivalproblematik – auf die aus der *tumpheit* der Helden erwachsene Diskrepanz zwischen Form und Gehalt abhebende Inter-

---

[67] Über *angest* als durch »ungreifbare metaphysische Mächte« hervorgerufenen Zustand cf. LABUSCH 104.
[68] Zu eng ROGOZINSKI 17, der die *tumpheit* »in erster Linie in der Unwissenheit über den Begriff ›minne‹« sieht.

pretation, die in mehr oder weniger abgewandelter Gestalt die neuere Forschung bestimmt (cf. zu 166, 4), stößt sich – von anderen Schwierigkeiten abgesehen – daran, daß sich das *tumpheit* – Motiv nur im ersten Teil (47, 3; 48, 1; implizit 49, 1; 86 und 127) und – von 127 vielleicht abgesehen – nie direkt auf die Katastrophe bezogen findet; man ist genötigt, den P als Stütze heranzuziehen, cf. 141, 20f.:

> *ich* (sc. Sigune) *hete kranke sinne,*
> *daz ich im* (sc. Schion.) *niht minne gap.*

Das Motiv ist im übrigen bei Veldeke vorgebildet, En 10295f.:

> *du* (sc. Amor) *bestundes mich te vru,*
> *ich bin te kint noch dar tu*

(ähnlich auch 9952ff. und 10076 – nach HOFMANN 36).

48, 2: »... gleichwohl (sc. trotz der grundsätzlichen Unreife der Kinder) währt jung ergriffene Liebe am längsten«. Zum Gedanken cf. die Sprichwörter »Die erste Liebe die beste« und »Erste Liebe – letzte Liebe« (WANDER III, 132 und 138).

48, 3: »Wenn sich auch das Alter von der Liebe frei macht ...«.

48, 4: *der minnen bant* = P 288, 30 und 532, 24; cf. auch P 76, 26; T 101, 1; 116, 4; 167, 4 sowie HOFMANN 36 und KRAUS zu Neifen, KLD I, Nr. 15, XX/3, 1f. (= KLD II, 116), der auf die Materialsammlung bei SCHMIDT 87 verweist.
unberoubet ist nach Ausweis der Wörterbücher (BMZ II/1, 778b und LEXER II, 1761) nicht vor Wolfram, bei ihm nur noch W 271, 16 belegt (Genitivkonstruktion wie an der vorliegenden Stelle in G; aber auch die präpositionale Konstruktion in H ist in den Wörterbüchern belegt).

49   (712) = 44 G, 54 H

G
Owe, minne, waz tǒch din chraft vnder chinder,
wan eine der niht ǒgen hat, der mohte dich spehen, warer blinder?
minne, du bist alzemanger slahte.
gar alle schribære chunden nimer vol schriben din art noch din ahte.
4. *vol | schriben.*

H
Awe mÿnne was taugt dein crafft vnnder kinder
ainer der nicht augen hette der mocht dich spůren ob er gienge plinder
mÿnne du bist all ze maniger slahte
alle schreiber kůnden nicht erschreiben der deinen wunder art vnd dein
                                                                                          [*achte*

49, 1: Personifizierte Abstrakta werden bei Wolfram gewöhnlich geduzt, wenn der Zusatz *hêrre* bzw. *vrouwe* fehlt, mit diesem Zusatz aber geihrzt, cf. z. B. P 291, 1:
> *Frou minne, wie tuot ir sô*

(ebenso P 291, 15, 19, 28; 292, 1; 585, 5) sowie P 433, 7:
> *jâ sît irz, frou âventiure?*

gegenüber W 55, 10:
> *âventiure, als du mich mans*

(nach EHRISMANN, ZfdW 5 [1903/04] 150f., und BERNHARDT, ZfdPh 33 [1901] 370; über die antiken Wurzeln der Personifikation von Minne u. ä. cf. HOFMANN 64 und die dort referierte Literatur, vor allem K. BURDACH, Vorspiel, Gesammelte Schriften zur Geschichte des deutschen Geistes, I/1, Halle 1925 = DVjs, Buchreihe, 1, p. 51ff.).
Die Richtungskonstruktion *under kinder*[69] ist auffällig (MARTIN z. St.: »der Acc. hängt von einem gedachten ›ausgeteilt‹ ab«); das DWb XI/1/1, 199 bietet einige vergleichbare nhd. Belege, z. B. »zu jung, taugt nicht in die Gesellschaft« (Schiller, Piccol. 3, 6).

49, 2: Die Schwierigkeit der Stelle findet ihren Ausdruck in den Abweichungen der Überlieferung. Für den Sinn der Aussage weniger relevant sind die Varianten *spehen/spüren* und *warer/ob er gienge*: der für Lectio H verantwortliche Schreiber könnte das Paradoxon vom sehenden Blinden nicht verstanden und eine rationale Erklärung konstruiert haben: »wenn der Blinde die Minne schon nicht sehen kann, so vermag er sie doch wahrzunehmen« wie etwa ein Spürhund. Die damit verbundene Vorstellung des Sich-Bewegens, Herumtastens könnte zur Ersetzung des *warer* = *wære er* (*blinder* flektiertes prädikatives Adjektiv, Tautologie) durch *ob er gienge* geführt haben; *warer* kann aber auch Adjektiv sein (*wârer*): »als echter Blinder« (DOCEN z. St.). Im Zeileneingang hat man die Möglichkeit, einer der beiden Hss. zu folgen (MARTI folgt G) oder zu kontaminieren (*wan einer* ... [alle Herausgeber außer MARTI] bzw. *eine* ...):

1. *wan* = »außer«; Verbindung mit *eine* (»... ausgenommen allein, daß derjenige, der ...«) oder *einer* (»... außer daß einer, der ...«): »Zu was ist, Minne, deine Macht unter Kindern nütze, außer daß (selbst) ein Blinder dich (an ihnen) wahrnehmen könnte?« (LACHMANN [Kl. Schr.] 175 paraphrasiert Fassung G: »dass sie sich liebten, hätte ein Blinder gesehen«; die Parallele zu 95, 1 *Ich spür an dir die minne* hat ihn wohl später bewogen, Lectio H *spüren* in den Text zu setzen).

Bei den folgenden Lösungen empfiehlt es sich, Fragezeichen nach *kinder*, Punkt nach *blinder* zu setzen (so alle Herausgeber):

---

[69] Beide Hss. haben eindeutig die durch den Reim geforderte Akkusativform; es ist völlig unverständlich, wie DOCEN (= App. LACHMANN), PIPER (Abdruck) und MARTIN I, XLIX in G *chinden* lesen können.

2. *wan* = »denn«;
a) in Verbindung mit *eine*: »Die Kinder können mit deiner Macht, Minne, nicht fertig werden, denn (sie ist so groß, daß) allein ein Blinder dich wahrnehmen könnte« – diese Fassung ergibt einen Sinn, wenn man folgende Überlegung anstellt: gewöhnlich ist es der Anblick des Partners, der die Liebe in einem Menschen entzündet (cf. die zu 62, 2 erläuterte Vorstellung von den Augen als *des herzen spehære*), so daß ein Blinder nicht von ihr ergriffen werden kann, was um des Paradoxons willen so gefaßt wäre, als könne er sie, wie ein Kundschafter ein feindliches Heer, rechtzeitig wahrnehmen und die nötigen Abwehrmaßnahmen ergreifen;
b) in Verbindung mit *einer*: »...denn (deine Macht ist so groß, daß) selbst ein Blinder dich wahrnehmen könnte« (in diesem Sinn BARTSCH, PIPER und MARTIN z. St.).
3. *wan* = »nur«;
a) in Verbindung mit *eine*: »Nur allein, wer keine Augen hat, der könnte dich sehen« (MARTI z. St.) – Sinn wie 2.a) (die von MARTI erwogenen Deutungen befriedigen nicht: »Will der Dichter sagen: deine Art kann man nicht mit den Sinnen wahrnehmen? Es ist etwas Geheimnisvolles, das der Blinde sehen kann. Oder will er geradezu begründen: doch gerade unter die Jungen, die Unverständigen, gehört die Minne? Dann müßte man ›ôwê‹ als Ausruf des Erstaunens fassen!«);
b) in Verbindung mit *einer*: Sinn wie 2.b).
4. *wan* getilgt, *eine*: Sinn wie 2.a).
5. *wan* getilgt, *einer*: Sinn wie 2.b).
(Auszuschließen ist die von BENECKE zu HIw 1818 vorgeschlagene Lösung, *wân* = *ich wæne*, *wæn* statt *wan* zu lesen. Der Ansatz dieses *wân* ist höchst unsicher und, wie die Ausführungen z. St. zeigen, unnötig.)

49,4: Unsagbarkeitstopos (cf. CURTIUS 168ff.), in dieser Form weitverbreitet, cf. z. B. Rol 2246ff.:
alle wise scribære
machten niemmir uol scribe
die manigen tugent uon sinem libe,
Nib 2233, 2f.:
ez enkunde ein schrîber   gebrieven noch gesagen
die manegen ungebære   von wîbe und ouch von man,
ferner Strickers Karl[70] 2796ff.; HvNeustadt (Vis. Phil.) 473ff.; auch CP 4150ff. (nach SPRINGER 109, Anm. 4 und 5); C. GERHARDT weist mich noch hin auf Freidank 104gff.; Rädlein, HGA III, Nr. LVIII, 431ff.; Reinb 3970ff.; ähnlich auch En 9819:
ich (sc. die Mutter) *ne mach dich si* (sc. der Lavinia die Minne) *nit ge-*
[*schriven*

---

[70] Der Stricker, Karl der Große, Hrsg. von K. BARTSCH, Quedlinburg und Leipzig 1857 = BGNL, 35.

und die zu 70, 2 angeführten Belege. HOFMANN 36f. sieht – schwerlich mit Recht – an der vorliegenden Stelle einen Hinweis auf die Tradition literarischer Liebesschilderung (vor allem Veldeke).

50   (713) = 45 G, 55 H

G
Sit daz man den rehten munch in der minne
vñ och den waren chlosenare wol beswert, sint gehorsam ir sinne,
daz si leistent mangiu dinch doch kume,
minne twinget riter vnder helme. minne ist vil enge an ir rume.

H
Seit man den rechten mŭnich in der mÿnne
vnd den waren clausner wol beswert sint gehorsam jr synne
daz sy laistent maniger ding doch kaŭme
die mÿnne zwinget ritter vnnder helme die mÿnne ist vil ennge an jr
[*raŭme*

50,1ff.: Statt des Kommas nach *kûme* (50, 3) könnte man auch Punkt setzen (so alle Herausgeber außer MARTI): dann müßte der Hauptsatz aus dem Zusammenhang ergänzt werden. Denkbar wäre auch Komma nach *ahte* (49, 4), Punkt nach *kûme* (MARTIN z. St.: »vielleicht ist auch dieser Satz Begründung zum Vorhergehenden«).
Zur Fernstellung *münch – in der minne – klôsenære* cf. BEHAGHEL, Indogermanische Forschungen 31 (1912/13) 377ff.
Wohl im Hinblick auf die in der folgenden Strophe beschworene Einheit von weltlicher und geistlicher Minne (cf. zu 51, 2) erklärt MARTI: »wenn selbst auf Mönche das Wort Minne diese Wirkung ausübt, so zwingt es um so mehr weltliche behelmte Ritter«. Dann wäre *doch kûme* mit »wenn es ihnen auch noch so schwer fällt« zu übersetzen (ähnlich PIPER und MARTIN z. St.). Die Strophe gewinnt jedoch an syntaktischer Klarheit, wenn man *doch kûme* nicht konzessiv, sondern adversativ, auf das dann konzessive *sint gehôrsam...* bezogen, versteht: »Da der rechte Mönch und auch der echte Klausner trotz inständigen Bittens in der Liebe dennoch manches nur unter großer Anstrengung erfüllen können, auch wenn ihr Geist willig ist, hat sie (erst recht) Gewalt über weltliche Ritter...« *in der minne* könnte Wortspiel mit der geistlichen Bittformel *in caritate* (mhd. *in der minne* oder *in der gotes minne,* cf. BMZ II/1, 178bf.; LEXER I, 2145; HAUPT zu MF 57,5) und der vom Kontext geforderten Bedeutung: »wenn sie von (weltlicher) Liebe ergriffen sind« sein.
Zu *sint gehôrsam ir sinne* cf. Matth. 26, 41: *Spiritus quidem promptus est, caro autem infirma. mangiu dinc* dürfte sich, wie bereits DOCEN z. St. bemerkte, auf das Keuschheitsgelübde beziehen.

50,4: Für *minne twinget rîter under helme* gibt es zwei Übersetzungsmöglichkeiten:
1. *helme* ist Akk. Pl.: »Die Liebe zwingt die Ritter unter die Helme«, d. h. veranlaßt sie zu Waffentaten im Dienst der Minneherrin; so DE BOOR 124: »Minne ruft zu tätigem Rittertum auf und fordert ritterliche Bewährung«; cf. Crâun 314f.:
> *Minne twinget sunder vriste*
> *den man noch baz an stæte*

sowie die Redensart »einen in Harnisch bringen« (WANDER II, 363).
2. *helme* ist Dat. Sgl.: »Die Liebe bringt (selbst) den Ritter unterm Helm in Bedrängnis«, d. h. den gerüsteten Ritter; cf. P 292, 29:
> *ezen hilfet gein iu* (sc. Frau Minne) *schilt noch swert*

sowie das Sprichwort »Liebe durchdringt Schild und Harnisch« (WANDER III, 148). Ich ziehe diese Lösung vor; die Wendung *under helme* = »in Waffen« ist gut belegt (cf. LEXER I, 1240, bei Wolfram T 101, 2; 127, 4 und 148, 1). Zur *twingenden* Minne verweist HOFMANN 37 auf En 848:
> *want si* (sc. Dido) *di minne sere dwanc*

und 1726:
> *si* (sc. Dido) *wiste wale wat si dwanc.*

minne ist vil enge an ir rûme = »die Minne ist sehr beengt an ihrem Platz«, denn sie sitzt im Herzen (in diesem Sinn die Kommentare außer DOCEN[71]). Zur Vorstellung von der Minne im Herzen cf. die BMZ I, 42b zitierte Stelle Brennenberg, KLD I, Nr. 44, IV/11, 6:
> *kein herze ist mir* (sc. der Liebe) *zenge*

sowie z. B. Walther 55, 10f.; 58, 11; HEr 1492; HIw 7041ff. Verwandt damit ist die überaus verbreitete Vorstellung von der bzw. dem Geliebten im Herzen (cf. u. a. MF 3, 1ff.; Morungen, MF 124, 32ff.; 126, 8ff.; 127, 1ff.; 141, 15ff.; Reinmar, MF 194, 22ff.; Nib 281, 3; 353, 3; L 5, 5; P 311, 28; 584, 8ff.; 593, 16f.; 710, 12; T 151, 2; Kudrun 658, 4 – dazu ERTZDORFF, ZfdPh 84 [1965] 6ff.); auch an das Aventiurengespräch im Eingang des 9. Parzivalbuches sei erinnert:
> ›*ich wil inz herze hin zuo dir.*‹
> *sô gert ir zengem rûme*

(433, 2f.).
Diese Beschränkung der Minne steht im Gegensatz zu ihrer Allgewalt (Str. 51): es gehört zu ihren Wundern, daß sie im Herzen eines Menschen Platz findet und gleichwohl die ganze Welt umfaßt. Weniger überzeugend sind die Deutungen DOCENS z. St.: »sie (sc. die Minne) will die Herrschaft mit niemand theilen, sie will das Herz ganz besitzen« und BENECKES 945: »jeder noch so große Raum ist ihr (sc. der Minne) zu enge, sie will die ganze Welt besitzen«.

---

[71] Unscharf BMZ I, 42b: »füllt den ganzen raum in dem sie sich befindet aus«.

51 (714) = 46 G, 56 H

G
Div minne hat begriffen daz smal vñ daz breite.
minne hat vf erde vñ uf himele fur got geleite.
minne ist allenthalben wan zehelle.
diu starche minne erlamet an ir chrefte, wirt der zwifel mit wanche ir
[*geselle.*

H
Mynne hat begriffen das schmal vnd das praite
mÿnne hat hie auf erde haus vnd ze himel ist raine vor got jr gelaite
der mÿnne ist allenthalben wan ze helle
die starche mÿnne erlampt an jr creften ist zweiuel mit wancke jr geselle

51,1: Zur Vorstellung von der Allmacht und Allgegenwärtigkeit der Minne verweist HOFMANN 37 auf En 9800ff.:
   si (sc. die Minne) *is van aneginne*
   geweldech over di werelt al
   ende immer mere wesen sal
   went ane den dumensdach
und 9915:
   di (sc. die Minne) *geweldech is over alle lant.*
Cf. auch BAUSS 55f.
Die kollektivierende Kontrastkoppelung *smal/breit* findet sich bei Wolfram nur an dieser Stelle.

51,2: In Lectio G (MARTI, LEITZMANN mit Änderung *ûf ze himele*) wird die offensichtlich beabsichtigte Gegenüberstellung *erde/himel* verwischt, denn wenn die Minne bereits auf der Erde zu Gott geleitet, bedeutet die Erwähnung des Himmels keine Steigerung. Zudem ist LEITZMANNS Lösung *ûf/ûf ze* mit der Kombination von Ruhe- und Richtungskonstruktion vom Aussagesinn her nicht recht einzusehen und findet MARTIS Erklärung: »›ûf himele‹ selten für ›ze himele‹« bei Wolfram keine Stütze (cf. P 107, 25f.; 116, 20f.; 316, 7ff.; 468, 13; 471, 12; W 16, 24; 17, 2; 31, 19; 308, 3ff.; 437, 22). Auch die Wendung *geleite hân* erscheint fragwürdig, denn der Sinn ist wohl nicht: »die Liebe kommt sicher vor Gott«, sondern: »die Liebe geleitet sicher vor Gott«, cf. P 440, 13f.:
   der rehten ê diz vingerlîn
   für got sol mîn geleite sîn[72]

---

[72] Aus dem gleichen Grund (die Minne wird nicht geleitet, sondern geleitet selbst) ist das *reine* in H nicht als Substantiv aufzufassen (PIPER z. St.: »im Himmel führt sie die Reinheit vor Gott«).

(wobei kaum, wie Rahn 36 meint, an die Vorstellung einer zum Himmel führenden Tugendquadriga zu denken ist, wie sie in der patristischen Literatur eine gewisse Rolle spielt). So wird man Lectio H (Lachmann, Bartsch, Piper, Martin – alle mit Streichung von *hie* und *und* metri causa) den Vorzug geben. Der gleiche Gedanke findet sich fast wörtlich auch bei Walther 82, 9f. (Hinweis Martins z. St.):

minn ist ze himel sô gefüege,
daz ich si dar geleites bite.

Er ist, wie Wilmanns z. St. nachweist, biblischen Ursprungs, cf. 1 Joh. 4, 17: *In hoc perfecta est charitas dei nobiscum, ut fiduciam habeamus in die iudicii* (auch Otfrid IV/29, 53ff.). Gleichwohl ist *minne* hier nicht einseitig im Sinn der geistlichen *caritas* aufzufassen (Martin und Marti z. St.); entscheidend ist vielmehr die für den Minnegedanken charakteristische Verbindung von *amor* und *caritas* (cf. u. a. Wechssler 428ff.; S. Singer, Die religiöse Lyrik des Mittelalters, Das Nachleben der Psalmen, Bern 1933 = Neujahrsblatt der Literarischen Gesellschaft Bern, N. F. 10, p. 90; auch Schumacher 180 und Curschmann 160ff.; unterschieden W 16, 30ff.).[73] Im Rahmen der Titurelthematik kann diese Himmel und Erde umspannende Liebe zugleich als ein Erfüllungsmodus der Gralverheißung (cf. 44, 2) aufgefaßt werden (dazu Könneker 30f.).

51,4: Zur Wendung *erlamet an ir krefte* cf. W 112, 2c:
sîn freude was an kreften lam;
ähnlich P 177, 27; 315, 7f.; 441, 26f.
zwîfel mit wanke = »Treulosigkeit«, cf. Hempel 168: »Man nimmt gewöhnlich an, beide (sc. *zwîvel* und *wanc*) seien nicht synonym, sondern machten einen Zusammenhang von Grund und Folge aus, ›wanc‹ sei die Tatfolge des ›zwîvel‹ als der inneren Auseinandersetzung. Psychologisch ist das annehmbar, aber es ist nicht im Sinne Wolframs und seiner Zeit; für sie war ›zwîvel‹ eine vage Komplexvorstellung, die die intellektuelle wie willensmäßige Unschlüssigkeitslage samt ihren Gefühlsausstrahlungen und dazu sogar oft noch Handlungsrichtungen, die das Ergebnis der gefällten Entscheidung sind, einschließen konnte.« Cf. auch Maurer 162ff. und Wolff 122. Die Verbindung von *zwîfel* und *wanc* findet sich bei Wolfram noch P 119, 28 und 311, 22f.
Zum übertragenen Gebrauch von *geselle* u. ä. cf. P 278, 25f.:
des rôten rîters ellen
næm den prîs zeime gesellen
sowie 142, 13; 219, 22; 296, 20 (nach Kinzel, ZfdPh 5 [1874] 28, dort Hinweis auf die Materialsammlung bei Haupt zu HEr [H] 2402).

---

[73] Wolff 120f. und Rahn 36 weisen auf entsprechende Züge in der von Trevrizent entwickelten Liebesethik hin (cf. dazu vor allem Wapnewski 65ff. und passim, auch Wehrli, AfdA 68 [1955/56] 114, sowie zu 4, 4).

52   (715) = 47 G, 57 H

G
Ane wanch vñ ane zwifel div beide
was div maget Sigune, Schoynatulander. mit leide
grozziu liebe was dar zŏ gemenget.
ich seit iu uon ir chintlicher minne vil wunders, wan daz ez sich lenget.

H
Ane wanck vnd an zweiuel die baide
was die maget Sigaune vnd Tschyonatulander mit laide
da was die starche liebe zůgemenget
ich saget euch von jr kintlichen minne wunders vil wann daz es sich
[lennget

52,1ff.: MARTI setzt in Zeile 2 Punkt nach *maget* und je ein Ausrufezeichen nach den beiden Eigennamen und erklärt: »›Sigûne‹, ›Schîonatulander‹, konstruktionslos nebeneinander gestellt und vorausgenommen, durch ›dar zuo‹ (das sich mhd. auch auf Personen beziehen kann) Vers 3 wieder aufgenommen: große Lust und Leid hatte sich mit ihnen vermischt.« Es ist indessen nicht einzusehen, warum nur die *maget âne wanc* und *âne zwîfel* sein soll, und auch die Vorstellung, daß sich Freude und Leid mit Menschen vermischen, ist schief. Es ist wohl gemeint, daß die Haltung des *âne wanc* und *âne zwîfel* von *liebe* und *leit* begleitet war. Dabei kann man wie oben interpungieren oder Komma statt Punkt vor *mit* und Doppelpunkt nach *leide* setzen (so alle Herausgeber außer MARTI). Die erste Möglichkeit ist vorzuziehen, weil sie das formelhafte Begriffspaar *liebe* und *leit* syntaktisch zusammenfaßt (Auflösung der Zwillingsformel wie 128, 3 und 149, 3) und als Einheit dem *âne wanc* und *âne zwîfel* gegenüberstellt.

52,4: Transitio-Aposiopese, cf. zu 37,4. HOFMANN 37 hält es für möglich, daß die »Ablehnung einer weitläufigeren Erörterung« an dieser Stelle »im Gedanken an die endlosen Minnereden der Eneide entstanden« sei. – Eine Entschuldigung Wolframs, »dass er die ›kintlîchiu minne‹ so ausführlich geschildert habe« (SAN-MARTE, ZfdPh 15 [1883] 390), ist dem Text nicht zu entnehmen.

53   (716) = 13 H

Ir schämliche zucht vnd der art jr geschlachtes
– sy waren aus lautterlicher mynne erporn – der zwang sy jr rechtes,
daz sy aussn̄ ⟨tougenliche ir minne halen⟩
an jren claren leiben vnd ynne an den hertzen verqualten.

Überlieferung und Echtheit: In Hs. H steht nach Str. LACHMANN 52 der Hinweis: *die dreÿ leûnt sûche vor des nach dem leûnt Sûnst was der starche Tŷturel*. Dies dürfte eine Aufforderung an den Leser sein: »die drei Strophen [74] (die eigentlich hier stehen sollten) suche vorher nach der Strophe *Sûnst was der starche Tŷturel*«. Auf diese Strophe (= H 12, LACHMANN 12) folgen in der Tat die Strophen LACHMANN 53 bis 57, 1/2 (diese letzte als H 58 wiederholt und fortgesetzt). Daß RIED nur von drei Strophen spricht, darf wohl als Versehen unberücksichtigt bleiben. Cf. auch DOCEN bei SCHOTTKY, Anzeigeblatt zum 8. Bd der Jahrbücher der Litteratur, Wien 1819, 30.

LEITZMANN und MARTI haben die Strophe athetiert, weil sie in G fehlt. Sie zeigt indessen »nichts Auffälliges und paßt vorzüglich in den Zusammenhang« (FRANZ 23); LEITZMANN muß selbst zugeben, daß sie »äussere und innere anstösse« nicht bietet (ZfdPh 41 [1909] 535f.). Die Athetese läßt sich nicht halten, G weist hier eine Lücke auf (cf. auch POHNERT 13 und EHRISMANN 288).

53,2: Über die Wendung *lûterlîchiu minne* cf. zu 46, 4.
Das Possessivpronomen *ir* ist wohl nicht auf Sigune und Schionatulander zu beziehen (BARTSCH z. St.: »...in ihrem Geleise zu bleiben«, im gleichen Sinn PIPER und MARTIN z. St.), sondern auf *zuht* und *art*: *schemlîchiu zuht* (»die anerzogene Zurückhaltung«) und *diu art ir geslehtes* (»der ererbte Familiencharakter«, erläutert durch die Parenthese, cf. zu 4, 3) zwingen sie zu den von ihnen gleichsam als Rechtsanspruch geltend gemachten Verhaltensweisen: diese zu leidenschaftlicher Liebe, jene dazu, die Gefühle zu verbergen.

53,3: *ûzen* = »nach außen« wie z. B. Walther 121, 6f.:
sie sehe dazs innen sich bewar
(sie schînet ûzen fröidenrîch), ...
Zum Gedanken cf. En 10406ff.:
owi dat mich dat was beschert
dat ich van minnen mut quelen.
ich sturve, solde ich et helen,
ferner 10545f., 10585ff., 1898ff. (nach HOFMANN 37f.). Das höfische *minne heln*, zunächst zwischen den Liebenden selbst, dann zwischen ihnen und der Gesellschaft, zieht sich von nun an leitmotivisch durch das Gedicht (76, 1; 88, 1; 92, 1; 95, 2; 97, 1; 98, 3; 109, 3) bis zu dem erleichterten Ausruf Sigunes in Str. 131, 3f. Cf. auch P 8, 23 – Galoes; 644, 8 – Gawan/Orgeluse; 814, 9 – Feirefiz; T 54, 3 – Amphlise (nach SCHUMACHER 82f.).

---

[74] LEXER I, 1942 belegt das Wort *leunt = liunt = liumunt* in der Bedeutung »Gehörsabschnitt« aus dem den meisten Hss. von Thomasins Wälschem Gast beigegebenen Inhaltsverzeichnis, p. 403: *ein ieglich capitel hat sinen liunt* (var.: *lumt, lûmt, layt*), *etlichz vil, etlichz lutzel* und p. 408: *da sprich ich an sehs liûmten, ... und spriche denne in drin liumten.*

54 (717) = 48 G, 14 H

G
*Schoynatulander moht ŏch sin wise
von manger sŏzzen botschaft, die div Franzoyse chungin Anphlise
tŏgenliche enbot dem Anschevine.
die erwarb er vn̄ wande in vil dicche ir sorge. nu wende ŏch die sine.*

H
*Tschẙonatulander mocht wol sein weyse
von maniger süessen potschafft die Frantzoser kůnigin Anphleyse
bey im empote dem werden Ensweine
die warb er vnnd want vil dicke jr senede noet nu wennde auch die seine*

54,1: *wîse* = »erfahren in Liebesdingen« (ebenso 122, 1), cf. PS-Reinmar, MF 201, 33 ff.:
*Ich enbin von mînen jâren
niht sô wîse daz ich wol
künne wider si gebâren
alsô ich von rehte sol.*

SCHWIETERING (Typologisches) 46 ist der Ansicht, hier und im folgenden (65; 66; 86, 4; 87; 122) breche die Anschauung durch, »daß nicht nur die ›Kunst‹ höfischer Liebe, sondern Liebe schlechthin gelernt sein will oder doch durch Wissen bedingt sei«, und sieht darin »trotz aller gegensätzlichen Gestaltung« einen »letzten Rest von Veldekes Minnelehre«. Ebenso ist RAHN 50 der Auffassung, der Satz *amor est docendus* gelte auch für den T. Zweifellos spielt die erlernbare, im Vollzug strenger Regeln sich realisierende Konvention der höfischen Minne im T eine wichtige Rolle (cf. zu 166, 4), aber darüber darf die starke innere Teilnahme der Liebenden nicht vergessen werden, in der sich jenseits allen Erlernens die Allmacht der Minne zeigt (cf. 48 ff.). Nicht die Liebe müssen sie lernen, »sondern wie sie sich in solchem Erleben zu verhalten haben und damit fertig werden können« (WOLFF, WW 10 [1960] 186).

54,2: *süeziu botschaft* = »Liebesbrief«, cf. z. B. Frauendienst 443, 3 ff.:
*sô sült ir rihten ein botschaft,
diu mit süezen worten kraft
habe, und sult si senden ir.*
(*süeziu wort* = »Liebesworte« bei Wolfram P 94, 19; 641, 7; 766, 5; 827, 30; cf. dazu W. SCHRÖDER, Euph 54 [1960] 40).
Franzoyse ist vorgestellter Gen. des stm. *Franzoys* (cf. P 37,17; 46, 22; 195, 28; W 24, 9; 367, 19; 388, 11 u. ö. – dazu SUOLAHTI [8] 298, [10] 322 und 350). Die Alternativform *Franzo(i)ser* (H) ist bei Wolfram ebenfalls gut belegt (cf. P 94, 18; 313, 8; 778, 18; W 5, 8; 32, 7; 33, 55 u. ö., dazu SUOLAHTI [8] 299, [10] 322 und 351). Hinsichtlich des Artikels verweist MARTIN z. St. für

Lectio H (Artikellosigkeit – BARTSCH, PIPER, MARTIN nach LACHMANN) auf P 76, 13:
> daz ist rêgîn de Franze

(cf. auch MARTIN zu P 83, 5 und 198, 20 sowie DS I, 42f.). Lectio G (Artikel – LEITZMANN, MARTI, HARTL) wird jedoch durch JT A gestützt; Einschiebung des Genitivs zwischen Artikel und Regens ist bei Wolfram gut belegt, cf. etwa P 601, 13:
> ... der Clinschores walt

sowie 38, 5; 82, 2; 174, 24; 432, 3; W 33, 27; 39, 6; 43, 4; 182, 12 u. ö. (cf. RADTKE 21f., auch DG IV, 406 – dort weitere Beispiele aus dem Nibelungenlied und der Kudrun; Hartmann und Gottfried ist diese Struktur fremd, cf. DS IV, 179). – SCHUMACHER 26 macht darauf aufmerksam, daß »abgesehen von der anfänglichen Ergebenheitsversicherung für Anphlise (P 97, 25 – 98, 6) kein Grund zu der Annahme (besteht), Gahmuret habe auch während seiner Ehe mit Herzeloyde noch Beziehungen zu Anphlise unterhalten«.

54, 4: Die Wendung *eine botschaft erwerben* (cf. LEXER I, 699, dazu Kchr 9067) ist bei Wolfram sonst nicht belegt (dagegen *eine botschaft werben* P 517, 12f.). Über Botendienste von Knappen cf. SCHULTZ I, 173ff.
sorge wenden = P 661, 2; *nôt* (*senediu nôt* im T noch 56, 4; 86, 2) *wenden* (H) = W 68, 30 (P 110, 17 mit Genitivkonstruktion). Cf. auch zu 56, 2.
Die Aufforderung *nu wende ouch die sîne* ist wohl an Gahmuret, nicht an Schionatulander gerichtet: wie Schionatulander ihm und Anphlise geholfen hat, so soll er nun Schionatulander helfen.

55 (718) = 49 G, 15 H

G
Schoynatulander vil dicche wart innen,
wie siner mŏmen sun Gahmuret chunde sprechen mit manlichē sinnen
vnde wie sich der von chumber chunde scheiden.
des iach im vil der tuschen diet, als tæ⟨te⟩n ŏch die werden heiden.

H
Tschÿonatulander vil offt ward des ynnen
vmb seinen ohaÿm Gamuret wie wol er kunde sprechn̄ kunde mit sÿnnen
vnd wie er sich von chummer kunde schaÿden
des jahen im hie vil der taufpern diet alssam taten dort die hayden

55, 2: Das Verwandtschaftsverhältnis zwischen Gahmuret und Schionatulander ist unklar. In jedem Fall muß *muomen sun* bzw. *œheim* im weiteren Sinn als »männlicher Verwandter« verstanden werden. Am ehesten ist Schionatulanders Mutter Mahaute eine Schwester der Schoette, deren Sohn Gahmuret also Schionatulanders Vetter:

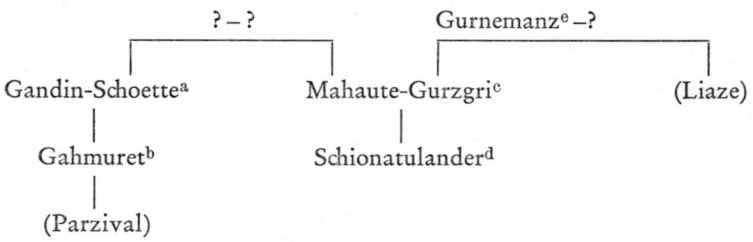

a) Gandin Schoettes Gemahl: P 92, 24ff.
b) Gahmuret deren Sohn: P 8, 19; 10, 15, 19; 14, 13f.; 40, 13; 56, 6; 80, 4ff.; 92, 24ff.; 134, 25; T 82, 2.
c) Gurzgri Mahautes Gemahl: P 178, 15ff.; T 41f.; 127.
d) Schionatulander deren Sohn: T 42f.; 126f.; 158, 4.
e) Gurnemanz Gurzgris Vater: P 178, 15; T 41, 2.

Die Schwierigkeit dieses Lösungsversuchs liegt darin, daß Str. 126 gesagt wird, Schionatulanders *muome Schôette* habe ihm *vil sælde unde minne* vererbt: »inwiefern die schwester der mutter dies hat tun können, ist unerfindlich« (HAGEN, ZfdPh 38 [1906] 236). Man müßte in diesem Punkt also mit einem Fehler Wolframs rechnen (cf. zu 25, 3). Ferner ergibt sich das Mißverhältnis, daß Liaze, die Parzival heiraten soll (P 175, 21ff.), dessen Großtante ist (Hinweis LUCAES, AfdA 6 [1880] 155).[75]

55, 3: »... wie er es verstand, seinem Liebeskummer ein Ende zu machen«, »...wie er mit seinem Liebeskummer fertig wurde«. Über *kumber* als Ausdruck für »Liebesschmerz« (im T noch 58, 4; 61, 3 [? cf. z. St.]; 62, 3; 88, 3; 113, 3; 119, 4; 127, 2) cf. GÖTZ 126ff.

55, 4: Wie an der vorliegenden Stelle Hs. G schreibt W 361, 9 Hs. n *tutsche* statt *toufpæriu*. Das Adjektiv *toufbære* ist nach LEXER II, 1480 sonst nur im JT und in Türlins Willehalm belegt. Bei Wolfram findet es sich nur noch im W, und zwar erst vom dritten Buch an (135, 30 *sin* – 172, 12; 220, 29; 253, 4; 361, 9; 449, 28 *lant* – 465, 18 *erde* – nie in Verbindung mit *diet*!). NOLTE, AfdA 25 [1899] 304, sieht darin ein Indiz für die Annahme, daß der T das letzte Werk war, das Wolfram in Angriff genommen hat.
Die hinter Lectio G *tæn* zu vermutende Indikativform *tæten* ist bei Wolfram belegt (z. B. P 17, 3 und 82, 5; cf. ZWIERZINA 497).
Zum kulturgeschichtlichen Problem des *werden heiden* (bei Wolfram noch W 19, 10; 20, 20; 21, 10; 305, 29) cf. NAUMANN, Vom Werden des deutschen Geistes, Festschrift G. EHRISMANN zum 8. Oktober 1925 dargebracht..., hrsg.

---

[75] Falsch verstanden von MARTIN zu P 92, 24 und T 126, 4, der Mahaute und Schoette für 'Töchter Gurnemanz', also Schwestern der Liaze hält.

von P. Merker und W. Stammler, Berlin und Leipzig 1925, 80ff., und S. Stein, Die Ungläubigen in der mittelhochdeutschen Literatur von 1050 bis 1250, Heidelberg, Phil. Diss. 1933, passim, vor allem 67.

56   (719) = 53 G, 16 H

G
Alle die minne phlagen vñ minne an sich leiten,
nu horet magetliche sorge uñ manheit mit den arbeiten.
da uon ih wil auenture chunden
den rehten, die durch herzeliebe ie senende not erfunden.

H
Alle die mynne phlegen vnd mynne an sich layten
die hőren von magtlicher sorge vnd von mannlichen arbaiten
dauon ich euch arbaite kůnde
dem rechten wolgemůten der durch liebe ye senende not befunde

Strophenfolge: Die Strophe steht in G nach Str. 59, wo sie den Dialog störend unterbricht (Franz 32f.). Seit Docen haben deshalb alle Herausgeber außer Marti die Reihenfolge in H (= JT) vorgezogen.

56, 1: »Alle die liebten und Liebe auf sich nahmen ...«, wohl mit *nu hœret* zu verbinden (dagegen schlägt Benecke 945 vor, nach 56, 1 *leiten* Punkt, nach 55, 4 *heiden* Komma zu setzen, so daß Zeile 56, 1 Apposition zu den Subjekten in Zeile 55, 4 wäre). Über die Tempusdifferenzierung in H cf. zu 96, 4. Die Form *leiten* statt des bei Wolfram üblichen *legeten* erklärt Zwierzina 472 aus Reimzwang. – Die Beschränkung der Hörer auf einen (oft wie hier im Hinblick auf den Gegenstand der Dichtung) ausgewählten Kreis gehört zur poetischen Tradition der höfischen Dichtung, cf. Boesch 99ff. Zur vorliegenden Stelle hat schon Docen auf die *edelen herzen* des Tristanprologs hingewiesen (cf. auch Kiefner 84; Rahn 38; Labusch 164, Anm. 279).

56, 2: »... nun hört von den Sorgen eines Mädchens und von männlicher Bewährung in den (sc. mit der Minne verbundenen) Mühen«, Höreranrede und Vorausdeutung, cf. zu 36, 1 und 17, 3. *sorge* ist einer der Leitbegriffe des T, »um den durch die Minne hervorgerufenen Gemütszustand zu charakterisieren« (Labusch 102; cf. noch 57, 2, 4; 68, 3; 84, 2; 88, 2; 98, 1; 99, 2; 113, 4; 114, 1; 120, 4; 125, 4; 128, 4). Er ist, dem prov. *cura* entsprechend, Ausdruck für den Liebeskummer, wobei sowohl die alte Schmerzbedeutung des Wortes wie auch seine seit ahd. Zeit nachweisbare Nähe zum lat. *cura* (als Sorge um den geliebten Menschen) mitschwingt (cf. Götz 99). Wenn hier die *manheit mit den arbeiten* der *magtlîchen sorge* gegenübergestellt ist, so wird man jene zunächst als die aktive Bemühung des im Dienst der Dame um Minne kämpfenden Ritters (cf. 72, 2; 135, 2; 138, 2), diese als Sorge der Dame um den sich der Gefahr aussetzenden Ritter verstehen müssen. Wie *sorge* hat aber auch *arbeit* eine mehr passive Bedeutungskomponente (»Liebeskummer«, »Liebesschmerz«; cf. LABUSCH 103 und GÖTZ 119ff.); so wird das Wort zwar nicht im T, wohl aber im P auch im Hinblick auf Sigune gebraucht (249, 28: *senelîchiu arebeit*).

56, 4: *den rehten* = *den rehten minnæren*, cf. die *valschen minnære* bei Gottfried (Tr 12311). Über die Beschränkung des Hörerkreises cf. zu 56, 1. MARTI z. St. verweist auf Tr 61:
 ir herzeliep, ir senede nôt.
Die Tatsache, daß Wolfram das Wort *herzeliebe/herzeliep* sonst nicht gebraucht[76] spricht dafür, daß es sich um ein Zitat handelt (zur Beziehung Titurel/Tristan cf. auch SIMON 189f.).

57 (720) = 50 G, 58 H

G
Der sôzze Schoynatulander genande.
als sin gesellcheit in sorgen manch valt in kume gemante,
do sprach er: ›Sigune, helfe riche,
nv hilf mir, werdiu maget, vz den sorgen, so tôstv helfechliche!‹
 1. *genande* wahrscheinlich zu *genante* verbessert.

H
Der sůesse Tschyonatulander genante
alle sein genantekait mit grosser sorge in kaume gemante
da sprach er Sygaůne hilffreiche
nu hilff mir sůesse maget aus den sorgen so tuest du hilffeleiche

Überlieferung: Die ersten beiden Zeilen dieser Strophe stehen in Hs. H zweimal: außer in der vollständigen Strophe H 58 in Strophe H 17, die unvollständig geblieben ist, weil RIED den Fehler in der Strophenfolge bemerkt hat (cf. zu 53). H 17 hat folgenden, vom oben wiedergegebenen Text H 58 leicht abweichenden Wortlaut:
 Der sůessen Tschÿonatulander genante
 alle sein genedikait mit grosser sorge in
(Text bricht ab, es folgen vier rot vorlinierte leere Zeilen).

---

[76] Cf. aber die Lesarten zu P 365, 2 *herzeminne*.

57, 1ff.: Syntaktische Möglichkeiten:
1. *als* = nhd. »als«. Dieser im Mhd. verhältnismäßig seltene Gebrauch der Konjunktion anstelle des gewöhnlichen *dô* (cf. DS III, 66f. und 286f.) ist bei Wolfram belegt, z. B. P 93, 11ff.:

> *Als der ander tac erschein,*
> *si wurden alle des enein,*
> *die innern und daz ûzer her*
> ...

und P 94, 1f.:

> *als der benditz wart getân,*
> *dô kom frou Herzeloyde sân*
> ...

a) Interpunktion wie oben: »Der anmutige Schionatulander faßte sich ein Herz. Als sein Beisammensein (mit Sigune), das ihm so vielfältige Pein bereitete, ihn trotz seiner Hemmungen (dazu) gedrängt hatte, da sagte er: ...«
b) Komma statt Punkt nach *genante*, Doppelpunkt oder Punkt nach *gemante* (so Lachmann, Bartsch, Piper und Martin, Marti ohne Interpunktion nach *genante* [Druckfehler?] [77]): »...Schionatulander faßte sich ein Herz, als sein Beisammensein ... ihn ... (dazu) gedrängt hatte: da sagte er: ...«
2. *als* = »wie«, Interpunktion wie 1 b): »...Schionatulander faßte sich ein Herz, wie sein Beisammensein ihn ... (dazu) drängte: da sagte er: ...«
Mit *gesellekeit* [78] ist hier wohl nicht nur das äußere Beisammensein gemeint,[79] sondern auch die aus diesem erwachsene Zuneigung Schionatulanders zu Sigune. So bezeichnet das Wort im P und im T mehrfach die freundschaftliche Gesinnung, die man dem *gesellen*, demjenigen, mit dem man beisammen ist (auch in erotischem Sinn: W 279, 3), entgegenbringt, cf. z. B. P 159, 1f.:

> *Nu tuoz durch dîne gesellekeit,*
> *und lâz dir sîn mîn laster leit*

und P 399, 4ff.:

> *mîn wîser und mîn tumber,*
> *die tuonz durch ir gesellekeit*
> *und lâzen in mit mir sîn leit,*

ferner P 431, 20f.; W 131, 26 u. ö. Die Bedeutungsnuancen sind – wie an der vorliegenden Stelle – nicht immer klar zu trennen, cf. z. B. P 762, 26ff.:

---

[77] Unklar Docen und Leitzmann, die Komma nach *genante* und nach *gemante* setzen.
[78] *genantekait* in Hs. H, das wohl auf *genendekeit* (cf. zu 40, 4) zurückgeht (cf. aber *genedikait* H 17), ist durchaus gleichberechtigt (etymologische Figur).
[79] Wie z. B. P 402, 10f.: *magez mit iweren hulden sîn, ich prîche iu nu gesellekeit* = »mit Eurer Erlaubnis leiste ich Euch jetzt nicht länger Gesellschaft«, ebenso P 220, 30; 280, 17; 404, 18; 550, 14; W 101, 7; 218, 8 u. ö.; auch T 29, 4, denn mit der Trennung enden wohl das Beisammensein und die Freude (*liebe*), aber doch sicher nicht die Zuneigung.

> *ich wæn des niht vergâzen*
> *Gâwân und Jofreit*
> *ir alten gesellekeit:*
> *si âzen mit ein ander,*

ferner P 308, 29; 763, 3; 774, 24; T 60, 3 u. ö.
Wolfram liebt es, Abstrakta zu personifizieren und sie mit *lêren, râten, gebieten, manen* u. ä. in der Bedeutung »veranlassen« zu verbinden (umfangreiche Materialsammlung bei FÖRSTER 43ff.; im T noch 86, 3; cf. dazu BRINKMANN, WW 2. Sonderheft [1954] 24ff.).

57, 3: Zum Stamm von *helfe* gehörende Worte durchziehen leitmotivisch den Dialog: zunächst die Wortkette *helferîche / hilf* (57, 4) / *helflîche* (57, 4) / *helfec* (58, 3), dann *helfen* (61, 2) / *hilf* (62, 4), schließlich *helfe* (70, 3; 71, 1; 72, 3, 4) / *hilf* (72, 4); cf. SPRINGER 112f.; über *helfe* in der Bedeutung *minne helfe* (= P 802, 7 und T 90, 4) MOHR, Festschrift für J. TRIER zu seinem 60. Geburtstag am 15. Dezember 1954, Hrsg. von B. VON WIESE und K. H. BORCK, Meisenheim 1954, 176f.

57, 4: Zu Lectio H ist zu bemerken, daß Wolfram den Terminus *süeziu maget* relativ oft in bezug auf weltliche Frauen[80] verwendet und damit vom Sprachgebrauch seiner Zeit abweicht, in dem er fast ausschließlich für die Gottesmutter reserviert ist (*virgo dulcis* bzw. *suavis*, cf. SALZER 364f. sowie ARMKNECHT 96ff. und 128ff.). Welche der beiden Hss. an der vorliegenden Stelle den Vorzug verdient, ist schwer zu sagen: zwar ist *süeziu maget* an den übrigen auf Sigune bezogenen Stellen (66, 1; 68, 1; 76, 4; 164, 4; 167, 4) auch in G bezeugt, doch könnte man annehmen, daß Schionatulander sich zunächst des förmlicheren *werdiu maget* bedient und sich das vertraulichere *süeziu maget* erst erlaubt, nachdem ihm Sigune ihrerseits ihre Liebe gestanden hat. Das mit *helf(en)lîche* gleichbedeutende *helfeclîche* ist nach Ausweis der Wörterbücher (BMZ I, 683a; LEXER I, 1230) nicht vor Wolfram belegt. Auch im P und im W schwanken die Hss. zwischen den beiden Formen (cf. die Lesarten zu P 7, 26; 253, 22; 451, 21; 788, 19; W 80, 20; 166, 26; 169, 13; 170, 24; 309, 15). Cf. auch zu 15, 4.

58 (721) = 51 G, 59 H

G
›*Dvzzisse vz Katelangen, la mih geniezzen,*
ich hore sagen, dv sist erboren von der art, die nie chunde verdriezzen,
sine waren helfech mit ir lone!
swer durch si chumberliche not enphie, diner salden an mir schone!‹

---
[60] Im P 560, 18; 622, 11; 692, 16; 718, 23 (Bene) – 711, 30; 712, 10 (Itonje) – 397, 17 (Obilot) – 575, 9 (zwei Dienerinnen Arnives) – 806, 24 (Clarischanze).

H
Ducisse aus Kathelanngen la mich geniessen
jch hore sagen du seÿest erboren von der art die nie kunde verdriessen
sy weren wol gehilfflich mit jr lone
die ye kumerleiche not durch sy genade wurbe desselben an mir schone

58,1: *Ducisse* = »Herzogin«, zu afrz. *duc(h)oise, duchesse* (TOBLER-LOMMATZSCH II, 2093f.). Während P 435,23 *doschesse* (var. *doscesse* dg, *duscesse* g, *ducesse* gg, *dezesse* G) genau dem Französischen entspricht, könnte, wie MARTIN zu P 435,23 vermutet, die hier und 102,2 belegte Form unter dem Einfluß des Lateinischen stehen (*ducissa*, cf. DU CANGE II, 948a und DIEFENBACH [N]142a). Das Wort scheint außer bei Wolfram nur noch im JT belegt zu sein: *ducisse* 721,1; HAHN 5954,1; *ducesse* HAHN 5142,1; 5201,2 (nach SUOLAHTI [8] 82, [10] 205).
lâ mich geniezen findet sich als Bittformel im Minnesang (cf. z. B. Johannsdorf, MF 93,36; Walther 40,35 und 97,32; Konrad von Landeck, HMS I, 363a), aber – worauf mich S. ZÖLLNER hinweist – auch in der Marienlyrik (cf. Mariensequenz aus Muri, MRD I, Nr. 20, 6a/b; dazu KESTING 55). Statt des zu erwartenden Nachsatzes steht Hauptsatz (Koordination statt Subordination, cf. zu 38,2).

58,2: Mit *art* ist das Gralgeschlecht gemeint, cf. zu 4,1; 10,2; 19,2; 44,3; über die den Charakter seiner Angehörigen bestimmende Wirkung des *art* zu 4,3.

58,3: *helfec* ist nach Ausweis der Wörterbücher (BMZ I, 683a und LEXER I, 1229) nicht vor Wolfram, bei diesem nur hier belegt.

58,4: »Mag auch immer jemand durch die Angehörigen des Gralgeschlechtes in Not geraten sein, du sollst deiner angestammten Güte durch dein Verhalten mir gegenüber keinen Abbruch tun.« Die Herausgeber setzen Komma nach *lône*, Doppelpunkt oder Punkt nach *enphie*. Dann muß der Text so verstanden werden, daß die Angehörigen des Gralgeschlechtes stets hilfsbereit sind, wenn jemand durch ihre Schuld in Not geraten ist (*swer* ist dann konditionales Relativpronomen: »wenn einer« oder vertritt als Relativpronomen zugleich die Stelle des Demonstrativums im Hauptsatz: »... dem, der ...«, cf. PMS § 345). Von einer solchen Bindung der Hilfe des Gralgeschlechtes an vorher von ihm zugefügten Schaden ist jedoch sonst nirgends die Rede. – Auch hier hat der Begriff *sælde* wohl nicht, wie SCHARMANN 71 meint, allgemein höfischen Charakter, sondern meint speziell die *Gralsælde* (cf. die oben zu 58,2 gegebenen Hinweise).

59 (722) = 52 G, 60 H

G
›Beas amis, nu sprich, schoner vriunt, waz du meinest!
la mich horen, obe du dich des willen gein mir so vereinst,
daz din chlagendiv bet iht muge vervahen!
dvne wizzest es vil rehte die warheit, sone soltv dich niht *v e r g a h e n*.‹
4. vervahen.

H
Beafamis schoner freůndt sprich was du mainest
la horen ob du mit zůchten dich des willen gegen mir so verainest
daz dein klagende pete můge veruahen
du wissest recht ain warhait so solt du dich gegen mir nicht vergahen

59, 1: Das afrz. *bel(s), beau(s)* erscheint im Mhd. gewöhnlich in der ostfrz. Dialektform *bea(s)* (cf. dazu SUOLAHTI [8] 63). Wie sein Äquivalent *schœne* ist es hier Liebkosungswort: »lieb« (cf. TOBLER-LOMMATZSCH I, 907; auch der BMZ II/2, 191b angeführte Beleg Tr 3536: ›ja *schœner meister*‹, sprach *Tristan* wird so zu verstehen sein). Die Einflechtung französischer Worte, denen nicht selten eine deutsche Übersetzung oder Erklärung beigegeben wird, ist ein Charakteristikum des höfischen Stils (bei Wolfram P 187, 22f.; 286, 26f.; W 163, 16f.; 237, 3; 449, 8f.; T noch 143, 4 und 152, 3f.). In ähnlicher Weise werden in der frühmhd. geistlichen Dichtung lateinische Worte und Phrasen in den deutschen Text eingefügt (cf. dazu CAFLISCH-EINICHER passim, vor allem 73ff. und 292ff.).

59, 2: »Laß mich hören, ob du entschlossen bist, solches von mir zu verlangen ...«; cf. W 175, 4f.:
   vil spât si sich vereinden
   daz si mir drumbe gæben prîs,
dazu LACHMANN (Kl. Schr.) 200 und BMZ I, 423b. Die anderen Übersetzungsmöglichkeiten überzeugen nicht:
1. *sich vereinen* = »sich vereinsamen«: »ob du dich deswegen mit mir vereinsamst, d. h. mit mir allein zu reden suchst« (J. GRIMM 122) – statt *gein* würde man in diesem Fall *mit* oder *bî* erwarten.
2. *sich vereinen* = »sich trennen, entfernt sein«: »ob jeder (unerlaubte) Wunsch so fern von dir ist« (BENECKE 945) – die Interpretation von *wille* als »unerlaubter Wunsch« geht zu weit.
3. *sich eines dinges gein einem vereinen* = »einig gehen in Beziehung auf etwas mit jemand« (MARTI z. St.) – die Konstruktion scheint sonst nicht belegt zu sein.

59, 4: »Wenn du das (sc. daß dein Begehren schicklich und erfüllbar ist) nicht genau weißt, sollst du dich nicht übereilen (sc. deine Bitte zu äußern).« Lectio H, die den Haupthss. des JT entspricht, trägt dem Verlangen nach Verdeutlichung des *vergâhen* Rechnung (in Anlehnung an 59, 2?),[81] wobei (aus metrischen Gründen ?) *es* und *vil* fehlen. Besser ist die Fassung JT Y (JKX), die die für das Verständnis wünschenswerte genitivische Ergänzung auf Kosten des Flickwortes *reht(e)* beibehält: *du wizzest es ain warheit*. SCHUMACHER 45 meint, Wolfram wende sich hier wie P 202, 13 gegen unhöfisches *ze liebe gâhen* und verweist dazu auf Hartmann, MF 212, 35f.:

    sô des vil gâhe lôsen gæhez heil zergât,
    daz er an der vil gâhe lôsen gæhes funden hât.

Es ist jedoch fraglich, ob Sigune hier schon konkrete Vorstellungen von den Wünschen Schionatulanders hat, ihn also im folgenden absichtlich mißversteht, was auch die in der Minnelyrik in speziellem Sinn gebrauchten Termini *trûren/trœsten* (61, 1) und *kumber* (61, 3) in ihrem Munde zwiespältig erscheinen ließe.

60   **(723) = 54 G, 61 H**

G
›*Swa genade wonet, da sol man si sŏchen.*
frŏwe, ih ger genaden. des solt du durh dine genade gerŏchen.
werdiv gesellcheit stet wol den chinden.
swa rehtiu genade nie niht gewan zetŏne, wer mach si da vinden?‹

H
Wo genade wonet da sol man sy suechen
fraw ich beger genade an dich des solt du durch dein güete geruechen
werde gesellikait die stet wol den kinden
wo rechte gnad nie gewan ze rüeme wer mag sy da vinden

60, 1ff.: Wie zuvor das Wort *helfe* (cf. zu 57, 3) wird nun das Wort *genâde* gehäuft, wobei mit der doppelten Bedeutung »geneigte Gesinnung« und »Gabe, die diese Gesinnung offenbart« gespielt wird (cf. LEUTHOLD 72, zur vorliegenden Stelle 278). In der speziellen Bedeutung »Liebesgunst« findet sich *genâde* überaus häufig in der Minnelyrik (Belege aus der Epik bei BAUSS 34, cf. auch zu 168, 1), die vorliegende Stelle ahmt Heinrich Hetzbold von Weißensee, KLD I, Nr. 20, III/3, 1, nach (Hinweis MARTINS z. St.):

    Swâ gnâde wont, seht dâ sol man sî suochen.

60, 3: Cf. zu 57, 1ff.; der Ausdruck *werdiu gesellekeit* ist in dieser Form bei Wolfram sonst nicht belegt.

---

[81] Die Wendung *sich vergâhen gegen* belegt LEXER III, 108 aus Ulrich von Lichtenstein und dem JT; bei Wolfram ist sie nicht bezeugt.

61 (724) = 55 G, 62 H

G
Si sprach: ›du solt truren durch trosten da chunden,
da man dir baz helfen mach, dane ⟨ich⟩ mohte, anders du chanst dich
[sunden,
ob dv gerst, daz ih dir chumber wende,
wan ih bin reht ein weise, aller mage vn̄ der lute mines landes ellende.‹

H
Sy sprach du solt dein traŭren durch trosten da kŭnden
da man dir bas gehelffen mŭge dann ich annderst du kanst dich versŭndn̄
ob du gerest daz ich dir kumber wende
wann ich bin recht ain waÿse meiner mage lanndes vnd leute ellende

61, 1: *trûren* = »Leid« (cf. zu 17, 3), im Minnebereich vor allem »Niedergeschlagenheit infolge von Liebessehnsucht« (MARTIN z. St., im T 67, 4 und 92, 4); cf. zu 59, 4.
durch trœsten = »um Hilfe zu empfangen«, Infinitiv mit passiver Bedeutung (cf. PMS § 316, a, α). Über *trôst* als Terminus des Minnesangs cf. zu 3, 1, über die vorliegende Stelle zu 59, 4.

61, 2: *sünden* (*versünden* H) steht hier »mehr im sinne eines irrens oder unrechtthuns als eines eigentlichen sündigens« (HAUPT, ZfdA 13 [1867] 324). Bei Wolfram ist sowohl *sich sünden* (P 329, 22; 636, 6; W 246, 20) als auch *sich versünden* (T 114, 2) belegt.

61, 3: *kumber* = »Liebesschmerz«? Cf. zu 55, 3 und 59, 4.

61, 4: Interpungiert man wie oben, ist *weise* in weiterem Sinn auf Verwandte und Landsleute zu beziehen: »... ich bin wahrlich eine Waise, fern von allen Verwandten und Landsleuten« (entsprechend Lectio H mit Komma nach *weise* und *mâge* – so LACHMANN in der 1. Aufl.). Man kann aber auch auf jede Interpunktion verzichten (LEITZMANN und MARTI) oder Komma nach *mâge* setzen (DOCEN – entsprechend Lectio H mit Komma nach *mâge* [bei LACHMANN seit der 2. Aufl., BARTSCH, PIPER, MARTIN]): dann bezieht sich *weise* nur auf *mâge*, also wohl die Eltern, und zwar auf den Vater insofern, als er sich als Klausner aus der Welt zurückgezogen hat (so MARTIN z. St.). *weise* ist bei Wolfram sowohl in absolutem Gebrauch (P 194, 19; 782, 17; W 299, 17) als auch mit Genitiv (P 167, 9; 335, 8; W 102, 27) belegt. Zur Formel *lant und liute*, die sich im T noch 62, 1 und 112, 1 (beidemal in bezug auf Sigune) findet, cf. SCHULZE, Archiv 49 (1872) 157f.; LIERES UND WILKAU 18, 57, 103, 105; MATZ 71.

62 (725) = 56 G, 63 H

G
›Ich weiz wol, dv bist landes vñ lute groz frŏwe.
des enger ich alles niht, wan daz mich din herze dur din ŏge schŏwe,
also daz ez den chumber min bedenche.
nv hilf mir schiere, e daz din minne min herze vñ die frŏde verkrenche!‹

H
Ich wayss wol du bist lanndes vnd leůt grosse jrawe
des beger ich alles nicht wann daz dein hertze durch die augen mich an-
[schaůe
also daz es den kumber mein bedencke
thue der mÿnne ir recht ee der mÿnne vnns baiden die sÿnne verkrencke

62, 1: Schionatulander nimmt Sigunes Schlußworte auf, cf. zu 61, 4. Zur Formel *ich weiz wol* cf. zu 5, 1, zum Syntaktischen BEHAGHEL, Indogermanische Forschungen 31 (1912/13) 388.

62, 2: Zugrunde liegt nicht die Vorstellung von den *oculi cordis* (bei Wolfram L 5, 21; cf. WECHSSLER 376ff. und ERTZDORFF, Beitr H 84 [1962] 288 und Anm. 7, mit Lit.), wie MARTIN und BARTSCH z. St. meinen, sondern die von den leiblichen Augen als *des herzen spehære* (HKl 553), die dem Herzen das Bild eines Menschen vermitteln und es veranlassen, ihn zu lieben (dazu KOLB [MINNE] 18ff.), cf. HKl 584ff. (das *herze* spricht):

    wan ich weiz daz wol ane wan,
    als mir min selbes sin verjach,
    do ich si (sc. die Angebetete) *durch diniu* (sc. *des lîbes*) *ougen sach,*
    daz niht bezzers möhte sin,

BECH (HKl [B]) verweist dazu auf Eng 1042ff.:

    daz herze muoz enphâhen
    liep oder leit vil drâte
    al nâch der ougen râte:
    wan swaz den ougen sanfte tuot
    daz dunket ouch daz herze guot,
    und ist im zwâre wol dâ mite.
    ...
    daz ouge muoz des herzen sin
    ze minneclichen dingen
    leiten unde bringen
    beide stille und über lût.

und Rfr 492ff.:
> *ich wæn ez selten ie beschach*
> *daz sich ein herz lâ binden,*
> *ê daz daz ouge vinden*
> *künne sîn listic girde.*
> *sît nâch des ougen wirde*
> *ein herz ûf minn sich rihtet,*
> *daz ouge muoz gephlihtet*
> *ze boten an daz herze sîn.*
> *und swie sî went, der ougen schîn,*
> *dâ volget sin und herze nâch.*

So kann Wolfram auch die Augen als *des herzen vâr* bezeichnen (P 510, 16), weil sie den Menschen zum Gefangenen der Liebe machen. Auch die in der Minnelyrik überaus häufige Vorstellung vom Eindringen der bzw. des Geliebten durch die Augen ins Herz gehört in diesen Zusammenhang (cf. ROETHE zu RZw 268, 1 sowie die zu 50, 4 zusammengestellten Wolframbelege).

62, 4: *dîn minne* ist Gen. obj.: »die Liebe zu dir«.
In der Wendung *mîn herze und die fröude* gehört das Possessivpronomen auch zum zweiten Glied: »mein Herz und mein Glück« (cf. 89, 1f. und 149, 2, dazu RADTKE 40f.).
Nach der einleuchtenden Erklärung von FRANZ 28f. ist die Ähnlichkeit der Stelle *ê daz dîn minne* mit 68, 4 *ê diu minne* Veranlassung geworden, daß in H »die vorangehende erste Hälfte dieses Verses verwechselt wurde, so daß 62, 4 statt ›nu hilf mir schiere‹ der Anfang von 68, 4: ›tuo der minne ir reht‹ wiederholt wird«.

63 (726/727) = 57 G, 64 H

G
›*Swer so minne hat, daz sin minne ist* g e v æ r e
deheinem als lieben friunt, als dv mir bist, daz wort im gebære
wirt von mir nimer be⟨ne⟩nnet minne.
got weiz wol, daz ich nie bekande minnen flust noch der minnen gewinne.‹
1. *geware.*
2. *im gebære*] *un gebære* (so alle Hrsg.)?

H
Wer so mynne hat daz sein mynne ist gewere
gegen ainem also lieben freünde als du mir bist der mag wol leben one
   [*swære*
wirt aber von mir genant ymmer mynne
got ways wol daz ich nicht erkenne weder meinen verlust noch ir gewynne

63, 1ff.: Alle Herausgeber seit LACHMANN gehen davon aus, daß das in beiden Hss. überlieferte *gewære* falsch ist (Archetypus?). H kommt mit dieser Lesung zurecht:

› *Swer sô minne hât, daz sîn minne ist gewære*
gegen einem als lieben friunde, als du mir bist, der mac wol leben âne
[*swære.*
wirt aber von mir genant iemer minne,
got weiz wol, daz ich niht erkenne weder minnen (mînen? cf. zu 63, 4)
[*flust noch ir gewinne.‹,*

was wohl heißt: »Wer so liebt, daß seine Liebe einem so lieben Freund gegenüber, wie du mir bist, aufrichtig ist, der kann ohne Kummer leben. Wenn ich aber auch von Liebe spreche, so weiß doch Gott ganz genau, daß ich weder Verlust noch Gewinn der Liebe kenne.« Auch der JT bietet einen ähnlichen Text, verteilt das Material aber auf zwei Strophen. Für Lectio G ist wohl an LACHMANNS Konjektur festzuhalten; in Zeile 2 steht in der Hs. wahrscheinlich *im gebære* und nicht – wie alle Herausgeber seit DOCEN angeben – *ungebære*. Entscheidend für den Sinn der Aussage ist, ob man *minne hân* mit »geliebt werden« (MARTIN z. St., cf. BMZ II/1, 180b) oder mit »lieben« (BARTSCH und MARTI z. St., cf. BMZ II/1, 178b) übersetzt, also: »Wenn jemand so geliebt wird (wie ich von dir), daß die Liebe zu ihm einem so lieben Freund, wie du mir bist, gefährlich ist, dann wird das zu ihm (sc. zu dem in so gefährlichem Zustand Befindlichen) passende Wort von mir niemals ›Minne‹ genannt.« oder: »Wenn jemand so liebt (wie du), daß die Liebe, die er empfindet, einem so lieben Freund, wie du mir bist, gefährlich ist ...« Im zweiten Fall läge eine Art Anakoluth vor (»einem so lieben Freund ...« statt »ihm«), das den plötzlichen Ausbruch von Sigunes Gefühlen zum Ausdruck brächte; zur Konstruktion cf. z. B. Helmbr 160ff.:

der (sc. Helmbrechts Leibrock) *sol ouch sîn gemachet,*
alsô dîn ouge den an gesiht,
daz dir dîn herze des vergiht,
du habest des kindes êre,
swar ich danne kêre.

und Reinhart Fuchs [82] 232f.:

nv frewet sich der neve din,
daz ich dich bi mir han gesehen.

Da *sîn minne* aber, wie MARTIN z. St. richtig bemerkt, in deutlicher Parallele zu 62, 4 *mîn minne* steht, wird man die Pronominalform auch hier als Gen. obj. auffassen, sich also für die erste Lösung entscheiden.[83] – Der Gedanke, daß

---

[82] Das mittelhochdeutsche Gedicht vom Fuchs Reinhart, Hrsg. von G. BAESECKE, 2. Aufl., bes. von I. SCHRÖBLER, Halle 1952 = ATB, 7.
[83] Möglich wäre auch die Übersetzung »wer so liebt wie ich dich« bzw. »wer so geliebt wird wie du von mir«, doch ist Sigune nach dem Kontext an dieser Stelle noch nicht zu einem so deutlichen Liebesgeständnis bereit.

schmerzliche Minne ihren Namen zu Unrecht trägt, findet sich bereits bei Veldeke, En 10258ff.:
> du heites unrechte minne,
> alse ich dich noch erkenne,
> du bist eine quale, Minne,

aber auch bei Reinmar, MF 178, 33f.:
> minne heizent ez die man,
> und möhte baz unminne sîn.

und Walther 69, 5ff.:
> minne ist minne, tuot si wol:
> tuot si wê, so enheizet si niht rehte minne.
> sus enweiz ich wie si danne heizen sol.

(nach HOFMANN 38).

63, 4: *got weiz wol* ist Beteuerungsformel wie *ich weiz wol* (cf. zu 5, 1 sowie LIERES UND WILKAU 120f., 158, 178f.); bei Wolfram noch P 685, 3; 749, 8; W 191, 8; 204, 7; 306, 6; 459, 23; *got weiz* P 48, 7; 153, 1; 166, 8.
minnen flust noch der minnen gewinne = »Verlust und Gewinn, den die Minne bringt« (Plural *gewinne* bei Wolfram stets im Reim auf *minne*: P 686, 25; W 279, 24; 326, 8; 369, 8; 400, 4; T 68, 2; 84, 2; 147, 4: L 9, 7). Cf. En 9808:
> vrouwe, der (sc. der minne) ne kenne ich nit.

Die H-Variante *meinen verlust* ist an sich sinnvoll: »den mir von der Minne zugefügten Verlust und den ihr daraus erwachsenden Gewinn«, doch spricht die Wiederaufnahme dieser Worte Sigunes durch Schionatulander in Vers 68, 2 für G (*minnen flust* bei Wolfram noch W 8, 3 und 255, 14; cf. MAURER 203). Zur formelhaften Antithese *gewin/verlust* cf. P 102, 24; 432, 1; 597, 7; T 20, 4; 68, 2; 84, 2.

64 (731) = 58 G, 65 H

G
> ›Minne, ist daz ein ere? maht du minne mir tûten?
> ist daz ein site? chumet mir minne, wie sol ih minne getruten?
> mŏz ich si behalten bi den tochen?
> oder fliuget minne vngerne vf hant durh die wilde? ich chan minne wol
> [lochen.‹

H
> Ist mÿnne ain sy oder ein eer magst du mir mÿnne bedeüten
> vnd ist mÿnne ain sy kumbt mir mÿnne wie sol sy treüten
> mŭs ich behalten bey den tocken
> fleŭgt mÿnne vngern auf die hanndt durch die wilde ich kan mÿnne wol
> [locken

Überlieferung: SINGER 311 und MARTI z. St. vermuten vor dieser Strophe eine Lücke im Archetypus, weil Schionatulander von der geflügelten Minne gesprochen haben müsse (64, 4). Ebenso meint FOURQUET, Anm. zur Übers., Schionatulander müsse eine Anspielung auf Cupido gemacht haben, weil der Name der Minne im Deutschen weiblich sei (64, 1f.). Solche Argumentation übersieht das entscheidende Moment der Darstellung: daß sich Sigune in ihrer (scheinbaren?) Unwissenheit eine Vorstellung von den Eigenschaften der Minne zu machen sucht, indem sie dieses Unbekannte zu Bekanntem (Geschlechtsunterschied – Puppen – Falke) in Beziehung setzt.

64, 1f.: Die Frage des unwissenden Mädchens nach dem Wesen der Minne ist bei Veldeke vorgeprägt, En 9799:

dore got, wat is minne

und 9818:

so segget mich wat minne is;

cf. auch Kirchberg, KLD I, Nr. 33, II/4, 1f.:

Swenn ich ir minne ger,
sô frâgt sî waz minne sî

(ähnlich z. B. auch Hawart, KLD I, Nr. 19, III/3, 1f., u. ö. im Minnesang). Ebenso gehört die Frage nach dem Geschlecht der Minne (Lectio H) in eine feste literarische Tradition, die sich bereits bei Walther nachweisen läßt und später – mehr oder weniger deutlich unter dem Einfluß der vorliegenden Stelle stehend – gut bezeugt ist (cf. DOCEN z. St.; J. GRIMM 122f.; WILMANNS zu Walther [W] 81, 31; HOFMANN 38; E. WENDT, Sentimentales in der deutschen Epik des 13. Jahrhunderts, Freiburg, Phil. Diss. 1930, 39). Alle Herausgeber seit DOCEN haben deshalb in Lectio G *ere* durch *er* und *site* durch *si* ersetzt. Beispiele: Walther 81, 31:

Diu minne ist weder man noch wîp,

Ulrich von Lichtenstein, KLD I, Nr. 58, XXX/2, 1f.:

Herre, sagt mir, waz ist minne?
ist ez wîp odr ist ez man?,

Marner XV, 360:

minn ist ein er und ist ein si,
zwei liep ân übel, ein zwîvalt guot,

Mai und Beaflor [84] 64, 19ff.:

ir sprechet minne. waz ist daz?
des sult ir mich bescheiden baz.
bin ich minne od hân ich die
iu ze gebene, oder wie
sol ich iuch wern minne?
ob ich minne beginne,
wâ sol ich sî heben an?
ist minne wîp oder man?,

---

[84] Mai und Beaflor, Eine Erzählung aus dem 13. Jahrhundert, Leipzig 1848 = Dichtungen des deutschen Mittelalters, 7.

WvÖ 1528ff.:
> *Agly sprach: ›bewise mich,*
> *lieber bûl, waz minne si!*
> *sag an, ist si den liuten bi*
> *oder ist si wilde?*
> *wie ist gestalt ir bilde?*
> *fliugt si oder kan si gan?*
> *ist si wip oder man?,*

Minneburg 2190f. (die Minne fragt):
> *Sag, meister, sol man mich von art*
> *Einen er nennen oder einen ir?*

Man erklärt diese Frage i. a. aus dem schwankenden Geschlecht von afrz. *amor* (WILMANNS l. c. und SINGER [Stil] 24, Anm. 1) oder – wie der JT in einigen eingeschobenen Strophen – aus dem Auftreten der Liebe bald als Venus, bald als Amor (WILMANNS l. c. – SCHWIETERING [Typologisches] 45 versteht die vorliegende Stelle sogar als »fröhlich ironischen Zweifel, wer denn nun eigentlich unter den heraufbemühten männlichen und weiblichen Liebesgöttern der ›Eneide‹ die wirkliche Minne sei«). Eine weitere Deutung gibt C. VON KRAUS, Walther von der Vogelweide, Untersuchungen, Berlin und Leipzig 1935, 321: »sie (sc. die Minne) ist kein Mann, weil sie sich den Männern zuwendet, und sie kann auch keine Frau sein, da sie auch auf die Frauen aus ist«. Ich halte es für das Wahrscheinlichste, daß die Frage nach dem Geschlecht der Minne an der vorliegenden Stelle auf eine allgemeine Kategorie zur Bestimmung unbekannter Wesen zielt, wie z. B. auch HGA III, Nr. LIV (Berchta mit der langen Nase), 39 das unbekannte »Gespenst« Berchta u. a. so erfragt wird:
> *Ist ez ein si oder ein er?*

64, 3: Die Stelle ist in der Forschung überinterpretiert worden. BOESTFLEISCH 103 sieht einen Kontrast zwischen dem »Ernst der Minnenot« und den *tocken* als »Zeichen kindlicher Unerwachsenheit« und schließt daraus, daß Sigune noch ein Kind sei, wogegen LABUSCH 115 der Ansicht ist, Wolfram wolle »eher deutlich machen, wie Sigune dem Puppenspiel in dem Augenblick entwächst, da ihr ihre Liebe zu Schionatulander bewußt wird«. An »Amors Figürchen, das Wolfram natürlich aus antiker oder antikisierender bildlicher Darstellung kannte« ist gewiß nicht gedacht (SCHWIETERING [Typologisches] 45).

64, 4: *hant* ist die behandschuhte Faust des Falkners (cf. DALBY 81a). Daß ein Jagdfalke, nicht »ein Singvogel, wie sie Damen in Käfigen zu halten pflegten« (MARTI z. St.), gemeint ist, geht – wie bereits DOCEN z. St. bemerkte – eindeutig aus der Terminologie hervor. Für unwahrscheinlich halte ich, daß dabei die antike Vorstellung von Amor als Vogel (SINGER [Stil] 24, Anm. 1) oder gar der Gedanke »an ganz bestimmte Amorettenszenen antiker Kleinkunst oder an mißdeutete Münzreverse mit der geflügelten Viktoria auf

der Weltkugel in der Hand des Herrschers« (SCHWIETERING [Typologisches] 45) mitschwingt.
durch die wilde = »ihrer Wildheit wegen«.
ich kan minne wol locken faßt MARTI als Frage auf (ebenso BENECKE 946, der Umstellung *kan ich* vorschlägt). Zu *locken* als Terminus technicus der Falkenbeize cf. DALBY 138bff. Umgekehrtes Bild (die Minne lockt die Menschen) WvÖ 843ff.:
  swa du erkennest hertzen wert:
  als einem vederspil daz gert
  wirfestu im fur daz lûder.
Zur Minne-Falken-Metaphorik cf. im übrigen DALBY XXIX.

65 (738) = 59 G, 66 H

G
›Frŏwe, ih han vernomen von wiben vn̄ von mannen,
minne chan den alten, den iu⟨n⟩gen so schuzlichen spannen,
daz si mit gedanchen sere schiuzzet.
si triffet ane wenken, daz fliuget, daz lŏffet, daz get, daz fliuzzet.‹

H
Fraw ich han vernomen von fraŵen vnd von mannen
mÿnne kan den iungen den alten so schosslichen spannen
daz sy mit gedanckhen sere scheŭsset
sy triffet one wencken das lauffet kreuchet fleŭget oder fleŭsset

65, 1: *von* kann sowohl im Sinne von lat. *a* als auch im Sinne von lat. *de* (BARTSCH, MARTIN, MARTI z. St.) verstanden werden. MARTINS Begründung, es müsse *de* heißen, »da der gewöhnliche Gegensatz von Mann und Weib [85] in V. 2 durch den ebenso herkömmlichen von ›junc‹ und ›alt‹ fortgesetzt« werde, ist nicht zwingend.

65, 2: *den alten, den jungen* [86] kann sowohl als Akk. Sgl.[87] (BMZ II/2, 481a; BARTSCH und PIPER z. St.) wie auch als Dat. Pl. (MARTIN und MARTI z. St.) aufgefaßt werden. Im ersten Fall wäre die Minne der »Bogenspanner, wobei die liebende Person selbst der zu spannende Bogen ist« (JANDER 31), cf. Zach. 9, 13: *Quoniam extendi mihi Judam quasi arcum*. Im zweiten Fall hielte sich das Bild im konventionellen Rahmen (cf. En 860f., 9916ff., 10036f.; bei Wolfram P 532, 1ff.); man müßte »Bogen« ergänzen und den Dat. als Dat. des Zweckes auffassen: »zielen auf«, »treffen«, cf. UAl 8631:
  der imz spannete baz,

---

[85] Cf. SCHULZE, Archiv 54 (1875) 55; LIERES UND WILKAU 16, 18, 46ff., 97, 100, 102; MATZ 72.
[86] Cf. SCHULZE, Archiv 52 (1874) 62; LIERES UND WILKAU 98ff., 166ff.; MATZ 78.
[87] Bestimmter Artikel im Sgl. zur Bezeichnung der Gattung, cf. zu 83, 4.

was JELINEK 669 mit »der ihn besser zu treffen wußte« übersetzt. Die erste Auffassung wird gestützt durch P 508, 30, wo Orgeluse als *spansenwe des herzen* bezeichnet wird.
schuzlîchen = »schußgerecht« (MARTIN z. St.), nur hier belegt.
Zum Wortspiel *schuzlîchen/schiuzet* cf. SPRINGER 115f.

65, 3: *mit gedanken* hält SCHWIETERING (Typologisches) 45 für eine »unbildliche Erklärung« des konventionellen Bildes von der Minne als Bogenschütze.
Zur Wendung *sêre schiezen* cf. En 9916ff.:
    eine busse hevet' er (sc. Amor) *ane der hant,*
    ane der ander twe gere.
    dar mede scutet' er sere.
sêre kann sowohl Adverb (»schmerzhaft«, MARTI z. St.) als auch Substantiv sein (»Wunden«). Die Konstruktion von *schiezen* mit effiziertem Objekt ist gut belegt, cf. z. B. Düring, KLD I, Nr. 8, IV/2, 2:
    swunden wunden mir, die Minne schôz,
Neifen, KLD I, Nr. 15, XLIV/2, 3f.:
    Si mac mir mîne senewunden heilen,
    die sie mir mit ir minne hât geschozzen,
bei Wolfram W 456, 4f.

65, 4: Umfangreiche Materialsammlung zu Wendungen des Typs *daz fliuget, daz loufet* ... (formelhafte Umschreibung für »alle Kreatur« – bei Wolfram noch P 293, 4) bei STRAUCH zu Marner XIV, 265.

66 (739) = 62 G, 67 H

G
›*Ia erkande ih, sôzziv maget, e wol minne von maren.*
minne ist an gedanchen, daz magich nu mit mir selbem bewaren.
des betwinget si diu state liebe.
minne stilt mir frôde vz dem herzen, ez entohte einem diebe.‹

H
Da erkantest du sůesse mage mynne wol von meren
mynne ist an gedancken das mag ich wol mit mir selben pebåren
des betzwinget es die starche liebe
mÿnne stilt aus meinem hertzen freůde vnd clare farbe es entaugt ainem
                                                                                           [*diebe*

Strophenfolge: Die Strophe steht in G nach Str. 68. Für die Richtigkeit der Stellung in H (= JT, alle Herausgeber außer LEITZMANN und MARTI) führt FRANZ 33 an, Str. 66 gehe auf Sigunes Fragen nach dem Wesen der Minne ein, dies sei aber nach Str. 67–68 überflüssig; als mögliches Motiv für die Umstellung in G nennt er »das Anklingen des Bildes 66, 4 an das 69, 1« (cf.

auch POHNERT 13). In Str. 66 geht Schionatulander indessen weniger auf Sigunes Fragen ein, sondern bezieht die allgemeine Aussage von Str. 65 auf sich selbst. Nach G ergibt sich folgende Gedankenreihe: Man sagt, Minne verletze mit Gedanken (65) – Sigune wird in der Tat von Gedanken gepeinigt (67) – wenn das so ist, braucht sie nicht nach dem Wesen der Minne zu fragen, denn sie hat sie am eigenen Leib erfahren (68) – auch Schionatulander weiß aus eigener Erfahrung, daß Minne *an gedanken* ist (66). Bemerkenswert ist, daß die Reihenfolge in G die ausgewogenere Dialogkomposition bietet. Bezeichnet man die eineinhalb Eingangsstrophen Schionatulanders mit E, Einzelstrophen mit A und Doppelstrophen mit B, so ergibt sich folgendes Bild:

	H		G[88]	
Sch.	57, 2f., 58	= E	57, 2f., 58	= E
Si.	59	= A	59	= A
Sch.	60	= A	60	= A
Si.	61	= A	61	= A
Sch.	62	= A	62	= A
Si.	63, 64	= B	63, 64	= B
Sch.	65, 66	= B	65	= A
Si.	67	= A	67	= A
Sch.	68	= A	68, 66	= B
Si.	69	= A	69	= A
Sch.	70	= A	70	= A
Si.	71	= A	71	= A
Sch.	72	= A	72	= A,

also E / 4 A – 2 B – 6 A in H gegenüber der strengen Symmetrie E / 4 A – 1 B – 2 A – 1 B – 4 A in G.

66, 1: *von mæren* = »von dem, was man sagt«, »vom Hörensagen« (J. GRIMM 126; BARTSCH, MARTIN und MARTI z. St.); cf. z. B. Tr 15456f.:
> *von mæren, diu der hof tuot,*
> *hat er den wan uf iuch geleit.*

C. GERHARDT macht mich jedoch darauf aufmerksam, daß *mære* hier auch soviel wie »Erzählung«, »Minneroman« heißen könnte; cf. z. B. Flore 712ff.:
> *nû begunden sie* (sc. Flore und Blanscheflur) *lesen*
> *diu buoch von minnen allezan.*
> *dâ funden sie geschriben an*
> *von minnen vil manegen list,*
> *der uns an den buochen ist*
> *von wîsen pfaffen verliben.*

Für Lectio G weist indessen Str. 54, 1ff. auf die zuerst genannte Bedeutung. Zum Gedanken der vom Hörensagen bekannten Minne cf. WvÖ 1546f.:
> *so ist mir dicke vor gesait*
> *daz sûze si diu minne.*

---

[88] Die Richtigkeit der Umstellung von Str. 56 (cf. dazu) vorausgesetzt.

66, 3: »Dazu (sc. *an gedanken* zu sein) zwingt sie (sc. die Minne, Akk.) das beständige Wohlgefallen.« Die Grenze zwischen den Begriffen *minne* und *liebe* ist in Wolframs Sprachgebrauch fließend. Sie können nahezu synonym gebraucht werden wie T 81,1, oder es kann die *liebe* als die mehr seelisch-geistige der *minne* als der mehr leiblich-sinnlichen Seite des Verhältnisses gegenüberstehen wie etwa P 291,15ff. und besonders deutlich L 4, 6f.:
> *ir beider liebe doch vil sorgen truoc.*
> *si phlâgen minne ân allen haz* [89]

(dazu KEFERSTEIN, Festschrift für A. LEITZMANN, Hrsg. von E. VINCENT und K. WESLE, Jena 1937 = Jenaer germanistische Forschungen, Sonderband 2, 29; M. ISBASESCU, Minne und Liebe, Ein Beitrag zur Begriffsdeutung und Terminologie des Minnesangs, Stuttgart 1940 = Tübinger germanistische Arbeiten, 27, p. 76f.; CURSCHMANN 159). Etwas von diesem Gegensatz dürfte an der vorliegenden Stelle mitschwingen, wenn die *liebe*, die aus dem Wohlgefallen erwachsende Zuneigung, die *minne* zwingt, *an gedanken* zu sein, d. h. sie vergeistigt (cf. dazu KOLB [Minne] 41ff.). Zugleich scheint hier aber auch an eine Art Grund-Folge-Verhältnis zwischen *liebe* und *minne* gedacht zu sein: *minne* als Folge der *liebe* wie P 365, 1f.:
> *Swem wâriu liebe ie erholte*
> *daz er herzeminne dolte* [90]
> ...

Diese Gegenüberstellung wird verwischt durch das auch syntaktisch weniger glückliche *es* (= *ez* – so BARTSCH und PIPER) in H, das sich nur auf *herze* in der folgenden Zeile beziehen kann (Doppelpunkt statt Punkt nach *liebe*).

66, 4: »Die Liebe stiehlt mir die Freude aus dem Herzen, selbst einem Dieb stünde das nicht an.« D. h.: einen solchen Diebstahl zu begehen, ginge selbst für einen Dieb, dessen Beruf doch das Stehlen ist, zu weit: die Liebe ist der schlimmste Dieb, den es gibt. (Lectio H ist inhaltlich schief, denn die *clâre varwe* hat im Herzen nichts zu suchen.) Die Vorstellung von der Liebe als Dieb ist konventionell, cf. ROETHE zu RZw 30, 6 und WANDER III, 143, im T noch 75,4; 107,4 und 112,4. Deutlich an die vorliegende Stelle klingt an Had 616, 5ff. (Hinweis MARTINS z. St.):
> *Herz und mût durchwunnet mir diu liebe,*
> *darunder leid sich mischet,*
> *und kan mir fröude steln gelîch dem diebe,*

ins Positive gewendet wird der Gedanke Minneburg 822:
> *Du* (sc. die Minne) *stilest leit reht sam ein diep.*

---

[89] Andererseits kann *liebe* auch die sinnliche Seite bezeichnen, z. B. L 3, 21f.: *der grôzen liebe der bin ich vil gar verhert, wan sô du kumest und ich zuo dir.*
[90] Umgekehrt vermag *minne* die *liebe* zu erneuern, P 396, 21ff.: *dâ meistert frou minne mit ir krefteclîchem sinne, und herzenlîchiu triuwe, der zweier liebe al niuwe.*

67 (740) = 60 G, 68 H

G
›Schoynatulander, mich twingent gedanche,
so du mir uz den ŏgen chumest, daz ich mŏz sin an frŏden div chranche,
vnze ich tŏgenliche an dich gebliche.
des trure ich in der wochen niht zeinem male, ez erget alzedicche.‹

H
Tschyonatulander mich zwingent gedancke
wenn ich dich nicht ensihe so bin ich on freůden die krancke
v̊ntz ich dich aber taůgenlich erplicke
sůnst trav̊e ich in der wochen nicht ze ainem male es erget mir laider all
[ze dicke

67, 2: *kranc* hat hier nicht, wie SCHWIETERING (Typologisches) 43 mit Recht betont, die Bedeutung körperlicher Schwäche (so wohl Lectio H *on = âne*), sondern ist Litotes (cf. P 90, 14; 487, 26; 790, 24; T 62, 4; 115, 3; dazu KINZEL, ZfdPh 5 [1874] 3f.; BÖTTICHER, Germania 21 [1876] 313; BORCHLING 157; A. HÜBNER, Die »mittelhochdeutsche Ironie« oder die Litotes im Altdeutschen, Leipzig 1930 = Palaestra, 170, p. 114f.).
Zum Syntaktischen (prädikatives Adjektiv mit bestimmtem Artikel) cf. zu 9, 4.

68 (741) = 61 G, 69 H

G
›Sone darft du, sŏzziu maget, mich niht fragen von minne.
dir wirt wol ane frage bechant minnen flust vñ ir gewinne.
nu sich, wie minne vz frŏden in sorgen werbe!
tŏ der minne ir reht, e diu minne vns beidiu in den herzen verderbe!‹

H
So dorfft die sůesse maget mich nicht fragen von mÿnne
so wirt dir one frage wol kůnt mÿnnen verlust vnd jr gewinne
sich wie der mÿnne aus freůde in sorge werbe
thue der mÿnne ire recht ee der mynne vnns baiden in dem hertzen
[verderbe

68, 2: Cf. zu 63, 4.

68, 3: *werbe* = »sich verkehrt«; selten in diesem Sinn, cf. z. B. PS-Walther XVI, 5ff.:
    des müezen beide
    walt unde heide
    werben ze leide.

68, 4: *tuo der minne ir reht* = »leiste, was die Minne fordert«, cf. W 252, 15:
ir habt der minne ir reht getân
(dazu SCHUMACHER 80), Kr 8570f.:
Nu wolt mîn herre Gâwein
Hân geleistet minne reht,
Minneburg 1451:
Und tû der mynne an mir reht.

69   (742) = 63 G

Si sprach: ›chan diu minne in diu herzen so slichen,
daz ir man noch wip noch diu maget mit ir snelheit entwichen,
weiz aber iemen, waz diu minne richet
an luten, die ir schaden nie gewurben, daz si den fröde zebrichet?‹

69, 1ff.: Freie Konstruktion: »Wenn die Liebe so in die Herzen schleichen kann, daß ihr niemand, mag er auch noch so schnell sein, zu entrinnen vermöchte (so frage ich:), weiß dann wenigstens jemand, wofür sich die Liebe rächt...« Anders BENECKE 946, LEITZMANN und MARTI, die Fragezeichen statt Komma nach *entwichen* setzen.
Zur formelhaften Zusammenstellung *man / wîp / maget* cf. im T noch 78, 2 sowie MATZ 70. Der Artikel nach *maget* trägt syntaktisch auch die beiden anderen Substantive mit (cf. zu 29, 4).
mit ir snelheit = »bei all ihrer Schnelligkeit«, »mögen sie auch noch so schnell sein«, bezieht sich wohl nicht nur auf *maget* (MARTIN z. St.), sondern auf alle drei Substantive.
entwichen ist Konjunktiv: »entweichen können« (MARTI z. St.). Anders MARTIN und LEITZMANN, die nach Vorschlag BENECKES 946 und LACHMANNS *(en)mac* einfügen, *entwichen* also als Infinitiv auffassen.
Zum *rechen* der Minne verweist HOFMANN 39 auf En 10163:
dat hebben si (sc. die Liebesgötter) *ane mich gewroken,*
10272f.:
tebrac ich i din (sc. Amors) *gebot,*
dat hebbe ich sere gearnet,
11102f.:
Minne, wat hebbe ich uch gedan,
dat ir mich martelet aldus sere?

70   (743) = 64 G

›Ia ist si gewaltch der tumben vn̄ der grisen.
niemen als chunstch lebet, daz er chunne ir wert vn̄ ir wunder vol prisen.
nv sulen wir bediu nach ir helfe chriegen:
mit vnferscharter friuntschaft minne chan mit ir wanke nemen betriegen.‹

70, 1: *omnia vincit amor* (Vergil, Georg. X, 69); HOFMANN 39 verweist auf En 9800f.:
> si (sc. die Minne) is van aneginne
> geweldech over die werelt al;

cf. auch ibid. 10285ff.:
> du (sc. Amor) bedwinges alle gelike,
> arme ende rike,
> dat men dich der meisterscape git,

HKl 1ff.:
> Minne waltet grozer kraft,
> wande si wirt sigehaft
> an tumben unde wisen,
> an jungen unde grisen,
> an armen unde an richen.

Die formelhafte Zusammenstellung *der tumbe und der grîse* findet sich bei Wolfram nur noch T 170, 3.

70, 2: *künstec* ist nachgestelltes Adjektivattribut, wörtlich: »niemand so kenntnisreicher lebt«, besser: »niemand lebt, der soviele Kenntnisse besitzt«. SPRINGER 109 weist auf das Wortspiel *künstec/künne* hin.
volprîsen ist bei Wolfram nur hier, nach Ausweis der Wörterbücher nicht vor ihm belegt; zu dem bei LEXER III, 451 verzeichneten Beleg Frauenehre (ZfdA 7 [1849] 478ff.) 1111 cf. noch Minneburg 751 und 1961, Bruder Hans[91] 2394 und 2833 und die von SUOLAHTI (8) 295 zusammengetragenen Stellen JT 101, 4; 107, 1; 363, 4; 1881, 1; PS-Rudolf von Rotenburg, KLD I, Nr. 49, VI/52; Jolande[92] 1345.
Das Ganze ist ein Unsagbarkeitstopos wie 49, 4 (cf. z. St.); zur vorliegenden Stelle vergleiche man vor allem En 11142ff.:
> ende hedde ich dusent manne sin
> ende solde ich leven dusent jar,
> so weit ich dat wale vorwar
> dat ich ne mochte here wunder
> nimmer getellen besunder
> van der minnen, di si dut,
> beide ovel ende gut

und P 365, 6f.:
> kein munt ez nimmer gar volzelt
> waz minne wunders füegen kan.

70, 3f.: »Nun sollen wir uns beide um ihre Hilfe bemühen: wenn unverbrüchliche Zuneigung mit ihr verbunden ist, kann die sonst so wankelmütige Minne

---

[91] Bruder Hans, Marienlieder, Hrsg. von M. S. BATTS, Tübingen 1963 = ATB, 58.
[92] Bruder Hermann, Leben der Gräfin Jolande von Vianden, Mit Einl. und Anm. hrsg. von J. MEIER, Breslau 1889 = GA, 7.

niemanden betrügen.« Bei Interpunktion nach *friuntschaft* statt nach *kriegen* (DOCEN, BARTSCH, PIPER, MARTIN, LEITZMANN) stände der Satz: *minne kan mit ir wanke niemen betriegen* allzu isoliert da; allenfalls könnte man mit LACHMANN auf jede Interpunktion verzichten (Konstruktion ἀπὸ κοινοῦ). Bestechend ist der Vorschlag BENECKES 946, *ir* nach dem Vorbild des JT zu streichen und *minne* als Akk. aufzufassen (Interpunktion nach *friuntschaft*); dann wären *mit unverscharter friuntschaft* und *mit wanke* einander gegenübergestellt: »man muß unverbrüchliche Freundschaft wahren, um die Hilfe der Minne zu erlangen; es ist unmöglich, sie mit treuloser Gesinnung zu betrügen«; cf. z. B. Flore 978f.:
   diu Minne weiz die liste gar:
   sî kan nieman betriegen.
J. GRIMMS Vorschlag (123), *irwanke* zu lesen, ermöglichte diese Deutung sogar ohne Eingriff in die Überlieferung, doch ist ein Wort *ir(re)wanc*, soweit ich sehe, sonst nirgends belegt.

71 (744) = 65 G

›*Owe, kunde diu minne ander helfe erzeigen,*
dane daz ich gabe in din gebot minen frien lip fur eigen.
mich hat din iugent noch niht reht erarnet.
du möst mich under schiltchlichem dache e gedienen: des wis vor ge-
                                                                                      [*warnet!*‹
4. schiltch | lichem.

71, 2: »... als daß ich meine freie Person deiner Befehlsgewalt als leibeigen unterstellte.« Das Bild der Leibeigenschaft findet sich häufig im Minnesang als Ausdruck für die bedingungslose Unterwerfung des Mannes unter die Gewalt der Frau (umfangreiches Material hierzu bei KLUCKHOHN, ZfdA 52 [1910] 135ff.), seltener, wie hier, für die Ergebung der Frau in den Willen des Mannes, cf. z. B. Craûn 1351f.:
   ich wil ouch gerner wesen vrî
   danne ich deheines mannes sî.

71, 3: Wolfram liebt es, an die Stelle der Person »den z u s t a n d, in welchem, oder d i e e i g e n s c h a f t, durch welche etwas bewirkt wird« treten zu lassen (KINZEL, ZfdPh 5 [1874] 24); cf. im T noch 72, 3; 98, 2; 104, 2; 110, 3; 114, 2; 115, 4; 122, 3; 123, 2f.; 166, 3; 168, 3; 169, 1 sowie für die übrigen Werke die Materialsammlung bei DAHMS 99ff.; ferner MARTIN zu P 42, 13 und BRINKMANN, WW 2. Sonderh. (1954) 28.

71, 4: Die Aufforderung zu ritterlichem Dienst ist fester Bestandteil des höfischen Minnedialogs, cf. die Belege bei BAUSS 16 und 36ff.; bei Wolfram P 346, 3ff.; 370, 1ff.; 509, 30ff.

Die Wendung *under schilteclîchem (schiltlîchem) dache* (bei Wolfram noch W 220,7 und T 129, 2; cf. auch P 60,6 und 812, 17) ist abgeleitet von dem Terminus technicus der Kampfschilderung *sich mit dem schilde decken* (Belegsammlung bei BODE 19). Das Adjektiv *schilteclîch/schiltlîch* scheint außer bei Wolfram (T 71,4; 129, 2; 147,4; W 220,7) nur noch im JT belegt zu sein, cf. 1353, 1:
> *Er was dich hie erarnde   under schiltlichem dache,*

ferner 1932, 3; 1951,4; 2925,3; HAHN 4366,4; 5062,4; 5844,4; 5525,4.
Zur vorliegenden Stelle cf. u. a. noch Rfr 9964f.:
> *ich hân die süezen schône*
> *erarnet under schiltes tach*

und Minneturnier (Minnereden I, Nr. 10) 1160ff.:
> ... *›gesel, ich gieb*
> *min gunst dir fur al ander.‹*
> *Sygun Schonottulander*
> *det anfangs auch also;*
> *eins worts starb sie unfro,*
> *des mals sie zu im sprach,*
> *under des schiltes dach*
> *wurd er ir lieb her arnen.*

72   (745) = 66 G

> *›Fröwe, als ich mit chraft diu wapen mach leiten,*
> *hie enzwischen vñ ŏch dane min lip wirt gesehen in den sözzen suren*
>   [*arbeiten,*
> *so daz min dienst nach diner helfe ringe.*
> *ich wart in diner helfe erboren. nv hilf, so daz mir an dir gelinge!‹*

72, 1: Cf. zu 39, 1; der Terminus *wâpen leiten* ist auch HzgE B 113 belegt (cf. BUMKE [Ritterbegriff] 101).

72, 2: Indirekte Ausdrucksweise, cf. zu 11, 2.
hie enzwischen und ouch danne = »in der Zwischenzeit (sc. bis zur Schwertleite) und auch danach«.
Zur Wendung *süeziu, sûriu arbeit* cf. P 295, 3f.:
> *unz daz der Wâleis übersach*
> *sîn süeze sûrez ungemach,*
> *sînes wîbes glîchen schîn,*

ferner 514, 19; 531, 26; 644, 4; W 12, 30; L 5, 36; 9, 24. Das Oxymoron *süeziu arbeit* (cf. auch zu 56, 2) begegnet in der höfischen Literatur überaus häufig; es ist geradezu gleichbedeutend mit »Minnedienst« (cf. das umfang-

reiche Material bei WERNER, AfdA 7 [1881] 124; ARMKNECHT 82; DWb X/4,
1308). Im Ainune-Bruchstück [93] wird es auf Ovid zurückgeführt:
>   dâ von sprach hie vor alsus
>   ein hübescher man, Ovidius:
>   amor amor amor
>   dulcis dulcis labor,

(311ff.), cf. auch Pleiers Meleranz [94] 691ff.:
>   die buochstab...
>   die sprâchen ›dulcis lâbor‹:
>   daz sprichet, sô ist mir geseit,
>   ›minne ist süeziu arbeit‹.

Nach ARMKNECHT 82 kann indessen die einzige Stelle VI Fasti 661: *dulcis erat mercede labor* nicht zugrundeliegen, da sie mit der Minne in keinem Zusammenhang steht.

72, 3: Über die Umschreibung *mîn dienst* cf. zu 71, 3.

72, 4: Die Herausgeber konjizieren *in dîne* (JT J *deine*, BKXYZ *din* bzw. *dein*) *helfe erborn* = »von Geburt dazu bestimmt, daß du mir hilfst«, cf. zu 106, 3. Möglicherweise hat der Schreiber *dîner helfe* versehentlich aus Zeile 3 kopiert. Über das Wortspiel mit *helfe* cf. zu 57, 3.
daz mir an dir gelinge = »daß ich bei dir Erfolg habe«, »daß du mich erhörst«, oft in diesem Sinn, cf. z. B. HKl 592ff.:
>   ez muoz dir komen von heile
>   ob si din dienest twinget
>   daz dir an ir gelinget,

und 734, ferner Morungen, MF 135,12; Walther 109,9; Neidh 100,28; Craûn 340; Neifen, KLD I, Nr. 15, XXXV/2,9; Botenlauben, KLD I, Nr. 41, XI/38, 3; Winterstetten, KLD I, Nr. 59, Leich II, 82.

73   (746) = 67 G

> Diz was der anevanch ir gesellescheſte
> mit worten an den ziten, do Pompeirus fur Baldach mit chreſte
> het ŏch sine hervart gesprochen
> vñ Ipomidon der werde. vz ir her wart vil niwer sper zebrochen.

73, 2: *mit worten* ist Gegensatz zu *mit gedanken* (also »erklärtes Liebesverhältnis«) oder zu *mit werken* (also »Liebesverhältnis, das sich nur in Worten äußert« wie die *magtuomliche minne* [37, 4]). Für die zweite Auffassung spricht der weitere Verlauf der Geschichte; cf. auch 170, 1f.

---
[93] In: F. PFEIFFER, Freie Forschung, Kleine Schriften zur Geschichte der deutschen Litteratur und Sprache, Wien 1867, 55ff.
[94] Der Pleier, Meleranz, Hrsg. von K. BARTSCH, Stuttgart 1861 = BLVS, 60.

73, 2ff.: »... zu der Zeit, als auch Pompeius und der edle Impomidon ihren mächtigen Kriegszug nach Baldac anberaumt hatten.« Voraussetzung zum Verständnis dieser Strophe ist die Kenntnis des Berichts über Gahmurets Orientfahrten in Buch I und II des P. Dort wird erzählt, daß Gahmuret sich in die Dienste des Baruch von Baldac (cf. zu 40, 2) begab, der Pompeius und Ipomidon, zwei Brüdern aus Babilon, Ninive genommen hatte (P 13, 16 – 14, 11). Einige Zeit danach – Gahmuret hatte inzwischen Herzeloyde geheiratet – überzogen die Brüder ihrerseits den Baruch mit Krieg (darauf spielt die vorliegende Strophe an); Gahmuret eilte ihm zu Hilfe und wurde im Gefecht vor Baldac von Ipomidon getötet (P 102, 25 – 108, 28). Versuche, die Erzählung Wolframs mit historischen Ereignissen aus der Zeit der ersten Kreuzzüge in Verbindung zu bringen, kommen über einige oberflächliche Analogien nicht hinaus und müssen bisher als gescheitert betrachtet werden (cf. MARTIN II, XLI; ders. [Gralsage] 10; PANZER 46f.; neuerdings GOETZ, Archiv für Kulturgeschichte 49 [1967] 13ff.).

Mit *Baldac* (in dieser Form auch im Afrz., cf. LANGLOIS 73 und FLUTRE 202b) ist Bagdad, der Sitz des Kalifen, gemeint, cf. Ottos von Freising Chronicon [95] VII, 3: *est enim antiquae Babylonis* (unterschieden von *nova Babylonia* in Ägypten), *ut a probatis transmarinorum viris cognovimus, pars adhuc habitabilis Baldach dicta... Ipsa autem, quae inhabitatur et Baldach vocatur, maxima est et populosa et, cum de imperio debeat esse Persarum, summo sacerdoti suo, quem ipsi Caliph dicunt, a regibus Persarum concessa...* (cf. auch HEINZEL 8 und GOLTHER 210f.).

Der Name *Pompeius* war Wolfram wohl aus der antiken Geschichte bekannt (eventuell durch Vermittlung der Kaiserchronik, wie PANZER 48f. wahrscheinlich macht), gerade weil er P 102, 2f. seinen Träger deutlich von Caesars berühmtem Gegner unterscheidet; eine Sonderquelle, etwa Solin, anzunehmen, wie das MARTIN (Gralsage) 6 und zu P 14, 4 tut, halte ich für unnötig. Auch die Identifikation des Pompeius mit Saladin und die Herleitung des Wortes aus dessen eigentlichem Namen *Jū(suf)bn-Ejjū(b)*, die GOETZ, Archiv für Kulturgeschichte 49 [1967] 15f., versucht, ist in höchstem Maße fragwürdig, ebenso wie die ibid. unternommene Herleitung von *Ipomidôn* aus *Imād-uddīn*, dem Namen eines Zengidenfürsten. Der Name findet sich mehrfach in der afrz. Literatur (*Hippomedon*, cf. MARTIN zu P 14, 4; PANZER 16ff.; FLUTRE 108b); Wolfram kannte ihn möglicherweise durch Vermittlung Veldekes, cf. En 3315:

    Ypomedon ende Partonopeus.

SINGER (Stil) 53 vermutet sogar, daß auch das Vorbild für *Pompeius* zwar nicht in der Eneide, wohl aber im Roman de Thebes, auf den sich die zitierte Stelle bezieht, zu suchen sei: »›Pompeius‹ statt ›Partonopeus‹« sei »ein paläographisch leicht zu erklärender Fehler einer Handschrift des Roman de Thebes

---

[95] Otto Episcopus Frisingensis, Chronica sive historia de duabus civitatibus, Recogn. A. HOFMEISTER, Ed. 2., Hannover und Leipzig 1912 = MGH, Scriptores rerum Germanicarum.

oder Kyots«; so habe »die Wiener Hs. der Veldekeschen Eneide 3315 diesen Fehler«. Indessen kann auch umgekehrt die Lesung *Pompeius* für *Parthonopeus* (cf. den Apparat in der Ausgabe En [B] 3315) unter dem Einfluß Wolframs in die erst im 15. Jahrhundert entstandene Wiener Hs. w (cf. FRINGS/ SCHIEB, Einl. zu En, LXVf.) gekommen sein.

hervart wird zu den »unhöfischen« Worten gerechnet, weil es sich in den höfischen Romanen im Unterschied zu den Heldenepen relativ selten findet (bei Hartmann ist es nicht belegt, bei Ulrich von Zatzikhoven 2mal [Lanz 6920, 8055], bei Gottfried 1mal [Tr 6302], bei Konrad Fleck 1mal [Flore 1615] und bei Wirnt 2mal [Wig 10334, 10474] – cf. JÄNICKE 17 und WG 184f.). Man wird hier jedoch in noch stärkerem Maße als bei den anderen Worten dieser Gruppe den Sujetunterschied zwischen den beiden Gattungen zu berücksichtigen haben. Wolfram gebraucht das Wort außer an der vorliegenden Stelle 1mal im P und 17mal im W.

74 (747) = 68 G

*Gahmuret sich hŏp des endes vil tŏgen
et mit sin eines schilde. er het iedoch grozze chraft ane lŏgen,
wan er phlach wol drier lande chrone.
sus iaget in diu minne an den re. den enphienger von Ipomidone.*

74, 1: Gahmuret hatte sich von Herzeloyde bei der Heirat ausbedungen, jeden Monat auf ein Turnier ziehen zu dürfen (cf. P 97, 7ff.). Diesmal handelt es sich jedoch um einen richtigen Kriegszug, so daß er sich, um seine Frau nicht zu beunruhigen, heimlich ohne Heeresmacht *des endes*, nämlich in den Orient, begibt. Auch *mâgen und mannen* bleibt seine Fahrt dorthin *verstoln* (79, 2), und Herzeloyde mag glauben, er ziehe nur in ein Turnier, und gibt ihm wie immer ihr *hemde* mit (81, cf. P 101, 9ff.).

74, 2: Der einzige Schild, den Gahmuret bei sich hatte, war sein eigener, denn die Knappen, die ihn begleiteten, trugen keine Schilde (cf. 79, 4 sowie 80, 2), d. h. er ging, ohne ein Ritterheer mitzunehmen.

74, 3: Die drei Länder sind Anschouwe, sein Erbland, sowie Waleis und Norgals, die Länder Herzeloydes.
krône kann sowohl Gen. Sgl. als auch Gen. Pl. wie z. B. P 97, 22:
    unt dâ zweir krône wieltet
sein (cf. LACHMANN zu HIw 554).

74, 4: Cf. P 586, 19ff.:
    *Gâlôesen und Gamureten,
    die habt ir* (sc. Frau Minne) *bêde übertreten,
    daz ir se gâbet an den rê*

und 751, 26ff.:
> diu tjost ergienc vor Baldac:
> dâ wart sîn (sc. Gahmurets) werdeclîchez lebn
> durh minne an den rê gegebn.

Gahmuret kämpfte vor Baldac als Minneritter seiner eigenen Gemahlin Herzeloyde, deren *hemde* er über seinem Harnisch trug (cf. P 101, 9ff. und T 81). Die Liebe zu ihr ist es, die ihn *an den rê jaget*. Ähnlich heißt es von dem im Dienst einer Frau kämpfenden Thesereiz, daß ihm *diu minne nam den lîp* (W 378, 15). Weniger wahrscheinlich ist die Annahme, daß auf Gahmurets Verhältnis zu Amphlise angespielt sei, da es außer der situationsgebundenen Ergebenheitsadresse P 98, 3ff. keinen Anhaltspunkt dafür gibt, daß dieses Verhältnis nach der Heirat Gahmurets mit Herzeloyde fortgesetzt wurde (cf. zu 54, 2), und da Gahmuret ja das Hemd der Herzeloyde mit sich führte. Auch die Liebe, die Gahmuret seinem Dienstherrn, dem Baruch entgegenbrachte (RICHEY, MLR 56 [1961] 187) ist sicher nicht gemeint, da der Kontext der oben angeführten Parzivalstellen eindeutig auf den Bereich des Frauendienstes weist.

jaget dürfte, dem folgenden *enphieng* entsprechend, Präteritum sein (cf. auch 80, 2 *volget*; 148, 1 *holt*; 149, 1 *erbet*; 152, 2 *welt*; 163, 2 *klagt/klaget*).

75 (748) = 69 G

Schoynatulander was leide zerverte,
wan im Sigunen minne hohen mŏt vñ die frŏde gar werte.
doch schiet er von dan mit sinem mage.
daz was Sigunen herze not vñ diu sine. in zwein reit diu minne vf die
[lage.

75, 1: »Schionatulander nahm ungern an der Fahrt teil« (BARTSCH z. St.); zur Konstruktion cf. DG IV, 927; ähnlich König Rother[96] 3089:
> *Mir ist zo der uerde lief.*

75, 2: *Sigûnen minne* ist wohl Gen. obj.: »die Liebe zu Sigune«; anders RAHN 46f., der glaubt, es bleibe »geheimnisvoll im Dunkel, ob mit ›Sigûnen minne‹ Schionatulanders Liebe zu Sigune oder Sigunes Liebe zu ihm gemeint« sei.
In der Wendung *hôhen muot und die fröude gar werte* gehört der Artikel vor dem zweiten Substantiv trotz des Genusunterschieds auch zum ersten, cf. z. B. P 304, 22:
> *rît her, schouw ors und ouch den stein*

(nach MARTI z. St., cf. auch zu 29, 4). *fröude wern* = P 726, 22; T 105, 2; auch Hohenfels, KLD I, Nr. 6, VI/1, 8:
> *sol mir triuwe fröide wern.*

---
[96] Rother, Hrsg. von J. de VRIES, Heidelberg 1922 = GB, 2/13.

76 (749) = 70 G, 16 M

G

Der iunge furste vrlŏp nam ze der maget tŏgenliche.
er sprach: ›owe, wie sol ih geleben, daz diu minne an frŏden mich riche
schiere mache, vñ von tode entscheiden?
wunsche mir heiles, sŏzziv maget! ich mŏz von dir zŏ den heiden.‹

M

...
... *n mich r* ...
... *ns der tot* ...
(n)v wnsch(e) ... *(i)r gelvkes sv̊zzev (m)* ... *(m)v̊z von di* ... *zv̊ den*
[h ... de ...

76, 1: Über die Heimlichkeit des Abschieds cf. zu 53, 3.

76, 3: Am einfachsten wäre es, *entscheiden* als von *sol* abhängigen Infinitiv (parallel zu *geleben*) aufzufassen (BARTSCH und MARTI z. St.): »wie soll ich dem Tod entgehen«, doch ist *entscheiden*, soweit ich sehe, in der Bedeutung des Simplex »sich trennen von« sonst nicht belegt. Syntaktisch unglücklich ist die von DOCEN z. St. und BMZ II/2, 103b gegebene Erklärung von *entscheiden* als von *machen* abhängiges Partizip (parallel zu *rîche*) in der Bedeutung »gesondert«, »getrennt«. Beide Erklärungsmöglichkeiten laufen darauf hinaus, daß die Liebe Schionatulander vor dem Tode bewahrt, indem sie ihn *an fröuden rîche* macht (über den Topos »Liebestod« cf. zu 84, 4). Enger mit dem Kontext (Feldzug) verbunden und syntaktisch eindeutig, deshalb aber auch verdächtig, ist MARTINS Herstellung des Textes auf der Grundlage von M und JT:
... *daz diu minne an fröuden mich rîche?*
ê mac lîhte uns der tôt gescheiden.

77 (750) = 71 G, 17 M

G

›Ich bin dir holt, getriwer friunt. nu sprich, ist daz minne?
sus wil ich imer [ ] wunschende sin nach dem gewinne,
der vns beiden hohe frŏde erwerbe.
ez brinnent elliu wazzer, e div liebe an mir verderbe.‹
2. Nach *imer* von jüngerer Hand auf Rasur eingefügt: *gern sin vñ*.

M

... *ch bin dir holt nv* ... *(w)er fr* ... *inne*
(s)us wil ich im ... *(s)chen(de) si(n)* ... *(n)de nach* ... *winne*
der vnz be ... *frevde e(r)* ...
... *(z) brinnen* ...*(i)v wazzer e di(v) lie* ... *herzen m* ... *(r)be*

77, 2: *sus* = »in dieser Gesinnung« (MARTIN z. St.).
Die im JT zur Manier gewordene periphrastische Verbindung des Verbum substantivum mit dem Part. Präs. begegnet bei Wolfram relativ selten, 5mal im P (154, 30; 530, 16; 539, 10 [mit Artikel]; 577, 12; 610, 6), 8mal im W (58, 29f.; 64, 25; 167, 14; 170, 2; 204, 8; 236, 30; 254, 18) und 2mal im T (77, 2 und 132, 4 [mit Artikel, cf. z. St.]), beidemal in durativer Bedeutung (nach J. WINKLER, Die periphrastische Verbindung der Verba *sîn* und *werden* mit dem participium praesentis im Mittelhochdeutschen des 12. und 13. Jahrhunderts, Heidelberg, Phil. Diss. 1913, 13 und 43). Zur Trennung des *wünschende* von dem davon abhängigen *nâch dem gewinne* durch das eingeschobene *sîn* cf. BEHAGHEL, Indogermanische Forschungen 31 (1912/13) 394.

77, 4: Daß eher der Rhein oder ein anderes Gewässer verbrenne, ist eine recht häufig belegte sprichwörtliche Wendung für etwas Unmögliches; cf. ZINGERLE, Germania 7 (1862) 189f., und BERTHOLD, Hessische Blätter für Volkskunde 39 (1941) 65f.

78 (751) = 75 G, 18 M

G
Vil liep beleip al da, liep schiet von dannen.
ir gehortet nie gesprechen von mageden, von wiben, von manlichen
  [mannen,
die sich herzenlicher chunden minnen.
des wart sit Parzival an Sigunen zer linden wol innen.

M
(V)il liep beliep al d(a) ... sich schiet ... ne
ir geh ... tet nie von beide ... ben noch (v) ...ichen ma ...
div sich herzenli ... (d)en minn ...
... art (sit) P(a) ... (l) vo(n) Sygvnen bi ... n wol in ...

Strophenfolge: Die Strophe steht in G nach Str. 81, so daß sie sich auf Herzeloyde und Gahmuret oder auf beide Paare beziehen würde. Da aber die letzte Zeile so eindeutig auf Sigune und Schionatulander anspielt, haben sich die Herausgeber (außer LEITZMANN seit der 2. Auflage und MARTI) wohl zurecht für die in M und im JT überlieferte Reihenfolge entschieden. Cf. auch FRANZ 18 und POHNERT 13.

78, 1: *Vil liep* = »ein herzlich geliebtes Wesen« (MARTIN z. St.). Die Verbindung des Gradadverbs mit dem Substantiv (Kompositum?) ist ungewöhnlich; im JT steht das übliche *vil liebez liep* (cf. z. B. Kürenberg, MF 7, 11).

78, 2: Höreranrede, cf. zu 36, 1.
von mageden, von wiben, von manlichen mannen ist eine formelhafte Zusammenstellung, cf. zu 69, 1ff.

Wiederholung des schon im Substantiv ausgedrückten Begriffs durch ein vom gleichen Stamm gebildetes Adjektiv findet sich bei Wolfram außer an der vorliegenden Stelle noch P 81, 22 (*glüendigiu gluot*); 137, 10 (*bästîne buoste*); 199, 12 (*dienstlîcher dienst*); 466, 3 (*durchliuhtec lieht*); 732, 14 (*geflôriertiu bêâflûrs*); 788, 14 (*trœstenlîcher trôst*); T 85, 4 und 110, 4 (*lieplîchiu liebe*); W 75, 12 (*wîplîchez wîp*); W 454, 29 (*trôstlîcher trôst*) [nach ZELL 3].

78, 4: In bezug auf die Chronologie der epischen Fiktion liegt hier eine Vorausdeutung vor (cf. zu 17, 3), doch dürfte die Anspielung eher eine literarische Reminiszenz an die zweite Sigunenszene des P (248, 14ff.) als ein Hinweis auf noch – in einer nicht ausgeführten Partie des T oder in dem dann nach dem T entstandenen P – zu Berichtendes sein (cf. JÄNICKE, Zeitschrift für das Gymnasialwesen 22 [1868] 300; HERFORTH, ZfdA 18 [1875] 289ff.; PIPER 29; BUMKE 96f.; Kommentar zu 37, 4). Höchst fragwürdig ist es, wenn SCHREIBER 189 aus dieser Stelle die Priorität des T vor der dritten Sigunenbegegnung im P ableitet, weil »die lebenslängliche Einmauerung mit dem geliebten Toten ... noch einen weit stärkeren Beweis ›herzlicher Minne‹« darstelle »als der Aufenthalt mit dem einbalsamierten Geliebten in der Krone einer schattigen Linde«.

Der Name *Parzivâl*, afrz. *Perceval* (auch *Percheval, Perchevaux, Parceval, Parcheval, Parcevaux* u. a., cf. FLUTRE 154a) ist ein (aus dem keltischen *Peredur* volksetymologisch zurechtgemachter?) [97] Imperativname: »Durchdringe-das-Tal« (cf. die analoge Bildung *Perceforest*, FLUTRE 154a). Wolfram übersetzt den ersten Teil:

der nam ist rehte enmitten durch

(P 140, 17), Heinrich von dem Türlin gibt die vollständige Bedeutung:

Wan parce sprichet durch,
Val ein tal oder ein vurch:
Alsô hât in unser zunge
Sîn name die diutunge

(Kr 6390ff.). Cf. BARTSCH (Eigennamen) 116f.; MARTIN zu P 140, 17; HERTZ 492f.; HILKA zu CP 3575.

79 (752) = 72 G, 24 M

G
Von Kinriuals der chunch Gahmuret sich verholne
von magen vñ von mannen schiet, daz sin vart den gar was div verstolne.
wan zweinzzch chint von hoher art churtoyse
vñ ahtzzch chnapen ze yser ane schilt het er erwelt vf die reise.

---

[97] Herleitungen aus orientalischen Sprachen oder aus dem Lateinischen vermögen nicht zu überzeugen (cf. HERTZ 492f.; dazu noch SUHTSCHECK, FuF 7 [1931] 139).

M
(V)z Gingr ... hvnech G(a) ... v'eholne
von mage ... wibe v ... nnen fvr ... rt waz gar den ver ... e
wan z(w) ... (c)hinde vo ... rt kvrtoyse
vñ a ... ch chnapp(e) ... (a)ne schilt ... welt vſ die reise
1. HARTL löst auf: *vereholne*.

Strophenfolge: Diese und die folgende Strophe stehen in M nach Str. 81: 78, (80a–d), 81, 79, 80, 82. Diese – von MARTIN übernommene – Strophenfolge unterscheidet sich – abgesehen von den dort fehlenden Strophen 80a–d – von der in G überlieferten dadurch, daß sie einen geschlossenen Geschehensablauf bietet: Abschied Schionatulander/Sigune (76–78) – Abschied Herzeloyde/Gahmuret ([80a–d], 81) – heimliche Abreise von *mâgen und mannen*, Beschreibung des Zuges, Reiseroute (79, 80, 82). Die Reihenfolge in Hs. G, in der der Abschied Gahmurets von Herzeloyde erst erfolgt, nachdem wir ihn bereits auf der Fahrt gesehen haben (79, 80), wird aber – die Umstellung der Str. 78 als richtig vorausgesetzt und von den Strophen 80a–d abgesehen – von den Haupthss. des JT gestützt, so daß man die Umstellung in M der Ordnungsliebe eines Bearbeiters wird zuschreiben müssen. Cf. POHNERT 14f. gegen FRANZ 33f.

79, 1: »Gahmuret, der König von Kingrivals, verließ heimlich seine Verwandten und sein Gefolge...« (so HARTL 429a und FOURQUET, zur Wortstellung cf. BEHAGHEL, Indogermanische Forschungen 31 [1912/13] 394). Daß Gahmuret, der ja auch über Anschouwe und Waleis herrschte, hier gerade nach der Hauptstadt von Norgals benannt wird, ließe sich damit erklären, daß Norgals der Ausgangspunkt der Reise ist (cf. 82, 1) – was indessen merkwürdig genug bleibt, denn aus Str. 46 ist zu entnehmen, daß Kanvoleiz bis jetzt der Ort der Handlung war. Gegen die Alternativübersetzung: »Der König Gahmuret verließ heimlich Kingrivals, seine Verwandten und sein Gefolge« spricht die Wortstellung ebenso wie die Gleichordnung der Wendungen *von Kingrivâls* und *von mâgen und mannen* (die durch die dem JT entsprechende Lectio M *ûz Kingrivâls* kaum besser wird).
Die Zusammenstellung *mâge und man* ist formelhaft (im T noch 100, 2), cf. die umfangreiche Materialsammlung bei SCHULZE, Archiv 49 (1872) 160, sowie für Wolfram MATZ 70f. Über die Heimlichkeit der Abreise cf. zu 74, 1.

79, 2: Prädikatives Adjektiv mit bestimmtem Artikel, cf. zu 9, 4.

79, 4: *ze îser* = »in eiserner Rüstung« (= P 666, 20; 681, 21; W 20, 14). LEITZMANN, Beitr 54 (1930) 297, weist die Wendung noch aus RAl 3429 und HzgE D 703 nach. – Wie hier von Knappen *âne schilt ze îser* ist im P von *sarjanden* die Rede, die zwar gepanzert sind, aber keine Schilde führen (210, 14f. und 214, 21ff.). Zur Frage der waffentechnischen Differenzierung der Kämpfer cf. BUMKE (Ritterbegriff) 37f. und die dort zitierte Literatur.

80   (753) = 73 G, 25 M

G
*Funf schoniu ors vñ goldes vil, von Azagôch gesteine
im volget vf die vart, sin schilt andere schilte gar eine.
durch daz solte ein schilt gesellen chiesen,
daz im ein ander schilt heiles wunschte, obe dirre schilt chunde niesen.*

M
*(F)vnf s(c) ... vñ golde ... Azagavch gestein(e)
... volge ... (v)erte mit ... ander schilte gar ... e
dvrch (d) ... (n) schilt g(e) ... (h)iesen
daz im ein ... er s(c)hilt ... chte ob di ... chvnde niesen*

80, 1: Cf. P 84, 21:
mit gezierd von Azagouc.

Das Land *Azagouc*, nach Wolframs Angaben in Nordafrika gelegen und durch Gahmurets Heirat mit Belakane in dessen Besitz gelangt (cf. GOLTHER 211), wird – wie *Zazamanc* (cf. HARTL 462b, Nib 362, 2) – auch im Nib (439, 2) als Herkunftsort kostbarer Seide erwähnt. Die Frage nach der Priorität ist umstritten [98] – für Priorität des P: u. a. LACHMANN zu Nib 417, 6 (Anmerkungen zu den Nibelungen und zur Klage, Berlin 1836); MARTIN II, LXXXVII und zu P 16, 2; PANZER 14f. (vgl. auch PANZER [Zitieren] 37ff.; ders., Das Nibelungenlied, Entstehung und Gestalt, Stuttgart 1955, 473); W. SCHRÖDER, DVjs 31 (1957) 301; HOFFMANN, Festschrift G. WEBER zu seinem 70. Geburtstag überreicht von Frankfurter Kollegen und Schülern, Hrsg. von H. O. BURGER und K. v. SEE, Bad Homburg/Berlin/Zürich 1967 = Frankfurter Beiträge zu Germanistik, 1, p. 132; für Priorität des Nib: u. a. PFEIFFER, Germania 2 (1857) 84; BARTSCH (Eigennamen) 129; BRAUNE, Beitr 25 (1900) 48ff.; PLOSS, Beitr T 80 (1958) 87ff.; W. KROGMANN, Der Dichter des Nibelungenliedes, Berlin 1962 = Philologische Studien und Quellen, 11, p. 40f. Was die Erklärung des Namens selbst betrifft, dachte BARTSCH (Eigennamen) 129, Anm. 2, an das ostindische *Asseergurh*, MARTIN (Gralsage) 6 und zu P 16, 2 an die bei Solin 130, 21 erwähnte äthiopische *Azachaei* (cf. auch SINGER, ZfdA 44 [1900] 340f.; ders. [Stil] 50 – dagegen LOFMARK, Mediaeval German Studies, Presented to F. NORMAN ..., London 1965, 159), RITTER nach HAGEN, ZfdPh 38 (1906) 223f., an *Ag'âzî* (Abessinien), EIS, FuF 27 (1953) 50, an die spanische Stadt *Azuaga* oder die französische Stadt *Azincourt*; neuerdings zieht PLOSS, Beitr T 80 (1958) 87ff., mit beachtlichen Argumenten die Saharagegend *Azaouac* in Betracht.

---

[98] Wenig wahrscheinlich ist die Vermutung FOURQUETS (noms) 255, der Name sei aus einer verlorengegangenen Partie der Namenliste im Erec übernommen (F. verweist in diesem Zusammenhang auf den Kr 6721 überlieferten Frauennamen *Anzansnûse*, var. *Azangwse*).

80, 2: *volget* ist wohl Präteritum (parallel zu 79, 4 *het er erwelt*), cf. zu 74, 4. *sîn schilt andere schilte gar eine* = »sein Schild ohne die Begleitung anderer Schilde«, d. h. »er als einziger Ritter«. Zur Metonymie »Schild« = »der den Schild führt«, »Ritter« cf. außer dem umfangreichen Belegmaterial bei BMZ II/2, 130a und LEXER II, 738 WILMANNS zu Walther [W] p. 427/1, 5 und SYMONS/BOESCH zu Kudrun 1104, 1. Syntaktisch liegt Ellipse des Verbum substantivum (*was*, cf. zu 20, 2) oder Zeugma wie 1, 2 vor.

80, 3f.: HAUPT, ZfdA 14 (1867) 384, vergleicht Molières Sganarelle ou le cocu imaginaire 1, 2: *enfin il n'est rien tel, madame, croyez-moi, que d'avoir un mari la nuit auprès de soi, ne fût-ce que pour l'heur d'avoir qui vous salue d'un Dieu vous soit en aide, alors qu'on éternue.*

80 a–d (755–758) = 19–22 M

⟨Z⟩e Herzenlovd(en) n⟨am urlou⟩p Gahmv ⟨ret der⟩ (w)erde.
s(o g)⟨ar ein tri⟩wenberender stam ⟨wirt gebore⟩n niende⟨r uf⟩ der erde
⟨noch getri⟩wer wip, als si vil ⟨wol besc⟩(h)einte.
v(o)⟨n ir zwei⟩ er schei(d)⟨en wart⟩ iamer, den mane ⟨c ouge si⟩(t) bewein-
[⟨te⟩.

⟨Er⟩ sprach: ›vil liebes ⟨wip, din⟩ ere bevil⟨he ich got⟩ dem rei⟨nen.‹
e⟩r gesach si nimm(e)⟨r mere. h⟩(e)rzeliche ⟨si begund⟩ e weine⟨n.
si bev⟩alch in ovch got ⟨mit man⟩gem sivft ⟨en tiefen⟩.
ir seit i⟨r herz⟩(e) chvnftlich not. ey, ⟨waz tre⟩hen von i⟨r ougen l⟩ieffen!

⟨G⟩ahmuret die re⟨inen tros⟩te g(ṽt)lich⟨en.
er sp⟩rach: ›dv s⟨o⟩lt (ni)ht weinen. (i)⟨n einem⟩ (h)alben ia⟨re si⟩che(rli)-
[ch⟨en
kume⟩ ich her wider, lat ⟨got mich⟩ bi dem li(b)⟨e.‹
s⟩in troste ⟨s ir sor⟩gen ein teil ents⟨lief. sus s⟩chiet er (v)⟨on dem minn⟩
[echliche(n wibe).

⟨S⟩vs was si vf ged⟨ingen et⟩swenne ſ⟨ro⟩, doch vil selten.
si ⟨kunde mit⟩ sorgen r⟨ingen. ir⟩ triwen ⟨bere⟩(nd)⟨er lip des⟩ mv̊st en-
[⟨gelte⟩(n).
sin vbe⟨rvart k⟩(om ir) ze ⟨unheile.
mi⟩t sinem ⟨to⟩de ir fre(v)⟨de starp.⟩ (m)an ge⟨sach si nim⟩mer mer⟨e
[fro⟩ noch geile.

Echtheit: Strophe 80a wurde von LACHMANN XXIX, BARTSCH, Germania 13 (1886) 9, STOSCH, ZfdA 25 (1881) 200, GOLTHER, ZfdA 37 (1893) 282, und LEITZMANN, Beitr 26 (1901) 102f., für echt gehalten, von POHNERT 8 und den übrigen Herausgebern (LEITZMANN in den späteren Auflagen) athetiert; FRANZ

23f. schwankt, neigt aber eher zu Athetese. Im Gegensatz zu den zäsurgereimten Strophen 80 b–d unterscheidet sie sich formal nicht von den zweifellos echten Strophen (im JT ist der Zäsurreim durch Umstellung *urloup nam* [: *stam*] hergestellt – cf. das zu 30/31 über funktionslose Reimwörter Bemerkte). Auch inhaltlich bietet sie keinerlei Anstöße: daß sie in deutlicher Analogie zu Str. 78 steht (FRANZ 23f.), ist kein ernstliches Argument gegen ihre Echtheit, denn Entsprechungen finden sich z. B. auch zwischen den Gesprächen Schionatulanders und Gahmurets einerseits und Sigunes und Herzeloydes andererseits; daß – die Unechtheit der Strophen 80 b–d vorausgesetzt – »Str. 80 und 82 in ihrer Reihenfolge ebenso vortrefflich zueinander passen wie Str. 78 und 79« (FRANZ 34), vermag die Echtheit der Strophen 80a und 81, die für FRANZ eine Einheit bilden (cf. dazu POHNERT 8), ebensowenig in Frage zu stellen.
Die Strophen 80 b–d wurden nur von GOLTHER, ZfdA 37 (1893) 282, und LEITZMANN, Beitr 26 (1901) 102f., für echt gehalten. Gegen die Echtheit spricht außer den Zäsurreimen die schablonenhafte, farblose und stilistisch ungeschickte Darstellung (cf. die Wiederholung von *weinen* und *bevelhen* in den Strophen 80 a/b und der Reime in den Strophen 80 b/c), die inhaltlich nichts Neues bringt und dem für den T unbedeutenden Abschied Gahmurets von Herzeloyde quantitativ ein unverhältnismäßig großes Gewicht beilegt, ferner die ziemlich plump anmutende Aufnahme von P 103, 15f.:

do er ûze beleip ein halbez jâr,
sîns komens warte si für wâr

in 80c, 2f. (cf. dazu FRANZ 10ff.). Von geringerem Argumentationswert sind die Beobachtung MARTINS z. St., daß *er gesach si nimmer mêre* (80b, 2) Zitat aus Nib 925, 4 sein könnte:

sie gesach in leider   dar nâch nimmer mêr gesunt,

und die Tatsache, daß die Wendung *mit mangem siuften tiefen* (80b, 3 – cf. BMZ II/2, 721b und LEXER II, 946) und der Ausdruck *ze unheile komen* (80d, 3) bei Wolfram sonst nicht belegt sind. (Über die Strophenfolge cf. zu 79 und 81.)

80a, 2: *triwenberende* ist bei Wolfram sonst nicht belegt; cf. LEXER II, 1521; zum Bild BOCK 29 und DWb X/2/1, 638.

80a, 4: Vorausdeutung, cf. zu 17, 3; zum Stilistischen (Umschreibung der Person mit *ouge*) zu 4, 2.

80b, 1: *reine* ist als Beiwort Gottes (cf. DWb VIII, 695) bei Wolfram nur W 1, 1 sicher belegt; cf. dazu I. OCHS, Wolframs ›Willehalm‹-Eingang im Lichte der frühmittelhochdeutschen geistlichen Dichtung, München 1968 = Medium Aevum, 14, p. 20f.

80b, 2: Vorausdeutung, cf. zu 17, 3.

80c, 3: Cf. HEr 963:
dû maht mich wol bî lîbe lân
(dazu BECH, Germania 7 [1862] 434).

80c, 4: Cf. zu 31, 3.

80d, 1: Cf. Gliers, SMS, Nr. XX, 1/147:
Doch bin ich ûf gedinge frô
und Sachsendorf, KLD I, Nr. 51, VII/2, 1:
Mîn herze ist frô ûf den gedingen
(nach BMZ I, 340b und MARTIN z. St.).

80d, 2: *mit sorgen ringen* = P 548, 1; cf. auch *mit arbeiten* (W 281, 21), *mit jâmer* (W 458, 14), *mit kumber* (P 90, 13; 595, 1; T 88, 3), *mit schame* (P 170, 30) *ringen*. In den Wendungen dieses Typs kann *mit* sowohl Bezeichnung des Gegners (»gegen Sorgen etc. ankämpfen«) als auch der Art und Weise sein (»sich in Sorgen etc. abmühen, quälen«). Die zweite Auffassung wird von Stellen wie P 30, 20f.:
die hânt uns schaden vil getân.
si ringent mit zorne
und 122, 18f.:
si ringent mit der nôtnunft
und sint an werdekeit verzagt
gestützt, nicht aber, wie BOCK 15, Anm. 1, meint, bewiesen, da *ringen mit* in der Bedeutung »kämpfen gegen« ebensogut belegt ist (P 109, 15; 130, 28; 525, 21 u. ö.).

80d, 4: Vielleicht Anspielung auf P 103, 18f.:
dô brast ir (sc. Herzeloydes) *freuden klinge*
mitten ime hefte enzwei.

81 (759) = 74 G, 23 M

G
Sin herzenliche liebe vn̄ ir minne niht frŏmde
was noch worden nie durch gewonheit. im gap dar div chungin ir hemde
blanch sidin, als ez ir blenche rŏrte.
ez rŏrte ŏch etwaz brunes an ir huf. den poneiz vor Baldach erz fŏrte.

M
... en(lichiv) l ... (r) minne ... de
was ... (w)orden d(v) ... (im) ... hvn(egiñe) ...
... (n)ch sidin ...
... az brunes ... (e)lin den p ... z fŏrte

Echtheit und Strophenfolge: MARTIN z. St. hat die Strophe athetiert, weil 1. der »Gedanke, dass die Liebe dem Gatten noch nicht wegen der Gewöhnung fremd geworden« ist, trivial sei und nicht voraussetze, »was doch Wolfram annimmt, daß diese Liebe niemals abgenommen habe«, 2. *blanc/blenke* eine »etwas gesuchte Beziehung« sei, 3. er nicht glauben kann, daß die an P 644, 1 erinnernde »Zote von Wolfram selbst in so ernstem Augenblick wiederholt worden wäre«, 4. die Erwähnung des Kampfes vor Baldac zu früh komme, »da Gahmuret erst 79ff. abreist«. Keiner dieser Gründe ist stichhaltig: 1. der Gedanke des *vremde werden* ist nicht trivial, sondern gehört in einen ganz bestimmten literarhistorischen Zusammenhang, cf. z. St.; 2. der T ist reich an derartigen Wortspielen (siehe Register); 3. MARTINS etwas prüdes Mißbehagen über die Nennung des *brûnen* ist allzu zeitbedingt (cf. auch SINGER 310f.); 4. die Erwähnung der Schlacht vor Baldac gehört nicht in den eigentlichen Handlungsablauf, sondern ist Hinweis des Dichters auf die Zukunft und zugleich literarische Reminiszenz an P 105, 25ff.
In der auf den Hyparchetypus II des JT zurückgehenden Handschriftengruppe (JT JKXYZ) steht die Strophe nach Str. 80b, während Str. 80d fehlt. Diese Änderung erklärt sich wohl daraus, daß die Strophe nach dem definitiven Abschied in 80d etwas zu spät kommt (cf. FRANZ 11ff.).

81, 1f.: Weil Herzeloyde und Gahmuret erst so kurze Zeit zusammenlebten oder weil Gahmuret regelmäßig auf Turniere zog (cf. P 97, 8ff.; 101, 9ff.), waren seine tiefe Zuneigung und ihre Liebe noch nicht entfremdet, abgestumpft. Der Gedanke, daß Gewöhnung und Übersättigung der Liebe abträglich seien, zeitweilige Trennung der Liebenden sie dagegen steigere, ist Bestandteil der höfischen Minnetheorie, cf. Andreas Capellanus 139: *bonum, quodcumque praestationis difficultate differtur, maiori quidem illud aviditate suscipimus et diligentiori studio reservamus. Rarus igitur atque difficilis amantis amplexus ferventiori cogit amantes mutuo amoris vinculo colligari et eorum animos propensiori et adstrictiori affectione vinciri* und HEr 9425ff.:

  ich hân ez ûz ir (sc. *der wîbe*) *munde*
  heimlîchen vernomen
  daz hin varn und wider komen
  âne ir haz mac geschehen.
  swie sis niht offenlîche jehen,
  si wellent daz man in niuwe sî
  und niht zallen zîten bî.

SCHUMACHER 81 versteht die Stelle dagegen so, daß die Liebe zwischen Herzeloyde und Gahmuret so stark gewesen sei, »daß Innigkeit und Intimität ihrer gegenseitigen Zuneigung nicht beeinträchtigt wurden durch die Gewohnheit ehelichen Zusammenlebens«. Diese Deutung scheint mir das *noch* zuwenig zu berücksichtigen. Für unwahrscheinlich halte ich auch die triviale Erklärung PIPERS z. St.: »um des steten Umgangs willen waren sie noch nie irgend wie fremd«. Durchaus erwägenswert ist demgegenüber die Lösung MARTIS, die den

Punkt nach *nie* statt nach *gewonheit* setzt und erklärt: »um die Vertraulichkeit zu bewahren«, d. h. um das *vremde werden* der Liebe zu verhindern, gab ihm Herzeloyde ihr *hemde* mit. Mir scheint indessen das Paradoxon, daß etwas *durch gewonheit vremde* wird, besser zu Wolframs Stil zu passen. – Über das Verhältnis von *liebe* und *minne* cf. zu 66, 3.

81, 2f.: Cf. P 101, 9ff.:
>al kleine wîz sîdîn
>ein hemde der künegîn,
>als ez ruorte ir blôzen lîp,
>diu nu worden was sîn wîp,
>daz was sîns halsperges dach.

Daß der Ritter das Hemd der geliebten Frau im Kampf trägt, ein möglicherweise arabischer Brauch, wird in französischen Denkmälern mehrfach erwähnt (cf. HERTZ 480, SINGER [Gral] 31, auch SCHULTZ I, 603ff.). Im JT folgen die Ritter aus dem Heer des Baruch Gahmurets Beispiel, 4071, 2f.:
>... etsliche von sabene vrowen hemde
>fûrten, diez an Gamuret erfunden.

Zum Wortspiel *blanc/blenke* cf. SPRINGER 114f.

81, 4: Cf. P 643, 28ff.:
>er vant die rehten hirzwurz,
>diu im half daz er genas
>sô daz im arges niht enwas:
>Diu wurz was bî dem blanken brûn.

Das »Braune in weißer Umgebung« ist eine in der mhd. Literatur überaus verbreitete Umschreibung für die weibliche Scham, cf. die Belege bei LEXER I, 356, 365 und SCHMELLER I, 357 sowie KROGMANN, ZfdPh 67 (1942) 7ff. (zur Etymologie), und EIS, Festschrift für F. R. SCHRÖDER, Zu seinem 65. Geburtstage September 1958, Hrsg. von W. RASCH, Heidelberg 1959, 183f. (gegen die geistlich-symbolische Deutung der Parzivalstelle durch BOSTOCK, MLR 52 [1957] 235ff.).

den poneiz kann Akk. des Tätigkeitsgebietes (= *punierende*), der Zeit (= »während er losstürmte«) oder des Raumes (= »auf der Wegstrecke, die man *punierende* durchmißt«, cf. BMZ II/1, 543b und LEXER II, 308) sein.

82 (760) = 76 G, 26 M

G
Vz Nurgals gegen Spange vnze hinze Sibilie er cherte,
des genenedegen sun, der vil wazzers vz ögen gererte,
do man friesch, wie sin vart nam ein ende.
sin hoher pris wirt nimer getöfter diet noch den heidenen ellende.

M
(U)z Nori(g) ... h Yspane(g) ... ilige cherte
dez g ... digen ... (s) sun der ... er (vz) ovgen rerte
... evriesch ... art nam ...
... pris wirt nieme ... ovfter d ... en heiden ...

82, 1: *Norgâls* ist ursprünglich Nordwales, cf. RWchr 26654ff.:
ellú britenisschú lant,
dast Engillant und Waleis,
Schotten lant und Norgaleis
und Cornval ...,
ferner BARTSCH (Eigennamen) 143f.; MARTIN II, XLI; SINGER (Stil) 48f. sowie zu 40, 3.
Sibilje, Rol 2677 *Sibilia*, afrz. *Sebil(l)e, Sebilie* (cf. LANGLOIS 611 und FLUTRE 298a) ist Sevilla; mit dem kleinasiatischen *Sibilia* (KOLB 34, Anm. 131) hat es wohl nichts zu tun.

82, 2: In M scheint wie im JT der Name von Gahmurets Vater genannt zu sein: *des genendigen Gandînes sun*. Der Name wurde von SAN-MARTE, Germania 2 (1857) 397f., BRUGGER 74 und FOURQUET (noms) 254 auf den französischen Namen *Gaudin* zurückgeführt (cf. CEr 2227 *Gaudin de la Montaingne*, HEr 2754 *Gaudin de Montein* – auch W 45, 5 u. ö., cf. HARTL 430b). BARTSCH (Eigennamen) 134ff. dachte dagegen im Zusammenhang mit der Anjou-Hypothese an das Haus Gatinais, dem Gottfried Plantagenet, der Vater Heinrichs II., entstammte, oder an den deutschen Namen *Gaudo* (FÖRSTEMANN 594). Wolfram selbst bringt P 498, 25ff. den Namen mit der steirischen Stadt *Gandîne*, wohl dem heutigen Haidin bei Pettau, in Verbindung (cf. HAUPT, ZfdA 11 [1859] 47, WEISS, ZfdA 28 [1884] 136ff., sowie über das »steirische Rätsel« zu 40, 1).

82, 3f.: Vorausdeutung, cf. zu 17, 3; über die Wendung *ein ende nemen* zu 17, 4.

82, 4: »Bei Christen und Heiden (also im ganzen Erdkreis) wird sein hoher Ruhm niemals in Vergessenheit geraten«, cf. 55, 4; Topos des Personenlobs, cf. CURTIUS 169ff. Die Wendung *getouftiu diet*, die sich bei Wolfram sonst nur noch im W findet (20, 29; 37, 15; 305, 27), wird im JT aufgegriffen (3766, 4).

82a (761) = 27 M

(S)i mu ⟨ezen in e⟩(r)chennen, ⟨er mac⟩(n)iht eralten.
Her ⟨man⟩ von ⟨Dürnge⟩ (n) wilent ⟨phlac⟩ eren, der immer ⟨kunde
                                                                    [w⟩ vnsches ⟨walten.
s) wa man ⟨hœrt von⟩ sinen genozzen (s)⟨prec⟩hen,
die ⟨vor im hi⟩ n geschei(d) ⟨en sint⟩, (w)ie chvnde sin lo(p) ⟨für⟩ die so
                                                                    [pr(e)⟨chen⟩!

Echtheit: Die Strophe wurde Wolfram zugesprochen von DOCEN z. St.; J. GRIMM 119; LACHMANN XXIX (und zu Walther 17, 11); BARTSCH, Germania 13 (1868) 9f.; HERFORTH, ZfdA 18 (1875) 293f.; STOSCH, ZfdA 25 (1881) 201, ZfdA 26 (1882) 145ff.; GOLTHER, ZfdA 37 (1893) 282; LEITZMANN, Beitr 26 (1901) 103 (zurückgenommen ZfdPh 41 [1909] 535); FRANZ 24f.; HELM, ZfdPh 35 (1903) 200f.; SCHREIBER 180; WOLFF, ZfdA 61 (1924) 191; EHRISMANN 288; für Athetese entschieden sich dagegen PIPER; NOLTE, AfdA 25 (1899) 304, Anm. 1; SINGER 310; POHNERT 9ff.; MARTI; HARTL, Die deutsche Literatur des Mittelalters, Verfasserlexikon, ... hrsg. von K. LANGOSCH, IV, Berlin 1953, 1079. Da die Strophe äußere Anstöße nicht bietet und auch die Tatsache, daß das Wort *eralten* (cf. BMZ I, 26b und LEXER I, 606) bei Wolfram sonst nicht belegt ist, nichts zu beweisen vermag, ist man zur Prüfung der Echtheit auf rein inhaltliche Argumente angewiesen.[99] Ich übersetze: »Er (sc. Gahmurets Ruhm) muß ihnen (sc. *getoufter diet und den heiden*) bekannt sein, er kann nicht in Vergessenheit geraten. Einst lebte Hermann von Thüringen in Ansehen und Herrlichkeit, der stets in allem vollkommen war. Wo immer man von seinen Standesgenossen sprechen hört, die vor ihm gestorben sind – wie übertrifft doch sein Ruhm den ihren.« Der Verfasser der Strophe rühmt also Hermann von Thüringen, dessen Ruhm denjenigen aller seiner Standesgenossen übertrifft, zu denen auch der eben so hoch gepriesene Gahmuret gehört (Überbietungstopos, cf. zu 38, 4). »Kindisches Gefasel« (SINGER 310) ist das nicht, und ich sehe keinen zwingenden Grund, die Strophe Wolfram abzusprechen.

Bedeutung: Da mit Hermann von Thüringen wohl Wolframs Gönner Landgraf Hermann I. gemeint und seiner als eines Verstorbenen gedacht ist,[100] ergibt sich als Terminus post quem für den T, zumindest aber für diese Strophe, die auch nachträglich vom Dichter eingefügt sein könnte (cf. MARTIN II, XIV und z. St., dagegen FRANZ 29), das Todesdatum Hermanns, der 25. April 1217 (cf. T. KNOCHENHAUER, Geschichte Thüringens zur Zeit des ersten Landgrafenhauses [1039–1247], Hrsg. von K. MENZEL, Gotha 1871, 288, Anm. 3). Für die relative Werkchronologie ist daraus jedoch nicht viel zu gewinnen: zwar wird Hermann auch im 9. Buch des W (wahrscheinlich) als Verstorbener erwähnt (417, 22–26), aber es ist völlig ungewiß, wieweit der W gediehen war, als Hermann starb, ja ob er überhaupt noch zu dessen Lebzeiten begonnen wurde, denn die erste Nennung (W 3, 8f.) läßt offen, ob

---

[99] Daß die Strophe sich ziemlich bruchlos einfügt, aber ebensogut auch wegbleiben könnte (83, 1 bezöge sich dann auf 82, 4) ist als Argument für oder gegen die Echtheit ohne Bedeutung; cf. BARTSCH, Germania 13 (1868) 10; HERFORTH, ZfdA 18 (1875) 293; STOSCH, ZfdA 25 (1881) 201, ZfdA 26 (1882) 146f.; FRANZ 25; POHNERT 9f.; MARTIN, AfdA 34 (1910) 112.

[100] BARTSCH, Germania 13 (1868) 9f., hat, seiner These von der Priorität des T vor dem P entsprechend, die Präterita *phlac* und *kunde* in der zweiten Zeile in die Präsentia *phlit* und *kan* (dies durch JT AE gestützt) verändert, ohne hinreichenden Grund, wie bereits HERFORTH, ZfdA 18 (1875) 293f., gezeigt hat.

Hermann noch lebte oder schon tot war (cf. LACHMANN zu Walther 17, 11 und BUMKE [Willehalm] 184, Anm. 16). Die Behauptung, daß die Erwähnung Hermanns im T »wärmer gefühlt« sei als die zweite im W (STOSCH, ZfdA 26 [1882] 146f., ebenso LEITZMANN, Beitr 26 [1901] 153, und HELM, ZfdPh 35 [1903] 201, Anm. 1), ja »noch unter dem Eindruck der Todesnachricht« entstanden sei (WOLFF, ZfdA 61 [1924] 191), ist schlechterdings nicht zu beweisen, taugt also nicht zur Bestimmung des chronologischen Verhältnisses zwischen den beiden Stellen (cf. auch BUMKE [Willehalm] 184, Anm. 17). Schließlich vermögen die Namen *Ahkarîn* und *Berbester*, die im W und im T vorkommen, im P aber fehlen, nicht mehr sicher zu beweisen, als daß Wolfram bei der Abfassung des T bereits mit der Quelle des W bekannt war (cf. zu 40, 2 und 42, 2 gegen LEITZMANN, Beitr 26 [1901] 153ff.), und auch die Würdenbezeichnung *admirât*, die bei Wolfram nur im T und im 9. Buch des W vorkommt, führt nicht weiter (cf. zu 93, 2).

83 (762) = 77 G, 28 M

G
Daz rede ich wol mit warheit, ninder nach wane.
nu sulen wir ŏch gedenchen des iu⟨n⟩gen fursten vz Grasivaldane,
des Sigune in twanch, sin chuschiu amie.
div zoch vz sinem herzen die frŏde als uz den blŏmen die sŏzze div pie.

M
Daz re(d) ... (l) mit wa(r) ...(n)iender n ... (e)
nv svln (w) ... edenchen dez ivng ... vrsten v ... (a)ldane
w ... vne twanc sin cl(a) ...
... zoch im ... (e)rzen vil ... (e)n reht als vz den ... n ir (s)ŏze tŭt div
[(b)] ...

83, 1: *mit wârheit, ninder nâch wâne* = »mit Gewißheit, nicht aufgrund von Vermutungen«; formelhafte Wahrheitsbeteuerung, cf. P 59, 26f.:
ine sagez iu niht nâch wâne:
Gebiet ir, sô ist ez wâr,
ferner KINZEL, ZfdPh 5 (1874) 12; FÖRSTER 34f.; DAHMS 26ff.; MATZ 61ff. LEITZMANN, ZfdPh 43 (1911) 305, verweist auf RWl 7292f.:
von warhait, niht nach wane
sait diu aventúre das.

83, 2: Zur Formel *nu sulen wir ouch gedenken* cf. zu 33/34 und 36, 1. Schionatulander, der Dauphin (cf. zu 92, 2), wird hier und 92, 2 nach der zum Herrschaftsbereich der Dauphins gehörenden Grafschaft Graisivaudan an der Isère benannt (cf. BARTSCH [Eigennamen] 142f.; MARTIN II, XLIII und

z. St.; SCHOLTE, Neoph 33 [1949] 33; sowie zu 42, 3; der historische Bezug ist so eindeutig, daß der Versuch RICHTHOFENS, Estudis Romànics 9 [1961] 211f., den Ort in Spanien zu lokalisieren, jeglicher Grundlage entbehrt). Der Dichter des JT bringt die Herkunftsbezeichnung mit der »grasgrünen« Kleidung Schionatulanders in Verbindung, 1328, 1:

Graswalt uf gras getowet   leit sinen roch gras grûne,

1428, 1:

Von Graswalt geheizen,   nach Graswalt geverwet,

ferner 1373 und HAHN 5110 (nach BORCHLING 169).

83, 3: *des Sigûne in twanc* kann sich sowohl auf das folgende *diu zôch*... als auch, parallel zu *des jungen fürsten*... und dem Sinn von Lectio M (wohl *wie den Sigûne twanc* = JT ABDEa) entsprechend, auf das vorausgehende *gedenken* beziehen.

83, 4: Der bestimmte Artikel in *diu bîe* steht zur Bezeichnung der ganzen Gattung wie 87, 4 *den fürsten*, 102, 4 *der sælige ellenthaft ... der zagehafte rîche*, 149, 3 *des vrömden* ... 170, 3 *der tumbe ... der grîse* (cf. RADTKE 27). In M scheinen *tuot* (= JT Ea) und *ir* (= JT EJKXYZa) zur Verdeutlichung eingefügt (über das Fehlen des Verbum finitum in G cf. PMS § 379, 4; *ir* kann hier nicht mit MARTIN z. St. als pleonastisches Possessivum wie in Vers 90, 2 *der minnen ir hitze* bezeichnet werden, da ein weiterer possessiver Bezug fehlt). Das Bild von der Biene findet sich abgewandelt auch bei Ulrich von Lichtenstein, KLD I, Nr. 58, XLV/4, 1ff.:

Schouwet wie diu bîe ir süeze
ûz den bluomen ziehen kan.
alsô ziehent mir ir grüeze
trûren von dem herzen dan.

84   (763) = 78 G, 29 M

G
Sin lieplichiu siecheit, ⟨die er⟩ trôch von der minne,
die flust sines hohen môtes, an sorgen gewinne
twanch den Graharzoys vil manger pine.
er ware noch sanfter tot als Kurzkri vor Mabonagrine.

M
(S)in lie(p) ... (c)heit die (e) ... trŏc v ... (n)ne
div (f) ... n mŏtes an sorge(n) ... (w)inne
be ... (e)n Grahd'o ... (m)aneger bine
er ... e noch sa(n) ... als Gvrze(g) ... on Mobon ... (ine)
3. HARTL löst auf: *Graherdo*...

84, 1: *lieplîchiu siecheit* = »lustvolle Krankheit«, Oxymoron wie *süeziu arbeit* (cf. zu 72, 2). Über die Vorstellung von der Liebe als Krankheit cf. SCHWIETERING (Typologisches) 43.

84, 2: Über die Gewinn-Verlust-Metaphorik cf. zu 20, 4 und 63, 4.

84, 3: *Grâharzoys* wird Schionatulander hier und 131, 4 nach *Grâharz*, der Heimat seines Großvaters Gurnemanz (cf. zu 41, 2), genannt.
pîne ist Gen. Sing. des starken Femininums *pîne* oder Gen. Pl. des starken Maskulinums *pîn*.

84, 4: *er wære noch sanfter tôt* = »noch der Tod wäre ihm lieber gewesen«. Der Wunsch, lieber zu sterben, als die Qualen der Minne noch länger ertragen zu müssen, ist formelhaft, cf. z. B. Nib 285, 3:
sol aber ich dich vremeden, sô wære ich sanfter tôt,
ferner PS-Dietmar, MF 36, 3f.; HKl 396ff.; Neidh 72, 23 und 97, 20; Craûn 468. Verwandt damit ist der Topos »der Liebende stirbt, wenn er nicht erhört wird«, cf. BAUSS 35 und A. MORET, Les débuts du lyrisme en Allemagne (des origines à 1350), Lille 1951 = Travaux et Mémoires de l'Université de Lille, p. 234, Anm. 41.
Über Gurzgri und Mabonagrin cf. zu 41, 4.

85 (764) = 79 G, 30 M

G
Wirt imer tiost mit hurte von sperbrechens chrache
vz siner hant durh schilde braht, sin lip ist zedem vngemache
doch zechranch. diu starche minne in chrenchet
vñ daz sin gedanch nach lieplicher liebe vnvergezzen so denchet.

M
(W)irt i(m) ... st mit hv ... von sper ... rache
... (e)r hant d ... schil(de) br(a) ... (e)m vnge(m) ...
... ch ze chra ... starche m ... (e)nche
vñ ... (nch) ... her liebe ...

85, 1: *von sperbrechens krache* = »unter dem Getöse der brechenden Speere« (cf. zu 2, 2). *von* dient hier zur Bezeichnung der Begleitumstände (MARTIN z. St.: »im Geleite des Krachs der gebrochenen Speere«), ähnlich W 32, 19ff.:
von rabînes poynderkeit
durch den stoup inz gedrenge reit
gein dem strîte ieslîchez her.
Der Ausgangspunkt für diesen freieren Gebrauch des *von* liegt möglicherweise in seiner instrumentalen Funktion (»vermittels«), cf. BMZ III, 372a. Das

Kompositum *sperbrechen* ist nicht vor Wolfram, bei ihm nur hier belegt; es findet sich noch Bit 11980, HvNeustadt (Apollonius) 7442, WvÖ 18588 (nach LEITZMANN, Germanica, E. SIEVERS zum 75. Geburtstage 25. November 1925, Halle 1925, 553).

85, 2: *ist* ist Autor-Präsens, cf. zu 17, 3.
ungemach meint wohl die durch die Minne verursachten Beschwernisse: »und wenn er ein noch so starker Ritter wird, er ist zu schwach, um mit der Minne fertig werden zu können« (cf. zu 50, 4).

85, 3f.: Zum Wortspiel *kranc / krenket / gedanc / gedenket* cf. SPRINGER 112.

85, 4: Subjektsatz, parallel zu *minne*.
Über die etymologische Figur *lieplîchiu liebe* cf. zu 78, 2.
unvergezzen = »ohne vergessen zu können« (= P 738, 29), Part. Prät. mit aktivischem Sinn (cf. PMS § 315, auch MARTIN zu P 169, 24).

86 (765) = 80 G

Swenne ander iuncherren vf velden vñ in strazzen
punierten vñ rungen, durh sende not môse er daz lazzen.
minne in lerte an stæten frôden siechen.
swa chint lernent vf stæn nach stôlen, div môzen zemersten dar chriechen.

86, 3: *lêren* hier im Sinne von »veranlassen«, cf. zu 57, 1ff.
an stæten fröuden siechen = »krank sein in bezug auf dauerhafte Freude«, »dauerhafte Freude entbehren«; cf. W 155, 5:
   ... *ein vreuden siecher man,*
ferner P 316, 14; 531, 28; W 172, 7 (über Nachahmung im JT BORCHLING 158).

86, 4: Wie die Kinder muß Schionatulander zuerst mühsam kriechen, die Leiden und Mühen der Minne ertragen, ehe er sich *ûf rihtet* (87, 2). Der Gedanke ist sprichwörtlich: »Das Kind soll kriechen, bis es gehen lernt« (WANDER II, 1275). Übersetzt man *ûf stên nâch* mit »aufstehen, um zu erreichen« – in Analogie zur Konstruktion *gên nâch* (z. B. P 564, 9 und 566, 30) –, ergibt sich eine – möglicherweise ironisch gemeinte – Parallele zwischen den *stüelen* und der *hœhe* der *hôhen minne*. Aber das Bild ist schief, denn die Kinder lernen ja nicht aufstehen, um Stühle erklettern zu können. Vielleicht darf man das *nâch* modal auffassen wie in Wendungen des Typs *nâch zühte lêre* (P 88, 23), wobei verkürzte Ausdrucksweise vorläge; dann wäre zu paraphrasieren: »Wo immer Kinder an Stühlen aufstehen lernen, da müssen sie zuerst zu ihnen hinkriechen.« LACHMANN, BARTSCH, PIPER, MARTIN und LEITZMANN stellen diesen Aussagesinn eindeutig her, indem sie nach dem Vorbild des JT *nâch* durch *an* ersetzen. MARTI tilgt *dar* und setzt Komma nach *stên* statt nach *stüelen*: »Wo immer Kinder aufstehen lernen, da müssen sie erst zu Stühlen hinkriechen.« Dagegen spricht nicht nur die Überlieferung, sondern auch der Sinnzusammenhang: es kommt ja nicht in erster Linie darauf an, daß die Kinder Hilfsmittel benötigen, sondern daß sie unbeholfen sind. – Biographische Daten, Wolframs Vaterschaft betreffend, lassen sich der Stelle nicht entnehmen (PFEIFFER, Germania 4 [1859] 304f.; HERFORTH, ZfdA 18 [1875] 285; SCHREIBER 98; cf. auch zu 18, 2).

87 (766) = 81 G

Nv lat in hohe minnen, so mŏz er ŏch denchen,
wie er sich gein der hohe vf rihte vñ im kunne alle valscheit verchrenchen
sin wernder bris in der ivgent vñ in dem alter.
ich weiz den fursten, solte er daz lernen, man lerte einen bern e den salter.

87, 1: Cf. zu 3, 1 (*hôhiu minne*) sowie zu 32, 4 und 36, 1 (Höreranrede).

87, 2: *hœhe* bezieht sich in übertragenem Sinn [101] auf die *hôhe minne* und führt zugleich das konkrete Bild von 86, 4 weiter; cf. SPRINGER 116.

87, 4: Anakoluth (cf. KIEFNER 39): »Ich kenne manchen Fürsten, (der so ungeschickt ist,) daß man eher einem Bären das Psalmensingen beibringen könnte, als daß er das lernte.« Der bestimmte Artikel hat wahrscheinlich kollektivierende Funktion, cf. zu 83,4 sowie Reinb 2653f.:
  ich weiz daz kint daz krenker ist,
  daz liugt und triugt ze maniger frist
und Helmbr 1673ff.:
  ich weiz den rihter sô gemuot:
  ein wilder wolf, gæbe im der guot,
  und bizze er allen liuten vihe,
  von der wârheit ich des gihe,
  er liez in umbe guot genesen.
Es ist jedoch nicht ganz ausgeschlossen, daß Wolfram einen bestimmten Fürsten meint (MARTI z. St. und RAHN 50), wie auch Thomasin 3416ff., sich der gleichen syntaktischen Struktur bedienend, an bestimmte historische Ereignisse zu denken scheint, zumindest im Falle des genannten Königs (Otto IV.):
  ich weiz den grâven der sîn grâfschaft
  verlorn hât; ich weiz ir vil.
  daz selbe ich iu sagen wil,
  ich weiz die marke und daz bistuom

---

[101] Cf. P 9, 23; 70, 9; 252, 6; 547, 21; W 167, 4, 11, 13; 434, 17.

>	*unde ouch den herzentuom,*
>	*die bî mînen zîten vlorn sint,*
>	*der maht unkraft ane wint.*
>	*ich erkenne ouch lîhte den*
>	*künic der wol etewenn*
>	*hiete eins rîchen keisers maht*
>	*und hât nu niht eines küneges kraft,*

cf. auch JT 2782, 4:

>	*ouch weiz ich den, er wagetez. des wil aber ich durch smeichen hie*
>	 *[niht nennen.*

Der Bär als Sinnbild der Ungeschicktheit ist sprichwörtlich, cf. Spervogel, MF 25, 3f.:

>	*sô mohte man ein wilden bern*
>	*noch sanfter harfen lêren*

und Thomasin 357f.:

>	*ich wil iu sagen daz der per*
>	*wirt nimmer ein guot singer;*

gelegentlich werden auch Bock und Esel genannt, cf. Renner 10523ff.:

>	*Swer einen boc den salter lêrt*
>	*Und im her nâch die köle wert,*
>	*Mich dunket er lâze den salter var*

und 23592f.:

>	*Ein man mac sich wol selben touben,*
>	*Der einen esel wil harpfen lêren*

(nach ROGOZINSKI 56; zum Esel mit der Harfe cf. ADOLF, Speculum 25 [1950] 49ff., und die Belege im DWb III, 1147).

88   (767) = 82 G

>	*Schoynatulander vil note trôch verborgen,*
>	*e daz der werde Gahmuret wurde innen als pehende der helbæren sorgen,*
>	*daz sin liebester mach sus ranch mit chumber.*
>	*er kal et al die manen, swie sich div zit hŏp, den winder vñ den summer.*

88, 1: Cf. zu 53, 3 (*minne heln*).

88, 2: *al spehende* = »indem er beständig beobachtete«. Die Verbindung des Part. Präs. mit *al* hat intensivierende und durative Funktion, cf. außer der vorliegenden Stelle noch T 91, 2 sowie *al schemende* (P 33, 19), *al gernde* (P 43, 15; 487, 8; T 116, 2), *al weinde* (P 118, 18; 258, 24; 318, 27; 396, 27; 413, 3; W 61, 29; 105, 17; 123, 5), *al schrînde* (P 247, 13), *al rîtnde* (P 373, 15), *al stênde* (P 530, 21), *al swîgende* (W 144, 15), *al swebende* (W 193, 5), *al sterbende* (W 224, 16), *al klagende* (W 286, 30; 356, 2), *al tewende* (W 464, 14).

Das Adjektiv *helbære* (»heimlich«) ist nach Ausweis der Wörterbücher nur hier und 92,1 belegt.

88,3: Cf. zu 55,2 (Verwandtschaftsverhältnis zwischen Gahmuret und Schionatulander) und 80d, 2 (*ringen mit*).

88,3f.: *kumber* (> *kummer*): *summer* (= W 20,3f.) ist mitteldeutscher Reim, cf. die Belege bei BMZ II/2, 731b sowie KRAUS zu Botenlauben, KLD I, Nr. 41, XI/15, 1 (= KLD II, 374).

88,4: »Er quälte sich alle Monate hindurch ab, wie auch die Jahreszeiten wechselten, im Winter und im Sommer.« Gemeint ist wohl die Zeit vom Abschied von Sigune bis zum Gespräch mit Gahmuret, von dem sich jedoch nicht genau sagen läßt, wann im Verlauf der Reise es stattgefunden hat; insgesamt war Schionatulander länger als ein halbes Jahr unterwegs (cf. P 103, 15f.). – Zur formelhaften Zeitbestimmung *winder und summer* = »zu jeder Zeit«, die sich bei Wolfram nur hier findet, cf. DM II, 632 und III, 228; LIERES UND WILKAU 18, 33f., 111; sowie das Material in den Wörterbüchern: BMZ II/2, 731b und III, 717a; LEXER III, 916; DWb X/1, 1514f. und XIV/2, 422.

89 (768) = 83 G

Von angeborner art so wunschlich geschiche,
sin vel, div liehten ōgen, swaz man da chos des antlutzes bliche,
schiet dur not von luterlichē glanze.
des twanch in niht ein durchelz wenken, ez tet starkiu liebe div ganze.

89,1: »Sein durch angeborene Eigenschaften so vollkommenes Aussehen...« Das Possessivpronomen vor *vel* (89,2) ist auch auf *geschicke* (und *diu liehten ougen*) zu beziehen (cf. zu 62,4); es ist nicht nötig, mit LACHMANN, BARTSCH, PIPER und MARTIN nach JT ADEJKXYa *sô* durch *sîn* zu ersetzen. Das Adjektiv *wunschlich* ist bei Wolfram nur hier und 124,4 belegt. Zu den in den mhd. Wörterbüchern (BMZ III, 821a und LEXER III, 999) außer den Wolframstellen angeführten Belegen, die alle späteren Datums sind, cf. noch Cod. Pal. Vind. 2682 [102] (letztes Viertel des 12. Jahrhunderts) 28 und 175, Kl 1885 und Neidh 171,99. Neben »vollkommen« kann das Wort auch »begehrenswert« bedeuten, cf. z. B. Cod. Pal. Vind. 2682, 28 (Ps. 18, 11): *wnschelich uber daz golt* (*desiderabilia super aurum*). Das Substantiv *geschicke* (= *geschickede* P 168, 8 u. ö.), das sich bei Wolfram nur an dieser Stelle findet, ist nach Aus-

---

[102] Cod. Pal. Vind. 2682, I, Eine frühmittelhochdeutsche Interlinearversion der Psalmen aus dem ehemaligen Benediktinerstifte Millstatt in Kärnten, Zum ersten Male hrsg. von N. TÖRNQUIST, Lund und Kopenhagen 1934 = Lunder Germanistische Forschungen, 3.

weis der mhd. Wörterbücher (LEXER I, 901 und JELINEK 295) in der Bedeutung »Gestalt«, »Bildung«, »Aussehen« sonst nur bei Nachahmern Wolframs belegt; nhd. Belege im DWb IV/1/2, 3874. Es steht hier wohl als zusammenfassender Oberbegriff zu den Appositionen *vel* und *ougen* (»Aussehen«), nicht als gleichwertiger Teil einer Trias »Gestalt, Teint, Augen« (MARTI z. St.), denn von der »Gestalt« kann schwerlich gesagt werden, sie verliere ihren Glanz.

89, 2: Über die indirekte Darstellungsweise cf. zu 11, 2.
Interpungiert man wie oben (so auch MARTI), ist *des antlützes blicke* von *swaz* abhängiger Gen. Pl.; der *geschicke* bzw. *vel* und *ougen* (siehe oben zu 89, 1) durch *dâ* aufnehmende Relativsatz fungiert dann als Subjekt zu *schiet* (89, 3). Setzt man dagegen auch nach *kôs* Komma (so alle Herausgeber außer MARTI), kann *des antlützes blicke* Nom. Pl. (parallel zum vorausgehenden Relativsatz Subjekt zu *schiet* [Numerusinkongruenz]) sein. Ich halte die erste Lösung für die syntaktisch klarste; dabei braucht man den Gen. part. nicht so wörtlich zu nehmen wie MARTI z. St., die meint, Schionatulander sei »wohl schon für die Abreise gerüstet, so daß man nur mehr einen Teil des Gesichtes sieht«.

89, 3: Das gleiche Symptom ist 91, 2f.; 110, 2; 112, 4 und 125, 1ff. beschrieben; cf. dazu SCHWIETERING (Typologisches) 43 und die Materialsammlung bei SCHMIDT 99f.

89, 4: *twanc* ist das erste Glied einer Wortkette: *twanc* (89, 4) / *getwenget* (90, 1) / *twinclîch* (90, 4), cf. SPRINGER 111.
Das Adjektiv *dürkel* stammt aus dem Wortschatz der Heldenepik; Hartmann, Gottfried und Konrad Fleck gebrauchen es nicht, Ulrich von Zatzikhofen und Wirnt nur je einmal (Lanz 3063, Wig 7741); bei Wolfram findet es sich recht häufig: in konkreter Bedeutung P 57, 26; 101, 19; 568, 30; 595, 28; 599, 4; 437, 11; W 12, 21; 22, 1; 421, 24; in übertragener Bedeutung P 178, 4f.; 291, 18; 404, 14; 680, 9; in Antithese zu *ganz* wie an der vorliegenden Stelle P 601, 16:
    des mîn dürkel freude werde ganz
(cf. JÄNICKE 21; KINZEL, ZfdPh 5 [1874] 16ff.; FÖRSTER 54; WG 193).

90   (769) = 84 G

    Gahmuretes herze ŏch von minnen getwenget
    was – von der minnen ir hitze –, vñ ir asanch im hete vnder wilen
                                                                                                           [besenget
    sin luter vel, daz ez mit trŏpheit chunde.
    minne helfe er ein teil hete enphangen, er wesse ŏch ir twinchliche stunde.

Echtheit: SCHWIETERING (Typologisches) 44 bezweifelt die Echtheit der Strophe, cf. zu 121.

90, 1f.: »Auch Gahmurets Herz war von der Minne in Not gebracht worden – und zwar von der Hitze der Minne –, und ihr Anbrennen...« Zur Possessivkonstruktion *der minnen ir hitze* cf. z. B. P 297, 11f.:
>*er was ir fuore ein strenger hagel,*
>*noch scherpfer dan der bîn ir zagel;*

dazu jetzt PMS § 227, A. 1 und Lit., Wolframbelege (nicht immer eindeutig) bei BOYSEN 163. Die Herausgeber haben an der Wiederholung *von minnen/von der minnen* Anstoß genommen. DOCEN, LACHMANN, PIPER, BARTSCH und MARTIN tilgen *von minnen* [103] (90, 2 keine Interpunktion nach *was*, DOCEN Komma nach *minnen*, die übrigen Komma nach *hitze* [Possessivkonstruktion wie oben]). MARTI tilgt *von der minnen* (90, 2 Doppelpunkt nach *was*, keine Interpunktion nach *hitze*), ähnlich LEITZMANN, der aber den ersten Vers nach dem Muster des überlieferten zweiten rekonstruiert: ...*was von der minne getwenget*). Entschließt man sich, in die Überlieferung einzugreifen, dürfte MARTIS Lösung vorzuziehen sein, da sie nicht darauf angewiesen ist, im ersten Vers eine Lücke anzunehmen (LACHMANN) oder ihn künstlich zu füllen (BARTSCH, PIPER: ...*ouch was getwenget*, MARTIN: ...*ouch sêre getwenget*). – Zum Gedanken von der Hitze der Minne, in der der Liebende brennt, cf. die umfangreichen Materialsammlungen bei WERNER, AfdA 7 (1881) 140, und HOFMANN 23 und 39. An der vorliegenden Stelle ist wahrscheinlich an die Fackel der Liebesgötter gedacht, cf. En 864ff.:
>*du quam der here Cupido*
>*bit siner vackeln dar tu,*
>*de hilt here spade ende vru*
>*dat vur ane di wunde*

(cf. P 532, 15), 10114f.:
>*bit den heiten vure*
>*bernet mich vrouwe Venus*

und 2400ff.:
>*owi der minnen.*
>*si is ungehure,*
>*di mich bit heren vure*
>*bernet aldus sere*

(cf. P 532, 5f.); cf. auch zu 121, 2f. – *âsanc*, auch *awsang: anzundung mit dem feur* (DIEFENBACH 45a) ist in den Wörterbüchern nicht vor Wolfram belegt (BMZ II/2, 299a; LEXER I, 99 und III/Nachtr. 34; SCHMELLER II, 311; FISCHER I, 336). Zum etymologischen Wortspiel *âsanc/besenget* cf. SPRINGER 110f.

---

[103] Cf. die Fassung des JT: *Gamuretes witze vil sere was betwenget von der minne hitze. wan im het ir asang besenget...*

90, 4: Über den Terminus *minne helfe* cf. zu 57, 3.
ir twincliche stunde = »Zeiten, zu denen sie Schmerz zufügt«. Das Adjektiv *twinclich* ist nach Ausweis der Wörterbücher (BMZ III/164b und Lexer II, 1601) sonst nur bei Späteren belegt.

91 (770) = 85 G

Swie listech si div minne, si mŏz sich enblechen.
swer treit der minne al spehende kunstch ŏgen, da chan sich ir krafl niht
                                                           [*verdecchen.*
si ist ŏch ein winkel mez, hore ich si zihen.
si entwirfet vñ strichet vil spahe noch baz dane spelten vñ drihen.
2. *al | spehende.*

91, 1f.: Zum Gedanken cf. z. B. Heidin 105 ff.:
Nû wizzet, daz sich nie verbarc
diu minne; sôs von herzen starc
gêt tougenlîche (sô hœre ich jehen):
ez müezen ouch die liute sehen.

91, 2: *der minne* ist Dat., *al spehende* Part. Präs. (oder Adjektiv), *künstic* unflektiertes Adjektiv: »Wenn jemand der Minne eifrig spähend mit (mit eifrig spähenden und) geschickten Augen begegnet...« Zur Konstruktion *einem etw. tragen* = »einem etw. entgegenbringen«, »einem mit etw. begegnen« cf. z. B. P 307, 10:
    daz volc im holdez herze truoc
und 724, 25:
    ... *diu im minne truoc;*
zu *al spehende* den Kommentar zu 88, 2; zur Flexionslosigkeit des vorangestellten neutralen Adjektivs im Plural P 407, 8 *übel ougen* und 743, 21 *erworben kint* (nach Buchenau 12).

91, 3: Singer 311 schließt aus dem *ouch*, daß im Archetypus zwischen Str. 90 und 91 eine Strophe ausgefallen sei, da es »die Deutung von 90 als Malerei der Minne« verlange. Es kann sich aber durchaus auch auf *listec* beziehen (die Minne hat nicht nur intellektuelle, sondern auch künstlerische Fähigkeiten) oder adversativ zum Vorhergehenden stehen (Marti z. St.: »einerseits sucht sich die Minne zu verstecken, andererseits ist sie Zeichner und Gobelinsticker ihrer eigenen Wirkung« – cf. zum Folgenden).

91, 4: Faßt man – wie alle Herausgeber – das *ch* in *strichet* als Zeichen für Affrikata auf, so gehört der Ausdruck in den Bereich der Bildwirkerei: *ent-*

wirfet und stricket = »die Umrisse zeichnet und (das so Entworfene) wirkt«; *entwerfen* kann dabei auch direkt »weben« heißen, cf. die BMZ III, 736b angeführten Belege HEr 8908f.:

> dâ (sc. an dem Zelttuch) *stuonden entworfen an*
> *beidiu wîp unde man*

und Tr 4711ff.:

> *nemt war, wie der hier under*
> *an dem Umbehange wunder*
> *mit spæher rede entwirfet.*

Das *ch* in *strichet* kann aber auch die Spirans bezeichnen: *strîchet* (cf. JT J *streichet*). Dann gehört das Bild in den Bereich der Malerei: »zeichnet die Umrisse und malt«, cf. Passional [104] 112, 36ff.:

> *got hat wol gelichet sich*
> *einem wisen melere*
> *der nicht wil vntere*
> *ein schone bilde machen*
> *in den selben sachen*
> *entwirfet vnde strichet*
> *daz bilde er wol richet*
> *mit varwe nach dē willē sin.*

Auch hier kann *entwerfen* eine weitere Bedeutung haben, nämlich »malen«, »zeichnen«, cf. z. B. L 4, 3:

> *swelh schiltær entwurfe daz,*

P 158, 15:

> *kein schiltære entwürfe in baz,*

W 241, 27ff.:

> *sîn lîp entwarf sich undern schilt,*
> *swaz mâlær nu lebendic sint,*
> *ir ougen, pensel unde ir hant*
> *ist sölch geschickede unbekant*

(dazu PLOSS, ZfdPh 79 [1960] 76). Im ersten Fall würde das aus der Webekunst stammende Bild mit der Erwähnung von *spelten und drîhen* geradlinig fortgeführt, im zweiten wären Malerei und Webekunst einander gegenübergestellt: die Minne vermag mit dem Pinsel noch feinere Ornamente hervorzubringen als der Weber mit seinen Werkzeugen; cf. dazu auch Minneburg 1083ff.:

> *Du (sc. die Minne) strichest auch oft und dicke*
> *Mit blickes pensel nuwe varbe*
> *Nach dines saffes art vil garbe*
> *An menschen antlutze, daz ez stot*
> *Jetzunt bleich und dar nach rot,*
> *Also du nusse verbest.*

---

[104] Das alte Passional, Hrsg. von K. A. HAHN, Frankfurt 1845.

Mit BARTSCH wird man wohl auch die vorliegende Stelle so zu verstehen haben, daß die Minne »im Antlitz der Liebenden solche Spuren (zeichnet), daß man sie daran erkennen kann« (cf. auch 95, 1). Es sei jedoch noch auf eine andere Möglichkeit hingewiesen: Der zweite Teil der Strophe könnte nur eine Erweiterung des *listec* in der ersten Zeile sein (cf. oben zu 91, 3): der *list* der Minne beschränkt sich nicht nur auf die Fähigkeit, sich schlau zu verbergen, sondern er manifestiert sich auch darin, daß sie im Herzen des Liebenden das Bild der Geliebten so schön entwerfen kann, daß er davon betört wird, cf. Hohenfels, KLD I, Nr. 6, IX/5, 7ff.:

> *mit gedanken sîm* (sc. die Minne dem Liebenden) *entwerfen kan*
> *wunneclîch in sîme sinne*
> *herzeliep...*

zîhen wäre in diesem Fall neutral mit »aussagen von« zu übersetzen (cf. BMZ III, 878a und LEXER III, 1110f.).
spæhe kann sowohl Adverb (»kunstreich« – MARTIN z. St.) als auch Substantiv (»Kunstvolles« – MARTI z. St.) sein.
Die Bedeutung der Termini *spelte* und *drîhe* ist nicht ganz klar.[105] *drîhe* gehört etymologisch wohl zu got. *þreihan* (< **þrinhan*) = »drängen« (cf. HOLTHAUSEN 113); dazu nhd. »dringen« mit grammatischem Wechsel, cf. KLUGE/MITZKA 143a), cf. auch HvNeustadt (Gottes Zukunft) 2048f.:

> *Die rein es in ir küsche wap*
> *Mit der dringen in der ramen.*

Die nhd. diphthongierte Form *Dreye* belegt SCHMELLER I, 566; cf. auch JT 770, 4 *dreihen* a, *dreichen* X, *dreyē* J. Es muß sich also um ein Gerät handeln, mit dessen Hilfe man Fäden zusammendrängte. Man könnte dabei an das Webschwert oder Webscheit denken, mit dem die Schußfäden angeschlagen werden.[106] Aber auch eine Nadel zum Zusammendrängen der Fäden kann gemeint sein:[107] eine Strick- oder Sticknadel oder eine besondere Nadel, mit der beim Weben die Schußfäden eingezogen werden, eine Technik, die den Übergang vom Weben zum Sticken bildet (cf. SCHUCHHARDT 27). Diese Spezialnadeln mußten sich von gewöhnlichen Nähnadeln unterscheiden, cf. z. B. RWchr 541ff.:

> *dú was von erst dú mit begunst*
> *irdahte wipliche kunst*
> *mit nadiln und mit drihin:*
> *nejen, brettin, rihin,*
> *diz vant ir kunst do bi dén tagen.*

---

[105] Für wertvolle Hinweise bin ich KARIN WEISSWANGE zu großem Dank verpflichtet.
[106] So BARTSCH, SMS CCXVIIf.
[107] So u. a. BMZ I, 391a; LEXER I, 463; SCHMELLER I, 566; MARTIN und MARTI z. St.; M. HEYNE, Fünf Bücher deutscher Hausaltertümer von den ältesten geschichtlichen Zeiten bis zum 16. Jahrhundert, III, Leipzig 1903, 246, Anm. 192; KLUGE/MITZKA 143a.

Im Grazer Marienleben (ZfdA 17 [1874] 519ff.) 376f. sind die Ausdrücke *mit der spelten wirken* und *mit der drîhen næjen* einandergegenübergestellt, wobei *næjen* wohl soviel wie »sticken« heißt (LEXER II, 30).[108] Dieser Beleg und das – freilich unsichere – *stricken* an der vorliegenden Stelle sind die stärksten Argumente für die Bedeutung »Nadel«. Bedenklich stimmt indessen die Wendung *mit der drîhen slahen* (T 137,2), denn mit einer Nadel kann man nicht eigentlich »schlagen«,[109] doch könnte *slahen* hier auch in mehr übertragenem Sinn das Übereinanderschlagen der Fäden beim Sticken bezeichnen. – *spelte* gehört wahrscheinlich zu got. *spilda* = »Tafel« (cf. HOLTHAUSEN 96), dazu u. a. aisl. *spjald, speld* = »Brett«, mndl. *spelderen* = »abgespaltene Holzstücke«, mhd. *spelte(r)* = »abgespaltenes Holzstück« (cf. J. DE VRIES, Altnordisches etymologisches Wörterbuch, Leiden 1961, 536). Die *spelte* dürfte also ein tafel- bzw. brettartiges Gerät gewesen sein. Wahrscheinlich handelt es sich um die zur Brettchenweberei,[110] nordisch *spialdvefnadr* (cf. MOHR, ZfdA 75 [1938] 235f.), erforderlichen Brettchen (cf. auch das bei DE VRIES l. c. mit »webebrettchen« glossierte ndän. jüt. *spjoeld*).[111] Bei dieser Technik werden durch Verzwirnen mehrerer durch ein mit Löchern versehenes Brettchen gezogener Fäden Schnüre hergestellt, die die Kette des Gewebes bilden. In der einfachsten Form sind die Brettchen quadratisch und haben an den Ecken je ein Loch. Der zwischen den beiden oberen und den beiden unteren Fäden liegende Zwischenraum ist das »Fach«, durch das der Schußfaden gezogen wird. Mit jeder Vierteldrehung der Brettchen, von denen je nach der Anzahl der gezwirnten Schnüre mehrere nebeneinander gehalten werden, wird ein neues Fach gebildet und werden die vier Kettenfäden eines Brettchens weiter miteinander verzwirnt. Es ist möglich, daß Ausdrücke wie *mit der (den) spelten dringen* (z. B. Eng 2530f.; GSchm 348ff.; TrojKr 32644f.), *mit der spelten wirken* (Martina 22ᵈ, 88f.) und *in spelten wirken* (ibid. 22, 21) diesen Arbeitsvorgang bezeichnen.[112] Ein Blick in die mittelalterliche Fachliteratur scheint diese Auffassung zu bestätigen: Im Modellbuch der Clarissin Anna

---

[108] Cf. z. B. Neidh 86, 8: *und sint ûzen vogelîn mit sîden ûf genât*, wozu WIESSNER auf das bei SCHMELLER II, 225 belegte *Seidennader* = »Seidensticker« hinweist.
[109] Die Bedeutung »Nadel« wurde aus dem gleichen Grund bereits von ETTMÜLLER, Mitteilungen der antiquarischen Gesellschaft Zürich 15 (1866) 237, bezweifelt.
[110] Grundlegend LEHMANN-FILHES, für das Mittelalter SCHUCHHARDT 23ff.
[111] Auch MARTI z. St.: »vermutlich das Weberbrettchen, durch dessen Löcher die Kettenfäden gezogen werden«.
[112] Ob *dringen* dabei ein spezieller Ausdruck der Brettchenweberei, das Verzwirnen bezeichnend, ist, muß bezweifelt werden. Es dürfte ganz allgemein das Zusammendrängen der Fäden beim Herstellen von Geweben, gleichviel in welcher Technik, meinen; dafür spricht z. B. RWchr 8931ff.: *do hiez si ir gewinnin ein wol gezûnit korbelin, das man sach gevlohten sîn, gedrungen nahe alsam ein krebe*. Wo nur von *dringen* die Rede ist, kann also nicht auf eine besondere Webtechnik geschlossen werden; cf. z. B. Der Sperber, HGA II, Nr. XXII, 20f.: *næn oder borten dringen, oder würken an der ram*; ferner Eng 2864f.; TrojKr 32552ff.; Damen, HMS III, 168b; Bruchstücke mittelhochdeutscher Gedichte (Altdeutsche Blätter 1 [1836] 238ff.) I, 33f.

Neuper aus dem Jahre 1517,[113] einer Anleitung zum Verfertigen von *gulden porten die man durch die gespelt wurckt* (Fol. 1 r), ist zu jedem Wirkmuster die Anzahl der dazugehörigen *(ge)spelt(en)* angegeben, z. B.: *der model hat XXXXIII gespelt vnd hat gedrengte stenglein* (Fol. 15r), *hie fecht an ein model hat XVII gespelt mit halbē rawten* (Fol. 76 r), *hie fecht an ein model hat XIII gespelt vnd hat ein zwifachen sparen* (Fol. 77 v). Es liegt nahe, daß damit die Anzahl der für das jeweilige Muster benötigten Webebrettchen gemeint ist. – Die im Zusammenhang mit *spelte* und *drîhe* oft genannte *ram* dürfte der Webkamm sein, der zum Ordnen der Kettenfäden dient (cf. z. B. Kol von Neunzen, KLD I, Nr. 29, IV, 5f.; GSchm 348ff.; Martina 19ᵈ, 102f.; HvNeustadt [Gottes Zukunft] 2048f.). Eine Abbildung der drei erwähnten Webegeräte: Kamm, Brettchen und Schwert findet sich z. B. im Manessekodex, Fol. 285r (Rost von Sarnen); cf. dazu BARTSCH, SMS CCXVIIf., und SCHUCHHARDT 25.

92 (771) = 86 G

Gahmuret wart innen der helbaren sware,
daz der iunge talfin vz Grasivalden was frŏden also lare.
er nam in sunder vf daz velt von der strazze:
›wie vert sus Anphlisen chnappe? din truren chumt mir niht zemaze.‹
3. *dez? daz* aus *dez* verbessert?

92,2: *talfin*, afrz. *dalfin* (cf. GODEFROY IX, 295b und TOBLER/LOMMATZSCH II, 1200), nfrz. *dauphin*, ist seit dem 12. Jahrhundert Bezeichnung der Herren von Viennois und Graisivaudan. Der Name ist wohl heraldischen Ursprungs: der Delphin gilt seit frühchristlicher Zeit als Symbol der Kirchentreue, und es ist möglich, daß Guigues IV., Graf von Albon, der ihn zuerst in seinem Wappen führte, damit die Versöhnung mit der Kirche zum Ausdruck bringen wollte, mit der er wie seine Vorgänger und Nachfolger in Machtkämpfe verstrickt war (cf. T. BERRET, Le Dauphiné, Paris 1922 = Les provinces françaises, 6, p. 37).
frŏuden lære = P 178, 14; 219, 14; 252, 1; 437, 16; 531, 18; 539, 20; 556, 24; W 61, 26 (cf. KINZEL, ZfdPh 5 [1874] 5 und 34; BORCHLING 158).

92,4: »Wie kommt es, daß sich Anphlisens Knappe (cf. 38, 1) in solchem Zustand befindet?« Über die Anrede in der dritten Person cf. J. GRIMM, Kleinere Schriften, III, Berlin 1866, 236ff.; MARTIN zu Kudrun (M) 1052, 2; SYMONS/BOESCH zu Kudrun 689, 4.
Ein zwingender Grund, wie LACHMANN, BARTSCH und PIPER mit dem JT *sîn*

---

[113] Das als Cod.-Guelf. Aug. 8° 57 erhaltene Modellbuch ist, soweit ich sehe, nicht ediert. Ich benutze einen Mikrofilm, den die Bildstelle der Wolfenbütteler Bibliothek freundlicherweise für mich hergestellt hat.

statt *dîn* zu schreiben, besteht nicht, da die Anrede ohnehin von der dritten in die zweite Person überspringt (93, 1ff.).
kumt mir niht ze mâze = »paßt mir nicht«, cf. z. B. Kudrun 405, 2:
> *kœme er mir ze mâze* (»paßte er zu mir«, »wäre er mir ebenbürtig«) *ich*
> [*wolde im ligen bî,*

ferner 210, 2 und 1002, 4 (Hinweis bei MARTIN z. St.).

93   (772) = 87 G

> ›*Ich trage die waren phliht algelich diner pine.*
> *der romesche keiser vñ der admirat al der Sarrazine*
> *mohtenz mit ir richeit niht erwenden.*
> *swaz dich braht in svftebæren pin, daz môz mih an frôden ôch phenden.*‹

93, 1: »Ich nehme vollen Anteil, ganz deinem Schmerze gleich« (MARTIN z. St.), »ich empfinde deinen Schmerz ganz wie du selbst«; sonst nur *phlihte hân* (P 34, 19; 218, 5; 331, 14; 419, 3; 431, 30; 783, 9; W 150, 26; 288, 8; 318, 9) oder *phlihte nemen* (P 264, 11; W 130, 16; 235, 11; 253, 5). *pîne* kann sowohl Gen. Sgl. als auch Gen. Pl. sein.

93, 2: *admirât*, afrz. *amiral, amirant, amiraut* (cf. TOBLER/LOMMATZSCH I, 353f.), mittellateinisch *amiraldus, admiratus* (cf. MlWb I, 566f.), aus arabisch *amîr* (dazu SUOLAHTI [8] 45); Rol 6725 und 7298 Titel Paligans, im W seit dem 9. Buch (432, 16) Titel Terramers, des Neffen Baligans (W 108, 12 u. ö.). Aus der Tatsache, daß der Titel bei Wolfram nur im 9. Buch des W und an der vorliegenden Stelle vorkommt, im W aber erklärt wird (434, 1ff.), hat man geschlossen, der T setze das 9. Buch des W voraus, liege also zeitlich später (STOSCH, ZfdA 32 [1888] 471f.; NOLTE, AfdA 25 [1899] 304; LEITZMANN, Beitr 26 [1901] 153ff.; FRANZ 43). Demgegenüber hat HELM, ZfdPh 35 (1903) 202f., mit Recht betont, daß der Titel dem Publikum zumindest aus dem Rolandslied bekannt sein mußte und daß die fragliche Willehalmstelle keine einfache Worterklärung gibt, sondern auseinandersetzt, »inwiefern Terramer auch diesen titel, der ihm früher nicht beigelegt wurde, führen konnte«. Daß der Titel im W erst so spät genannt wird, kann kompositionstechnische Gründe haben, cf. BUMKE (Willehalm) 80f. und 86.

93, 3: *(e)z* kann sich sowohl auf die Aussage in der ersten als auch auf die in der vierten Zeile beziehen. – Zum Topos »etwas ist so kostbar, daß es der Reichste nicht bezahlen könnte« cf. P 561, 24ff.:
> *von Marroch der mahmumelîn,*
> *des krône und al sîn rîcheit,*
> *wære daz dar gegen geleit,*
> *dâ mit ez wære vergolten niht,*

ferner 563, 4ff.; 735, 15ff.; auch 326, 20ff.; 722, 20ff.; T 165, 2f. (dazu SINGER [Stil] 36).

93,4: Das Adjektiv *siuftebære* bzw. *siufzebære* (P 312,1; 330,28; 332,28 u. ö.) ist nach Ausweis der Wörterbücher (BMZ II/2, 722a; LEXER II, 946; JELINEK 655) nicht vor Wolfram belegt.
an fröuden phenden = P 306, 2 und 769, 12f.; cf. zu 20, 4.

94   (775) = 88 G

Nv sult ir wol gelöben dem Anschevine,
daz er gerne hulfe, obe er mohte, dem iv⟨n⟩gen seneden talfine.
er sprach: ›owe, durh waz hat sich gelöbet
din antlutze luterlicher bliche? div minne sich selben an dir röbet.‹

Echtheit: STOSCH, ZfdA 25 (1881) 202, hat die Strophe athetiert, weil 94, 1f. unnötig die Rede Gahmurets unterbreche, die Frage 94, 3 schon 92, 4 gestellt sei, die Antwort 94, 4 in Vers 95, 1 wiederholt werde und das zweimalige *minne* (94, 4/95, 1) und das gleichklingende *gelouben* (94, 1) / *geloubet* (94, 3) unschön seien; im übrigen biete der JT, in dem die Str. nach Str. 97 steht, die richtige Reihenfolge: Motiv der Interpolation sei der Wunsch des Bearbeiters gewesen, deutlich hervorzuheben, daß die in Str. 98 geäußerte Furcht Schionatulanders unbegründet ist. Nach FRANZ 35 muß die Stellung im JT schon deshalb die richtige sein, weil Gahmuret in Str. 94, 4 »dem Knaben gegenüber schon von der ›minne‹ als der selbstverständlichen Ursache seines Kummers« rede, diese Stelle aber »nicht vor 95, 1 gestanden haben« könne. Mit LEITZMANN, Beitr 26 (1901) 138f., halte ich keines dieser Argumente gegen die Echtheit der Strophe und gegen die Richtigkeit der Stellung in G für durchschlagend: die Fragen 94, 3f. und 92, 4 unterscheiden sich ganz beträchtlich; die rein lautliche, nicht semantische Wiederholung *gelouben / geloubet* hat nichts Anstößiges; die Wiederholung von *minne* hat eine poetische Funktion, da Vers 95, 1 das in Vers 94, 4 Geäußerte bekräftigt; deshalb ist auch nicht einzusehen, warum 94, 4 nicht vor 95, 1 stehen sollte.

94, 1: Höreranrede, cf. zu 36, 1.

94, 4: Indem die Minne Schionatulanders Schönheit beeinträchtigt, beraubt sie sich selbst ihres wirkungsvollsten Werkzeuges.

95   (773) = 89 G

›Ich spur an dir die minne, alzegroz ist ir slage.
dv solt mih diner tögen niht helen, sit wir sin so nahen gemage
vñ bede ein verch von ordenlicher sippe.
die spur ich naher dane von der mōter, div da wōhs vz stelehaftē rippe.‹

95, 1: Die *slâge* ist eigentlich der Eindruck des Tierhufes im Boden, die Spur (cf. BENECKE zu HIw 1073 und RÜCKERT zu Thomasin 2054); hier steht es in übertragenem Sinn für die Spuren, die der Liebeskummer im Gesicht Schionatulanders hinterlassen hat. Ob die Minne in Weiterführung des Bildes 75, 4 direkt als »Führerin einer Reiterschar..., deren Spur zu finden (›spürn‹) nicht schwer fällt« (MARTIN z. St.), gedacht ist, halte ich für fraglich.

95, 2: Cf. zu 53, 3 (*minne heln*).
Das wohl als Adverb zu deutende *nâhen* weist darauf hin, daß *gemâge* Adjektiv ist: »verwandt« (Rechtsterminus, cf. DRWb IV, 61). Über die Verwandtschaft zwischen Gahmuret und Schionatulander cf. zu 55, 2.

95, 3: *verch* wird gewöhnlich zu den »volksepischen« Worten gezählt; bei Wirnt und Konrad Fleck fehlt es, doch kommt es im Lanz 2204, in HIw 7234 und 7785 und in der Verbindung *verchwunt* im Tr 9411 vor; bei Wolfram ist es noch 12mal im P und 25mal im W belegt (cf. JÄNICKE 24 und WG 185).

95, 4: Gahmuret und Schionatulander sind näher verwandt als – wie alle Menschen – nur von der Stammutter Eva her, cf. P 82, 1f.:
wan si sint mir alle sippe
von dem Adâmes rippe
sowie die umfangreiche Materialsammlung bei SINGER (Parzival) 387ff. Über die bei Wolfram häufig vorkommende Umschreibung einer Person durch einen ganzen Satz cf. KINZEL, ZfdPh 5 (1874) 25f.; FÖRSTER 38ff.; BÖTTICHER, Germania 21 (1876) 304ff.
Das Adjektiv *stelehaft* (»gestohlen«) scheint nur hier belegt zu sein; es spielt darauf an, daß Gott Adam die Rippe nahm, während dieser schlief (Gen. 2, 21ff.).
Wie an der oben zitierten Parzivalstelle ist *rippe* auch hier starkes Neutrum, da das überlieferte *stelehaftē* gegen DOCEN, LACHMANN, MARTIN und LEITZMANN (*stelehafter*) mit BARTSCH und PIPER in *stelehaftem* aufzulösen ist.

96 (782) = 90 G, 35 M

G
›Dv minnen vrsprinch, dv berndez saf minnen blôte!
nu môz mich erbarmen Anphlise, div dich durch ir wipliche gŏte
mir lech. si zoch dich, als si dich gebare,
vñ het dich an ir chindes stat. als liep dv ir noch bist vñ ie ware.‹

M
Dv minne bernde saf vrsprinch minnen blŭte
nv mûz mich wol erbarmen Anfolyse div dich mir lech durch ir gûte
si zoch dich als si dich gebǣre
si het dich an ir chindes stat als liep dv ir bist vñ ovch ie were

Strophenfolge: Die Strophe steht in M und im JT nach Str. 103. Die Strophen 103 und 104 gehören jedoch eng zusammen, und der Inhalt von Str. 96 weist »aufs allerbestimmteste darauf hin, daß wir es mit einem Stück der besorgten Rede Gahmurets Str. 92, 4ff. zu tun haben« (FRANZ 34). Die Umstellung in M/JT, möglicherweise verursacht durch das »Anklingen der Bilder von 96,1 an die von 103, 2, 3« (FRANZ l. c.), hat die Änderung des Anfangs von Str. 104 *Schoysiâne ir muoter* (G) in *Sigûnen muoter* (M/JT ABDEJK XYZ) bzw. *svst Tschosian* (JT a) nach sich gezogen, da nach Str. 96 das *ir* mißverständlich sein mußte.

96, 1: Syntaktische Möglichkeiten:
1. *blüete* ist von *saf* abhängiger Gen.: »fruchtbringender Saft der Blüte der Minne« (Objektsgen. zu *berndez* ist *blüete* sicher nicht; MARTIN zu P 26, 11:
   sîn lîp was tugende ein bernde rîs
hat *tugende* zwar so erklärt, doch spricht u. a. die syntaktisch vergleichbare Stelle P 26, 13:
   der triwe ein reht beklibeniu fruht
dagegen, cf. dazu BOYSEN 163ff.).
2. *blüete* ist von *berndez* abhängiger Akk. Pl. (MARTI): »Saft, der die Blüte der Minne hervorbringt«, cf. dazu BEHAGHEL, Indogermanische Forschungen 31 (1912/13) 381.
3. Komma nach *saf* (DOCEN): *Du minnen ursprinc, du berndez saf, minnen blüete.*
LACHMANN verweist auf Wachsmut von Mülhausen, KLD I, Nr. 61, IV/1, 1f.:
   Ein bernde saf der minnen blüete,
   ein ursprinc aller sælikeit
(cf. auch zu 34, 3).[114]

96, 3: Cf. zu 39, 2.

96, 4: *als liep du ir noch bist und ie wære* kann Hauptsatz (»so liebt sie dich jetzt noch und hat dich immer geliebt« – Interpunktion wie oben) oder Gliedsatz (»... so wie sie dich jetzt noch liebt und immer geliebt hat« – Komma statt Punkt nach *stat*, alle Herausgeber) sein. – Die Verbindung von Präsens und Präteritum ein und desselben Wortes zum Ausdruck der Dauer begegnet bei Wolfram recht oft: P 4, 28; 24, 22, 26; 116, 14; 454, 6; 472, 22; 477, 20; 576, 27; 655, 29; W 166, 9; 217, 16 (nach MARTIN zu P 4, 28).

---

[114] Unsicher ist der ursprüngliche Wortlaut von Vers 22, 1 des Ehrenbriefs von Püterich von Reichertshausen, auf den MARTIN z. St. hinweist. In der Hs. steht: *Safft Perndeß Reises geschueche*, was wohl unter dem Einfluß des Gegenverses ... *die riem eur gnaden schuechel zu lesen auf* ... verderbt ist. MARTIN liest mit GOETTE: *Saf perndes reises blüete* (A. GOETTE, Der Ehrenbrief des Jakob Püterich von Reichertshausen an die Erzherzogin Mechthild, Straßburg, Phil. Diss. 1899); dagegen BEHREND/WOLKAN: *Saff perndes reises rueche* (Püterich von Reichertshausen, Der Ehrenbrief, Hrsg. von F. BEHREND und R. WOLKAN, Weimar 1920).

97 (774) = 91 G

›Hilest dv mih din tŏgen, da mite ist verseret
min herze, daz din herze ie was, vñ hat sich din triwe gevneret,
ob du mir so grozze not entwildest.
des nemagich diner stæte niht getruwen, daz dv so wankliche vnbildest.‹
1. da | mite.

97, 1: Cf. zu 53, 3 (*minne heln*).

97, 2: Zum Topos der Vereinigung bzw. des Tausches der Herzen als Ausdruck enger Verbundenheit (meist zwischen Liebenden) cf. P 302, 5; 371, 3; 613, 27; 698, 5; 712, 13; 738, 9; W 77, 10f.; 119, 28; 135, 11; 301, 19 (dazu WECHSSLER 227ff.).

97, 3: *entwildest* = »fremd sein läßt«, »vorenthältst«; bei Wolfram nur hier, in den Wörterbüchern (BMZ III, 668a; LEXER I, 599f.; JELINEK 213) nicht vorher belegt (ursprünglich Jagdterminus? – cf. DALBY 303a sowie den Komm. zu 3, 4).

97, 4: *daz du sô wanclîche unbildest* = »daß du so treulos Unrecht tust«. Weder *wanclîch(e)* (cf. GÖTZ, Beitr H 82 [1960] 215f.) noch *unbilden* ist bei Wolfram sonst belegt.

98 (776) = 92 G

Daz chint sprach mit sorgen: ›so si min gedinge
din fride vñ din hulde vñ daz mich din zorn niht furbaz mere twinge.
ich hal dur zuht vor dir al minen smerzen.
nv mŏz ich dir Sigunen nennen. div hat ane gesiget minē herzen.‹

98, 1: *gedinge* = »Hoffnung« (swm. stmfn. – cf. LEXER I, 772) oder »Bedingung« (stn. – cf. LEXER I, 771f.). Möglicherweise liegt ein Wortspiel vor: Schionatulander hofft, daß Gahmuret nicht zürnt, und dies ist zugleich die Bedingung, unter der er zum Geständnis bereit ist; cf. z. B. RWl 2160ff.:

Wan ich (sc. die Aventiure) *an in* (sc. den Dichter) *gedinge*,
Sol er min vurspreche wesen,
Er frume mich also gelesen
Das man fúr gŭt ŏch dulde mich.

98, 2: *dîn fride und dîn hulde* = »Versöhnung mit dir und dein Wohlwollen«, cf. LEUTHOLD 279.
Zum Stilistischen (Umschreibung *dîn zorn*) cf. zu 71, 3.

98, 3: Cf. zu 53, 3 (*minne heln*).

98, 4: Über das Wortspiel *Sigûne/gesiget* cf. zu 105, 4.

99   (777) = 93 G

›Dv maht, wil du, ringen den last vngefőge.
nv wis der Franzoysinne gemant: obe ich diner sorge ie getrőge,
nim von ir mich vz krenken!
ein slaffender leu als sware wart nie so min wachendez gedenchen.‹

99, 2: Die *Franzoysinne* ist Amphlise.
obe ich dîner sorge ie getrüege bezieht sich auf Schionatulanders Botendienste, cf. Str. 64. *dîner sorge* ist Gen. part. (MARTIN z. St. verweist auf DG IV, 648).

99, 3: *von ir* ist abhängig von *Franzoysinne*: »ihretwegen« [115] oder – was aus inhaltlichen und syntaktischen Gründen weniger wahrscheinlich ist – von *sorge* (Konstr.: *ûz krenken von ir*): »aus der Schwäche, die infolge der Sorge entsteht« (PIPER z. St.) oder von Sigune (98, 4): »aus der Schwäche, in der ich mich Sigunes wegen befinde« (DOCEN z. St.). Anders MARTIN, der *von ir trôste* schreibt und erklärt: »wegen des Trostes (den dir Amphlise gab)«.
krenken ist Dat. Pl. des Substantivs *krenke*: »Schwäche«, »Schaden« (cf. LEXER I, 1720 – bei Wolfram sonst nur noch einmal im Sgl.: P 810, 29).

99, 4: Cf. Altswert [116] (Der Spiegel) 132, 35f.:
  Ez ward nie low, der slieff,
  So swer als min gemut
(Hinweis bei MARTIN z. St.), zur Wendung *wachendez gedenken* Hohenfels, KLD I, Nr. 6, IV/2, 11f.:
  muoz ich verworren nû in stæter riuwen stricke   worgen:
  daz tuont wachende gedanke...
minne ist an gedanken (66, 2), und dieses *gedenken* (99, 4) bedrückt Schionatulander: es ist *swære* (99, 4), ein *last ungefüege* (99, 1). Der Grad des *swære*-Seins wird durch das Löwenbild bezeichnet. Ihm muß eine Vorstellung zugrundeliegen, derzufolge der schlafende Löwe *swærer*, »bedrückender« bzw. »gefährlicher«, ist als der wache, denn nur dann hat die Gegenüberstellung von *slâfen* und *wachen* einen Sinn. Die Kommentatoren verweisen auf den

---

[115] Cf. z. B. P 48, 21ff.: *der hât von sîme wîbe hie von mîn eines lîbe sehs tûsent rîter wol bekant* = »...wegen seiner Frau...«, »... um seiner Frau willen...«, dazu BMZ III, 372a.
[116] Meister Altswert, Hrsg. von W. HOLLAND und A. KELLER, Stuttgart 1850 = BLVS, 21.

Glauben des Mittelalters, daß der Löwe mit offenen Augen schlafe:[117] *Tenne so der leo slafet so uuachent sinu ougen* (Älterer Physiologus I[118]); daher sei »er leicht zu wecken und darum auch die Nähe eines schlafenden Löwen fürchterlich« (MARTIN z. St., ähnlich BARTSCH, PIPER und MARTI[119] z. St.). Die vom Kontext der vorliegenden Stelle geforderte b e s o n d e r e *swære* des schlafenden Löwen im Gegensatz zum wachen ist damit jedoch nicht erklärt. Man wird eher an folgende, – soweit ich sehe – seltener bezeugte Vorstellung zu denken haben: wenn ein Löwe »in einem Schiff schläft, so senkt sich dieses tiefer als gewöhnlich, erwacht er dann, so tritt wieder normaler Tiefgang ein«;[120] cf. z. B. Vinc. Bellovac., Speculum Naturale[121] IXX, 66: *Cum (leo) autem dormit in naui periclitatur nauis.*[122] Der schlafende Löwe ist demnach also im eigentlichen Wortsinn »schwerer«, im übertragenen »gefährlicher« als der wache.

100 (778) = 94 G, 31 M

G
›*ŏch wis gemant, waz mers vñ der lande ich durch strichen
durh dine liebe han, niht durh armŏt! ich bin magen vñ mannen entwichen
vñ Anphlisen, miner werden frŏwen.
des sol ich alles wider dich geniezzen. la dine helfe schŏwen!*‹

M
...
...
*... werden frowen
dez solt ich alles wider dich geniezzin la dine helfe an mir schowen*

---

[117] Über die Quelle dieser Vorstellung cf. GERHARDT, ZfdA 99 (1970) 219, Anm. 17; Belege zu ihrer geistlichen Deutung bei D. SCHMIDTKE, Geistliche Tierinterpretation in der deutschsprachigen Literatur des Mittelalters (1100–1500), Berlin FU, Phil. Diss. 1968, 335f.
[118] Zit. nach: Denkmäler deutscher Prosa, Hrsg. von F. WILHELM, München 1960 = Germanistische Bücherei, 3, p. 4.
[119] MARTI vertauscht gegen die Überlieferung auch des JT und gegen das Zeugnis der angeführten Parallelstelle die Epitheta: *wachender leu / slâfendez gedenken* und erklärt: »meine Gedanken, wenn ich schlafe, gleichen dem schlafenden Löwen, von dem man sagt, daß er ein Auge immer offen hat; sie sind aber gefährlicher als dieser, nämlich gleich dem wachenden«.
[120] SCHMIDTKE (cf. Anm. 117) 346; SCHMIDTKE teilt eine geistliche Interpretation dieser Vorstellung von Johann Geiler von Kaisersberg mit (Der höllische Löwe): »wenn der Mensch nicht angefochten wird (wenn der Teufel in ihm schläft), dann ist er in größerer Gefahr als sonst«.
[121] Vincentius Bellovacensis, Speculum quadruplex sive speculum maius..., I, Photomech. Neudruck Graz 1964.
[122] Die Stelle wurde – ohne weitere Erläuterung – bereits von J. GRIMM 123f. angeführt.

100, 1: Die Verbindung *mer und lant* ist formelhaft, cf. P 663, 26 und W 453, 27; dazu SCHULZE, Archiv 52 (1874) 389, und MATZ 75.

100, 2: *durh dîne liebe* = »aus Liebe zu dir«.
Mit dem Hinweis *niht durh armuot* will Schionatulander wohl sagen, daß er nicht darauf angewiesen war, Sold zu verdienen.
Über die Formel *mâge und man* cf. zu 79, 1.

101 (779) = 95 G, 32 M

G
›Dv maht mich wol enstrichen von slozlichen banden.
wirde ich imer schiltes herre vnder helme vn̄ vf chost in den landen,
sol min helffech hant da pris erringen,
die wile wis min voget, daz din scherm mich erner vor Sigunen twingen!‹

M
Dv mach mich wol entstrichen vz slozzlichen banden
wirde ich immer schiltes herre vnder helme vn̄ in den landen
sol min helfech hant da nach prise ringen
wis min vogt daz mich din gewalt nere vor Sygunen twingen

101, 1: *von slôzlîchen banden* = »von festumschließenden Fesseln«, cf. zu 48, 4. *slôzlîch* ist nur hier belegt.

101, 2: *schiltes hêrre* = »Ritter«; ich finde den Terminus sonst nicht belegt.[123]
under helme = »gerüstet«, cf. zu 50, 4.
ûf kost = »so daß es Kosten veranlaßt« (MARTIN z. St.), cf. W 209, 26f.:
    mit ir schaden schiet er dan
    und pärlîch ûf ir koste
(»...und ihnen offensichtlich Kosten bereitend«, »...auf ihre Kosten«) und P 521, 30:
    ûf lîbs und guotes koste
(»unter Gefahr, mit Leben und Besitz bezahlen zu müssen«), ebenso P 812, 24:
    swâ ich holt ie prîs ûf lîbes kost.
Welche Kosten hier gemeint sind, ist nicht ganz klar: es kann sich um die Kosten fürstlicher *milte* handeln (BARTSCH und PIPER z. St.; cf. zu 14, 4), aber auch um den Aufwand, den der fahrende Ritter an Reisekosten, Sold für die Knappen etc. zu bestreiten hat, cf. z. B. Wolkenst Nr. 18/II, 2f.:
    gen Frankreich, Lampart, Ispanien mit zwaien kunges her
    traib mich die minn auf meines aigen geldes wer.

---

[123] Cf. aber *schiltherre* (BMZ I, 667b; LEXER II, 740 und III/Nachtr. 361).

Der Ausdruck *helfec hant* (101, 3) spricht für die erste Möglichkeit; *under helme und ûf kost* wäre dann eine Variation des *fortitudo-et-liberalitas*-Topos (cf. zu 4, 2).

101, 4: *die wîle* = »unterdessen«, »bis es soweit ist«.
Das in Hs. M statt *scherm* überlieferte *gewalt* bedeutet ebenfalls »Schutz«, »Schirm«, cf. die tautologische Formel *gewalt und schirm* (DRWb IV, 677f.).

102 (780) = 96 G, 33 M

G
›*Ey, chrancher chnabe, waz waldes e môz verswinden*
vz diner hant mit tioste, solt du der duzissen minne bevinden!
werdiu minne ist teilhaft ordenliche.
si hat der sælige ellenthaf⟨t⟩ erworbe(n) e dane der zagehafte riche.‹

M
Ey chranch chnabe was waldes e mûz swinden
mit tyost v(z din)er hende wil dv der dv(ci)ssen minne befinden
wan d(iv) minne ist teilhaft ordenliche
si hat der arme (ellent)hafte erworben e der zaghafte riche
4. *(ellent)* | *hafte.*

102, 1: *waz waldes ê muoz verswinden* = »wieviele Wälder müssen erst abgeholzt werden«, cf. P 73, 7:
Dâ wart verswendet der walt
(ebenso P 79, 22; 81, 9; 290, 24; 769, 11), W 220, 12f.:
daz der marcrâve mangen walt
zer tjost vertæte mit den spern,
W 389, 30:
sît der walt sô vor im verswant,
P 427, 3:
des muose swenden sich der walt
(ebenso P 665, 15; W 378, 1); dazu das Substantiv *waltswende* (P 57, 23). Der wahrscheinlich von Wolfram geprägte Ausdruck wurde oft nachgeahmt, cf. die Belegsammlungen bei SCHULTZ II, 130, Anm. 1; SEEMÜLLER zu Seifr XIII, 95; SPRENGER, Germania 20 (1875) 434; LEITZMANN, Beitr 14 (1889) 151 und 16 (1892) 358; BORCHLING 164; BODE 87f. Nach DWb XIII, 1079 ist *walt* in den Wendungen dieses Typs metaphorische Bezeichnung für eine große Menge von Speeren wie z. B. P 66, 23f.:
hie hât der künec von Patrigalt
von speren einen ganzen walt.
Demnach würde der Ritter, »der den speerschaft zerbricht, mit einem arbeiter« verglichen, »dessen tätigkeit darin besteht, im wald bäume durch irgendwelche

mittel ... zu beseitigen« (JELLINEK, ZfdA 55 [1917] 376f., Anm. 1). T 31,4 (cf. zur Stelle) weist indessen darauf hin, daß die Wendung nicht metaphorisch zu verstehen ist: der Ritter holzt indirekt die Wälder ab, deren Bäume zu den von ihm im Kampf zerbrochenen Speeren verarbeitet werden. Über *swenden* als Terminus technicus für »abholzen« cf. DWb IX, 2529f.
bevinden heißt hier wohl »empfinden« (*minne* ist Gen.) wie z. B. WvÖ 11092 ff.:

> *lastu in niht, du kumst in die not,*
> *der du wol bevindest*
> *und nymmer überwindest*

(cf. auch BMZ III, 319b und LEXER III/Nachtr. 79).

102, 3: Der Ausdruck *werdiu minne*, der sich im T nur hier findet,[124] ist nahezu gleichbedeutend mit *hôhiu minne*; cf. WESLE, Beitr 72 (1950) 22, sowie den Komm. zu 3, 1.
Die übliche Bedeutung von *teilhaft* ist »Anteil habend«; mit *werdiu minne* wäre dann Schionatulanders Liebe gemeint, die ihre Erfüllung findet, indem ihm Sigunes Liebe zuteil wird (*minne bevinden*): »Edle Liebe erhält ihren Anteil (= findet Erfüllung) nach bestimmten Gesetzen.« Zeile 102, 4 *si* (Akk., sc. die *werde minne*) *hât ... erworben* spricht jedoch dafür, daß *teilhaft* hier in der sonst anscheinend nicht belegten Bedeutung »zuteil werdend« steht (*werdiu minne* wäre dann die Liebe Sigunes, die Schionatulander zuteil wird – so die Kommentatoren). Diese Auffassung wird gestützt durch die Hss. ABJKXY des JT, die *wan ir minne* statt *werdiu minne* lesen (dagegen M: *wan diu minne* = JT Ea).

102, 4: Es sind einander gegenübergestellt: *der sælige* (»der Glückliche«, »der Begnadete«) und *der rîche* (»der nur äußere Reichtümer Besitzende«) einerseits (bestimmter Artikel mit kollektivierender Funktion, cf. zu 83, 4), *ellenthaft* und *zagehaft* andererseits. Etwas anders Spervogel, MF 21, 29f.:

> *Diu sælde dringet für die kunst, daz ellen gât*
> *vil dicke nâch dem rîchen zagen in swacher wât.*

In M (MARTIN, LEITZMANN in der 1. Auflage) ist der etwas ungewöhnliche Gegensatz *der sælige* / *der rîche* durch den trivialen *der arme* / *der rîche* (cf. zu 150, 4) ersetzt (ähnlich JT DJK), cf. z. B. Thomasin 7015f.:

> *dem tugenthaftn armen gêt nu vor*
> *ein rîche untugenthafter tôr.*

Während das Wort *ellenthaft* bei Gottfried und Konrad Fleck nicht vorkommt, Hartmann es nur dreimal im Erec (HEr 660, 9606, 9676) und einmal im Gregorius (Gr 2170), Ulrich von Zatzikhofen und Wirnt je dreimal ver-

---

[124] Im P 44, 28; 77, 16; 81, 1; 88, 4; 172, 15, 24; 204, 12; 223, 25; 302, 10; 511, 15; 641, 6, 14; 724, 23; 730, 5; 731, 11; 736, 24; 743, 26; 810, 19; im W 83, 14; 260, 7.

wenden (Lanz 5311, 6347, 852; Wig 9393, 9526, 9626), findet es sich bei Wolfram nicht weniger als 35mal (21mal im P, 13mal im W, 1mal im T); cf. JÄNICKE 12 und WG 189f.

103   (781) = 97 G, 34 M

G
›Doch frŏ ich mich der mare, daz din herze so stiget.
wa wart ie bŏmes stam an den esten so lobeliche erzwiget?
si luhtch blŏme vf heide, in walde, vf velde!
hat dich min mŏmel betwungen, owol dich der lieplichen melde!‹

M
Doch frev ich mich der hŏhe daz din herze also stiget
wa wart ie bovmes stam von den esten so lobliche gezwiget
si livhtech blŭme in walde vf heide vn̄ an felde
hat dich min sŭzzez mŏmelin betwngen so wol dich der lieplichen melde

103, 1: Zu Lectio M (= JT – MARTIN) *hœhe* ist auf 87, 1f. zu verweisen; die Korrespondenz *mære/melde* (103, 4) spricht indessen für Lectio G.
daz dîn herze sô stîget = »daß dein Herz sich so hoch erhebt«. Die Wendung ist bei Wolfram nur hier belegt; cf. BMZ II/2, 630b; LEXER II, 1194; JELINEK 679; DWb X/2/2, 1891; dazu das *sursum corda* in der den Canon Missae einleitenden Praefatio.

103, 2: »Wo wurde je ein Baumstamm an den Ästen mit so herrlichen Zweigen versehen?« *boumes stam* meint wohl in erster Linie Sigunes Geschlecht, das durch sie verherrlicht wird (cf. BMZ II/2, 566af. und LEXER II, 1132f.), doch schwingt auch die Blütenmetaphorik des Minnesangs mit, cf. z. B. Schulmeister von Eßlingen, KLD I, Nr. 10, VII/2, 10:
   sîst der wunne ein blüendez zwî,
Kirchberg, KLD I, Nr. 33, IV/3, 7:
   ...du bist der minne ein blüender stam
(cf. auch zu 80a, 2). Unverkennbar ist der Anklang an die Bibel, Jesaja 11, 1: *Et egredietur virga de radice Jesse, et flos de radice eius ascendet*, auch Dan. 11, 7: *Et stabit de germine radicum eius plantatio. erzwîgen* findet sich nur hier, während das in M (= JT) überlieferte *zwîgen* gut belegt ist (cf. BMZ III, 957a und LEXER III, 1215).

103, 3: Das Bild stammt wohl aus der geistlichen Lyrik, wo, ausgehend von der oben zitierten Bibelstelle, Christus und Maria oft als Blume bezeichnet werden, cf. vor allem das Melker Marienlied, MRD I, Nr. 13, 4:
   Mersterne, morgenrot,   anger ungebrachot,
   dar ane stat ein   b l u o m e , d i u l i u h t e t also scone,

ferner die Belege bei SALZER 14f., 145f., 343. – Zum Syntaktischen (Verbindung von appositionellem Substantiv mit dem Personalpronomen in elliptischem Ausruf) cf. zu 33, 3.
ûf heide, in walde, ûf velde ist eine formelhafte Zusammenstellung, cf. SCHULZE, Archiv 52 (1874) 76f., und LIERES UND WILKAU 41 und 43f. Zur Artikellosigkeit in Wendungen dieses Typs (im T noch 117, 2 *über heide, ûf strâze*) cf. KRAUS zu Hamle, KLD I, Nr. 30, V/3, 6 (= KLD II, 274), der auf DG IV, 398ff. und HAUPT zu HEr (H) 356 verweist. Lectio M (*an felde* = JT ABDE – MARTIN) zeigt Präpositionswechsel, wie er bei Wolfram gut belegt ist, cf. P 168, 28; 179, 8f.; 182, 23; 467, 7; 579, 21f.; 632, 17; 767, 12f.; W 465, 24; im T noch 107, 4 und 117, 2 (nach MARTIN zu P 168, 28).

103, 4: Sigune ist die Tochter von Gahmurets Schwägerin Schoysiane, also seine Nichte. Das Diminutiv *müemel(în)* ist nach der Zusammenstellung von HASTENPFLUG 86b hier zum erstenmal belegt.
melde ist die Mitteilung, daß Sigune Schionatulander *betwungen* hat, nicht »der Ruf, daß sie eine ›liuhtec bluome‹ ist« (MARTI).

104   (783) = 98 G, 36 M

G
›*Schoysiane, ir môter, da fur wart berôfen,*
daz got selbe vñ des kunst mit willen ir chlarheit geschôfen.
Schoysianen blich der sunnenbære,
den hat Sigune, Kiotes tohter, an ir, gehent ir erchantlichiv mare.‹

M
Sygvnen môter da fvr was berǔffe
daz got vñ sin chvnst mit willen ir clarheit geschǔffe
Tschoysianen plich der svnnen bære
den hat Sygvne Kyotes chint an im iehent dez erchantlichiv mære

104, 1: Cf. zu 96.

104, 2: »...daß Gott selbst mit seiner Kunst in voller Absicht ihre Schönheit geschaffen hatte.« Der aus antiker und christlicher Tradition erwachsene Topos »Gott als Bildner schöner Menschen« begegnet in der lateinischen und volkssprachigen Literatur des Mittelalters überaus häufig; cf. A. LÜDERITZ, Die Liebestheorie der Provençalen bei den Minnesingern der Stauferzeit, Eine literarhistorische Untersuchung, Berlin 1904 = Literarhistorische Forschungen, 29, p. 92f.; SINGER (Stil) 28f.; ders. (Gral) 33; BOESCH 114; CURTIUS 116ff., 189f., 527ff. (u. a. über Zusammenhänge mit der Vorstellung von der Natura formatrix, cf. dazu SCHWIETERING, ZfdA 91 [1961/62] 108ff.); bei

Wolfram noch P 88, 16 (Herzeloyde) – P 123, 13; 124, 19; 140, 5; 148, 26f.; 148, 30 (Parzival) – P 130, 23 (Jeschute) – P 188, 8 (Kondwiramurs) – P 796, 16 (Anfortas) – W 156, 28 (Alyze) – W 249, 3ff. (Gyburg). – Die auffällige syntaktische Struktur *got selbe und des kunst* (Pronomen als Bestimmung des späteren Gliedes, cf. DS I, 283) findet sich bei Wolfram nicht selten, cf. z. B. noch P 12, 16; 34, 9; 76, 26f.; 112, 13; 148, 1; 561, 24f.; 644, 16f.; 653, 29; W 22, 24; 25, 14f. – *mit willen* (cf. BMZ III, 662a und LEXER III, 889) scheint anzudeuten, daß Gott ausdrücklich die Absicht hatte, in Schoysiane ein Musterbeispiel seiner Kunst zu schaffen.

104, 3: *sunnenbære* ist nur hier bezeugt; cf. zu 7, 4.

104, 4: *erkantlîch* ist in den Wörterbüchern (BMZ I, 810b und LEXER I, 639) nicht vor Wolfram belegt.

105 (784) = 99 G, 37 M

G
›*Kiot, der pris beiagende in der scharflichen herte,*
der furste vz Katelangen, e Schoysianen tot fröde im werte,
ir zweiger chint ich sus mit warheit gröze:
Sigune, diu sigehafte vf dem wal, da man welt magede kusche vn̄ sôzze.‹

M
Kyot der pris beiagende in scharflicher herte
der furste vz Katalangen Tschoysianen tot im alle frevde werte
ir zwaier chint ich sus mit warheit grůzze
Sygune div (sige)hafte vf dem wal da man welt meide kivsche vn̄ ir
[*sůzze*

105, 1: *in der scharflîchen herte* = »im harten Kampf«. Das Adjektiv *scharflîch* ist bei Wolfram nur hier, nach Ausweis der Wörterbücher (BMZ II/2, 160b und LEXER II, 668) nicht vorher belegt.

105, 2: Über die Wendung *fröude wern* cf. zu 75, 2.

105, 3: *ir* nimmt den Nom. pendens *Kîôt* und *Schoysîânen*, die Subjektsbestimmung des Gliedsatzes *ê...*, auf. Tilgt man mit M (und dem JT) das *ê* in Zeile 2, dann ist *Schoysîânen tôt fröude im werte* der Hauptsatz zum Nom. pendens *Kîôt..., ir zweiger kint...* selbständiger Hauptsatz.
ich sus mit wârheit grüeze = »rede ich der Wahrheit entsprechend so an« (*grüezen* hier mit der Nebenbedeutung »rühmen«, cf. zu 39, 4).

105, 4: Doppeltes Wortspiel: pseudoetymologische Deutung des Namens *Sigûne* als »die Sieghafte« (cf. zu 24, 1; über Nachahmung im JT Borchling 169) und Überlagerung des stn. *wal* = »Schlachtfeld« mit der Bedeutung des homonymen stf. *wal* = »Wahl«, hervorgerufen durch *welt* (cf. Springer 117ff.).
Das in der Heldendichtung häufig gebrauchte Wort *wal*, das sich bei Wolfram 16mal findet (3mal im P, 12mal im W, 1mal im T), fehlt bei Hartmann und Gottfried; im Wig ist es dagegen 3mal belegt (11140, 11176, 11196) – cf. Jänicke 19 und WG 185.

106 (785) = 100 G, 38 M

G
›*Diu dir hat ane gesiget, dv solt sigenunft erstriten*
mit dienstlicher triwe an ir minne. ŏch wil ih des willen niht langer nu
[*biten,*
in dine helfe ich bringe ir werden mŏmen.
Sigunen glanz sol dine varwe erblŏn nach den b⟨l⟩ichlichen blŏmen.‹

M
Div dir hat an gesigt dv solt ir gestriten
mit dien(st)licher triwe ouch wil ich dez willen niht langer biten
in dine helfe ich bringe mine werde mŏmen
Sygvnen glanz (sol) din farwe erblŭn nach den blichlichen blv(omen)

106, 1: *ane gesiget* nimmt 98, 4 auf und führt wie *sigenunft* das Wortspiel des vorhergehenden Verses weiter.

106, 2: *des willen niht langer nu bîten* = »jetzt nicht länger mit der Absicht zögern«, auf Vers 3 zu beziehen.

106, 3: Cf. W 9, 24f.:
die zwêne manec urssier
in sîne helfe brâhten
und RWchr 30298f.:
das geslehte von Juda
brahter insine helfe do.
Nach Lectio G will Gahmuret Herzeloyde (*muome* = »Tante«) bewegen, Schionatulander zu helfen, wohl indem er sie als Erzieherin Sigunes bittet, ihre Zustimmung zum Liebesverhältnis zwischen Signe und Schionatulander zu geben (cf. Str. 130f.). Es klingt freilich etwas merkwürdig, wenn Gahmuret von seiner eigenen Gemahlin ganz distanziert als Sigunes *werder muomen* spricht, doch gibt es Vergleichbares, z. B. P 48, 21, wo Kaylet die Tochter

seines *veters* Schiltunc nicht mit dem direkten Verwandtschaftsgrad bezeichnet, der zwischen ihr und ihm besteht, sondern von ihr als *Vridebrants wîp* spricht. Nach Lectio M (= JT ABD) will Gahmuret dagegen Sigune (*muome* = »Nichte«, cf. 103, 4) zur *helfe* veranlassen. Aber was ist da mit *helfe* gemeint? Schionatulanders Bitten um Sigunes *helfe* (cf. zu 57, 3) sind doch schon soweit erfüllt worden, daß sie ihn erhört und die Gewährung ihrer Liebe nur noch von seinem *dienst* abhängig gemacht hat (Str. 71). Bedarf es da noch eines Fürsprechers?

106, 4: *erblüen* = »erblühen machen« (cf. 121, 3 *erglüen*); sonst nur intransitiv oder reflexiv (cf. BMZ I, 216a und Lexer I, 618).
nâch den bliclîchen bluomen = »nach Art der (bunt)glänzenden Blumen«, cf. L 7, 17:
 Der bliclîchen bluomen glesten.
Das Adjektiv *bliclîch* scheint sonst nicht belegt zu sein. Zum Bild cf. zu 7, 4 und 32, 2.

107 (788) = 101 G, 39 M

 G
 Schoynatulander begunde alsus sprechen:
 ›nv wil mir din trost vñ din triwe aller sorgen bant gar zerbrechen,
 sit daz ich mit dinen hulden minne
 Sigunen, diu mich rôbet nu lange vf der frôde vñ an frôlichē sinne.‹

 M
 Tschynohtvlander begvnd(e also sprechen)
 nv (wil mir din trost vñ din) triwe aller sorgenba(nt) zebrechen
 sit daz ich mi(t vrloube) nv minne
 Sygvnen div mich rov(bet) nv lange an frevden vñ an frôlichem sinne

107, 2: *sorgen bant* = W 275, 10.

107, 3: *mit dînen hulden* = »mit deiner Erlaubnis« (cf. Leuthold 279). Lectio M *mit urloube* (= JT) stellt einen wörtlichen Bezug zu 131, 4 her.

107, 4: Die Konstruktion von *rouben* mit den Präpositionen *an* und *ûf* ist ungewöhnlich. Über den Präpositionswechsel, den M (= JT) ausgleicht, cf. zu 103, 3. Marti verbindet *lange ûf* = »auf lange« und faßt *der frôude* als von *rouben* abhängigen Gen., *an frœlîchem sinne* als Parallelglied (mit Konstruktionswechsel) dazu auf. Die Wendung *lange ûf* ist aber, soweit ich sehe, sonst nirgends bezeugt. Belege zum Gedanken des *fröude rouben* bei Werner, AfdA 7 (1881) 140; cf. auch zu 66, 4.

108 (789) = 102 G, 40 M

G
Sich mŏht, ober wolte, wol helfe vermezzen
Schoynatulander. ŏch sule wir der grozzen not niht vergezzen,
die Kiotes chint trŏch vñ Schoysianen
samen. e daz si trost enphie, div mŏse frŏden sich anen.

M
Sich mohte ob er wolde wol helfe vermezzen
Gahmuret der werde nv svln wir der grozzen not niht vergezzen
an (K)yotes chint vñ Tschoysianen
e div (trost) enpfie div mvste aller freuden sich anen

108, 1f.: *er* ist wohl auf Gahmuret zu beziehen, denn es kann ja keinem Zweifel unterliegen, daß Schionatulander Hilfe empfangen will. In M ist der Bezug eindeutig: »Gahmuret konnte sicher sein, (Schionatulander) helfen zu können, wenn er wollte«, d. h. es lag allein an Gahmurets Bereitwilligkeit, Schionatulander zu helfen.
Über die Höreranrede cf. zu 36, 1.

108, 3f.: In G steht der Reimpunkt nach *sâmen*. Dies könnte darauf zurückzuführen sein, daß der Schreiber durch den Gleichklang der Worte *Schoysiânen* und *sâmen* irritiert wurde. Möglicherweise bietet jedoch M (= JT) den ursprünglichen Wortlaut (*Schoysiânen* wie *Kîotes* von *kint* abhängiger Gen.: »das Kind Kiots und Schoysianes« – cf. dazu BEHAGHEL, Indogermanische Forschungen 31 [1912/13] 394); der für Lectio G verantwortliche Schreiber hätte dann, wie bereits SCHLEGEL 316 und J. GRIMM 124 vermuteten, die unübersichtliche Wortstellung nicht verstanden und sich veranlaßt gesehen, ein Bestimmungswort zu *Schoysiânen* einzufügen, das einigermaßen auf *ânen* reimte. Dafür spricht auch, daß die – bei Wolfram in dieser Form sonst nicht belegte [125] – Umschreibung *sâme* für »Kind« im Falle der Mutter unpassend ist. – LEITZMANN, Beitr 26 (1901) 143, versteht den letzten Satz als Hinweis auf den »tragische(n) ausgang der erzählung«, doch zeigt der Kontext, daß nur die *nôt* gemeint ist, die Sigune während Schionatulanders Abwesenheit leidet.

109 (790) = 103 G, 41 M

G
Wie diu furstin vz Katelange betwungen
was von der strengen minne, alsus het ir gedanch zelange vnsanfte ger-
                                                                    [rungen,
daz siz vor ir mŏmen helen wolte.
div kungin wart innen mit herzen schrich, waz Sigune dolte.

---
[125] Anders P 109, 26f.; W 62, 4f.; T 44, 3; 45, 1.

M
Div fvrsti(nne vz) Katalangen sere was bet(wn)gen
von der strengen (minne) sus hete (ir gedanche vnsanfte lange) gerungen
(d) ... (vor) ir mv̊men helen wolde
d(iv) chv(negin)ne war(t innen m)it herze (schriche) was Sygune dolde

109, 1ff.: Interpunktion nach WACKERNAGEL (DOCEN Strichpunkt statt Punkt nach *wolte*): *Wie ... minne* von *alsus ... gerungen* abhängiger Nebensatz, *wie* = »sowie«, »sobald als« (so auch LEXER III, 876). Anders LACHMANN, BARTSCH, PIPER, MARTIN, MARTI und LEITZMANN, die *alsus ... wolte* in Parenthese und danach Komma setzen: *Wie ... minne* von 109, 4 abhängiger Gliedsatz, parallel zu dem (inhaltlich gleichbedeutenden) zweiten Gliedsatz *waz Sigûne dolte* (109, 4). Schließlich kann man *Wie ... minne* als Ausruf (cf. 46, 1; 82a, 4; 129, 2; 170, 2), *alsus ... wolte* als eigenständiges Satzgefüge auffassen (Ausrufezeichen nach *minne*, sonst Interpunktion wie oben). Die drei Möglichkeiten sind gleichberechtigt, doch ist die *wie/alsus*-Konstruktion, soweit ich sehe, bei Wolfram sonst nicht belegt. Lectio M kann als Konstruktion ἀπὸ κοινοῦ aufgefaßt werden, doch könnte man auch Punkt nach *betwungen* setzen: »Die Fürstin war in großer Not« (cf. dazu LEXER I, 246; bei Wolfram ist *betwungen* in diesem Gebrauch sonst jedoch nicht belegt).

109, 3: Cf. zu 53, 3 (*minne heln*).

109, 4: *diu künegîn* ist Herzeloyde.
herzen schric = P 360, 20 und 597, 27.

110 (791) = 104 G, 42 M

G
Rehte als ein tǒwech rose vñ al naz von rote
sus wurden ir diu ǒgen. ir munt, al ir antlutze enphant wol der note.
do chunde ir chusche niht verdechen
die lieplichen liebe in ir herzen. daz kal sus nach chintlichē reken.

M
Re(ht als ein) towech rose al naz von der rôte
(sus) w(urden) ir div ovgen ir antluzze empfant allez wol d(er nôte)
do ch ... (e) doch ir chivsche niht verdechen
die liepli(chen) minne daz si so (qu)al nach kintlichem rechen

110, 1: In der höfischen Literatur werden schöne Menschen, vor allem Frauen, oft mit einer taubenetzten Rose verglichen, cf. die Materialsammlung bei KUMMER 213f.; bei Wolfram findet sich das Bild noch P 24, 10; 188, 10ff.; 305, 23;

W 195, 5; 270, 20; L 9, 39; cf. auch zu 32,2. Auch als Sinnbild Marias begegnet der Ausdruck nicht selten, cf. SALZER 183f. Während sich das Bild aber sonst auf die ganze Person bzw. deren Antlitz, Wangen oder Mund bezieht, werden hier – in ironischer Absicht? – die rotgeweinten Augen der Sigune mit einer taubenetzten Rose verglichen.

Die Wendung *und al naz von rœte* verstehen MARTIN und MARTI z. St. als Umkehrung der natürlichen Vorstellung »rot infolge der Tränen«; dagegen BARTSCH z. St.: »in Bezug auf Röthe: deren Roth ganz naß vom Thaue ist« – BARTSCH zieht also *und al naz von rœte* nicht zu *ougen*, sondern appositionell zu *rôse*; dann wäre wohl Lectio M (= JT) ohne *und* vorzuziehen. Zum Motiv des Rotwerdens der Augen vor Kummer cf. KRAUS zu Hiltbolt von Schwangau, KLD I, Nr. 24, XVII/2, 1 (= KLD II, 215), der auf ROETHE zu RZw 106, 5 hinweist.

110, 2: *ir* ist possessiver Dat., cf. zu 9, 2.
Während die Augen rot werden, verlieren Mund und Antlitz ihre Farbe, cf. zu 89, 3 sowie P 136, 5f.:
ich sol velwen iweren rôten munt,
und iwern ougen machen rœte kunt.

110, 3: Über die Umschreibung *ir kiusche* cf. zu 71, 3.

110, 4: *lieplîchiu liebe* = 85, 4, cf. zu 78, 2.
Schionatulander wird wohl *recke* genannt, weil er in der Fremde umherzieht (*recke* = *schevalier errant*, Kr 25837 – cf. KLUGE/MITZKA 589af.). Über die Verbreitung des altertümlichen Heldenwortes *recke*, das bei Wolfram sonst nur 4mal im P und 1mal im W, bei Hartmann und Gottfried gar nicht vorkommt, cf. JÄNICKE 3f., WG 182 und BUMKE (Ritterbegriff) 32f.

111 (792) = 105 G, 43 M

G
Do sprach div chungine durch liebe vñ durch triwe:
›owe, Schoysianen fruht, ih trôch e alze vil ander riwe,
der ich phlach hin nach dem Anschevine.
nv wahesset in mine sware ein niwer dorn, sit ich chivse sus an dir pine.‹

M
D(o) sprach div (chvn)eginne durch triwe
owe Tsch(oysianen fruht) ich het zevil ander riwe
der ich pflach (nach dem Anschewine
nv wachset in) minen ovgen ein niw(er) ... ich chevse an dir pine

4. GOLTHER, ZfdA 37 (1893) 287, liest nach *niwer dorn*, HARTL vermutet *pin* o. ä.

111, 2: *ê* meint wohl: »schon bevor ich deinen Kummer bemerkte«.

111, 4: In die bereits vorhandene *swære* wächst ein neuer Dorn und macht sie dadurch noch unerträglicher (zum übertragenen Gebrauch von *dorn* cf. P 66, 1; 365, 22; 600, 10 sowie die Belege in den Wörterbüchern: BMZ I, 384b; Lexer I, 452 und DWb II, 1290). Das Bild ist ungewöhnlich; man würde erwarten, daß der Dorn als Verkörperung des Leids in die Freude oder in das Herz wächst (so der JT, auch P 600, 10).
pîne kann Akk. Sgl. bzw. Pl. des stf. *pîne* oder Akk. Pl. des stm. *pîn* sein.

112 (793) = 106 G, 44 M

G
>*An lande vñ an luten, sprich, waz dir werre!*
oder ist dir min trost vñ ander mage so verre,
daz dich niht ir helfe mach erlangen?
war chom din sunnchlicher blich? we, wer hat den verstolen dinen
[*wangen?*<

M
A(n) landen vñ an livten sprich was dir werre
od(er ist) dir min trost vñ al diner mage so verre
daz (dich) niht ir helfe mag (erl)angen
war chom din svnnen (liehter) plich (wer) hat den ver(stoln) dinen
[*wangen*

112, 1: Über die Formel *lant und liute* cf. zu 61, 4. Wie hier in G ist auch 61, 4 und 62, 1 nur von einem Land (Katelangen) die Rede.

112, 2: Zur Ellipse des regierenden Substantivs (*trôst*) cf. DS III, 433f.

112, 4: *sunneclîch* ist nach Ausweis der Wörterbücher nur hier belegt (cf. aber ahd. *sunnalîh*, Graff VI, 241; dazu JT Z *sunneleich*). Auch *sunnenlieht* (M, JT HJKXY) findet sich bei Wolfram sonst nicht (Lexer II, 1317 nennt nur JT Hahn 5538; ich finde es noch im Göttweiger Trojanerkrieg[126] 5405). Über das Minnesymptom des Bleichwerdens cf. zu 89, 3.

113 (794) = 107 G, 45 M

G
>*Ellendiv maget, nu môz mich din ellende erbarmen.*
man sol bi drier lande chrone mich imer zelen fur die armen,
ich engelebe e, daz din chumber swinde
vñ ich div rehten mare al diner sorge mit der warheit bevinde.<

---

[126] Der Göttweiger Trojanerkrieg, Hrsg. von A. Koppitz, Berlin 1926 = DTM, 29.

M
Ellendiv magt nv mûz mich di(n) ellende erba(rm)en
(man) sol bi (drier lande chr)one mich zelen fvr die (armen
ich gelebe e daz din ch)vmber swinde
vñ ich die (rehten wa)rheit (aller diner) sorgen beuinde

113, 1: Zum Wortspiel *ellendiu/ellende* cf. SPRINGER 110.

113, 2: *bî drîer lande krône* ist ein verkürzter Nebensatz: »obgleich ich die Krone dreier Länder (sc. Waleis, Norgals und Anschouwe, cf. 74, 3) trage«.
zelen für die armen = »mich als Arme betrachten« (*armen* Akk. Sgl.) oder »mich unter die Armen zählen« (*armen* Akk. Pl.), cf. die Belege bei BMZ III, 845b. Herzeloyde will wohl sagen: »solange du unglücklich bist, kann ich mich all meines Reichtums nicht erfreuen«; cf. die ähnliche Versicherung Gahmurets in Str. 93.

114 (795) = 108 G, 46 M

G
›*So mŏz ich mit sorge al min angest dir chunden.*
hastv mich deste vnwerder iht, so chan din zuht sich an mir gar ver-
                                                            [*sunden,*
sit ich mich der von niht mach gescheiden.
la mich in dinen hulden, sŏzziv minne! daz stet wol vns beiden.‹

M
So mv̆z ich vor forhten dir die warheit chv̆n(den)
... (dv) mich dest vnwerder iht so chan din zuht (sich an) ...
...
...

114, 1: Ellipse des Nebensatzes (etwa: »wenn du mich so dringend aufforderst«) wie 118, 1, cf. DS III, 261f. und 794.

114, 2: Über die Umschreibung *dîn zuht* cf. zu 71, 3.

114, 3: *dervon* meint wohl »von der *angest*« (114, 1).

114, 4: Die Anrede *süeziu minne* (unter Liebenden und Verwandten gebräuchlich) ist bei Wolfram nur hier belegt; cf. LACHMANN (Kl. Schr.) 191; DG IV, 317; Graf Rudolf, Hrsg. von W. GRIMM, 2. Ausg., Göttingen 1844, p. 25 (zu I, 17 = GRd I, 35); ARMKNECHT 104ff.; die Belege in den Wörterbüchern: BMZ II/1, 181b; LEXER I, 2146; DWb VI, 2241.

115 (796) = 109 G

›*Got sol dir lonen. swaz ie mŏter ir chinde*
mit minnchlichem zarte erbot, die selben triwe ih hie finde
vil statchliche an dir, ich frŏden chranke.
dv hast mich ellendes erlazzen wol. diner wiblichen gŏte ih danche.‹

115, 3: Über die Wendung *fröuden kranc* cf. zu 67, 2.

115, 4: *ellendes erlâzen* = »das Gefühl des Fremdseins nicht in mir aufkommen lassen«, »mich nicht als Fremde behandelt«.
Über die Umschreibung *dîner wiblîchen güete* cf. zu 71, 3.

116 (797) = 110 G

›*Dines rates, dines trostes, diner hulde*
bedarf ich mit ein ander, sit ich algernde nach frivnde iamer dulde,
vil quele hafter not. daz ist vnwendch.
er quelt mine wilde gedanche an sin bant. al min sin ist im bendech.‹

116, 1: *Dînes râtes, dînes trôstes, dîner hulde* = »deines Beistandes durch Rat, herzlichen Zuspruch und Freundschaft« (LEUTHOLD 289). Die Verbindung von *rât* und *trôst* ist formelhaft, cf. SCHULZE, Archiv 54 (1875) 59 (bei Wolfram nur hier).

116, 2: *al gernde* = »(be)gierig«, Terminus technicus der Falkenbeize, cf. P 487, 8f.:
 wær ich für vederspil erkant,
 ich swunge al gernde von der hant,
auch P 43, 15 (dazu DALBY 62af., cf. auch zu 88, 2). Man kann *al gernde* mit *nâch friunde* verbinden (MARTI, cf. BMZ I, 532b) oder als absolut gebrauchtes Partizip auffassen und *nâch friunde* auf *jâmer dulde* beziehen (cf. BMZ I, 380a).

116, 3: *vil quelehafter nôt* kann sein:
1. Apposition zu *jâmer* (*vil* substantivische Mengenbezeichnung mit abhängigem Gen. part. *nôt*; Komma nach *dulde* wie oben – DOCEN, LACHMANN, WACKERNAGEL, BARTSCH, LEITZMANN);
2. von *jâmer* abhängiger kausaler Gen. (*vil* Gradadverb zu *quelehaft*; kein Komma nach *dulde* – PIPER, MARTIN);
3. adverbialer Gen. zu *quelt* (*vil* Gradadverb zu *quelehaft*, Punkt nach *dulde*, *daz ist unwendec* in Parenthese – MARTI).
quelehaft ist nur hier belegt.
Zu beachten ist die etymologisch gebundene Wortreihe *quelehaft*/*queln* – *bant*/*bendec* (dazu SPRINGER 111f.).

116, 4: Sigunes Gedanken wollen frei sein, werden aber von Schionatulander bezwungen; cf. ihr Bedauern, ihren *frîen lîp für eigen* geben zu müssen (71, 2). Zum Bild cf. Hohenfels, KLD I, Nr. 6, IV/2, 4f.:

> *daz tuot si mir diu mînen sin*
> *unde ouch mîn gedanke bindet*

und XII/2, 2 (*wilde gedanke* – von LEXER III, 884f. noch aus dem Renner 10975, 10989, 11020 belegt) sowie zu 48, 4 (*minnen bant*); ferner Schulmeister von Eßlingen, KLD I, Nr. 10, VI/3, 2:

> ... *nust dir doch bendic aller mîn gedanc.*

queln mit Präposition ist gut belegt (cf. BMZ I, 897a; LEXER II, 322 und vor allem DWb VII, 2302f.), so daß es unnötig ist, mit MARTI (nach SINGER [Parzival] 406) Doppelpunkt nach *gedanke* zu setzen und auf den Einschnitt nach *bant* zu verzichten.

Das Adjektiv *bendec*, das, soweit ich sehe, nicht vor Wolfram (bei ihm nur hier) belegt ist, bezeichnet vornehmlich das Festbinden des Hundes an die Koppel (cf. BMZ I, 134b; LEXER I, 178 und DWb I, 1100), wie auch *bant* Terminus technicus für das Halsband des Jagdhundes ist (cf. DALBY 10bf.). Sollte ein Bildbruch (Falke/Hund) vorliegen?

117 (799) = 111 G

> ›*Ich han vil abende al min schöwen*
> *vz venstren vber heide, vf strazze vñ gein den liehten öwen*
> *gar verloren. er chom et mir zeselten.*
> *des mözzen miniu ögen friundes minne mit weinen tivre gelten.*‹

Allgemeines: Diese wie die folgende Strophe bringt eine Variation des traditionellen literarischen Typs der nach dem Geliebten Ausschau haltenden Frau (z. B. Ps.-Dietmar, MF 37, 4ff.; En 10436ff. und 11372ff.; Crâun 1705ff.; etwas anders Nib 1716, 1ff.); cf. dazu SCHWIETERING (Typologisches) 42, auch ZfdA 61 (1924) 77.

117, 2: Cf. zu 103, 3 (Artikellosigkeit, Präpositionswechsel).

117, 3: MARTI übernimmt die Getrenntschreibung der Hs.: *kom et* (Prät. wie JT H *kam*, Y *cham*, Z *chom*). Das Prät. paßt jedoch schlecht zu den Präsentien der folgenden Strophen, so daß man wohl mit den anderen Herausgebern zusammenzuziehen hat: *komet*.

117, 4: *des* = »deshalb«.
Über die Umschreibung *mîniu ougen* cf. zu 4, 2.
friundes minne ist Gen. obj.

118 (800) = 112 G

>*So gen ich von dem venster an die zinnen.
da warte ich osten vñ westen, obe ich mohte des werden innen,
der min herze lange hat betwungen.
man mach mich vur die alten senden wol zelen, niht fur die iungen.*<

118, 1: Ellipse des Nebensatzes (etwa: »wenn ich ihn vom Fenster aus nicht sehe«), cf. zu 114, 1.

118, 2: *ôsten und westen* sind wohl nicht Akkusative des Raumes (KIEFNER 44), sondern Adverbien: »nach Osten«, »nach Westen« (cf. BMZ II/1, 448a und III, 609a; LEXER II, 175 und III, 802).

118, 4: Cf. zu 28, 4, doch hat die Antithese *die alten / die jungen* an der vorliegenden Stelle einen spezifischen Aussagewert: Sigunes Liebe ist so groß, daß sie trotz der kurzen Zeit schon soviel gelitten hat wie sonst nur die *alten senden*. Daß Sigune »die allfällige Zumutung zurück(weist), daß man ihre schmachtende... Liebe für kindisch halten könnte« (MARTI z. St.) ist unwahrscheinlich. Abwegig ist auch die Deutung von K. KORN, Studien über »Freude und Trûren« bei mittelhochdeutschen Dichtern, Beiträge zu einer Problemgeschichte, Leipzig 1932 = Von deutscher Poeterey, 12, p. 124: »Wie die ›alten senden‹, d. h. eben wie eine der Frauen früher ›Dietmarscher‹ Frauenlyrik. ›Niht für die jungen‹ ist direkt parallel zu Walthers ›Ich bin niht niuwe‹ gesagt« (Walther 59, 17 – *niuwe* hier soviel wie »neumodisch«).

119 (801) = 113 G

>*Ich var vf einem wage eine wile.
da warte ich verre, mere dane drizzch mile,
durch daz ich horte solhiu mare,
daz ich nach minē ivngem clarem friunde chumbers enbare.*<

119, 1: Sigune hat ihre Fahrt wohl in Gedanken (MARTIN z. St. und WOLFF 123), nicht wirklich (MARTI z. St. und RICHEY, MLR 56 [1961] 188) unternommen, denn sie wird sich kaum an das ferne Mittelmeer begeben haben, über das Schionatulander zurückkommen mußte.
wâc meint ein großes Gewässer, nicht eine Strömung (MARTI z. St.); der Artikel *ein* hat die Funktion der unbestimmten Individuation, d. h. er dient der Bezeichnung einer Sache, »deren Wesen an sich für die Handlung des Epos gleichgültig ist« (RADTKE 43f., dort Parallelstellen). Über *wilde* als stehendes Beiwort von *wâc* u. ä. cf. MARTIN zu Kudrun (M) 453, 2 und die Belege bei LEXER III, 623.

119, 2: »Da halte ich weithin Ausschau, über einen Umkreis von dreißig Meilen hinaus...« *drîzec* bezeichnet formelhaft »eine gröszere, an sich ungewisse zahl« (DWb II, 1393; cf. auch DR I, 300f.).

119, 3: Zu realistisch MARTI z. St.: »Sie hoffte auf Kunde von ihrem Geliebten von jedem Schiff, das von der hohen See kam.«

119, 4: Durchgängig starke Flexion mehrerer vorangestellter Adjektivattribute ist bei Wolfram belegt, cf. z. B. W 161, 26:
von anderm rîchem solde;
es ist nicht nötig, mit LACHMANN, WACKERNAGEL und MARTIN Wechsel von starker und schwacher Flexion (*jungen clârem*) oder mit LEITZMANN durchgängig schwache Flexion (*jungen klâren*) herzustellen; cf. dazu ZELL 15.

120 (802) = 114 G

›War chom min spilende frŏde oder wie ist sus gescheiden
vz minem herzen hochgemŏte? ein owe mŏz nv folgen vns beiden,
daz ich eine fur in wolte liden.
ich weiz wol, daz in wider gein mir iaget sendiv sorge, der mih doch
[chan miden.‹

120, 1: *spilende fröude* = »fröhliches Glück«, cf. z. B. Reinmar, MF 156, 32:
wenne sol mir iemer spilndiu fröide komen?
ferner Neifen, KLD I, Nr. 15, VII/2, 7; Hamle, KLD I, Nr. 30, VI/2, 4; Botenlauben, KLD I, Nr. 41, XII/2, 7.

120, 2: Zur Substantivierung der Interjektion *ôwê* cf. die Belege bei BMZ III, 542b und LEXER II, 193, dazu z. B. noch Wilder Alexander, KLD I, Nr. 1, VI/1, 1:
Ach owê, daz nâch liebe ergât.
folgen = »zuteil werden«, cf. LEXER III, 442 und DWb III, 1878.

120, 3: Sigune weiß, daß auch Schionatulander unter der Trennung leidet, und würde ihm die Last dieses Leidens gerne abnehmen.

120, 4: Über die Formel *ich weiz wol* cf. zu 5, 1.

121 (804) = 115 G

›Owe des, mir ist sin chunft al zetiure,
nach dem ich dicche erchalte, vñ dar nach, als ich lage in dem gnaneisten-
[den vivre,
sus erglŏt mich Schoynatulander.
mir git sin minne hitze alse Egremuntin dem wurme salamander.‹
2. læge?

Echtheit: SCHWIETERING (Typologisches) 44 äußert Bedenken gegen die Echtheit der Strophe »mit ihren Liebessymptomen des Erhitzens und Erkaltens, und zwar nicht als objektive Schilderung, sondern der Liebenden selbst in den Mund gelegt. Der Zweck der Strophe, Schionatulanders Namen durch Sigune zu nennen, ist offensichtlich, aber eine weit größere psychologische Feinheit liegt doch eben darin, daß Herzeloyde, die einen Racheakt Amphlisens wittert, in die Rede einfällt und nun den Namen des Werkzeugs ihrer Rivalin selbst errät, den Sigune durch all die Strophen hindurch verschwiegen hatte«. Einen »ähnlichen Verstoß« konstatiert SCHWIETERING in Str. 90, die »in ihrer auf Gahmuret plötzlich überspringenden B e s c h r e i b u n g auch sonst auf schwachen Füßen« stehe. Es ist offensichtlich, daß es sich hier allenfalls um Verstöße gegen einen modernen Stilbegriff handelt, dem bei der Beurteilung mittelalterlicher Literatur keinerlei Argumentationswert zukommt.

121, 1: *mir ist sin kunft al ze tiure* = 117, 3 *er kom et mir ze selten.*

121, 2f.: *nâch dem ich dicke erkalte* ist von *mir ist sîn kunft al ze tiure* abhängiger Relativsatz; dann beginnt ein neuer Hauptsatz: *und dar nâch... sus erglüet mich Sch.*, von dem der eingeschobene, das *sus* erläuternde Gliedsatz *als ich læge in dem gnaneistenden* (cf. DWb IV/1/5, 639!) *fiure* abhängig ist. Durch diese anakoluthartige Verschachtelung wird die Nennung des Namens eindrucksvoll verzögert.
Zum Liebessymptom des Heiß- und Kaltwerdens cf. En 10052f.:
 si wart unmatelike heit
 ende dar na schire kalt,
auch 9858f., 10092f., 10131ff.; ferner Eraclius [127] 2982ff., 3206f.; Flore 738ff.; Karl Meinet [128] 59, 37ff.; in deutlicher Parallele zur vorliegenden Stelle Wilder Alexander, KLD I, Nr. 1, III/2, 5ff.:
 ir minne mich enzündet hât,
 daz ich erkalte mange stunt,
 dar nâch erglüeje ich an der stat
 als ob ich brinn...
erglüen ist nach Ausweis der Wörterbücher (BMZ I, 551b und LEXER I, 631f.) in transitiver Bedeutung nicht vor Wolfram belegt.

121, 4: *Egremuntîn* = *Agremuntîn* erscheint bei Wolfram als Name eines vulkanischen Berges (P 496, 10; 735, 24; 812, 19; W 421, 1) und eines Landes (P 770, 7; W 349, 13). Die vorliegende Stelle ist so zu verstehen, daß der Vulkan Agremuntin den in ihm lebenden Salamandern (cf. P 735, 25) das Feuer spendet, in dem allein sie existieren und ihre berühmten seidenartigen,

---

[127] Otte, Eraclius, Deutsches Gedicht des dreizehnten Jahrhunderts, Hrsg. von H. GRAEF, Straßburg 1883 = QF, 50.
[128] Karl Meinet, Zum ersten Male hrsg. von A. VON KELLER, Stuttgart 1858 = BLVS, 45.

feuerfesten Gewebe wirken können (über die Salamandersage cf. MARTIN zu P 735, 25). Der Name geht wahrscheinlich auf Acremont in Sizilien zurück, wofür neben der Nähe des Ätna auch die Tatsache spricht, daß diese Gegend als Fundort der Seidenmuschel eine gewisse Rolle spielte (cf. PLOSS, Beitr T 80 [1958] 80). Weniger wahrscheinlich ist die Identifikation mit dem am Fuß der Pyrenäen gelegenen Agramunt (RICHTHOFEN, Boletin de Filologia 12 [1960] 33, Anm. 166). A. VON SIEGENFELD, Das Landeswappen der Steiermark, Graz 1900 = Forschungen zur Verfassungs- und Verwaltungsgeschichte der Steiermark, 3, p. 401f., vertrat die Ansicht, Wolfram, der den Namen zuerst P 496, 10 in unmittelbarer Nachbarschaft steirischer Örtlichkeiten nennt, sei durch den in der Rohitscher Gegend (*Rôhas*, P 496, 15) gelegenen Donati-Berg, der durch eine besonders scharfe kegelförmige Spitze (*mons acer*) auffällt, an den sagenhaften Feuerberg erinnert worden.

122 (805) = 116 G

›Owe‹, sprach diu *c h u n g i n* , ›dv reist nach den wisen.
wer hat dich mir verraten? nu furht ich der Franzoysære chungin
[*Anphlisen,*
daz sich habe ir zorn an mir gerochen.
al diniu wislichen wort sint vz ir munde gesprochen.‹
1. *chingin.*

122, 1: *nâch den wîsen* = »nach Art der Erfahrenen« (ironisch gemeint?), cf. zu 54, 1.

122, 2: *mir* ist Dativus ethicus, cf. DS I, 629f.

122, 3: Gemeint ist der Zorn Anphlises darüber, daß Gahmuret ihr Herzeloyde vorgezogen hat (cf. P 76, 1ff.). Zum Stilistischen (Umschreibung *zorn*) cf. zu 71, 3.

122, 4: *wîslîchen wort* nimmt das *nâch den wîsen* aus Zeile 1 auf.
Herzeloyde meint wohl nicht, Anphlise habe Sigune direkt über die Minne belehrt: wie und wo sollten sich Anphlise und Sigune begegnet sein? Vielmehr dürfte sie vermuten, Anphlise habe Schionatulander dieses Wissen beigebracht, damit er Sigune verführe, die nun ihm und damit indirekt Anphlise nachspreche.

123 (806) = 117 G

›Schoynatulander ist hoch richer furste.
sin edelcheit, sin kusche *g e t o r s t e* doch nimer genenden an die geturste,
daz sin iugent nach diner minne sprache,
op sich der stolzen Anphlisen haz an mir mit ir hazze niene rache.‹
1. *hoch* | *richer.*
2. *getrorste.*

123, 1: *hôch rîcher fürste* = »ein sehr mächtiger Fürst«, Abfolge von unflektiertem und flektiertem Adjektiv (cf. BUCHENAU 15ff. und ZELL 14f.) oder Kompositum *hôchrîche* (DWb IV/2, 1630, allerdings nur nhd. Belege).

123, 2: »Von hoher Geburt und selbstbeherrscht, wie er ist, würde er es nicht wagen, sich eine solche Kühnheit herauszunehmen…« Cf. zu 71, 3 (Umschreibung *edelkeit, kiusche*), zum Wortspiel *getörste/getürste* SPRINGER 110.

123, 3: Über die Umschreibung *sîn jugent* cf. zu 71, 3.
nâch dîner minne spræche = »deine Liebe begehrte«, cf. P 196, 20:
    nâch sînem harnasch er sprach,
P 641, 6; 766, 10; W 325, 20 und T 155, 4 sowie die Belege im DWb X/1, 2831.

123, 4: *haz … mit ir hazze* = »Feindschaft mit ihrer Feindseligkeit« (MARTIN z. St.). Die auch in den meisten Hss. des JT überlieferte Doppelung *haz/mit (ir) hazze* ist auffällig; MARTI z. St. erwägt Konjektur *mit ir heize* (»auf ihren Befehl«, cf. BMZ I, 659b und LEXER I, 1225 – bei Wolfram sonst nicht belegt).

124 (807) = 118 G

›Si zoch daz selbe chint, sit ez der brust wart enphŏret.
gap si niht durch triegen d(e)n rat, der dich hat als vnsanfte gerŏret,
dv maht im, er dir vil frŏden erwerben.
sistv im holt, so la dinen wunschlichen lip niht verderben!‹

124, 1: *sît ez der brust wart enphüeret* = »seit es entwöhnt war«. RICHEY 42 (auch MLR 56 [1961] 185) schließt daraus, daß Schionatulanders Mutter Mahaute früh gestorben sei.

124, 2: *gap si niht durch triegen den rât* = »wenn sie nicht in betrügerischer Absicht das Liebesverhältnis angestiftet hat«. Der Sinn dieses Satzes ist: nur wenn die Liebe zwischen Schionatulander und Sigune auf echter Zuneigung beruht, kann sie ihnen Glück bringen. DOMANIG 21 nimmt ihn allzu wörtlich, wenn er bemerkt, Herzeloyde mache die Mitwirkung Anphlises von einem glücklichen Ausgang abhängig, die Katastrophe beweise also deren Schuld (dagegen mit Recht bereits GIESE 17, Anm. 2). Man könnte jedoch auch Fragezeichen statt Komma nach *gerüeret* setzen: halb noch zweifelnd gibt Herzeloyde ihren Verdacht auf und bewertet das Verhältnis zwischen Sigune und Schionatulander nun positiv.

124, 3: Cf. zu 20, 4 (*fröude erwerben*).

124, 4: *sîstu im holt* = »wenn du ihm in Liebe zugetan bist« (LEUTHOLD 279), Konditionalsatz, durch Konjunktiv und Inversion des Verbums ausgedrückt, cf. DS III, 782 (dort die Wolframbelege P 651, 24; 777, 2; W 159, 24).

125 (808) = 119 G

›*Biut im daz zeren, la wider claren*
diniv ŏgen, div wange, din chinne! wie stet also iunchlichen iaren,
op so liehtez vel da bi verlischet?
du hast in die churzlichen frŏde vil sorge alzesere gemischet.‹

125, 1: *clâren* = »klar«, »hell werden«, cf. Veldeke, MF 59, 23ff.:
  in den tîden van den jâre
  dat dî dage werden lanc
  ende dat weder weder clâre;
nach Ausweis der Wörterbücher (BMZ I, 836b und LEXER I, 1607) sonst nur bei Späteren.

125, 3: *dâ bî*, sc. *bî alsô junclîchen jâren.*
verlischet = »seinen Glanz verliert«, »matt wird«, cf. zu 89, 3.

125, 4: *die kurzlîchen frŏude* bezieht sich sicher nicht auf die »geistliche Anschauung der kurzdauernden Freuden jedes Menschenlebens« (MARTI z. St.), sondern auf die Tatsache, daß die *junclîchen jâre* schnell vorübergehen. BOCK 33 sieht das Bild in Zusammenhang mit 83, 4: Freude als »ein süsser Trank, in den Sorge gemischt wird«; cf. auch die zu 17, 4 zitierte Bibelstelle.

126 (809) = 120 G

›*Hat dich der ivnge talfin an frŏden verderbet,*
der mach dich wol an frŏden gerichen. vil sælde vñ minne vf in gerbet
hat sin vater vñ die talfinete
Mahaude, div sin mŏter was, vñ ⟨diu⟩ chungin, sin mŏme Swete.‹

126, 1: *an frŏuden verderben* (auch W 10, 26) = »an Freuden ruinieren«, »bankerott machen« (BOCK 31), Gegensatz zu 126, 2 *an frŏuden gerîchen*; cf. zu 20, 4.

126, 3: *talfînete* ist eine feminine Diminutivbildung zu *talfîn* (cf. zu 92, 2); die afrz. Wörterbücher belegen nur die feminine Grundform *daufine* und das maskuline Diminutiv *dauffinet* (GODEFROY II, 424b und TOBLER/LOMMATZSCH II, 1200).

126, 4: *Swete* = *Schôette*, cf. zu 55, 2. Der Name der Mutter Gahmurets erscheint sonst nur noch einmal im P (92, 24; Lesarten: *Scoette* D, *schoyet* d, *tuschet* G, *tschuet* g, *ieskutte* g, *thschuet* g, *Joet* g, *deschawete* g – cf. dazu RÖLL 46); er ist ungeklärt: SAN-MARTE, Germania 2 (1857) 397, dachte an Diminutivbildung zu afrz. *joie*, BARTSCH (Eigennamen) 136 an Diminutivbildung zu *Gauda* (FÖRSTEMANN 611f.), MARTIN zu P 92, 24 an lat. *Juditha*.

127 (810) = 121 G

›*Ich chlage et, daz du bist alze frŏ sin amie.*
du wil den chumber erben, des Mahaude phlach bi dem talfine Kurkrie.
dicche ir ŏgen habent an im erfunden,
daz er den bris in mangen landen hielt vnder helme vf gebunden.‹

127, 1: Cf. zu 48, 1.

127, 2: *wil* hat wahrscheinlich futurische Bedeutung, doch erwägt RAHN 57, »ob Sigune noch eine Möglichkeit der freien Entscheidung gelassen wird«. Im Schicksal Mahautes und Gurzgris, der vor Schoy de la kurte den Tod fand (cf. zu 41, 4), ist das Schicksal Sigunes und Schionatulanders vorweggenommen. *bî* = »wegen«, cf. BMZ I, 113a.

127, 3: Über die Umschreibung *ir ougen* cf. zu 4, 2.

127, 4: Wohl weil die Wendung *prîs halten* (cf. BMZ II/1, 532b) bei Wolfram sonst nicht belegt ist, erwägt LACHMANN *hiet* (PIPER: *het* – *prîs hân* z. B. P 22, 1f.; 96, 4f.; L 8, 27) und konjizieren WACKERNAGEL, BARTSCH und MARTIN *holt* (*prîs holn* z. B. P 420, 18; 652, 12; 812, 24).
Über die Wendung *under helme ûf gebunden* cf. zu 50, 4.

128 (811) = 122 G

›*Schoynatvlander an brise vf mŏz stigen.*
er ist von den luten erboren, die niht lant ir bris nider sigen.
er wohes in breit gest⟨re⟩chet an die lenge.
nu halt datze im die trostlichen frŏde, vn̄ er der sorge vber dich niht
                                                        [verhenge!‹
  3. *gest⟨re⟩chet* mit allen Herausgebern nach JT ABDEHZ (JT JKXY: *gesterket!*).

128, 1: Cf. P 315, 5:
> *dîn stîgnder prîs nu sinket*

und 434, 17ff.:
> *sus kan sîn wâge seigen*
> *sîn selbes prîs ûf steigen*
> *und d'andern lêren sîgen.*

SAN-MARTE, ZfdPh 15 (1883) 390, ist der Ansicht, aus dieser Zeile gehe hervor, daß Wolfram die Absicht gehabt habe, »eine heldenaventüre« zu dichten. Die Worte sind im Zusammenhang der Rede Herzeloydes indessen eher als Topos des Personenlobs aufzufassen.

128, 3: »Er (sc. der *prîs* der *liute*) wuchs in die Breite und streckte sich zugleich in die Länge«, d. h. »er breitete sich nach allen Richtungen aus«; Auflösung der Zwillingsformel *lanc und breit*, cf. P 433, 19f.:
> *... ob sîn ganziu werdekeit*
> *sî beidiu lang unde breit,*

dazu MATZ 79. Die syntaktischen Bezüge sind im übrigen mehrdeutig: man kann *gestrecket* auch zu *breit* ziehen oder *in* als Dat. Pl. (*den liuten*), *breit und gestrecket an die lenge* als nachgestellte Attribute zu *er* auffassen (MARTI).

128, 4: »Halte das hilfreiche Glück bei ihm fest (so daß es ihm nicht entflieht), und er möge kein Leid über dich bringen« oder: »...wenn er kein Leid über dich bringt«, d. h. »mache ihn glücklich, wenn er ebenso bereit ist, dich glücklich zu machen«. Die zweite Auffassung (*und* = »wofern«, »unter der Bedingung, daß« – cf. KRAUS, ZfdA 44 [1900] 150ff., und DS III, 309ff.) wird gestützt durch 130, 4, wo Herzeloyde die Gewährung von Sigunes Liebe ebenfalls von Schionatulanders Gegenliebe abhängig macht. Die Konstruktion von *verhengen* ist mehrdeutig:

1. *niht* ist Akk. des Pronominalsubstantivs, *sorge* davon abhängiger Gen., cf. z. B. Heinrich und Kunegunde[129] 1413:
> *der diz uber mich verhenget hat.*

2. *niht* ist adverbialer Akk., *sorge* Dat., wobei – entsprechend der Wendung *dem orse verhengen* (cf. BMZ I, 611af.) – die Vorstellung eines Pferdes, dem die Zügel verhängt werden, zugrundeliegen mag: Schionatulander soll der *sorge* nicht freien Lauf lassen, Sigune zu überrennen. Das *halt* fügte sich gut in diese Metaphorik (es mit BARTSCH, PIPER, MARTIN und LEITZMANN auf Vorschlag LACHMANNS nach JT HJKXYZ durch *hol* zu ersetzen, ist in keinem Fall erforderlich).

---

[129] Ebernand von Erfurt, Heinrich und Kunegunde, Zum ersten Male ... hrsg. von R. BECHSTEIN, Quedlinburg und Leipzig 1860 = BGNL, 39.

129 (812) = 123 G

›*Swie vil din herze vnder brust des erlache,*
daz han ich niht vur wunder. wie chan er sich schiken vnder schiltch-
[*lichem dache!*
vf in vil zahere wirt gereret
der funchen, die vz helmen von eken springent, da fiurin regen sich
[*gemeret.*‹

129, 1: Cf. P 547, 20ff.:
du senkest mir die einen brust
...
dâ lag ein herze unden,
auch W 13, 19 und 51, 28.

129, 2: *wie kan er sich schicken under schilteclîchem dache* = »wie schön ist er, wenn er mit dem schilde ausgerüstet ist« (BMZ II/2, 119b), cf. P 124, 2f.:
...war zuo ist diz guot
daz dich sô wol kan schicken?
sowie zu 71, 4 (*schilteclîchez dach*).

129, 3: *zähere* steht wohl metaphorisch für die herabfallenden Funken, cf. P 104, 6: *brinnde zäher*. Anders RAPP, der *der funken* in der folgenden Zeile als kausalen Gen. auffaßt: »viele Tränen werden über ihn vergossen werden der Funken wegen, die...« In diesem Fall läge eine Vorausdeutung auf Schionatulanders tödlichen Kampf vor wie 127, 2. Doch was dort noch als Warnung angehen mochte, paßt hier wenig zur Verherrlichung des Helden.

129, 4: *dâ fiurîn regen sich gemêret* = »wo der feurige Regen dicht fällt« (BARTSCH z. St.). Über den Topos von den funkenschlagenden Waffen cf. zu 2, 4.

130 (813) = 124 G

›*Er ist zetiost entworfen. wer chunde in so gemezzen?*
ane mannes a n t l u t z e gein wiplicher gůte nie miner vergezen
wart an mǒter fruht, als ichz erchenne.
sin blich sol diniu ǒgen gesǒzzen. vf gelt dine minne ih im nenne.‹
2. *antule.*

130, 1: *Er ist ze tjost entworfen* = »er ist zu ritterlichem Kampf geschaffen«, und zwar von der Hand eines Künstlers; cf. außer den zu 91, 4 gegebenen Wolframbelegen z. B. Nib 286, 1ff.:
Dô stuont sô minneclîche   daz Sigmundes kint,
sam er entworfen wære   an ein permint
von guotes meisters listen...
(Weiteres bei LEITZMANN, Beitr 14 [1889] 150).

gemezzen bzw. *mezzen* wird nicht selten »von dem schönsten ebenmass des schaffens« gebraucht (DM I, 18f.). An der vorliegenden Stelle mag der Gedanke von Gott als Bildner mitschwingen (cf. zu 104, 2.).

130, 2: *gein wîplîcher güete* = »um die Liebe einer Frau zu erwerben«, verkürzter Nebensatz.

130, 4: Über die Umschreibung *sîn blic* cf. zu 4, 2.
ûf gelt dîne minne ih im nenne = »ich spreche ihm deine Liebe zu, damit er sie erwidere«.[130] Zu *ûf gelt* = »in der Hoffnung auf Vergeltung«, »um Vergeltung zu erlangen« cf. P 304, 6f.:
    dîn dienst ich doch enphâhen sol
    niwan ûf gegendienstes gelt,
RWchr 20037f.:
    und lerte si uf richú gelt
    achir buwin unde chorn
(»in Aussicht auf reichen Ertrag«) und Heinrichs von Freiberg Tristan[131] 1738f.:
    islîcher ûf der minne gelt
    nam sîn ors mit den sporn
(»in der Hoffnung auf Minnelohn«). Die Auffassung MARTINS z. St.: »als Lohn dafür«, sc. daß sein *blic* ihre Augen *gesüezet* (ähnlich MARTI z. St.) ist erwägenswert, doch finde ich *ûf gelt* in der Bedeutung »als Lohn« sonst nirgends belegt. In jedem Fall macht Herzeloyde die Gewährung der Liebe Sigunes von Schionatulanders Gegenliebe abhängig (cf. zu 128, 4). Als unangemessen abzulehnen ist die Erklärung BARTSCHS z. St.: »wenn du mich dafür belohnst: scherzend«.

131 (814) = 125 G

    Al da was minne erlŏbet, mit minne beslozzen.
    ane wanch gegen minne ir beider herze was minne vnverdrozzen.
    ›*owol mich, mŏme‹, sprach div herzoginne,*
    ›*daz ich den Graharzoys vor alder werlde nu mit vrlŏbe so minne!*‹

131, 3: *diu herzoginne* ist Sigune.

131, 4: *vor al der werlde nu mit urloube* = »mit Erlaubnis der Gesellschaft«. Die starke und durchaus positive Betonung des Gesellschaftlichen in dieser Strophe sollte davor warnen, die Liebe zwischen Sigune und Schionatulander

---

[130] Anders LEXER II, 55: »ich sage ihm, dass du ihn lieb hast«.
[131] Heinrich von Freiberg, Tristan, Hrsg. von R. BECHSTEIN, Leipzig 1877 = Deutsche Dichtungen des Mittelalters, 5.

aus allzu modern-individualistischer Sicht zu interpretieren. Gewiß ist es möglich, den Ursprung der Katastrophe letztlich in der Inadäquatheit »des höfischen Regelkodex' und der inneren Beteiligung der Liebenden« zu sehen (BUMKE 98 – cf. zu 166, 4), doch wird die Tragweite dieser Problematik überspannt, wenn KÖNNEKER 29 im Zusammenhang mit der vorliegenden Stelle behauptet, daß Sigune »trotz echter innerer Zuneigung die Anerkennung ihrer Liebe durch die höfische Gesellschaft höher einschätzt als diese Liebe selbst«. Der Text bietet, soweit ich sehe, keinen Anhaltspunkt für eine solche Deutung.

* * *

Zwischen dem hier abgeschlossenen ersten und dem zweiten Teil der überlieferten Dichtung Wolframs erzählt der Verfasser des JT, an den Schluß des zweiten Parzivalbuches anknüpfend, in den Strophen 816–1172 von den mit Gahmurets Tod endenden Ereignissen im Orient, Schionatulanders Rückkehr, Parzivals Geburt und Erziehung *zer waste in Soltâne* (P 117, 9; 118, 1), wo Herzeloyde von Sigune und Schionatulander besucht wird. Als die Erinnerung an Gahmuret in ihr den alten Kummer wieder erweckt, verabschieden sich die beiden, um sie zu schonen, noch am Abend und verbringen in der Nähe die Nacht. An diesem Punkt setzt die Wolframüberlieferung wieder ein (132 = JT 1173). Ob in dieser Partie des JT noch Wolframstrophen eingearbeitet sind, ob sie thematisch überhaupt den Intentionen Wolframs entspricht, ist völlig ungewiß. BARTSCH, Germania 13 (1868) 1ff., hat die Strophen 952–984 (außer 961, 968, 977) als »zweites Bruchstück« unter dem Titel »Gahmurets Tod« für Wolfram in Anspruch genommen, doch hat LEITZMANN, Beitr 26 (1901) 107ff., diese wesentlich auf formale Argumente gestützte These als gänzlich unhaltbar erwiesen. Auch die Beobachtung von WOLF, Festschrift für F. R. SCHRÖDER, ... hrsg. von W. RASCH, Heidelberg 1959, 170, Anm. 8, daß der Hinweis auf den ersten Teil der wolframschen Dichtung (HAHN 885–890, bei WOLF nach Str. 499) in der Überlieferungsgruppe I (ABDE) nicht vor Titurels Thronrede steht, »sondern an den Anfang von Gahmurets glänzender Aristie vor seinem Tod geraten ist, nämlich vor Str. 920«, ist ebensowenig ein Beweis für die Echtheit der darauf folgenden Strophen wie die Häufung der stumpfen Anverskadenzen in den Wolfram-Partien und den beiden von BARTSCH rekonstruierten Stücken (ibid. 171f.). Nicht stichhaltig ist schließlich auch der Versuch RÖLLS 117ff., die Strophe HAHN 1139 (bei WOLF im Apparat nach 1172) Wolfram zuzusprechen (cf. BUMKE, Euph 61 [1967] 138ff.). Wenn es auch unwahrscheinlich ist, daß »Wolfram noch bedeutend mehr gedichtet habe« (LACHMANN XXIX) [132] als das uns erhaltene Textmaterial, so stellt sich doch die Frage, ob er noch weitere Partien geplant hatte.

---

[132] LACHMANN hat diese Ansicht bereits 1820 in der Vorrede zu seiner »Auswahl aus den hochdeutschen Dichtern des XIII. Jahrhunderts« (Kl. Schr. 158) und 1829 in seiner Rezension des Titurelbuches von ROSENKRANZ (ibid. 352) vertreten.

Gewiß sind mindestens Schionatulanders »Rückkehr aus dem Orient und sein letzter Kampf gegen Orilus ... für den Zusammenhang unentbehrlich« (BUMKE 96; ebenso EHRISMANN 292; noch vorsichtiger ist WOLFF 118, der nur noch einen dritten Abschnitt für nötig erachtet); aber gerade die Tatsache, daß man das Fehlende (aus dem P) genau zu kennen glaubt, zeigt, daß die Annahme unausgearbeiteter Partien für das Verständnis nicht erforderlich ist. So hält es SCHNEIDER 304 für möglich, daß Wolfram »im Titurel nichts anderes schildern wollte, als wie diese Liebe entstand und wie sie endete«, und bezeichnet KUHN 166 das Werk als »Meisterskizze« von »einer dem fertigen Bild verwehrten Ursprünglichkeit«. Am entschiedensten wendet sich RICHEY, MLR 56 (1961) 180, gegen die Fragment-These und bezeichnet den T als »a lyrical recreation of epic material derived from ›Parzival‹, constructed therefore not as a straightforward tale, but as a series of situations with threads of connecting narrative«. Die Fülle der Vorausdeutungen auf Kämpfe Schionatulanders und auf den tragischen Ausgang (cf. die Zusammenstellung zu 17, 3), das unvermittelte *sus* zu Beginn des zweiten Teils, das »deutlich aufnehmende Funktion« hat (RAHN 68), und die Ankündigung einer Fortsetzung am Schluß (170, 3f.) weisen indessen klar auf Fehlendes hin (cf. auch Register s. v. »Fragment«). Das Gefühl des Skizzenhaften oder Lyrisch-Episodischen ist sicher zu modern, und die Thesen vom T als einer Abfolge epischer Lieder (MÜLLENHOFF, ZfdA 18 [1875] 297; STOSCH, ibid. 25 [1881] 189ff., 26 [1882] 145ff., 32 [1888] 471f.; dazu LEITZMANN, Beitr 26 [1901] 128ff.) oder als einer Art Supplementdichtung zum P (DOMANIG; dazu LUCAE, AfdA 6 [1880] 152ff.; KINZEL, ZfdPh 11 [1880] 126ff.; DOMANIG, ibid. 486f.; SAN-MARTE, ZfdPh 15 [1883] 391ff.; DOMANIG, Die Kultur 12 [1911] 266ff.) wird heute niemand mehr ernsthaft diskutieren wollen: der T ist aller Wahrscheinlichkeit nach Fragment geblieben.[133]

* *
*

132 (1173) = 126 G

Sus lagen si unlange. do gehorten si schiere,
in heller sôzzer stimme vf rot varwer verte nach wundem tiere
ein brache chom hochlutes zô z i n iagende.
der wart eine wile vf gehalden. des bin ich durh f r i u n d e noch d i e
                                                                    [chlagende.

3. zun oder zim.
4. friunde (vriundes not JT AEHJKXYZa)] frŏde. div.

---

[133] SIMONS letztlich gegen die Fragment-These gerichtete Bemerkung, die beiden T-Episoden bezögen sich auf eine »geheime Mitte«, setzten sich »auf dichterisch-kritische Weise mit Gottfrieds ›Tristan‹ auseinander« (190), wird erst dann diskutiert werden können, wenn der Verfasser seine bislang eher pauschal formulierten Gedanken durch einen detaillierten Textvergleich untermauert hat.

132, 1: *si* sind Schionatulander und Sigune, cf. das im Anschluß an Str. 131 Bemerkte.

132, 2: *in heller süezer stimme* = »mit kräftiger, wohlklingender Stimme« ist Umstandsergänzung zu *ein bracke kom* (Koordination statt Subordination [cf. zu 38, 2]: »sie hörten, daß ein Bracke...«). Der Wohlklang des Gebells der Jagdhunde wird auch sonst hervorgehoben, cf. z. B. Megenberg 131, 18ff.: *den hirzen liebet süez gedœn alsô sêr, daz si wider zuo den lautlaufenden hunden koment in selber zu schaden, sô si in vor verr entloffen sint*, Minneburg 1636ff.:
> Wist, wo junge welffe
> Nach einem hirtzen schone
> Her jagen in sußem done,

auch Had 451, 5:
> din süezez klaffen.

132, 2f.: »...auf (blut)roter Spur ein verwundetes Tier verfolgend, kam laut bellend ein Bracke auf sie zu.«
Der Bracke ist ein kleiner, möglicherweise zur Spaniel-Rasse gehörender Spürhund (cf. DALBY 34aff.). Daß ein Bracke den Helden zu Abenteuern und Entdeckungen führt, ist ein verbreitetes literarisches Motiv; es begegnet in der deutschen Literatur z. B. Tr 17333ff., Wig 2207ff. und WvÖ 3346ff.; aus der französischen Literatur ist vor allem die erste Percevalfortsetzung[134] zu nennen, wo IV, 6 (= Wisse/Colin 9203ff.) ein Bracke mit goldenem, edelsteinbesetztem Halsband und langer Leine den Kampf zwischen Gauwein und Bran de Lis zustandebringt. Die Erzählung Wolframs enthält ferner Elemente der Tyolet-Perceval-Sagen, in denen in der Regel eine Jungfrau an Artus' Hof erscheint und erklärt, nur den heiraten zu wollen, der ihr mit Hilfe eines Bracken, den sie ihm gibt, den weißen Hirsch erlegt (cf. PSCHMADT 103ff. und 114f.). Das Motiv des Brackenseils, das Schionatulander für Sigune erwerben soll, erinnert an die aus dem Ende des 12. Jahrhunderts stammende Erzählung von der Mule sanz frain, wo der Zaum eines Maultieres die gleiche Rolle spielt (dazu PSCHMADT 108, eine Episode dieses Inhalts findet sich Kr 12601ff.). Cf. HEINZEL 81 (auch ders., Kleine Schriften, Hrsg. von M. H. JELLINEK und C. v. KRAUS, Heidelberg 1907, 77, Anm. 1) sowie DALBY 37a. Deutlich sind die Beziehungen zu En 1766ff., wo Didos Bracke beschrieben wird, den sie auf die zur Liebesbegegnung mit Aeneas führende Jagd mitnimmt (cf. zu 137, 2); OHLY, ZfdA 94 (1965) 178, ist der Ansicht, Wolfram habe dazu die »Gegenszene« geschaffen. Gänzlich unhaltbar, weil bei Wolfram nirgends angedeutet, ist die symbolische Deutung von RAHN 69f.: ein weißer Hund sei Sinnbild einer guten Ehe; ein Hund, der einem ungerufen nachlaufe, bedeute Glück,

---

[134] The Continuations of the Old French Perceval of Chrétien de Troyes, Ed. by W. ROACH, I–III, Philadelphia 1949–1955.

und deshalb könne der unfreiwillig gefangene Bracke Schionatulander und Sigune kein Glück bringen; auch das laute Bellen kündige Unheil an.
hôchlûtes (adverbieller Gen., cf. BENECKE zu HIw 5078), das die mhd. Wörterbücher nur noch aus Athis und Prophilias (KMÜ) F 133 belegen, ist wohl Terminus technicus; cf. den DWb IV/2, 1624 zitierten Weidspruch:
> *mein lieber weidmann hastu nicht vernomen,*
> *wo meine hochlautende jagdhunde sind hinkommen?*
> *ho ho ho mein lieber weidmann*
> *ich höre zu dieser stund*
> *weder jäger noch hochlautenden jagdhund.*

132, 4: Vorausdeutung, cf. zu 17, 3. Die *friunde* (wie wohl nach dem JT für das überlieferte *fröde* zu konjizieren ist) sind die Helden des Gedichts, Sigune und Schionatulander. Ebenso nennt Wolfram Parzival seinen *friunt* (P 144, 4 und 338, 8). Die syntaktisch einfachste Lösung wäre wohl, das *div* der Hs. als Schreiberersatz für *die*, die mitteldeutsche Nebenform von *der* aufzufassen (so BARTSCH z. St. und MARTIN I, XVI; PIPER, MARTI und HARTL schreiben wie der JT *der*). Es ist jedoch sehr unsicher, ob Wolfram diese Form gebraucht hat (cf. dazu u. a. PAUL, Beitr 2 [1876] 65f.; WEINHOLD 528, Anm. 1; KINZEL, Zeitschrift für das Gymnasialwesen 31 [1877] 586f.; BEHAGHEL, Germania 34 [1889] 488; BERNHARDT, ZfdPh 30 [1898] 87). So wird man eher mit KIEFFNER 48 hinter *div* den Akk. Pl. des Demonstrativums *die* vermuten (auf *friunde* bezogen, *klagen* transitiv). Andere Deutungen überzeugen nicht: LABUSCH 160, Anm. 216, meint, Wolfram lasse hier »die ›aventiure‹ selbst zu Wort kommen« (ebenso RAPP, wohl auch LEITZMANN, der *diu* schreibt); nach SAN-MARTES Anm. zur Übersetzung ist eine »von Wolfram nicht näher bezeichnete Frau« die Erzählerin, und DOCEN z. St. vermutete gar, es liege »das Werk einer altdeutschen Poetin vor«. Zum Syntaktischen cf. im übrigen den Komm. zu 9, 4 (prädikatives Adjektiv mit bestimmtem Artikel) und zu 77, 2 (Verbum substantivum + Part. Präs.).

133 (1174) = 127 G

> *Do si den walt alsus mit chrache horten erhellen,*
> *Schoynatulander vz [] c h i n t l i c h e m leben fur die snellen*
> *was bechant, wan Trefrezent der reine*
> *der lief vn̄ spranch allen den vor, die des phlagen vf riters gebeine.*
>
>   2. *vz chintheit in chintlichez leben* (Konjektur mit allen Herausgebern seit LACHMANN).

133, 1: Der Nebensatz entbehrt wie der in Zeile 137, 1 der logischen Fortführung, die erst 134, 1ff. gegeben wird (Anakoluth). Oder sollte 133, 2–4 in Parenthese gesetzt werden und danach Komma stehen (Strophensprung)?

133, 2f.: *für die snellen was bekant* = »war bekannt als einer, der die Schnellen übertraf« (in diesem Sinn MARTIN und MARTI z. St.), nicht »zählte zu den Schnellen« (in diesem Sinn BARTSCH und PIPER z. St.), da sonst die Ausnahme *wan Trefrezent*... sinnlos ist.

133, 3: Wolfram wollte wohl nur den Namen Trefrezents anbringen. Mit dessen Reisebericht im 9. Buch des P dürfte die Aussage über seine Schnelligkeit nichts zu tun haben, denn da wird mehrfach betont, daß er sich zu Pferde fortbewegt hat (P 495, 17; 496, 6; 497, 20; 498, 21, 24).

133, 4: *loufen* und *springen* werden oft als ritterliche Übung genannt, cf. W 281, 22 sowie die Belege in den Wörterbüchern (BMZ I, 1045a und II/2, 540af.; LEXER I, 1967); die Verbindung ist formelhaft, cf. DWb VI, 316 und X/2/1, 90.

134 (1175) = 128 G

Nv daht er: ›obe den hunt iemen mach erlöffen,
riterlichiu bein die trage.‹ er wil fröde verchöffen
vñ ein stætz truren dar an enphahen.
vf spranch sin lip gein der stimme, als er wolte den brachen ergahen.

134, 2: *rîterlîchiu bein* = Flore 6854, Turnier von Nantes[135] 751. Zur Wendung *bein tragen*, die vom JT bestätigt wird, cf. P 742, 1:
Der heiden truog et starkiu lit
(ebenso *lip* [P 656, 28 u. ö.], *munt, hâr* [P 631, 12f.], *ôren* [P 313, 29], *hant* [P 48, 24] *tragen*; cf. BMZ I, 1002b und III, 68b).
BARTSCH, PIPER, LEITZMANN und MARTI verstehen *die* als abgeschwächte Form von *diu*, BARTSCH und PIPER dabei *trage* als Imperativ: »so zeige, daß du ritterliche Beine hast« (BARTSCH z. St.). Da aber von »zeigen« nichts im Text steht, wird man eher mit MARTI z. St. *trage* als adhortativen Konjunktiv mit Ersparung des Subjekts auffassen (cf. PMS § 270): »der möge ritterliche Beine haben...« Auch an dieser Stelle böte freilich die Erklärung des *die* als mitteldeutsche Nebenform von *der* die syntaktisch einfachste Lösung (so MARTIN z. St., cf. zu 132, 4; HARTL schreibt *der*). Allzu spitzfindig ist MARTIS Deutung der Stelle im Kontext: »der möge ritterliche Beine haben, also ein Ritter sein. Daher macht er selber keinen Versuch, den Hund durch Laufen zu erhaschen«, doch ist es in der Tat auffällig, daß das durch eine ganze Strophe (133) vorbereitete Motiv für den Brackenfang, die Erprobung von Schionatulanders Schnelligkeit, blind bleibt, denn er läuft dem Bracken ja nicht nach, sondern fängt ihn durch eine List (135, 4).

---

[135] Konrad von Würzburg, Kleinere Dichtungen, Hrsg. von E. SCHRÖDER, II, 3. Aufl., Berlin 1959.

134, 2f.: *er wil fröude verkoufen*... ist Vorausdeutung, cf. zu 17, 3. Eine »in der Erzählung zukünftige Begebenheit« wird »als für die Gegenwart des Dichters zukünftig hingestellt« (KIEFNER 51; cf. 135, 2 und 136, 2 sowie zu 17, 3 über das Autor-Präsens). Über das Bild cf. zu 20, 4.

134, 3: *dar an*, sc. an dem Hund.

134, 4: *als er wolte den bracken ergåhen* = »wie wenn er dem Hund nachlaufen wollte, um ihn zu fangen«, was er nicht tut, cf. oben zu 134, 2.

135/136 (1176/1178/1179) = 129/130 G

Sit in den witen walt niht mohte gecheren
daz fluhtege wilt, wan her fur den talfin, daz wil sin arbeit gemeren.
chunftch truren braht ez im zeteile.
nv dachter sich in einer dicchen strut. sus chom iagende an dem seile

Des fursten brache, dem er enphŏr vz der hende
nider vf div stral snitch mal. daz si nimer hunt mere gesende,
diu in dem grozgemŏten sande,
von dem er iagte vnze vf den stolzen Grahardeiz, daz dem vil [] frŏden
[*sit erwande!*

136, 2. *stral | snitch.*
136, 4. *vil fil.*

Echtheit: STOSCH, ZfdA 25 (1881) 205f., hat die beiden Strophen athetiert, weil sie »den fortgang der handlung« hemmten, vom Besitzer des Bracken erst später (146, 157) erzählt werden sollte und der Strophensprung verdächtig sei, hauptsächlich aber im Interesse seiner völlig unhaltbaren zahlenkompositorischen Erwägungen. Die Unzulänglichkeit solcher Argumentation liegt auf der Hand; cf. auch LEITZMANN, Beitr 26 (1901) 138, zum Strophensprung HORACEK, ZfdA 85 (1954/55) 228, Anm. 1.

135, 2: Vorausdeutung, cf. zu 17, 3; über das Tempus zu 134, 2f.

135, 4: »Er ging in einem dichten Gebüsch in Deckung...«

136, 2: *nider* heißt nicht »mit der auf dem Boden spürenden Nase« (MARTIN z. St.), sondern bezieht sich darauf, daß der *fürste* den Bracken getragen oder auf dem Pferd mit sich geführt hatte, cf. z. B. Prosa-Lanzelot[136] I, 36, 23ff.: *Lancelot ... nam synen bracken an synen arm und furt yn vor im off sym*

---
[136] Lancelot, Hrsg. von R. KLUGE, (Bisher:) I, II, Berlin 1948ff. = DTM, 42, 47.

pferde, Wig 2248ff. (der Besitzer des Brackens, den Nereja auf dem Pferd mit sich führt, zu Wigalois):

> ... *wie getorst ir ie*
> *gevâhen mînen schœnen hunt?*
> *heizeten lâzen an dirre stunt*
> *balde ûf die strâze n i d e r*
> ...

Auch der Verfasser des JT hat die Stelle wohl so verstanden (1178, 1f.):

> *Des fursten vreud iz latzte,   daz im der brack enpfarnde*
> *was, den er nider satzte   uf stral snidic mal...*

strâlsnitec mâl = »die durch den Schnitt eines Pfeiles verursachten Flecken«, d. h. »die Blutspur des durch einen Pfeilschuß verwundeten Tieres«. *strâlsnitec* scheint nur hier belegt zu sein.
Die Absenderin des Hundes war Clauditte, der Empfänger Ehkunat (cf. 149 bis 153); über die Tempusverhältnisse cf. zu 134, 2f.

136, 3: *grôzgemuot* statt des üblichen *hôchgemuot* findet sich bei Wolfram noch W 412, 6 und L 7, 40; die Wörterbücher (BMZ II/1, 261a und Lexer I, 1095) belegen es sonst nur bei Späteren.

136, 4: *daz dem vil fröuden sît erwande* = »was diesen später um all sein Glück brachte«; Vorausdeutung, cf. zu 17, 3.

137   (1181) = 131 G

> *Do er dur die dicche alsus brach vf der verte,*
> *sin halse was arabensch ein borte geslagen mit der drihen vil herte,*
> *dar vfe chos man tivre vñ lieht gesteine.*
> *die glesten durh den walt sam diu sunne. al da viench er den brachen*
> *[niht eine.*

137, 1: Wie 133, 1ff. findet auch hier der Gliedsatz keine angemessene Fortsetzung, wenn man (mit allen Herausgebern) wie oben interpungiert. Es gibt jedoch noch andere Möglichkeiten:
1. Parenthese von *sîn* bis *gesteine*, *die* in Zeile 4 aus der Parenthese bekanntes Subjekt: »als er durch das Dickicht brach, glänzten die Steine auf«, besser:
2. Parenthese von *sîn* bis *sunne*, *al dâ*... *eine* Hauptsatz.

137, 2: Die Trennung von Adjektiv und Substantiv durch den eingeschobenen unbestimmten Artikel (*arâbensch ein borte*) ist bei Wolfram gut belegt, cf. P 231, 11:

> *sinwel arâbsch ein borte,*

605, 8f.:

> *phæwîn von Sinzester*
> *ein huot...,*

ferner 15, 23; 101, 9f.; 296, 22; 338, 17; 513, 2; 593, 19; 607, 24; 760, 27; 825, 8; W 11, 26 u. ö. (cf. BUCHENAU 22f.; RADTKE 18; DS IV, 204f.). Nach ZELL 26 findet sich bei Hartmann nur ein sicherer Beleg für diese Struktur (HIw 3557), während sie bei Gottfried häufig vorkommt (z. B. Tr 920, 1001, 11834, 12293, 13321).

Das Adjektiv *arâbensch*, das nur hier und in Lectio G zu P 231, 11 belegt zu sein scheint, kann eine Weiterbildung mit deutschem Suffix zu dem Virginal[137] 34, 3 belegten *arâbîn* sein (*von arâbîneme golde*), dessen Auslaut gegenüber dem afrz. *arabi* (TOBLER/LOMMATZSCH I, 487) unorganisch wäre (cf. niederl. *arabijn*, dazu SUOLAHTI [8] 53). Vielleicht darf man aber auch an eine aus dem lat. *arabensis* stammende Bildung denken (MARTIN z. St. – cf. afrz. *arabois*, TOBLER/LOMMATZSCH I, 488, bei Wolfram *Arâbois* als Substantiv W 153, 18; 205, 21 u. ö.). Der Hinweis auf die Herkunft des Materials aus dem Orient soll den Wert des Halsbandes unterstreichen, cf. HELM, Beitr 41 (1916) 367ff. Kostbare Hundehalsbänder werden in der mhd. Literatur oft beschrieben, cf. En 1783ff.:

> *dat halsbant* (*diu halse* GBMw) *was ein borde,*
> *de dar tu gehorde,*
> *te maten enge ende wit.*
> *binnen was ein samit*
> *da ane genat vaste.*

Bit 7055ff.:

> *Nu hœrt ouch umb den vogelhunt.*
> *von Machsamî was ê der stunt*
> *diu halse komen die er da truoc.*
> *dar inne steine ouch guot genuoc*
> *ahzic lâgen unde drî.*
> *ein edel borte ûz Arâbî*
> *was des vogelhundes seil.*

WvÖ 3354f.:

> ... *im* (sc. dem Bracken) *was berait*
> *ain borte rich umme sin keln*

Wisse/Colin 9208f.:

> *ein koller von eime borten guldin:*
> *die truog ez* (sc. das *breckelîn*) *umbe sinen nac,*
> *do manig guot stein inne lac.*

Besonders auffällig sind die Beziehungen zur En, wo auch das Motiv des Schenkens nicht fehlt, 1788f.:

> *si hedde't* (sc. das Halsband) *heren gaste*
> *gegeven, wolde 'r 't hebben genomen.*

Allzu schematisch folgert DALBY 79b daraus die Existenz des Motivkomplexes vor Veldeke und Wolfram, da dieser unmöglich die ganze Titurelgeschichte auf der Grundlage dieser Szene der Eneide erfunden haben könne.

---

[137] Virginal, Hrsg. von J. ZUPITZA, in: Deutsches Heldenbuch, V, Berlin 1870.

Der – in den Kommentaren und Wörterbüchern übergangene – Ausdruck *geslagen mit der drîhen vil herte* muß sich auf das Übereinanderschlagen der Fäden beim Sticken (*drîhe* = »Nadel«) oder auf das Anschlagen der Schußfäden beim Weben (*drîhe* = »Webscheit«) beziehen, cf. zu 91, 4. *vil herte* ist syntaktisch mehrdeutig. Es kann nachgestelltes Attribut zu *borte* (bzw. zu *halse*) sein und sich auf die besonders feste Webart des Halsbandes oder auf seine durch Metallfäden bedingte Härte beziehen. Es kann aber auch nachgestelltes Attribut zu *drîhen* sein, so daß es sich um ein besonders festes und hartes Instrument gehandelt hätte. In diesem Zusammenhang ist es vielleicht nicht uninteressant, daß man besonders massive Webschwerter für eine Spezialtechnik der Brettchenweberei benötigt, bei der das Brettchen in der Mitte ein zusätzliches Loch hat, durch das eine dicke Schnur, die »Seele«, läuft, die von den Kettfäden umsponnen wird, cf. LEHMANN-FILHES 42: »Sehr praktisch erweist sich das große, schwere, manchmal sogar mit Blei ausgegossene Instrument aus h a r t e m Holz, das man im Kaukasus, in Syrien, wie in Mosul hat, um das Gewebe festzu s c h l a g e n.« Syntaktisch möglich wäre schließlich auch die Interpunktion:

> *sîn halse was arâbensch ein borte. geslagen mit der drîhen vil herte*
> *dar ûfe kôs man tiure und lieht gesteine.*

cf. 143, 2f.:

> *was diu halse ein borte genæt, vil steine von arde manecvalde*
> *drûf geslagen ...*

Die Parallele ist bestechend, aber man steht vor dem Dilemma, daß die *drîhe*, faßt man sie als Nadel auf, kein zum Aufnieten der Nägel geeignetes Instrument ist, wenn es sich aber nicht um eine Nadel handelt, die zu 91, 4 zusammengestellten Belege auf die Deutung als Webschwert weisen. Oder sollte man dieses offensichtlich schwere und harte Gerät auch zum Aufnieten der Steine verwendet haben?

137, 3: Indirekte Darstellung, cf. zu 11, 2.

137, 4: *niht eine*, sc. nicht nur den Bracken, sondern auch *kumber*, *arbeit* und *kriegen nâch strîte* (138); cf. zu 1, 2 (Zeugma).

138 (1182/1183) = 132 G

> *Waz er mit dem brachen begreif, lat ez iv nennen.*
> *gefurrie⟨r⟩ten chumber mit arbeit er mǒse vnverzagetliche erchennen*
> *vn̄ imer mere groz kriegen et nach strite.*
> *daz brachen seil was rehte im ein vrhap fröden flust bærer zite.*
> 4. *flust | bærer.*

Allgemeines: Die Strophe deutet auf die Katastrophe voraus; cf. zu 17, 3.

138, 1: *waz... begreif* versteht MARTI als direkten Fragesatz (Fragezeichen statt Komma nach *begreif*), *lât ez iu* nennen als Antwortsatz (Doppelpunkt statt Punkt nach *nennen*). Dies wäre die einzige den Zuhörern in den Mund gelegte Frage im T (cf. die Zusammenstellung bei FÖRSTER 35ff.); cf. auch zu 36, 1 (Höreranrede).

138, 2f.: *gefurrierten kumber mit arbeit* = »mit Mühe gefüttertes Leid«, d. h. »Leid und Mühe« (zur Wortstellung cf. DS IV, 248). *furrieren* in bildlicher Verwendung findet sich bei Wolfram noch W 368, 25; 377, 16; 443, 20 (im P nur in eigentlichem Sinn: 168, 10; 225, 12; 301, 29; 313, 11); über Nachahmung im JT cf. BORCHLING 133.
unverzagetlîche = P 344, 4; 704, 12; W 16, 26; 52, 9; 57, 8; 95, 9 (als Adjektiv W 250, 16): »ohne zu verzagen«; in den Wörterbüchern (BMZ III, 839a und LEXER II, 1973) nicht vor Wolfram belegt.

138, 3: *kriegen et nâch strîte* = »nach Kämpfen trachten«, denn nur so kann er das Halsband erwerben.

138, 4: Der Artikel *daz* ist vom Regens *seil* durch den eingeschobenen Gen. *bracken* getrennt wie z. B. P 38, 5 *diu Gahmuretes lanze*; es kann sich jedoch auch schon um ein Kompositum handeln (so LEITZMANN, cf. zu 54, 2). Das Brackenseil, das Schionatulander den Tod bringt, wird als warnendes Sinnbild unglücklicher Liebe z. B. im Glaubensbekenntnis eines Liebenden (Minnereden II, Nr. 17) 138f. erwähnt:
  gedenck wie Gardafies wart
  verkuppelt indas brakgen sail.
fröuden flustbæriu zît = »Zeit, in der das Glück verloren geht«, »Unglückszeit«. *flustbære* (= P 248, 7; W 138, 10; 178, 20) ist in den Wörterbüchern (BMZ I, 1033b und LEXER III, 171) nicht vor Wolfram belegt.

139 (1185) = 133 G

Er trôch den hunt an dem arme Sigunen der chlaren.
daz seil was wol zwelf chlafter lanch, die von vier varwe borte siden
                                                                    [*waren,*
  gel, grône, rot, brun div vierde,
  imer swa div spanne erwant, an ein ander geworht mit gezierde.

139, 2: RAHN 70f. deutet die Länge des Seiles symbolisch: die Zahl 3 bezeichne das »Männlich-Väterlich-Geistige«, die Zahl 4 den »weiblich-mütterlich-psychischen Bereich«, die Zahl 12 (= 3×4) die Vereinigung der beiden Bereiche: »Diese Einheit von Mann und Frau in gegenseitiger, opferbereiter Liebe ist auch das Ziel von Sigune und Schionatulander.« Diese Interpretation muß ebenso wie die symbolische Auslegung der Farben, Nägel und Edelsteine (cf. zu 139, 3; 141, 4 und 142, 1f.) als sinnlos, weil unkontrollierbar, bezeichnet werden; zur Erhellung der Dichtung trägt sie nicht das Geringste bei (cf. auch WOLFF, WW 10 [1960] 187).

die von vier varwe bortesîden wâren = »die aus vierfarbiger Bortenseide bestanden«. *die* bezieht sich auf die *zwelf klâfter*, ist also Umschreibung für *daz seil*; *vier* ist unflektiertes Numerale; *varwe* Gen. qualitatis zu *bortesîden* (Gen. Pl. wie z. B. P 129, 21: *von drîer varwe samît* – cf. MARTIN zu P 57, 16); *bortesîden* ist entweder Dat. Sgl. (so die Übersetzung), wobei die nachgestellten Attribute in Zeile 3 und 4 auf *varwe* zu beziehen sind, oder Dat. Pl. und Bestimmungswort der nachgestellten Attribute (siehe unten). – Das Seil war also ein vierfarbiges Seidenband oder bestand aus mehreren solcher Bänder, wobei sich in Abständen von je einer Spanne Naht- oder Übergangsstellen befanden, über denen Ringe lagen (139, 4f.). Zwischen den Ringen waren vier spannenlange, fingerbreite *blat* verschiedener Farbe (140, 3). Wenn sich, was ich für wahrscheinlich halte, *blat* auf das Seidenband bzw. dessen mit der Schrift bedeckte Fläche bezieht,[138] können die einzelnen Farbstreifen nicht, wie die Kommentatoren meinen, hintereinander gelegen haben. (MARTI zu 140, 3 scheint anzunehmen, daß die Ringe im Abstand von vier Spannen angebracht waren und zwischen ihnen je eine Farbserie lag; im Text steht zwar nicht ausdrücklich, daß die Ringe jeweils eine Spanne auseinanderlagen, aber das ist doch das Wahrscheinlichste, da sie offensichtlich die Nahtstellen verdecken sollten.) Es wäre denkbar, daß vier spannenlange, fingerbreite Seidenbänder (*blat*) verschiedener Farbe an der Längsseite zusammengefügt waren, das Seil also durchgängig gestreift und vier Finger breit war. Aber warum sollte dieses Seil aus spannenlangen Stücken zusammengesetzt sein? Wie konnte man es auseinanderfalten (141, 1), wenn es nicht, worauf der Text keinen Hinweis gibt, zusammengelegt war? Und wie konnte man von »innen« und »außen« sprechen (141, 2)? Diese Schwierigkeiten lösen sich, wenn man an eine bestimmte Technik der Brettchenweberei (cf. zu 91, 4) denkt, auf die mich Karin WEISSWANGE aufmerksam macht: Man hält die quadratischen Brettchen mit einer Spitze nach oben, so daß sich zwei Fächer ergeben, und verwendet je einen Schußfaden für das obere und das untere Fach (»Extraschuß«); wenn man die mit der nötigen Anzahl von Löchern versehenen Brettchen immer in der gleichen Richtung dreht, entstehen zwei übereinander liegende Bänder mit verschiedenfarbiger Ober- und Unterseite, die in bestimmten Abständen durcheinandergeflochten sind.[139] Die vier *blat* könnten

---

[138] Das DWb II, 76 verzeichnet »Blatt« in der Bedeutung »zusammengenähte Tücher«. – SCHUCHHARDT 27 denkt dagegen an »Vierblattformen«; demnach wären die spannenlangen Stücke zwischen den Ringen mit je vier fingerbreiten Blattornamenten verschiedener Farbe besetzt gewesen.

[139] Wenn man nicht mit Extraschuß arbeitet, hängen die Bänder zusätzlich an einer Seite durch den Schlußfaden zusammen, bilden also eine Art seitlich geöffneten Sack. Auch hierfür träfen Wolframs Angaben zu; die Ringe sprechen sogar eher für diese mehr gerundete Form.

die beschriebenen Ober- und Unterseiten der beiden Bänder sein, die im Abstand von einer Spanne durcheinandergeflochten wären; über den Durchdringungsstellen befänden sich die Ringe. Die beiden übereinander liegenden Bänder hätte man, wenn man *ûze* gelesen hatte, *von ein ander falten müssen*, um *inne* weiterlesen zu können. Die nachgestellten Attribute in den Versen 139, 3f. beziehen sich dann auf *varwe*: wenn die vier Farben der Ober- und Unterseiten der Bänder an den Durchdringungsstellen aufeinanderstießen, konnte man durchaus sagen, daß sie *an* (JT *in*!) *ein ander geworht* waren. Hundeleinen aus Seide sind im übrigen auch sonst bezeugt, cf. DALBY 197aff.

139, 3: RAHN 71f. deutet die Farben symbolisch: *gel* = »der Minne Sold und Gewährung«, aber auch »Geduld oder gar Enthaltsamkeit«, es will »in die Zukunft weisen, auf das, was die Minne den Liebenden bringen soll«, daneben »wird das Publikum auch die gefährlichen Untertöne dieser ... Farbe nicht übersehen haben« – *grüene* = »Beginn der Liebe« – *rôt* = »brennende Minne« und »Ansporn zu Tugend und Ehre« – *brûn* = »Gebundenheit in der Minne«; cf. zu 139, 2.

139, 4: Über den bestimmten Artikel bei Zahlgrößen und Mengenangaben cf. DS I, 44.
an ein ander geworht mit gezierde = »kunstvoll aneinandergefügt«; cf. zu 139, 2 (die dort angestellten Überlegungen sprechen dagegen, daß sich, wie MARTI z. St. meint, *gezierde* konkret auf die Ringe bezieht – »mit Schmuck« –, diese also eine Art Klammerfunktion gehabt hätten).

140 (1186) = 134 G

Dar vber lagen ringe, mit berlen verblenchet.
imer zwischen den ringen, wol spanne lanch, niht mit steinen ver-
                                                                [kr(en)chet,
vier blat vier var, wol vingers breit die mazze.
gevahe ich imer hunt an solhez seil, ez belibet bi mir, swenne ih in lazze.

140, 1: *Dar über*, sc. über dem Seil, und zwar über den Naht- oder Übergangsstellen (cf. zu 139, 2).
mit berlen verblenket = »mit Perlen verziert«. *verblenket* belegt LEXER III, 78 nur noch aus dem JT 365, 1ff.[140]:
  Swer an daz dach gedenket,   daz was von rotem golde,
  mit plahmal uber blenket (verblenket BX),   darumbe daz iz niht ver-
                                                              [sniden solde
  die ougen gen der liehten sunnen glitze.

---
[140] Den bei BMZ I, 197a aus Joh. Bernh. FRISCHS »Teutsch-lateinischen Wörterbuch« (1741) angeführten Beleg: »ein verblenketes weib ›das sich geschminkt hat‹« kann ich nicht nachprüfen.

Dieser Beleg weist auf die Bedeutung »verzieren«, »schmücken«. Für die vorliegende Stelle kommt indessen auch die etymologisch naheliegende Bedeutung »glänzend« bzw. »weiß machen« in Frage (so die Kommentare): es ist denkbar, daß die Ringe über und über mit eingelegten Perlen bedeckt waren und dadurch weiß erschienen; auch kann *verblenket* in der Bedeutung »glänzend gemacht«, »poliert« als nachgestelltes unflektiertes Adjektiv zu *berlen* aufgefaßt werden (in diesem Sinn SAN-MARTE und SIMROCK). Die oben gegebene Übersetzung scheint mir jedoch nach Syntax und Sinn die einleuchtendste zu sein.

140, 2: *niht mit steinen verkrenket* = »mit Steinen nicht wertlos gemacht«. Der Sinn dieser Worte ist nicht ganz klar. Es kann gemeint sein: »nicht mit schlechten Steinen besetzt« (BENECKE 947 und BARTSCH z. St.) oder »durch die Steine nicht entwertet« = »durch die Steine kostbar gemacht« (MARTIN und MARTI z. St.). Ganz anders PIPER z. St.: »›nicht wertloser gemacht durch dazwischen gesetzte (Edel)steine‹, diese galten für wertloser als die Perlen«, was wohl bedeuten soll, daß sich überhaupt keine Steine auf den *blat* befanden (so eindeutig die Übersetzer SAN-MARTE, SIMROCK, RAPP und MATTHIAS); zum Gedanken cf. z. B. Flore 2816ff.:

> *der satel möhte nîden*
> *daz er mit edelen steinen*
> *grôzen unde kleinen*
> *als wol niht gezieret wart.*
> *daz kam dâ von, er was der art*
> *daz er golt noch gesteine*
> *noch ander zierde deheine*
> *an im tragen wolte;*
> *wan er tiurer wesen solte*
> *dan iht anders wære.*

Diese Auffassung ist zwar syntaktisch naheliegend, aber vom Kontext (141/142) her unmöglich, wenn man die *blat* nicht für Blattmuster hält (cf. Anm. 138).

140, 3: Über die *blat* cf. zu 139, 2. Das Verbum substantivum ist zu ergänzen, cf. zu 20, 2.
die mâze ist Akk. des Geltungsbereichs: »was das Maß betrifft«, »dem Maß nach«.

140, 4: Erzählereinmischung, cf. zu 18, 2.
gevâhe ich imer hunt an solhez seil = »gelingt es mir jemals, einen Hund an so eine Leine zu nehmen«. »Den Hund an die Leine *vâhen*« scheint Terminus technicus zu sein, cf. Had 8, 7:

> *dô ich ez* (sc. das Herz, das der Leithund ist) *an die strangen wolde fâhen*,

auch DALBY 5b und 251b.

141 (1187) = 135 G

Do manz von ein ander vielt zwischen den ringen,
vzen vñ innen chos man dran schrift wol mit chostchlichen dingen.
auenture horet, obe ir gebietet.
mit guldinen nagelen waren die steine vaste an die st⟨r⟩ange genietet.

141, 1: Das überlieferte *dô* (LEITZMANN und MARTI gegen LACHMANN, BARTSCH, PIPER, MARTIN *sô* [= JT HJKXY]) wird von der Hss.-Gruppe I des JT gestützt (*do* Aa, *da* BDE).[141] Ich beziehe *man* auf Sigune, Schionatulander und ihr Gefolge: »als man es zwischen den Ringen auseinanderfaltete...« (die Herausgeber seit LACHMANN setzen Komma nach *vielt* statt nach *ringen,* cf. zu 139, 2).

141, 2: Cf. zu 11, 2 (indirekte Darstellungsweise) und 139, 2 (*ûzen und innen*).
mit kosteclîchen dingen = »aus kostbarem Material« (MARTI z. St., ähnlich BARTSCH und PIPER z. St.), wohl als elliptische Konstruktion aufzufassen, da *mit* kaum direkt zur Materialbezeichnung dienen kann: »mit kostbarem Material hergestellt«.

141, 3: Cf. zu 36, 1 (Höreranrede).

141, 4: RAHN 72 verweist auf JT HAHN 5494, 3f., wo gesagt wird, die Treue solle rein sein wie lauteres Gold, und deutet die goldenen Nägel als Sinnbild der Treue; cf. zu 139, 2.

142 (1188/1189) = 136 G

Smaragede waren die bôchstabe, mit rubinen verbundet.
adamante, krisolite, granat da stônden. nie seil baz gehundet
wart, ôch was der hunt vil wol geseilet.
ir muget wol erraten, welhez ih da name, op ware der hunt der gegene
                                                                        [geteilet.
4. *der | gegene.*

142, 1f.: Unter völlig willkürlicher Benutzung volkssprachiger Quellen (vor allem JT und Megenberg) deutet RAHN 73f. auch die Steine symbolisch: der

---

[141] WOLF setzt gegen Aa *da* in den Text, scheint den Satz also räumlich aufzufassen: »an den Stellen, an denen...« Die temporale Auffassung wird aber durch die Wolfram-Hs. bestätigt, so daß das *da* in BDE auf einer in späten Hss. oft zu beobachtenden Verwechslung von *do* und *da* beruhen dürfte.

Smaragd bezeichne »eine Art höchster Allgemeintugend«, der Rubin die »feurige Liebe«, der Adamas die *stæte*, der Chrysolith sei gut gegen *bôse vorchten* (JT 563, 3), der Granat verjage Trauer. Über die Sinnlosigkeit dieses Interpretationsverfahrens cf. das zu 139, 2 Bemerkte.

Das Verbum *verbunden* scheint nur hier belegt zu sein. MARTIN z. St. denkt an »›verbinden‹, eig. durch einen ›bunt‹ befestigen«. Ich halte MARTIS Hinweis auf den *bunt* im Brettspiel für plausibler: wie die Spielsteine einen *bunt*, so bildeten die Edelsteine auf dem Seil eine Reihe. Interpungiert man (mit allen Herausgebern) wie oben, liegt die Annahme nahe, daß immer ein Smaragd und ein Rubin ein Paar bildeten. Setzt man aber einen Punkt statt des Kommas nach *buochstabe* und tilgt den Einschnitt nach *verbundet*, könnten die Diamanten, Chrysolithe und Granatsteine jeweils mit einem Rubin zusammengestellt sein. Zwingend ist die Annahme solcher Steinkombinationen indessen nicht.

Der *adamas* (im Griechischen ist das Wort ursprünglich Bezeichnung für Stahl, dann auch für die härtesten Steine), ist der Diamant (cf. H. LÜSCHEN, Die Namen der Steine, Das Mineralreich im Spiegel der Sprache, Thun und München 1968, 203b). Wolfram gebraucht im Sgl. stets die Form *adamas* (P 53,4; 58, 12; 70, 20; W 426, 3 u. ö. – P 589, 18; 791, 27 und W 60, 6 könnte *adamas* Pl. sein), an der vorliegenden Stelle den Pl. *adamant(e)* (mittellat. *adamas, -antis* – cf. MlWb I, 157). In anderen Denkmälern ist die Form *adamant* auch für den Nom. Sgl. bezeugt (cf. BMZ I, 7a und LEXER I, 20).

Welcher Stein im Mittelalter *krisolît* genannt wurde, ist unklar. Der antike Chrysolith (»Goldstein«) war gelb oder golden und durchscheinend (wie etwa der Topas, der gelbe Korund, der Zitrin, der Chrysoberyll, der Beryll und andere), der heutige ist grün in verschiedenen Tönungen (cf. LÜSCHEN l. c. 200a).

142, 2f.: »Nie war eine Leine besser mit einem Hund versehen worden, auch war der Hund an eine sehr gute Leine gebunden.« *gehundet*, vielleicht in Analogie zu *georset* (BMZ II/1, 444a und LEXER I, 867) gebildet, ist nur hier belegt (cf. aber *behundet* = »mit Hunden versehen«, BMZ I, 729a), *geseilet* dagegen allgemein gebräuchlicher Terminus technicus (cf. DALBY 199a). Zum Wortspiel cf. SPRINGER 112; DOCEN z. St. verweist dazu auf RZw 215, 1f.:
  Die liute sint gelandet wol,
  diu lant niht wol geliutet ...

142, 4: »Ihr erratet sicher, was ich nehmen würde, wenn der Hund dagegen (sc. gegen das Seil) zur Wahl gestellt würde.« Zum Ausdruck *teilen* cf. BENECKE zu HIw 4630, zum Stilistischen den Komm. zu 18, 2 (Erzählereinmischung) und 36, 1 (Höreranrede).

143 (1190) = 137 G

Vf einem samit grŏnem als in meigeschem walde
was div halse ein borte genat, vil steine von arde manchvalde
druf geslagen. die schrift ein frŏwe lerte.
Gardeviaz hiez der hunt. daz chut tuschen: ›hŏte der verte!‹

143, 1f.: Cf. den bereits zu 137, 2 zitierten Beleg En 1786f.:
binnen (sc. an der Innenseite des Halsbandes) *was ein samit dar ane genat vaste.*
Die überlieferte stark flektierte Form *grüenem* durch die unflektierte zu ersetzen (LACHMANN, MARTIN, LEITZMANN), ist unnötig, da starke Adjektivflexion in Zweitstellung bei Wolfram gut belegt ist, cf. z. B. P 138, 7 *der knappe guoter*, ferner 141, 14; 156, 29; 374, 22; 414, 8 u. ö. (nach BUCHENAU 20); *als in meigeschem walde* ist Bestimmung zu *grüene*; *ein borte* Apposition oder Gleichsetzungsnominativ zu *halse*: »das Halsband, ein *borte*, war auf Samt festgenäht, der grün war wie der Wald im Mai« oder: »das Halsband war ein auf Samt, der grün war wie der Wald im Mai, festgenähter *borte*«. Die zweite Lösung bringt deutlicher zum Ausdruck, daß sich die *halse* vom *seil*, das ebenfalls ein *borte* war, durch den Samt unterschied.

143, 3: Das zu *drûf geslagen* gehörende Verbum substantivum ist zu ergänzen, cf. zu 20, 2.
lêrte = »hatte angegeben«; ebenso heißt ein Eid, dessen Wortlaut dem Schwörenden vom Richter angegeben wird, ein »gelehrter« Eid (cf. DWb VI, 561f.).

143, 4: Der Name *Gardeviaz*, von Wolfram mit *hüete der verte* glossiert (cf. zu 59, 1), kann der Form nach provenzalisch (*garda-vias* – cf. BARTSCH [Eigennamen] 153), aber auch lateinisch sein (*garde-vias*), was an Hildegards von Bingen Traktat Scivias erinnert (RAHN 74f.; OHLY, ZfdA 94 [1965] 179). Daß der Name, auch wenn er provenzalisch sein sollte, allein nicht ausreicht, eine romanische Quelle für den T zu erweisen (BARTSCH l. c., SINGER [Stil] 61f.), hat bereits PARIS, Romania 4 (1875) 149, betont.
hüete der verte oder *hüete dîn* ist der Ruf, mit dem der Jäger den Hund auffordert, die rechte Spur nicht zu verlieren, cf. Had 8, 1:
Hüet alwec dîn, geselle!
(ferner 81, 5; 89, 5) und 72, 1f.:
Du hüete dîner verte
geselle, und mîner êren!
sowie Hugo von Montfort[142] IX, 32f.:
Gsell, huet der vert, das tier ist jung,
Das es tue keinen abesprung

---

[142] Hugo von Montfort, Hrsg. von K. BARTSCH, Tübingen 1879 = BLVS, 143.

(nach Dalby 95bf.). Der von der konkreten Bedeutung des Fährtensuchens bei der Jagd ausgehende Name wird im folgenden symbolisch auf die rechte Lebensführung bezogen. Im JT erscheint die Wendung außer in der Beschreibung des Brackenseils (1883–1927) als Reminiszenz noch 2780,1; 2785,1; 3573,1; Hahn 4486,3; 4487,3; 4495,4; 4874,2 (nach Borchling 160). – *verte* kann sowohl Gen. Sgl. als auch Gen. Pl. sein, doch spricht der Pl. *viaz* für das zweite.

144 (1191) = 138 G

Diu herzogin Sigune las an vanch der mære:
›swie ditze si ein brachen name, daz wort ist den werden gebare.
man vñ wip die hŏten verte schone!
die varent hie in der werlde gunst vñ wirt in dort sælde zelone.‹

Allgemeines: Die Interpunktion dieser und der folgenden Strophen ist nicht ganz sicher. Es geht aus dem Text nicht eindeutig hervor, ob 144,2–144,4 direktes Zitat der Schrift auf der *halse* ist (Anführungszeichen); daß es sich auf jeden Fall um den Inhalt der Schrift handelt, zeigt das *mêre* in Zeile 145,1. Str. 145 ist parallel zu Str. 144 gebaut und muß deshalb entsprechend interpungiert werden. Str. 146, 1f. dürfte epischer Bericht sein (*was ein küniginne* – Clauditte ist ja, als sie den Bracken aussendet, immer noch Königin). Nicht sicher einzuordnen sind 147,1 – 148,1/148,4 – 149,4/150,2 – 152,2/153,1 – 153,3. Das Präteritum hat hier keinen Argumentationswert, da die berichteten Ereignisse auch im Rahmen der inneren Chronologie der epischen Fiktion (»erzählte Zeit«) bereits vergangen sind. Immerhin spricht das Lob Claudittes in Str. 149 für epischen Bericht, denn sie wird sich schwerlich selbst so gerühmt haben. Ich halte es für wahrscheinlich, daß Wolfram die Schrift auf der *halse* (144,2–4/145,2–4) direkt zitiert (Moralsentenzen), die Inschrift auf dem *seil* (146ff.) aber kommentierend referiert (Erzählung).

144,1: Über das Fehlen des Artikels vor *anevanc* cf. PMS § 291,5.

144,2: *bracken* ist Gen., cf. z. B. P 60, 27f.:
Ein schifprücke ûf einem plân
gieng übr einen wazzers trân,
ferner 99,15; 130,1; 141,16 u. ö. (dazu Radtke 22, cf. auch zu 138,4).

144,3: *hüeten* ist Konjunktiv; der Satz ist in Analogie zu dem imperativisch gebildeten Namen wohl als Aufforderung zu verstehen: »Männer und Frauen mögen auf dem rechten Weg bleiben!« (Anders die Herausgeber seit Docen, die Komma nach *schône* setzen, *die hüeten verte schône* also als Relativsatz auffassen.) Zeile 144, 4 beschreibt dann die Folge der Erfüllung dieses Gebots.

144, 4: Noch einmal wird das Ideal des *imer sælec hie und dort* beschworen, cf. zu 44, 2.

145 (1192) = 139 G

Si las mere an der halsen, noch niht an dem seile:
›swer wol verte hôten chan, des pris wirt getragen nimer veile.
der wonet in luterem herzen so gestarchet,
daz in nimer ŏge vber sihet vf dem vnstæten wenchenden market.‹

Allgemeines: Über die Interpunktion der Strophe (Anführungszeichen) cf. zu 144.

145, 2: Cf. W 221, 10:
    er füert dîn êre veile,
nachgeahmt JT 1883, 4:
    so wirt sin pris vil selten veile vunden.

145, 3: *der*, sc. *der prîs.*
gestarket ist wohl auf *herze*, nicht auf *prîs* zu beziehen, cf. den BMZ II/2, 598a zitierten Beleg Wig 3278f.:
    des begunde ir herze starken
    in vil hôhem muote.

145, 4: Über die Umschreibung *ouge* cf. zu 4, 2.
Mit Leitzmann und Marti halte ich die Überlieferung dieser Zeile nicht für gestört (die anderen Herausgeber seit Lachmann schreiben mit JT ABDEY *ersiht* statt *übersihet*). Es ist wohl gemeint, daß niemand den *prîs* auf dem *market* übersehen bzw. verschmähen[143] kann, weil er gar nicht feilgeboten wird. Weniger glücklich, weil die Entsprechung zwischen den beiden *nimer* in den Zeilen 2 und 4 zerstörend, ist die Fassung Martis, die *der wonet ... übersihet* in Parenthese setzt und *veile tragen* mit *ûf dem market* verbindet: »Wer auf dem rechten Weg bleibt, dessen Ehre wird nicht verkauft (sie wohnt in einem reinen und so festen Herzen, daß sie niemand verborgen bleibt) auf dem Markt der Untreue und des Wankelmuts.«

---

[143] Cf. BMZ II/2, 278bf. und Lexer II, 1657; bei Wolfram findet sich *übersehen* noch je einmal im P und im W (P 295, 3 »nicht sehen«, W 1, 13 »mißachten«).

146 (1193) = 140 G

Der brache vñ daz seil einem fursten durch minne
wart gesant. daz was von art vnder chrone ein iungiu chunginne.
Sigune las an des seiles vnder scheide,
wer was diu chunginne vñ öch der furste. diu stŏnden bechantlich da
[*beide.*

146, 1f.: Thomasin rechnet Jagdhunde zu den *hüfschen* Geschenken, 14601ff.:
hüfschiu dinc, vederspil,
pirshunde, swer diu geben wil,
der solz offen, swennerz gît,
wan ez ze vreude hœret zaller zît.
Zum Motiv des Hundeschenkens verweist DALBY 36b ferner auf En 1788ff., Bit 7062ff. und Wig 2207ff.

146, 2: *daz was* ist eine freie Anknüpfung, ergänze: *diu daz sande.*
von art = »der Abstammung nach«, cf. P 48, 5 *von arde ein künic,* 52, 10 *von arde ein fürste* und 152, 19 *von arde ein fürstîn.*
under krône = »gekrönt«, cf. W 205, 19 *niemen under krône* und 462, 2 *houbt under krône*; es soll wohl gesagt werden, daß Clauditte eine regierende Königin war.

146, 3: Zu *underscheit* = »genaue Erklärung«, »Bericht«, »Belehrung« (BMZ II/2, 106b, MARTIN und MARTI z. St.) cf. P 169, 29. LEXER II, 1797 geht dagegen von der Bedeutung »Wechsel«, »Abwechslung« aus: »an den unterbrochenen feldern der inschrift am bande« (ähnlich DOCEN, BARTSCH und PIPER z. St.); eine eindeutige Parallelstelle hierfür ist, soweit ich sehe, indessen nicht nachgewiesen.

146, 4: *diu stuonden bekantlîch dâ beide* = »beide waren da namentlich genannt«. *bekantlîch* (bei Wolfram nur hier) ist in den Wörterbüchern (BMZ I, 808a; LEXER I, 163; JELINEK 65) sonst nur aus späteren Denkmälern belegt.

147 (1194) = 141 G

Si was von Kanadich erboren, ir swester, Florien,
div Y⟨l⟩i⟨n⟩ote dem Britun ir herze, ir gedanch vñ ir lip gap ze amien,
gar swaz si hete wan bi ligende minne.
si zoch in von chinde vnze an schiltliche vart vñ chos in fur alle gewinne.
3. *bi | ligende.*

147, 1: »Von Kanadic stammte sie (sc. die Königin Clauditte), ihre, der Florie, Schwester...« Im folgenden ist von Florie und Ilinot die Rede, der Name der Königin Clauditte wird erst 149, 2 genannt. Die Geschichte der beiden ist bereits im P erzählt worden, 585, 29ff. (Anrede an Frau Minne):

Nu tuot ouch Gâwân den tôt,
als sîme neven Ilynôt,
den iwer kraft dar zuo betwanc
daz der junge süeze ranc
nâch werder âmîen,
von Kanadic Flôrîen.
sîns vater lant von kinde er vlôch:
diu selbe küneginne in zôch:
ze Bertâne er was ein gast.
Flôrîe in luot mit minnen last,
daz sin verjagte für daz lant.
in ir dienste man in vant
tôt, als ir wol hât vernomn.

Wie die Geschichte des Gurzgri und der Mahaute (cf. zu 127, 2) so spiegelt auch die des Ilinot und der Florie das künftige Schicksal von Sigune und Schionatulander. Unklar ist, ob der Bericht vom Dichter gegeben wird oder auch auf dem Brackenseil stand; cf. zu 144. – *Kanadic* ist wohl identisch mit dem HEr 1655 genannten *Ganedic* (CEr 1722 *Quenedic*, Kr 2312 *Quinedinch* – cf. MARTIN zu P 135, 11); mit mehr Phantasie als Gründen leitet SUHTSCHECK, Klio 25 (1932) 56, den Namen von einem angeblich bei Firdausi vorkommenden *Kandizh*, *Kangdêz* ab; plausibler ist die Gleichsetzung mit *Gwynned* = *Venedotia* = *Nortwallia* (MARTIN zu P 586, 4 nach HEINZEL 89). – Zur Vorwegnahme des Pronomens cf. P 214, 6:

ir vater, Lîâzen,

ferner P 189, 27f.; 662, 17; W 382, 17; 425, 12f.; 433, 16 (nach MARTIN zu P 189, 27 und 662, 17). – *Flôrîe* = »die Blühende« (BARTSCH [Eigennamen] 145). Der Name findet sich in der französischen Literatur recht häufig (cf. LANGLOIS 222 und FLUTRE 79a); im Wig ist *Flôrîe von Syrie* die Gemahlin Gawans (cf. MARTIN zu P 586, 4).

147, 2: »Ilinot, der Bretone« ist der Sohn des Königs Artus. Möglicherweise ist der Name identisch mit dem HEr 1664 genannten *Lohût fil roi Artûs* (CEr 1732 *Loholz*, Lanz 6891 *Lôût*, Kr 2322 *Loez* – cf. BARTSCH [Eigennamen] 128, MARTIN zu P 383, 4 und FOURQUET [noms] 254).

147, 3: *bî ligende minne* = P 193, 4.

147, 4: *unze an schiltlîche vart* = »bis er auf Ritterfahrt ging«.
kôs in für alle gewinne = zog ihn allem Reichtum vor«, cf. zu 32, 2 (*kiesen für*) und 63, 4 (Pl. *gewinne*).

148 (1195) = 142 G

Der holt ŏch nach ir minne vnder helme sin ende.
obe ich niht brache mine zuht, ich solte noch flŏchen der hende,
div die tiost vf sinen tot dar brahte.
Florie starp ŏch an der selben tiost, doch ir lip nie spers orte genahte.

148, 1: *holt* ist Präteritum, cf. zu 74, 4.
Über die Wendung *under helme* cf. zu 50, 4.

148, 2: Cf. JT 1942, 4:
    ich wolt ir gerne vlŭchen,   diu werde kint wil vreud und lebens triegen!
und HAHN 5001, 2f.:
    ... owe getorst ich flvchen nach der wile.
    Die im gelvnet wart so arger lvne.
(nach BORCHLING 174, Anm.) sowie zu 4, 2 (Umschreibung *hant*) und 18, 2 (Erzählereinmischung). Gegen ROGOZINSKI 20 betont LABUSCH 159, Anm. 194 mit Recht, daß die Szene nicht komisch gemeint ist.

148, 3: *dar* meint wohl »zu seinem Körper hin«, also »gegen ihn«.
doch ir lîp nie spers orte genâhte = »obwohl sie nie in die Nähe einer Speerspitze gekommen war«; sie starb vor Kummer über den Tod des Geliebten.

149 (1196) = 143 G

Diu liez eine swester, div erbet ir chrone.
Claudite hiez div selbe maget. der gap kusche vñ ir gŏte zelone
des vromden lop vñ ŏch der si bechande.
des wart ir lop berŏfen in mangi(u) lant, daz den niemen da wande.

149, 1: *erbet* ist Präteritum, cf. zu 74, 4.

149, 2: *Clauditte* ist zu unterscheiden von zwei Personen gleichen Namens: der Tochter des Burggrafen Scherules (P 372, 24 u. ö.) und der Geliebten des Feirefiz (P 771, 17 u. ö.), cf. HARTL 440a. MARTIN zu P 771, 17 erinnert an die wegen ihrer Keuschheitsprobe berühmte Claudia bei Solin 30, 8.
ir ist auch zu *kiusche* zu ziehen, cf. zu 62, 4.

149, 3: *und ouch der si bekande* = »und auch (das Lob dessen), der sie kannte«, cf. DS III, 433f. Der bestimmte Artikel hat kollektivierende Funktion, cf. zu 83, 4. Auflösung der Zwillingsformel *der vremde und der kunde* (cf. MATZ 78).

149, 4: »Dadurch wurde die Kunde von ihrem Ruhm in viele Länder verbreitet...«, cf. zu 19, 4. Alle Herausgeber außer LEITZMANN (seit der 2. Auflage) haben für das überlieferte *lop prîs* eingesetzt (= JT ABDEJKXYZa), wohl in der Vermutung, der Schreiber habe das Wort versehentlich aus Zeile 3 übernommen.

150   (1197) = 144 G

Diu herzoginne las von der meide an dem seile.
die fursten vz ir riche eines herren an si gerten mit vrteile.
si sprach in einen hof ze Bevframun(de).
dar chomen riche vñ arme vngezalt. man erteilte ir wale an der stunde.

150, 3: »Schloß Beauffremont liegt südlich von Neufchâteau (Dep. Vosges) nahe der Maas« (MARTIN z. St.). Die Herren von Beauffremont werden 1203 zum erstenmal urkundlich erwähnt (La grande Encyclopédie, V, Paris o. J., 890a).

150, 4: *rîche und arme* ist eine kollektivierende Kontrastkoppelung, cf. SCHULZE, Archiv 52 (1874) 64; MATZ 78; LIERES UND WILKAU 100, 165 sowie die Belege in den Wörterbüchern: BMZ I, 57bf. und II/1, 687a; LEXER I, 92 und II, 416f.; DWb VIII, 580f.
man erteilte ir wale an der stunde = »man bestimmte, daß sie sogleich wählen sollte«. *erteilen* = »durch Rechtsspruch auferlegen« ist Rechtsterminus, cf. DRWb III, 294ff.

151   (1198) = 145 G

Duch Ehkunat d e Salfasch florien
den trŏch si in ir herzen da vor. ŏch chos si in benamen zeamien.
des stŏnt sin herze hoher dane ir chrone.
Ehcunat gerete aller fursten zil, wan er phlach siner verte vil schone.
  1. *der.*

151, 1: Über die mögliche Herkunft des Namens *Ehkunat* cf. zu 42, 1, über *de Salfâsch flôrîen* zu 152, 4.

151, 2: Über die Vorstellung vom Geliebten im Herzen cf. zu 50, 4.
ouch kôs si in benamen ze âmîen = »auch hatte sie ihn ausdrücklich zu ihrem Geliebten erwählt«. Da das französische *ami(s)* im Deutschen i. a. unter Beibehaltung des flexivischen *s* übernommen wird, die vorliegende Form also zu

amie = »Geliebte« zu gehören scheint, schreiben MARTIN, LEITZMANN, MARTI und HARTL *kôs e r si*. Die Konjektur ist aber unnötig: die maskuline Form ist – die Zuverlässigkeit der HAHNschen Ausgabe vorausgesetzt – ohne *s* Lanz 1042f. belegt:

> *ist daz dir ein wîp behaget,*
> *diu ir âmîes schônet*

(cf. SUOLAHTI [8] 50, [10] 465). *kôs* bezieht sich wohl nicht auf die Wahl des Ehemannes, von der erst 152,2 wieder die Rede ist, sondern auf das schon vorher bestehende Verhältnis zwischen Clauditte und Ehkunat. Demnach ist es als Plusquamperfekt, *âmî(s)* als »Geliebter«, nicht als »Ehemann« aufzufassen (über die Vermengung von *âmî(s)/vriunt* und *man* einerseits, von *âmîe/vriundin* und *wîp* andererseits cf. SCHUMACHER 74 und 108f.).

151, 3: Wortspiel mit den Bedeutungen *hôhe stân* = »sich in gehobener Stimmung befinden«, »glücklich sein« (*herze*) und *hôhe stân* = »eine gehobene Stellung einnehmen«, »einen hohen Wert haben« (*krône*), cf. Kaiser Heinrich, MF 4, 17ff.:

> *Wol hœher dannez rîche   bin ich al die zît*
> *sô sô güetlîche   diu guote bî mir lît.*

Die Wendung *daz herze stât hôhe* ist eine feste Formel des Minnesangs, cf. z. B. Hausen, MF 44, 27; Morungen, MF 132, 30; Rugge, MF 103, 27f.; PS-Rugge, MF 105, 24f.; Reinmar, MF 152, 4; 177, 14; PS-Reinmar, MF 176, 7; 182, 14; Neifen, KLD I, Nr. 15, I/3, 8; Rotenburg, KLD I, Nr. 49, XVI/3, 4; Hiltbold von Schwangau, KLD I, Nr. 24, XXII/1, 1f.; Kol von Neunzen, KLD I, Nr. 29, III, 1f.

151, 4: *zil* ist wohl Akk. Sgl. (möglich auch Gen. oder Akk. Pl., cf. BMZ I, 533b).

152 (1199) = 146 G

> *Si twanch sin iugent vn̄ ŏch daz reht von ir riche.*
> *sit daz ir wart erteilet diu wal, nu welt ŏch diu maget werdchliche.*
> *welt ir tutsch ir friundes namen erchennen?*
> *der herzoge Ehcunaver von Blŏme div wilde, alsus horte ich in nennen.*
>   1. *iugent*] tugent?

152, 1: *Si* ist Akk.
daz reht von ir rîche = »die rechtliche Entscheidung ihrer Reichsversammlung« (in diesem Sinn BARTSCH, PIPER und MARTI z. St.) oder »das in ihrem Reich geltende Recht«. Für die erste Möglichkeit spricht die folgende Zeile, die zu umschreiben scheint, was das *reht des rîches* war, nämlich: *daz ir wart erteilet*

diu wal. Bedenklich stimmt nur, daß *rîche* = »Reichsversammlung« bei Wolfram nicht sicher belegt ist. Die einzigen Stellen P 152, 14f.:
> *sîns slages wær im erteilet niht*
> *vorem rîche ûf dise magt*

und W 185, 11f.:
> *diu urteil vor dem rîche*
> *wart gesprochen endelîche*

sind zweideutig (»Reichsversammlung« oder »Kaiser«).

152, 2: Über das Verhältnis von Selbstbestimmung und Vasallenvotum bei der Gattenwahl cf. SCHUMACHER 19. *welt* ist Präteritum, cf. zu 74, 4.

152, 4: Wolfram will den Namen des Herzogs übersetzen (cf. zu 59, 1). Für *Ehcun-at* wird *Ehcun-aver* gesetzt – und lat. *at* heißt mhd. *aver* (zur Vertretung von lat. *at* durch ahd. *avur* cf. das umfangreiche Material im AhdWb s. v. passim, vor allem 734ff.).
von Bluome diu wilde übersetzt *de Salfâsch flôrîen* (151, 1). Es liegt nahe, es als unflektierten Eigennamen »von der wilden Blume« aufzufassen; gegen die Erklärung von *wilde* als Adjektiv spricht freilich 153, 1 *sît er von der wilde hiez.* MARTI zieht deshalb das überlieferte *bluome diu* zum Part. Präs. *bluomediu* (mit Nasalausfall, cf. PMS §§ 68, Anm. 1, und 86, Anm. 4) zusammen: *von bluomediu wilde* = »von der blühenden Wildnis«, unflektierter Eigenname (MARTIN und LEITZMANN stellen auf Vorschlag LACHMANNS die flektierte Form her: *von bluomder wilde* [LEITZMANN: *Bluomederwilde*]). Da aber, wie bereits zu 12, 4 bemerkt, ein Abstraktum *sauvage* im Französischen nicht belegt ist, müßte man mit einem sprachlichen Schnitzer Wolframs rechnen. Weder mit 153, 1 noch mit der syntaktischen Struktur von *de Salfâsch flôrîen* zu vereinbaren ist schließlich die Lösung von BARTSCH und PIPER: *von Bluome* (BARTSCH: *Bluom'*) *der wilde* = »der Wilde von der Blume« (cf. JT: *den wilden von den blûmen*). – Der Dichter des JT paraphrasiert ähnlich: *Flordiprinze* = *Der hohen fvrsten blvme* (HAHN 5710, 1) und *Floramie* = *der blvmen frŏndin* (HAHN 5707, 3); cf. BORCHLING 129.
alsus hôrte ich in nennen ist die einzige Quellenberufung im T, cf. JANDER 19 und FÖRSTER 27ff.

153 (1200) = 147 G

> *Sit er von der wilde hiez, gegen der wilde*
> *si sante im disen wiltlichen brief, den brachen, der walt vñ gevilde*
> *phlach der verte, alser von arte solte.*
> *ŏch iach des seiles schrift, daz si selbe wiplicher verte hŏten wolte.*

153, 1: Cf. P 317, 13:
von Anschouwe iwer vater hiez.

153, 2: *disen wiltlîchen brief* = »diesen seltsamen Brief«; so wird der Bracke der beschrifteten Leine wegen genannt. Es ist aber auch möglich, daß *den bracken*... nicht Apposition zu *brief*, sondern diesem asyndetisch gleichgeordnet ist (cf. dazu grundsätzlich ROETHE, RZw 321ff.); dann wäre mit *brief* nur die Schrift auf der Leine gemeint, cf. JT 384, 4:
dar inne der heiligen bilde,   iesliches brief da seite sin historje
und 417, 4:
...ir briefe seiten da materje starke,
wo *brief* die Bedeutung »auf Bändern angebrachte Inschrift« hat (in den Wörterbüchern nicht verzeichnet, cf. F. ZARNCKE, Der Graltempel, Vorstudien zu einer Ausgabe des jüngern Titurel, Leipzig 1876 = Abhandlungen der Königl. Sächs. Gesellsch. d. Wiss., Phil.-hist. Cl., 7/5, p. 487). Zum Wortspiel *wilde / wilde / wiltlîch* cf. SPRINGER 116f.
walt und *gevilde* sind Akkusative des Raumes: »in Wald und Feld«. Über die Formelhaftigkeit des Ausdrucks cf. zu 103, 3.

154   (1201) = 148 G

Schoynatulander mit einem veder angel
viench anschen vñ vorhenne, die wile si las, vñ der frôde den mangel,
daz er sit wart vil selten der geile.
div herzogin loste vf den strich durch die schrift vz zelesene an dem seile.
4. *vz | zelesene.*

154, 1: Der *vederangel* (auch P 316, 20) ist eine Angel mit einer aus Federn gefertigten Insektenattrappe als Köder, ausführlich beschrieben z. B. im Tegernseer Angel- und Fischbüchlein, ZfdA 14 (1869) 162ff.

154, 2: Die Verbindung *anschen* (= *aschen*) und *vorhen(ne)*, »Äschen und Forellen«, ist formelhaft, cf. BMZ I, 65a und III, 384b; LEXER III, 468f. und Nachtr. 34; DWb I, 578; FISCHER I, 337.
Zur Wendung *der frôude den mangel* bemerkt RAHN 76: »Durch die überraschende Zusammenstellung der Gegensätze will der Dichter auch hier darauf hinweisen, wie sehr sie sich in der Wirklichkeit nahestehen und einander durchdringen; denn während Schionatulander seinem friedlichen Zeitvertreib nachgeht, passiert nur wenige Schritte von ihm entfernt das Unglück.« Cf. auch 138, 1f.; ferner zu 1, 2 (Zeugma); über die Vorausdeutung zu 17,3; über die Metaphorik zu 20, 4.

154, 3: Cf. zu 9, 4 (prädikatives Adjektiv mit bestimmtem Artikel).

154, 4: *durch die schrift ûz ze lesenne* = »um das Geschriebene zu Ende zu lesen«; zum Syntaktischen verweist MARTIN z. St. auf Kl 2338:
   durch ir heil ze mêren.

155 (1202) = 149 G

   Der was an die zeltstange vaste gebunden.
   mih mŏt ir vf losen, daz si tet. hei, wan ware sis erwunden!
   Gardeviaz strachte sich mit strebene,
   e diu herzoginne sprache nach siner spise. ir wille im was zeezzen ze-
   .   [gebene.

155, 1: *Der,* sc. *der stric.*

155, 2: Indirekte Vorausdeutung auf die Katastrophe, cf. zu 17, 3, auch zu 18, 2 (Erzählereinmischung).

155, 3: *stracte sich mit strebenne* = »streckte sich und drängte nach vorne«.

155, 4: Über die Wendung *sprechen nâch* cf. zu 123, 3.
ir wille im was ze ezzen ze gebenne = »sie hatte die Absicht, ihm zu fressen zu geben«; die Ergänzung *im* des Infinitivs ist in den Satz verschoben, von dem der Infinitiv abhängt, cf. DS IV, 118.

156 (1203) = 150 G

   Z⟨w⟩ŏ iu⟨n⟩chfrŏwen sprungen her vz fur die snŏre.
   ih chlage der herzoginne blanch linde hende, op daz seil die zerfŏre.
   waz magich des? ez was von steinē herte.
   Gardeviaz zuchte vn̄ spranch durh gahen nach hunt wildes verte.

156, 1: *für die snüere* = »vor das Zelt«; die Dienerinnen hatten sich im Zelt aufgehalten und eilten auf Geheiß Sigunes nach draußen, um Futter für den Hund zu holen. Zur Synekdoche *snüere* = »Zelt« cf. z. B. P 82, 30:
   diu küngîn an die snüere reit
sowie LEXER II, 1045 und DWb IX, 1398.

156, 2: Erzählereinmischung, cf. zu 18, 2.
blanc linde hende = P 167, 7; 176, 18; 279, 13. Cf. zu 162, 1f.
op daz seil die zerfüere = »wenn die Leine sie aufreißen sollte«, Gliedsatz zu *ich klage...* wie oben oder zu *waz mag ich des* (Punkt oder Doppelpunkt statt Komma nach *hende,* Komma statt Punkt nach *zerfüere* – so die Herausgeber).

156, 4: *durch gâhen nâch huntwildes verte* = »um der Spur des vom Spürhund zu verfolgenden Wildes nachzueilen«. Das Kompositum *huntwilt* scheint nur hier belegt zu sein; es bedeutet wohl soviel wie »das vom Hund verfolgte« oder »zu verfolgende Wild«, meint also das angeschossene Tier, auf dessen Blutspur der Hund angesetzt wird (Lexer I, 1388 übersetzt die vorliegende Stelle dagegen mit »nach dem entflohenen Hunde«, wozu Dalby 306b mit Recht bemerkt: »this is clearly incorrect..., since Gardeviaz can hardly be following his own trail«). Der Dichter des JT bzw. der Schreiber seiner Vorlage hat das von Wolfram wohl ad hoc gebildete Wort nicht verstanden und *hunt* durch *wunt* ersetzt (cf. 132, 2): *uf des wunden tieres verte* A, *nach wundem wildes verte* B, *nach wndez wildez verte* H, *nach wundem wildes geverte* JK, *nach wund wildes tiers verte* XYZ. Dalby 306b hält *wunt-wildes* für die richtige Lesart, wohl hauptsächlich deswegen, weil er die Lachmannsche Sammelsigle I, die den Komplex der ihm bekannten Hss. des JT bezeichnet (BHJa und 18a), offensichtlich als Sigle für eine Wolframhs. ansieht (»Ms I«). Die bei Lachmann unter dem Zeichen I angegebenen Lesarten *wundem wildes* und *wundes wildes* stammen aus JT B und H.

157 (1204) = 151 G

Er was ŏch Ehcunat(e) d e s tages also entrunnen.
si rief die iunchfröwen ane. die heten des brachen spise gewunnen.
si gahten wider in daz gezelt vil balde.
nu was er vz geslofen durh die winden. man horte in do schiere in dem
[walde.
1. *de.*

157, 4: *durh die winden* = »durch die Wand des Zeltes«, die er aus ihrer Verpfählung gerissen hatte (cf. 158, 1). Das die Tuchwand des Zeltes bezeichnende schwache Femininum *winde* ist wahrscheinlich urverwandt mit »Wand«, cf. DWb XIV/2, 277 sowie die Belege bei BMZ III, 682b und Lexer III, 899. Aus P 728, 30 f.:
Artûs gezelde was genomn
Diu winde von dem huote
könnte man schließen, daß es sich um eine bestimmte Zeltbahn am Eingang des Zeltes handelt, die je nach Bedarf zurückgeschlagen oder geschlossen und verpfählt werden konnte, cf. auch P 801, 30:
kameræere sluogn die winden zuo
und 803, 1:
Des gezeltes winden nam man abe
(daß nicht etwa an eine Hochziehvorrichtung, eine aufrollbare Zeltbahn o. ä. gedacht ist, zeigen die Termini *zuo slahen* und *abe nemen*). Da aber nach dem

Kontext der vorliegenden Stelle die Dienerinnen gerade ein- und ausgegangen sind, der Eingang des Zeltes also bestimmt nicht verpfählt war, wird man annehmen, daß der an die in der Mitte stehende Zeltstange gebundene Hund nicht durch den verschlossenen Eingang, sondern durch die nächstbeste Wand gebrochen ist. Die oben zitierten Stellen sind dann so zu verstehen, daß man jede beliebige Zeltwand abnehmen konnte, möglicherweise auch alle, so daß nur noch Gestänge und Dach übrigblieben. Die obliquen Kasus des Singulars und der Plural sind der schwachen Flexion wegen nicht sicher zu unterscheiden. Der Nom. Sgl. *diu winde* dürfte Kollektivbezeichnung für den Wandteil des Zeltes (im Gegensatz zum Dach) sein, cf. Lanz 4808:

diu winde was gevieret,

d. h. der Wandteil des Zeltes bestand aus vier Seiten (*sîten*, 4829), es hatte vier Wände. Wände und Dach waren oft reich geschmückt, cf. außer der erwähnten Lanzelet-Partie Craûn 773 ff.:

Sîn gezelt was harte guot;
an die winden, ûf den huot
was sîn wâpen gesniten.

158 (1205) = 152 G

Er brach halt vz der winden ein teil der phale.
do er wider chom vf die niwe roten vart, des nam in niht hæle,
vil offenliche er iagte vñ niht verholne.
da von geschach des werden Ku(rz)krien sun vil note sit zedolene.

1. Der beschädigte Innenrand der Hs. macht es unmöglich, die Vorzeichnung der Initiale zu erkennen. Docen liest *Der*, Piper (Abdruck) *er*. Grundsätzlich sind beide Lesungen möglich (cf. p. XIV, Anm. 8). JT ABDEHJKYZa haben *Er*, X hat *Der*; Lachmann, Bartsch, Piper und Martin schreiben *Er*, Leitzmann und Marti *Der*.

158, 1: »Er hatte eben einen Teil der Pfähle des Zelttuches herausgerissen« (Kompositum *ûzbrechen*), wobei *der winden* sowohl possessiver Gen. als auch possessiver Dat. sein kann (cf. zu 9, 2), oder: »er hatte eben einen Teil der Pfähle aus dem Zelttuch gerissen« (*ûz* Präposition zu *der winden*). Die Partikel *halt*, die bei Wolfram noch 15 mal im P und 11 mal im W belegt ist, fehlt bei Hartmann und Gottfried, cf. Bötticher, Germania 21 (1876) 270. An der vorliegenden Stelle soll sie der Frage begegnen, wie es denn möglich sei, daß der Bracke durch die Zeltwand habe entfliehen können, hat also bestätigende Funktion, cf. BMZ I, 618bff.; Lexer I, 1159; DWb IV/2, 272f.; DS III, 182ff.

158, 2: *ûf die niwe rôten vart* = »auf die frische rote Spur«; BARTSCH z. St. verweist auf Nib 1946, 3ff.:
> *dô gie er vor den vîenden   als ein eberswîn*
> *ze walde tuot vor hunden: wie möht' er küener gesîn?*
> *Sîn vart wart erniuwet   von heizem bluote naz.*

niwe kann sowohl die unflektierte als auch die stark flektierte Form des Adjektivs sein (cf. BUCHENAU 15ff. und ZELL 14ff.).

158, 4: Vorausdeutung, cf. zu 17, 3.

159   (1206) = 153 G

> *Schoynatulander die grozzen vñ die chleinen*
> *vische mit dem angel viench, da er stônt vf blozzen blanchen beinen*
> *durh die chôle in luter snellem bache.*
> *nv erhorter Gardeviazes stimme. diu erhal im zeungemache.*
> 3. *luter | snellem.*

159, 3: Die Ansetzung eines Kompositums *lûtersnel* (BMZ II/2, 445b: »hell und rasch fliessend«, LEXER I, 1997: »klar und schnell fließend«), das nur hier belegt wäre, ist unsicher. Man könnte *lûter* auch als unflektiertes Adjektiv auffassen (MARTI, cf. zu 123, 1 – die Hss. AJKXY des JT schreiben *in luterm [lauterem] snellem bache!*).

159, 4: *diu erhal im ze ungemache* = »deren Klang brachte ihm Unglück«; Vorausdeutung, cf. zu 17, 3.

160   (1207) = 154 G

> *Er warf den angel vz der hant. mit snelheit er gahte*
> *vber ronen vñ ŏch durch bramen, da mit er doch dem brachen ninde(r)*
> *   [genahte.*
> *den het im vngeverte also gevirret,*
> *daz er ninder spurte wilt noch hunt vñ wart ŏch von dem winde der*
> *   [hore verirret.*

160, 2: *dâ mit*, sc. mit seiner *snelheit*.

160, 3: *ungeverte* = »unwegsame Gegend«; vielleicht mit metaphorischem Nebensinn, cf. zu 166, 4.

160, 4: *der hôre verirret* = »am Hören gehindert«; die ungünstige Windrichtung verhinderte, daß Schionatulander das Bellen des Hundes hörte. Das Substantiv *hôre* = »Hören«, »Hörvermögen« (= P 354, 1) ist nach Ausweis der Wörterbücher (BMZ I, 714a; LEXER I, 1339 und III/Nachtr. 246) sonst nur bei Späteren belegt. Cf. die analoge Bildung *sehe* (BMZ II/2, 281b und LEXER II, 850f.).

161/162 (1208/1211) = 155/156 G

Im wurden diu blozen bein ga⟨n⟩z zerchrazzet von den bramen.
die si(n)en blanchen fôze an dem lôffe ôch von stuften ein teil wunden
[*namen.*
man chos in baz danne daz erschozen tier wunde⟨n⟩.
er hiez si twahen, e er chome vnderz gezelt. sus vant er Sigunen dort
[*vnden:*
Innerhalp ir hende, als si waren beriffet,
gra als eines tiosturs hant, dem der schaft von der gegen hurte slifet,
der zuschet, vber blozez vel gerôret.
rehte also was ⟨daz⟩ seil durch der h(e)rzoginne hant gefôret.
162, 2 *gegen | hurte.*

161, 2: Mit den *stuften* (cf. SCHMELLER II, 740 – die Herausgeber setzen die gebräuchlichere Form *stiften* ein) sind wohl »die hervorragenden spitzigen Überreste von Bäumen« gemeint (BENECKE 948).

161, 3: Die überlieferte Reimbindung *wunde : unden* ist entweder zu *wunde : unde* (LACHMANN, BARTSCH, PIPER, MARTIN, MARTI) oder wie oben zu *wunden : unden* (LEITZMANN) auszugleichen. Im ersten Fall ist *wunde* nachgestelltes, schwach flektiertes Adjektivattribut zu *tier*: »man konnte ihn (sc. seine Spur) besser erkennen als zuvor das angeschossene, verwundete Tier« (so die Kommentare); im zweiten Fall gehört *wunden* als halbprädikatives Adjektiv zu *in*: »man sah besser, daß er verwundet war, als man vorher (die Verwundung) an dem Tier gesehen hatte«. Da es offensichtlich darauf ankommt, daß Schionatulander verwundet ist, ziehe ich die zweite Lösung vor: es ist wohl gemeint, daß Schionatulander stärker blutete als das Tier, und man deshalb besser sehen konnte, daß er verwundet war (zu gezwungen DOCEN z. St.: »auf den bloßen Beinen bemerkte man das Blut leichter, wie an dem haarigen Wild«[144]). Über die indirekte Ausdrucksweise cf. zu 11, 2.

161, 4: Die Überlieferung weist auf die Konjunktivform *kœm(e)* (LEITZMANN, MARTI gegen LACHMANN, BARTSCH, PIPER, MARTIN *kom* – cf. PMS § 375). *sus* = »in diesem Zustand«, auf Sigune zu beziehen.

---

[144] DOCENS Erklärung scheint die zweite syntaktische Möglichkeit (Ausgleich *wunden*) vorauszusetzen; er behält jedoch das handschriftliche *wunde* bei und setzt Komma nach *baz* und *tier* (so auch LACHMANN).

162, 1f.: Die Herausgeber seit LACHMANN nehmen Strophensprung an (Komma oder keine Interpunktion nach 161, 4 – cf. auch HORACEK, ZfdA 85 [1954/55] 228, Anm. 1), fassen also *hende* wohl als weiteres Objekt zu *vant* in Zeile 161, 4 auf: »so fand er Sigune dort unten, (und zwar fand er) ihre Hände an der Innenseite, wie wenn sie mit Reif bedeckt wären, grau ...« Das vorausweisende *sus* legt es indessen nahe, Doppelpunkt nach *unde* zu setzen und *hende* als Subjekt eines elliptischen Satzes aufzufassen (cf. zu 20,2): »ihre Hände (waren) an der Innenseite grau ...«
Das Verbum *berîfen* = »mit Reif überziehen« ist nach Ausweis der Wörterbücher (BMZ II/1, 701a; LEXER I, 192 und III/Nachtr. 63) nicht vor Wolfram belegt.
Die abgeschürften Hautfetzen lassen die Hand grau erscheinen. ROGOZINSKI 19 weist auf den darin liegenden Gegensatz zum höfischen Ideal der *blanc linden hende* hin (cf. zu 156, 2; dazu SCHULTZ I, 217; WEINHOLD [Frauen] I, 205; KÖHN 94f.).

162, 2: *dem der schaft von der gegenhurte slîfet* = »dem der Speer infolge des Rückstoßes (durch die Hand) gleitet«. Das Substantiv *gegenhurte* = »der durch den Aufprall des Speeres hervorgerufene Rückstoß« ist nur hier und im JT belegt (2217, 2; 2223, 4; HAHN 3850, 4). Cf. auch *gegenjost* (P 295, 18; Seifrid de Ardemont[145] 240, 6).

162, 3: Bedeutung und Herkunft des Verbums *zuschen* sind unklar. Die mhd. Wörterbücher setzen *ziuschen* an (so auch die Herausgeber außer MARTI) und erklären lediglich aus dem Kontext der vorliegenden Stelle: »schrammen« (BMZ III, 941b) bzw. »zischend und die haut schindend zwischendurch gleiten« (LEXER III, 1143). BMZ erwägen, es zu *zwisch* oder zu dem bei GRAFF V, 712 verzeichneten *zuscen* = »brennen« zu stellen, für das sie (zu Unrecht) langen Stammsilbenvokal vermuten (cf. auch A. FICK, Vergleichendes Wörterbuch der indogermanischen Sprachen, 4. Aufl., III, Göttingen 1909, 168; A. WALDE, Vergleichendes Wörterbuch der indogermanischen Sprachen, Hrsg. und bearb. von J. POKORNY, I, Berlin und Leipzig 1930, 768f.; dazu das bei SCHMELLER II, 1158 belegte Partizip *enzust* – MARTI schreibt *züschet*). Eher wird man an das DWb XVI, 791 belegte *zuschen* = »gleiten«, »rutschen« denken (dazu *zuscheln* [DWb XVI, 790], vielleicht auch *zaschen, zäschen, zeschen, zöschen* [SCHMELLER II, 1158 und DWb XV, 314, 807f.; XVI, 122]). Vielleicht liegt auch nur ein Schreibfehler für *zuchet* = *zucket* = »zieht heftig« (vom Abreißen der Haut) vor.

---

[145] Albrecht von Scharfenberg, Merlin und Seifrid de Ardemont in der Bearbeitung Ulrich Füetrers, Hrsg. von F. PANZER, Tübingen 1902 = BLVS, 227.

163   (1212) = 157 G

S(i) chos im vil wunden an (b)einen vñ an fŏzzen.
si chla(gt)in, er chlaget ŏ(c)h si. nv wil sich diz mære gevnsŏzzen,
do diu herzogin begunde sprechen
hinze im nach der schrift an dem seile. diu flust mŏz nv vil sper zer-
[brechen.

163, 1: »Sie bemerkte, daß er an Beinen und Füßen viele Wunden hatte.« *vil wunden* ist Objektsakk. zu *kiesen, im* freier Dat. mit possessiver Funktion wie häufig bei Verben der Wahrnehmung. Cf. die umfangreichen Belegsammlungen bei BEHAGHEL, Beitr 45 [1921] 134ff., und DS I, 633; in genauer syntaktischer Übereinstimmung mit der vorliegenden Stelle – Verb der Wahrnehmung, Objektsakk. mit präpositionaler Ergänzung, freier Dat. – z. B. Kl 2354f.:

dô sah man manegen kriuzestap
dâ den pfaffen an der hant,

mit Objektssatz statt nominalem Objekt HEr 646ff.:

man sol einem wîbe
kiesen bî dem lîbe
ob si ze lobe stât.

163, 2: *klagt* und *klaget* sind Präterita, cf. zu 74, 4.
nu wil sich diz mære geunsüezen = »jetzt wird diese Geschichte eine schlimme Wendung nehmen«; Vorausdeutung, cf. zu 17, 3. Das Verbum *geunsüezen* ist nur hier belegt, cf. ARMKNECHT 106.

163, 4: *diu flust muoz nu vil sper zerbrechen* = »dieser (sc. der Inschrift) Verlust ist die Ursache vieler Kämpfe«; Vorausdeutung, cf. zu 17, 3.

164   (1213) = 158 G

Er sprach: ›ich vriesch ie wench der seile vber schribene.
brieve bŏch enfranzoyse ich weiz wol. solch chunst ist mir niht diu
                                                                   [belibene:
da lase ich an, swaz da geschriben ware.
Sigune, sŏzziu maget, la dir sin die schrift an dem seile gar vnmare!‹

Allgemeines: Die Strophe bedarf zusammenhängender Erläuterung. Schionatulander will Sigune über den Verlust der Inschrift trösten. Er sagt: »Zwar habe ich noch nie beschriebene Hundeleinen gesehen, aber ich kenne doch französische *brievebuoch.*« Die könnte Sigune als Ersatz für die Inschrift nehmen: *lâ dir sîn die schrift an dem seile gar unmære!,* »traure der Inschrift auf dem

Seil nicht nach!« Den Abschnitt *solch kunst ... wære* könnte man in Parenthese setzen: »Ich bin kein Analphabet: ich könnte (wenn es darauf ankäme) alles lesen, was darin geschrieben stünde.«

164, 1: Der Form *überschribene* liegt entweder eine Konstruktion κατὰ σύνεϛιν (MARTI z. St.) zugrunde: Akk. statt des zu erwartenden Gen. Pl. des stark flektierten nachgestellten Adjektivs (cf. BUCHENAU 20 und ZELL 24f.), oder das *e* ist aus Reimgründen an die unflektierte Form angehängt wie z. B. P 513, 24:

    mit einem barte breite (: *gereite*)

(»unorganisches *e*«, cf. BUCHENAU und ZELL l. c.).

164, 2: Ein Kompositum *brievebuoch* ist im Ahd. in der Bedeutung »Buch für Eintragungen«, »Register« belegt (AhdWb I, 1379). Ulrich von Lichtenstein nennt seine in poetischer Form verfaßten Liebesbriefe *püechel* (cf. BECHSTEIN zu Frauendienst 161); MARTIN z. St. erinnert an die von HAUPT in der Vorrede zu seiner Ausgabe von Hartmanns Klage[146] erwähnten provenzalischen *breus e letras*, »Liebesbriefe in Gedichtform«. An der vorliegenden Stelle kann jedoch auch, wie bereits DOCEN z. St. vermutete, asyndetische Reihung vorliegen (cf. zu 153, 2): »Briefe, Bücher«.

solch kunst ist mir niht diu belibene = »diese Kunst ist mir nicht fremd geblieben«, auf das Folgende zu beziehen; cf. zu 9, 4 (prädikatives Adjektiv mit bestimmtem Artikel).

165 (1215) = 159 G

    Si sprach: ›da stŏnt auenture an der strangen.
    sol ich die niht zende vz lesen, mir ist unmære min lant ze Katelangen.
    swaz mir iemen richeit mohte gebieten
    vñ obe ich wirdech ware zenemene, da fur wolt ich mich der schrifte
                                                              [*nieten.*‹

165, 2: *sol* = »darf« wie P 620, 2:

    ob ich iuch des biten sol,

33, 24; 404, 4; 634, 2 u. ö., cf. ZEHME 12 und 25f.

165, 2ff.: Cf. Minneburg 4152ff.:

    Sin lieb sulich wunder stift,
    Die er zu der frawen hat,
    Daz sie im mer zu hertzen gat
    Und lieber ist on alles meil
    Dann Sigaunen waz daz bracken seil,

---

[146] Hartmann von Aue, Die Lieder und Büchlein und der arme Heinrich, Hrsg. von M. HAUPT, Leipzig 1842, VIII.

> *Von dem do Citurelle saget,*
> *Daz ir die strang baz behaget*
> *Und lieber waz dan allez daz gůt,*
> *Daz Artus het, der kunig frůt,*
> *Und der baruk von Baldak;*

über den Topos zu 93, 3. *unmære* nimmt das letzte Wort Schionatulanders (164, 4) auf.

166 (1216) = 160 G

> ›*Daz spriche ih, werder friunt, dir noch niemen zevare.*
> *obe wir beidiv iunch solten leben zů der zit vnsere chunftigen iare,*
> *so daz din dienst doch gerte miner minne,*
> *dv mŏst mir daz seil e erwerben, da Gardeviaz ane gebunden stŏnt*
> [*hinne.*‹

166, 1: »Das sage ich, edler Freund, nicht, um dir oder sonst jemandem Schaden zuzufügen.« Cf. P 598, 16ff.:
> ›*ir vröut iuch gerne, west ir wes,*‹
> *sprach Orgelûs diu clâre*
> *Gâwâne aber ze vâre.*

166, 2: »Wenn wir beide auch in Zukunft jung sein sollten...«, »wenn wir niemals altern würden...« Signe spielt offensichtlich darauf an, daß das *alter minnen sich geloubet* (48, 3), und meint, selbst wenn Schionatulander sich sein ganzes Leben lang um ihre Liebe bemühte, würde sie ihm diese erst gewähren, wenn er das Seil erworben hätte.

166, 3: Über die Umschreibung *dîn dienst* cf. zu 71, 3.
doch = »dennoch«, sc. trotz des Alters, cf. zu 166, 2.

166, 4: Daß Signe die Gewährung ihrer Liebe an den Erwerb des Brackenseils knüpft, wird vom überwiegenden Teil der Forschung als Schuld interpretiert. EHRISMANN 293f. hält, einen Gedanken PFEIFFERS, Germania 4 (1859) 303, aufnehmend, diese Forderung für die »verschrobene Laune einer überbildeten jungen Dame«: »der Geliebte opfert sein Leben für eine Hundeleine«. Wolfram verurteile damit die Sinnlosigkeit »der übertriebenen höfischen Gesellschaftsformen«, die den Ritter zu unbedingter Ergebung in den Willen der Minneherrin verpflichteten (cf. auch ZfdA 49 [1908] 463; ähnlich KEFERSTEIN, Deutsches Volkstum 1938/2, 511). Die neuere Forschung hat diesen grundlegenden Interpretationsansatz modifiziert und erweitert. Während für EHRISMANN der höfische Normenkodex als solcher in seiner Übersteigerung in Frage steht, sieht WOLFF 121f. und 124f. das

Wesentliche in der falschen Anwendung dieser Normen: wie Parzival werde Sigune schuldig, weil sie in ihrer *tumpheit* (cf. zu 48, 1) zwar die äußeren Formen beherrsche, deren Sinn aber nicht verstehe; sie habe noch nicht gelernt, »die selbstischen Regungen jederzeit zurückzustellen, weil das Leben sie noch nicht zu der Einsicht geführt hat, daß sie im Blick auf den anderen jederzeit die wirkliche Bedeutung ihres Tuns zu ermessen und darauf aus der sittlichen Verpflichtung des Gewissens, nicht nach irgendwelchen äußeren Gesellschaftsregeln die Entscheidung zu treffen hat«. GIESE 28ff. übernimmt diese Deutung und baut sie in Fortführung von Gedanken W. J. SCHRÖDERS, FuF 26 (1950) 177, aus: es gehe nicht eigentlich um das Brackenseil, sondern um die darauf verzeichnete Lehre, und Sigune werde nicht vorsätzlich, sondern unwissend schuldig. Indem der Minnediener der Minneherrin die Minnelehre (?) bringen solle, sei die rechte Ordnung auf den Kopf gestellt. Aus dem *tumben* Mangel an Einsicht in den *sin* der Minne erwachse das Verhängnis, das darin bestehe, daß »die Unreife im metaphysischen Sinne sich auf den Bereich des Moralischen auswirkt. Hohe Minne ohne die dahinter stehende göttliche Liebeskraft ist bloße hohle Form, ist ungeordnet und führt in Schuld... Es ist Geschick Sigunes, daß weder ein Verstoß gegen die Regeln der hohen Minne noch eine Überbetonung der höfischen Werte sie in der Welt des Höfischen schuldig werden läßt. Daher kann von einer Verurteilung der höfischen Minne nicht die Rede sein«. Diese Positionen – ungewollte Schuld, falsche Anwendung der höfischen Normen, symbolische Bedeutung des Seils – bestimmen die jüngste Forschung. RAHN 78ff. ist der Ansicht, in der »Tatsünde« ihrer überheblichen Forderung zeige sich nur, daß Sigune sich im Stande der Sündhaftigkeit befinde, deshalb verblendet sei und gar nicht wisse, was sie tue. Ähnlich BUMKE 99: »Wir befinden uns auch hier im Bereich der ungewollten und unbewußten Schuld, die nicht in einem Fehler des handelnden Menschen, sondern in seinem Menschsein selbst ihren Grund hat. Die Urform der Schuld: der Mensch, der an sich denkt, statt sich klein zu machen und die Ordnung zu verehren, in die er gestellt ist, diese Adamssünde scheint auch in Sigune durchzuschlagen...« Eine kuriose Wendung geben dieser Deutung von Sigunes Schuld als Selbstüberhebung H. und R. KAHANE 97f., indem sie – im Rahmen ihrer hier nicht zu erörternden Gesamtinterpretation der wolframschen Gralepen – den Gegensatz von Intellekt und Instinkt einführen: Gardeviaz sei die Verkörperung des »irrational animal« und sein Name drücke »his admirable following of instinct« aus. »The immoderacy of Sigune's desire to obtain at all cost the dog's leash, which is also inscribed, is the exemplum of concupiscence in a human being that results from following instinct rather than intellect.« Wieder mehr in der »inneren Unreife« Sigunes sieht LABUSCH 109ff. die Ursache der Schuld und legt – wie bereits DE BOOR 124, ansatzweise auch schon STOSCH, ZfdA 25 (1881) 189 – das Gewicht ihrer Interpretation auf das Verhältnis von Forderung und Lohn: »Sigune konnte sich zwar von Schionatulander erbitten, ihr das Seil zu beschaffen, aber sie durfte an diese leichte Bedingung nicht die Gewährung ihrer Liebe knüpfen... Es geht nicht um die Unbilligkeit der Forderung, sondern um die Unangemessenheit des in Aussicht gestellten Lohnes.« Auch die Interpretation KÖNNEKERS 32f. bewegt sich weitgehend in diesen Bahnen, stellt aber das »Versagen Sigunes«, das »Folge ihrer eigenen kindlichen Unreife ... und der höfischen Erziehung, die sie in ihrem gefährlichen Geltungsanspruch noch bestärkte«, sei, in einen weiteren Rahmen: es zeige sich, »daß sich entgegen der Verheißung Titurels die Idee der Erde und Himmel versöhnenden Liebe ... innerhalb der höfisch ritterlichen Gesellschaft nicht verwirklichen läßt«; im T negiere Wolfram im Gegensatz zum P »den Geltungsanspruch des Gralssymboles zumindest in dieser Hinsicht«. Der Gedanke schließlich, es gehe nicht um das Seil, sondern um die darauf geschriebene Lehre, spielt auch bei LABUSCH l. c. eine Rolle: die Geschichte auf der Hundeleine hätte vielleicht eine Antwort auf die Zeitfrage geben können, »wie man ›der werlde gunst‹ und die ›saelde‹ des Himmels erlangt... Wolfram schildert, wie der Hund seinem Besitzer fortläuft, sich von einem anderen einfangen läßt, wieder entspringt... Der Gedanke liegt nahe, daß der Dichter hier deutlich machen wollte, wie sich dieses Ideal letztlich immer wieder der Verwirklichung entzieht«. Hier liegt offenbar ein Bruch in der Argumentation: wenn es die Kernfrage der Zeit ist, um die Schionatulander sich bemühen muß, kann man nicht von einem Mißverhältnis zwischen der Forderung und dem in Aussicht gestellten Lohn sprechen. LABUSCHS Bemerkung, »schon die Art und Weise, wie Sigune auf den Verlust des ihr doch nur vom Zufall in die Hände gespielten Kleinodes reagiert«, zeige, »daß es sich eben doch nur um eine Laune« handle, vermag diesen Bruch nur notdürftig zu verdecken. Dagegen zieht OHLY, ZfdA 94 (1965) 179, aus diesem Gedanken die radikale Konsequenz: »gesucht ist Gardevias, die Lebensführung, und die Brackenseilinschrift als der Katechismus rechter Art zu leben... Wohl dem Mann, dem Suche nach dem Brackenseil geschenkt ist. Von der Schuld an Schianatulanders Tod ist, die ihn ausgesandt hat, frei« (ähnlich schon KIEFNER 79f.). – Bei nüchterner Betrachtung wird man feststellen müssen, daß alle Interpretationen, die in Sigunes Forderung eine Schuld sehen, letztlich auf eine einzige Stelle im P angewiesen sind, wo Sigune sich selbst *kranker sinne* zeiht, daß sie Schionatulander *niht minne gap*[147] (141, 20f. - cf. zu 48, 1). In den übrigen Sigune-Szenen im P ist von Schuld nirgendwo expressiv verbis die Rede,[148] ebensowenig wie im T: ausdrücklich hebt der Dichter den *guoten willen* der beiden hervor (170, 2), so daß – wenn überhaupt – nur von unbewußter Schuld gesprochen werden kann, und ob das *tumpheit*-Motiv auf die Katastrophe bezogen werden darf, ist zumindest fraglich (cf. zu 48, 1). Was bleibt, sind ein-

---

[147] Cf. die Bemerkung CURSCHMANNS 160, Sigune sei »sich des Wesens der Minne nicht ... bewußt..., indem sie die natürliche Ergänzung des seelisch-geistigen Bundes durch ›bî ligende minne‹« verweigere.
[148] Das Klausnerinnendasein allein ist kein hinreichendes Argument. Wolfram nennt als Grund dafür die *gotes minne* (P 435, 14). Die gleiche Begründung gibt er für den Rückzug der am Tod Schoysianes gewiß unschuldigen Brüder Manfilot und Kiot vom weltlichen Leben (P 186, 26 – cf. auch zu 23, 3).

zig die »Warnzeichen« am Schluß, auf die BUMKE 99 hinweist: die Interpretation des Hundenamens in Str. 144 kann auf Sigune und Schionatulander bezogen werden, »vielleicht in dem Sinn, daß Schionatulander, der gleich bei der ersten Verfolgung des Bracken ins ›ungeverte‹ gerät (160, 3), und Sigune, die ihren Freund auf die todbringende ›vart‹ schickt, die Mahnung: ›hüete der verte!‹ nicht befolgt haben«. Indes: eine Parzivalstelle und einige von ihr aus erst zu interpretierende Hinweise im T sind eine wenig tragfähige Basis für weitreichende Spekulation. Man kann ehrlicherweise nicht mehr sagen, als daß der Text des T es zwar erlaubt, von Schuld zu sprechen, aber keineswegs dazu zwingt (cf. jetzt auch BUMKE [Forschung] 343f.).
hinne, sc. im Zelt.

167 (1217/1218) = 161 G

Er sprach: ›so wil ich gerne vmbe daz seil also werben.
sol man daz mit strite erholen, da mŏz ich an libe vñ ane prise verderben
oder ich bringe ez wider dir zehanden.
wis genadch, sŏzziu maget, vñ halt niht min herze so lange in dinen
[*banden!‹*

167, 1: *alsô* kann sowohl auf das Vorhergehende (»unter dieser Bedingung«) als auch auf das Folgende (»auf diese Weise« – Doppelpunkt statt Punkt nach *werben*) bezogen werden.

167, 3: MARTIN z. St. übersetzt *oder* mit »wenn nicht«, MARTI z. St. mit »es sei denn daß«, BEHAGHEL, DS III, 239 mit »sonst«; es kann hier aber durchaus mit dem nhd. Äquivalent wiedergegeben werden.

167, 4: Cf. zu 48, 4 (*minnen bant*).

168 (1219) = 162 G

›Genade vñ al daz imer maget sol verenden
gein ir werdem claren friunde, daz leist ich vñ mach mich des willen
[*niemen e r w e n d e n,*
op din wille krieget nach der strangen,
die der brache zoch vf der verte, den du mir brahte gevangen.‹
2.*erwerenden*, Vorsilbe *er* übergeschrieben, *w* aus *v* verbessert (der Schreiber hat offensichtlich das Reimwort *verenden* aus Zeile 1 versehentlich wiederholt, dann den Fehler bemerkt, *v* in *w* verbessert und die Vorsilbe *er* übergeschrieben, aber vergessen, das zweite *er* zu streichen).

168, 1: Das Versprechen Sigunes ist weder »vage noch unbestimmt« (GIESE 29) noch braucht man darin ein »Eheversprechen« (GIESE 31) oder ein »verlöbnisartiges, auf die Zukunft gerichtetes Versprechen« (SCHUMACHER 54) zu vermuten: *gnâde* steht hier zweifellos in der allgemein gebräuchlichen Bedeutung »Erhörung«, »Liebesgewährung« (cf. zu 60, 1ff.).

168, 3: Über die Umschreibung *dîn wille* cf. zu 71, 3.

168, 4: *bræhte* statt *brâhtest* (Angleichung an die starke Flexion) steht bei Wolfram noch P 524, 15 und W 454, 1; cf. WEINHOLD § 407.

169   (1220) = 163 G

>*Dar nach sol min dienst imer statchlichen ringen.*
dv bivtest richen solt. wie gelebe ih die zit, daz ez min hant dar zŏ   [*mŏzze bringen,*
daz ih die hulde din behalte?
daz wirt versŏchet nahen vñ verre. geluke vñ din minne min   [*walte!*<

4. *verschŏchet. gelukuke.*

169, 1: Über die Umschreibung *mîn dienst* cf. zu 71, 3.

169, 2: *wie gelebe ih die zît* kann heißen: »wie werde ich (jemals) den Zeitpunkt erleben« oder: »wie werde ich die Zeit hinbringen«. Die erste Möglichkeit bringt die Ungeduld Schionatulanders zum Ausdruck (cf. MARTIN z. St.: »wie kann ich es bis dahin aushalten«); die zweite kann ebenso verstanden werden, doch könnte hier auch gemeint sein, Schionatulander sei besorgt, durch falsches Verhalten in der Zeit bis zum Erwerb des Brackenseils Sigunes *hulde* zu verlieren. Für die erste Möglichkeit spricht, daß Wolfram in den Wendungen des Typs eine *zît (ge)leben* die präfigierte Form zum Ausdruck des Erlebens eines Zeitpunktes, das Simplex (das LACHMANN und MARTIN hier gegen die Überlieferung in den Text setzen) zum Ausdruck der Erstreckung über einen Zeitraum (»die Zeit hinbringen«) verwendet,[149] cf. P 90, 2f.:
   mîn dienst gelebet noch die zît
   daz ir mich zeinem friwende nemt,
608, 30:
   ich geleb noch gein im strîtes tac,
gegenüber 370, 16:
   ir müezet fünf jâr ê lebn,

---

[149] Die Fälle mit der Partizipialform *gelebet*, die sowohl zu *leben* als auch zu *geleben* gehören kann, bleiben unberücksichtigt (P 109, 5; W 193, 21; 462, 1).

585, 8f.:
> Gâwân lebt ie sîne zît
> als iwer hulde im gebôt,

784, 13ff.:
> swelch gemach mir diu gît,
> des wil ich leben dise zît,
> unz daz mîn hêrre hinnen vert.

Man fragt sich jedoch, weshalb Schionatulander ungeduldig sein sollte, etwas zu *behalten*, was er schon besitzt, nämlich Sigunes *hulde*. Möglicherweise hat man Fragezeichen statt Komma nach *bringen*, Komma statt Fragezeichen nach *behalte* zu setzen und *dar zuo* auf das Vorhergehende zu beziehen: »wie werde ich jemals den Zeitpunkt erleben, daß ich es durch meine Taten dazu (sc. den *rîchen solt* zu erwerben) bringe?« Zeile 3 könnte dann sowohl als Finalsatz wie auch als Subjektsatz verstanden werden: »damit ich deine Geneigtheit nicht verliere, wird das (sc. den *rîchen solt* zu erwerben) überall versucht« oder: »daß ich deine Geneigtheit nicht verliere, das wird überall versucht«. Über die Umschreibung *mîn hant* cf. zu 4, 2.

169, 4: Zur Formel *nâhen und verre* = »überall« cf. MATZ 75.
gelücke und dîn minne mîn walte = »das Schicksal und deine Liebe mögen mich behüten«. Über die Formel vom Walten des Glücks (bei Wolfram noch P 351, 22; 678, 17; 701, 27) cf. SANDERS 172ff., vor allem 182f.

170   (1221) = 164 G

> Sus heten si mit worten ein ander ergetzzet
> vn̄ ŏch mit gŏtem willen. der ane vanch vil chumbers, wie wart der
>   [geletzzet!
> daz freischet wol der tumbe vn̄ ŏch der grise
> von dem verzageten sicherboten, obe der swebe oder sinche an dem
>   [prise.
> 4. sinchet?

170, 1: *mit worten* ist Gegensatz zu *mit werken*, cf. zu 73, 2.
ergetzet heißt hier wohl nicht »erfreut« (BARTSCH und MARTIN z. St.), sondern »entschädigt« (MARTI z. St.): durch das gegenseitige Versprechen hat Schionatulander Sigune für das Brackenseil und Sigune Schionatulander für ihre Liebe entschädigt.

170, 2: *wie wart der geletzet* = »zu welchem Ende hat der geführt!«; Vorausdeutung, cf. zu 17, 3.

170, 3f.: In diesen Versen wird eine Fortsetzung angekündigt, cf. das im Anschluß an Str. 131 über den Fragment-Charakter des Werkes Ausgeführte.
Zur Formel *der tumbe und der grîse* cf. zu 70, 1, zur Syntax (bestimmter Artikel zur Bezeichnung der ganzen Gattung) zu 83, 4.
Versteht man *von* im Sinne von lat. *de,* dann ist Schionatulander der *sicherbote,* so genannt, weil »er feierlich gelobt hat, den Auftrag Sigunes auszuführen« (MARTIN z. St.). So haben alle Herausgeber außer DOCEN die Stelle verstanden und – mit Ausnahme MARTIS, die jedoch zur Konjektur neigt – das überlieferte *verzageten* nach dem Vorbild des JT durch *unverzageten* ersetzt (cf. 138, 2); zur Not könnte man *verzaget* jedoch auf die in Str. 169 geäußerte Ungeduld bzw. Besorgnis Schionatulanders beziehen. Eine andere, ganz und gar unwahrscheinliche Lösung erwägt DOCEN z. St.: *von* könnte auch im Sinne von lat. *a* stehen, mit dem *verzageten sicherboten* der Dichter selbst gemeint sein (»der an seiner Kunst verzagte Gewährsmann« – Formel dichterischer Unfähigkeit, cf. J. SCHWIETERING, Die Demutsformel mittelhochdeutscher Dichter, Berlin 1921 = Abh. der königl. Ges. der Wiss. zu Göttingen, Phil.-hist. Kl., N. F. 17/3, p. 36ff.).
Zur Wendung *obe der swebe oder sinke an dem prîse* cf. P 539, 17:
   des prîs sô hôhe ê swebt enbor,
ferner W 45, 12f.; 48, 25; 453, 22f.; ferner zu 128, 1 sowie über Nachahmung im JT BORCHLING 160.

* *
*

Bei BARTSCH folgt im Anschluß an diese Strophe, mit der die authentische Wolfram-Überlieferung abbricht, noch ein weiterer Teil unter dem Titel »Der Abschied«, rekonstruiert aus den Strophen JT 1267–1297 und 1225 (nach 1270 eingefügt). Auch hierfür gilt das im Anschluß an Str. 131 über BARTSCHS Rekonstruktion des Kapitels »Gahmurets Tod« Gesagte.

Abkürzungsverzeichnis

Das Verzeichnis erfaßt die in abgekürzter Form zitierten Zeitschriften, Buchreihen, Aufsätze und Bücher.

AfdA	Anzeiger für deutsches Altertum und deutsche Literatur.
AH	Hartmann von Aue, Der arme Heinrich, Hrsg. von H. PAUL, 13., durchges. Aufl., bes. von L. WOLFF, Tübingen 1966 = ATB, 3.
AhdWb	Althochdeutsches Wörterbuch, Auf Grund der von E. VON STEINMEYER hinterlassenen Sammlungen ... bearb. und hrsg. von E. KARG-GASTERSTÄDT und TH. FRINGS, (Bisher:) I, Berlin 1968.
Aliscans	Aliscans, Kritischer Text von E. WIENBECK, W. HARTNACKE, P. RASCH, Halle 1903.
Andreas Capellanus	Andreas Capellanus regii Francorum, De amore libri tres, Rec. E. TROJEL, Ed. 2., München 1964.
Archiv	Archiv für das Studium der neueren Sprachen und Literaturen.
ARMKNECHT	W. ARMKNECHT, Geschichte des Wortes »süß«, I, Berlin 1936 = Germanische Studien, 171.
ATB	Altdeutsche Textbibliothek.
BARTSCH	Wolfram von Eschenbach, Parzival und Titurel, Hrsg. von K. BARTSCH, 2. Aufl., III, Leipzig 1877 = DKM, 11.
– (Eigennamen)	K. BARTSCH, Die Eigennamen in Wolframs Parzival und Titurel, in: Germanistische Studien, Supplement zur Germania, II, Wien 1875, 114ff.
BAUSS	H. BAUSS, Studien zum Liebesdialog in der höfischen Epik, Marburg, Phil. Diss. 1937.
BBSIA	Bulletin bibliographique de la Société internationale arthurienne.
Beitr	Beiträge zur Geschichte der deutschen Sprache und Literatur (H = Halle, T = Tübingen).
BENECKE	G. F. BENECKE, Rez. DOCEN (s. d.), Göttingische gelehrte Anzeigen, 1812/2, 937ff.
BGNL	Bibliothek der gesammten deutschen National-Literatur.
Bit	Biterolf und Dietleib, Hrsg. von O. JÄNICKE, in: Deutsches Heldenbuch, I, Berlin 1866.
BLVS	Bibliothek des litterarischen Vereins in Stuttgart.
BMZ	G. F. BENECKE, W. MÜLLER und F. ZARNCKE, Mittelhochdeutsches Wörterbuch, I–III, Leipzig 1854–1866.
BOCK	L. BOCK, Wolframs von Eschenbach Bilder und Wörter für Freude und Leid, Straßburg und London 1879 = QF, 33.
BODE	F. BODE, Die Kampfesschilderungen in den mittelhochdeutschen Epen, Greifswald, Phil. Diss. 1909.
BOESCH	B. BOESCH, Die Kunstanschauung in der mittelhochdeutschen Dichtung von der Blütezeit bis zum Meistergesang, Bern und Leipzig 1936.

BOESTFLEISCH	K. BOESTFLEISCH, Studien zum Minnegedanken bei Wolfram von Eschenbach, Königsberg 1930 = Königsberger deutsche Forschungen, 8.
BOHNER	J. G. BOHNER, Das Beiwort des Menschen und der Individualismus in Wolframs Parzival, Heidelberg, Phil. Diss. 1909.
DE BOOR	H. DE BOOR, Die höfische Literatur, Vorbereitung, Blüte, Ausklang, 1170–1250, ... 7. Aufl., München 1966 = H. DE BOOR und R. NEWALD, Geschichte der deutschen Literatur von den Anfängen bis zur Gegenwart, 2.
BORCHLING	C. BORCHLING, Der jüngere Titurel und sein Verhältnis zu Wolfram von Eschenbach, Göttingen, Phil. Diss. 1897.
BOYSEN	J. L. BOYSEN, Über den Gebrauch des Genitivs in den Epen Wolframs von Eschenbach, Würzburg, Phil. Diss. 1910.
BRUGGER	E. BRUGGER, Ein Beitrag zur arthurischen Namenforschung, Alain de Gomeret, in: Aus romanischen Sprachen und Literaturen, Festschrift H. MORF..., Halle 1905, 53ff.
BUCHENAU	H. BUCHENAU, Über den Gebrauch und die Stellung des Adjectivs in Wolframs Parzival, Straßburg, Phil. Diss. 1887.
BUMKE	J. BUMKE, Wolfram von Eschenbach, 2., durchges. Aufl., Stuttgart 1966 = Sammlung Metzler, 36.
– (Forschung)	Ders., Die Wolfram von Eschenbach Forschung seit 1945, Bericht und Bibliographie, München 1970.
– (Ritterbegriff)	Ders., Studien zum Ritterbegriff im 12. und 13. Jahrhundert, Heidelberg 1964 = Beihefte zum Euph, 1.
– (Willehalm)	Ders., Wolframs Willehalm, Studien zur Epenstruktur und zum Heiligkeitsbegriff der ausgehenden Blütezeit, Heidelberg 1959 = GB, 3.
CAFLISCH-EINICHER	E. CAFLISCH-EINICHER, Die lateinischen Elemente in der mittelhochdeutschen Epik des 13. Jahrhunderts, Reichenberg 1936 = Prager Deutsche Studien, 47.
CEr	Christian von Troyes, Erec und Enide, Hrsg. von W. FOERSTER, Halle 1890 = Christian von Troyes, Sämtliche Werke, Nach allen bekannten Hss. hrsg. von W. FOERSTER, 3.
CP	Ders., Der Percevalroman (Li contes del Graal), Unter Benutzung des von G. BAIST nachgelassenen hs. Materials hrsg. von A. HILKA, Halle 1932 = Christian von Troyes, Sämtliche erhaltene Werke, Nach allen bekannten Hss. hrsg. von W. FOERSTER, 5.
Craûn	Moriz von Craûn, Unter Mitwirkung von K. STACKMANN und W. BACHOFER im Verein mit E. HENSCHEL und R. KIENAST hrsg. von U. PRETZEL, 3., durchges. Aufl., Tübingen 1966 = ATB, 45.
CURSCHMANN	M. CURSCHMANN, Der Münchener Oswald und die deutsche spielmännische Epik, Mit einem Exkurs zur Kultgeschichte und Dichtungstradition, München 1964 = MTU, 6.
CURTIUS	E. R. CURTIUS, Europäische Literatur und lateinisches Mittelalter, 5. Aufl., Bern und München 1965.
DAHMS	F. DAHMS, Die Grundlagen für den Stil Wolframs von Eschenbach, Greifswald, Phil. Diss. 1911.
DALBY	D. DALBY, Lexicon of the mediaeval German hunt, A Lexicon of Middle High German terms (1050–1500), associated with the Chase, Hunting with Bows, Falconry, Trapping and Fowling, Berlin 1965.

Deinert	W. Deinert, Ritter und Kosmos im Parzival, Eine Untersuchung der Sternkunde Wolframs von Eschenbach, München 1960 = MTU, 2.
DG	J. Grimm, Deutsche Grammatik, I–IV (I: 2. Ausg.), Göttingen 1822–1837.
Diefenbach	L. Diefenbach, Glossarium latino-germanicum mediae et infimae aetatis..., Frankfurt a. M. 1857.
– (N)	Ders., Novum glossarium latino-germanicum mediae et infimae aetatis, Beiträge zur wissenschaftlichen Kunde der neulateinischen und der germanischen Sprachen, Frankfurt a. M. 1867.
DKM	Deutsche Klassiker (Classiker) des Mittelalters.
DM	J. Grimm, Deutsche Mythologie, 4. Ausg., bes. von E. H. Meyer, I–III, Berlin 1875–1878.
Docen	B. J. Docen, Erstes Sendschreiben über den Titurel, enthaltend: Die Fragmente einer Vor-Eschenbachischen Bearbeitung des Titurel, Aus einer Hs. der Königl. Bibliothek zu München hrsg. und mit einem Kommentar begleitet, Berlin und Leipzig 1810.
Domanig	K. Domanig, Parzival-Studien, I, Paderborn 1878.
DR	J. Grimm, Deutsche Rechtsaltertümer, 4., verm. Ausg., bes. durch A. Heusler und R. Hübner, I, II, Neuer Abdruck, Leipzig 1922.
DRWb	Deutsches Rechtswörterbuch (Wörterbuch der älteren deutschen Rechtssprache), Hrsg. von der Preuß. Ak. der Wiss. (IV: Hrsg. von der Deutschen Ak. der Wiss. zu Berlin, ab V: In Verb. mit der Deutschen Ak. der Wiss. zu Berlin hrsg. von der Heidelberger Ak. der Wiss.), (Bisher:) I–VI/7, Weimar 1914ff.
DS	O. Behaghel, Deutsche Syntax, Eine geschichtliche Darstellung, I–IV, Heidelberg 1923–1932 = GB, 1/10.
DTM	Deutsche Texte des Mittelalters.
DU	Der Deutschunterricht.
Du Cange	Ch. du Fresne Du Cange, Glossarium mediae et infimae aetatis... digessit G. A. L. Henschel, I–VII, Paris 1840–1850.
DVjs	Deutsche Vierteljahrsschrift für Literaturwissenschaft und Geistesgeschichte.
DWb	J. und W. Grimm, Deutsches Wörterbuch (ab IV/1/2: Fortges. von M. Heyne u. a.), I–XVI, Leipzig 1854–1960.
Ehrismann	G. Ehrismann, Geschichte der deutschen Literatur bis zum Ausgang des Mittelalters, II/2/1, München 1927 = Handbuch des deutschen Unterrichts an höheren Schulen, 6/2/2/1.
Emblemata	Emblemata, Handbuch zur Sinnbildkunst des XVI. und XVII. Jahrhunderts, Hrsg. von A. Henkel und A. Schöne, Stuttgart 1967.
En	Heinrich von Veldeke (Henric van Veldeken), Eneide, Hrsg. von G. Schieb und Th. Frings, I, Berlin 1964 = DTM, 58.
– (B)	Dass., Mit Einl. und Anm. hrsg. von O. Behaghel, Heilbronn 1882.
Eng	Konrad von Würzburg, Engelhard, Hrsg. von P. Gereke, 2., neubearb. Aufl. von I. Reiffenstein, Tübingen 1963 = ATB, 17.
Euph	Euphorion, Zeitschrift für Literaturgeschichte.
Fischer	H. Fischer, Schwäbisches Wörterbuch (II–V: Bearb. unter Mitwirkung von W. Pfleiderer, VI: Weitergef. von W. Pfleiderer), I–VI, Tübingen 1904–1936.
Flore	Konrad Fleck, Flore und Blanscheflur, Eine Erzählung, Hrsg. von E. Sommer, Quedlinburg und Leipzig 1846 = BGNL, 12.

FLUTRE	L.-F. FLUTRE, Table des noms propres avec toutes leurs variantes figurant dans les romans du moyen-âge écrits en français ou en provençal et actuellement publiés ou analysés, Poitiers 1962 = Publications du centre d'études supérieures de civilisation médiévale, 2.
FÖRSTEMANN	E. FÖRSTEMANN, Altdeutsches Namenbuch, 2., völlig umgearb. Aufl., I, Bonn 1901.
FÖRSTER	P. G. FÖRSTER, Zur Sprache und Poesie Wolframs von Eschenbach, Leipzig, Phil. Diss. 1874.
FOURQUET	J. FOURQUET (Übers.), Titurel (Premier Fragment), in: Lumière du Graal, Etudes et textes presentés sous la direction de R. NELLI, Paris 1951, 235 ff.
– (noms)	Ders., Les noms propres du Parzival, in: Mélanges de philologie romane et de littérature médiévale offerts à E. HOEPFFNER..., Paris 1949 = Publications de la Faculté des Lettres de l'Université de Strasbourg, 113, p. 245 ff.
FRANZ	E. FRANZ, Beiträge zur Titurelforschung, Göttingen, Phil. Diss. 1904.
Frauendienst	Ulrich von Liechtenstein, Frauendienst, Hrsg. von R. BECHSTEIN, I, II, Leipzig 1888 = Deutsche Dichtungen des Mittelalters, 6, 7.
Freidank	Freidank, Mit kritisch-exegetischen Anm. hrsg. von F. SANDVOSS, Berlin 1877.
FuF	Forschungen und Fortschritte.
GA	Germanistische Abhandlungen.
GAUPP	O. GAUPP, Zur Geschichte des Wortes »rein«, Tübingen, Phil. Diss. 1920.
GB	Germanische Bibliothek.
GHB	Germanistische Handbibliothek.
GIESE	I. GIESE, Sigune, Untersuchungen zur Minneauffassung Wolframs von Eschenbach, Rostock, Phil. Diss. 1952.
GLL	German Life and Letters.
GLUNZ	H. H. GLUNZ, Die Literarästhetik des europäischen Mittelalters, Wolfram – Rosenroman – Chaucer – Dante, Bochum 1937 = Das Abendland, 2.
GODDARD	J. GODDARD (Übers.), The Titurel of Wolfram von Eschenbach, in: The Antiquarian Magazine and Bibliographer, Ed. by E. WALFORD (ab 8: WALFORD's Antiquarian: A Magazine and Bibliographical Review, Ed. by E. WALFORD), 1 (1882) 138 ff., 2 (1882) 10 ff. und 244 ff., 5 (1884) 129 ff., 6 (1884) 166 ff., 9 (1886) 160 ff. und 205 ff.
GODEFROY	F. GODEFROY, Dictionnaire de l'ancienne langue française et de tous ses dialectes du IXe au XVe siècles..., I–X, Paris 1881–1902.
GÖTZ	H. GÖTZ, Leitwörter des Minnesangs, Berlin 1957 = Abhandlungen der Sächs. Ak. der Wiss. zu Leipzig, Phil.-hist. Kl. 49/1.
GOLTHER	W. GOLTHER, Parzival und der Gral in der Dichtung des Mittelalters und der Neuzeit, Stuttgart 1925.
Gr	Hartmann von Aue, Gregorius, Hrsg. von H. PAUL, 11. Aufl., bes. von L. WOLFF, Tübingen 1966 = ATB, 2.
GRAFF	E. G. GRAFF, Althochdeutscher Sprachschatz..., I–VI, Berlin 1834–1842.
GRd	Graf Rudolf, Hrsg. von P. F. GANZ, Berlin 1964 = Philologische Studien und Quellen, 19.
GRIMM	s. J. GRIMM.

GSchm	Konrad von Würzburg, Die Goldene Schmiede, Hrsg. von E. SCHRÖDER, Göttingen 1926.
Had	Hadamar von Laber, Jagd, Hrsg. von K. STEJSKAL, Wien 1880.
HAGEN	P. HAGEN, Der Gral, Straßburg 1900 = QF, 85.
HARTL	Wolfram von Eschenbach, Hrsg. von K. LACHMANN, 7. Ausg., Neu bearb. und mit einem Verzeichnis der Eigennamen und Stammtafeln vers. von E. HARTL, I, Berlin 1952.
HASTENPFLUG	F. HASTENPFLUG, Das Diminutiv in der deutschen Originalliteratur des 12. und 13. Jahrhunderts, Marburg, Phil. Diss. 1914.
HECKEL	H. HECKEL, Das ethische Wortfeld in Wolframs Parzival, Erlangen, Phil. Diss. 1939.
Heidin	Die Heidin, Unter Mitwirkung von R. KIENAST hrsg. von E. HENSCHEL und U. PRETZEL, Leipzig 1957 = Altdeutsche Quellen, 4.
HEINZEL	R. HEINZEL, Über Wolframs von Eschenbach Parzival, Wien 1893 = Sitzungsberichte der Kais. Ak. der Wiss. in Wien, Phil.-hist. Cl. 130/1.
Helmbr	Wernher der Gartenaere, Helmbrecht, Hrsg. von F. PANZER, 7. Aufl., bes. von K. RUH, Tübingen 1965 = ATB, 11.
HEMPEL	H. HEMPEL, Der »zwîvel« bei Wolfram und anderweit, in: Erbe der Vergangenheit, Germanistische Beiträge, Festgabe für K. HELM zum 80. Geburtstage 19. Mai 1951, Tübingen 1951, 157ff.
HEr	Hartmann von Aue, Erec, Hrsg. von A. LEITZMANN, 3. Aufl., bes. von L. WOLFF, Tübingen 1963 = ATB, 39.
– (H)	Dass., Hrsg. von M. HAUPT, 2. Ausg., Leipzig 1871.
HERTZ	W. HERTZ (Übers.), Wolfram von Eschenbach, Parzival, Neu bearb., 2. Aufl., Stuttgart 1898.
HGA	Gesammtabenteuer, Hundert altdeutsche Erzählungen ... hrsg. von F. H. von der HAGEN, I–III, Stuttgart und Tübingen 1850.
HIw	Hartmann von Aue, Iwein, Eine Erzählung, Mit Anm. hrsg. von G. F. BENECKE und K. LACHMANN, 6. Ausg., Unveränd. Nachdruck der 5., von L. WOLFF durchges. Ausg., Berlin 1966.
– (7)	Dass., 7. Ausg., Neu bearb. von L. WOLFF, I, II, Berlin 1968.
HKl	Hartmann von Aue, Die Klage, in: H. v. A., Die Klage, Das (zweite) Büchlein, Aus dem Ambraser Heldenbuch hrsg. von H. ZUTT, Berlin 1968.
– (B)	Dass., in: H. v. A., Hrsg. von F. BECH, II, 3. Aufl., Leipzig 1891 = DKM, 5/2.
HMS	Minnesinger, Deutsche Liederdichter ... gesammelt und berichtigt ... von F. H. von der HAGEN, I–IV, Leipzig 1838.
HOFMANN	G. HOFMANN, Die Einwirkung Veldekes auf die epischen Minnereflexionen Hartmanns von Aue, Wolframs von Eschenbach und Gottfrieds von Straßburg, München, Phil. Diss. 1930.
HOLTHAUSEN	F. HOLTHAUSEN, Gotisches etymologisches Wörterbuch mit Einschluß der Eigennamen und der gotischen Lehnwörter im Romanischen, Heidelberg 1934 = GB, 4/8.
HvNeustadt	Heinrich von Neustadt, Apollonius von Tyrland nach der Gothaer Hs., Gottes Zukunft und Visio Philiberti nach der Heidelberger Hs. hrsg. von S. SINGER, Berlin 1906 = DTM, 7.
HzgE B	Herzog Ernst B, in: Herzog Ernst, Hrsg. von K. BARTSCH, Wien 1869.
HzgE D	Herzog Ernst D, in: Deutsche Gedichte des Mittelalters, Hrsg. von F. H. von der HAGEN und J. G. BÜSCHING, I, Berlin 1808.

Jacobsohn	M. Jacobsohn, Die Farben in der mittelhochdeutschen Dichtung der Blütezeit, Leipzig 1915 = Teutonia, 22.
Jänicke	O. Jänicke, De dicendi usu Wolframi de Eschenbach, Halle, Phil. Diss. 1860.
Jander	E. Jander, Über Metrik und Stil in Wolframs Titurel, Rostock, Phil. Diss. 1883.
JEGP	The Journal of English and Germanic Philology.
Jelinek	F. Jelinek, Mittelhochdeutsches Wörterbuch zu den deutschen Sprachdenkmälern Böhmens und der mährischen Städte Brünn, Iglau und Olmütz (XIII.–XVI. Jahrhundert), Heidelberg 1911 = GB, 1/4/3.
J. Grimm	J. Grimm, Rez. Docen (s. d.), in: J. G., Recensionen und vermischte Aufsätze, III, Berlin 1882 = J. G., Kleinere Schriften, 6, p. 116ff.
JT	Albrecht von Scharfenberg, Der jüngere Titurel, Nach den ältesten und besten Hss. kritisch hrsg. von W. Wolf, (Bisher:) I, II/1, II/2, Berlin 1955ff. = DTM, 45, 55, 61.
JT Ausw	Dass., Ausg. und hrsg. von W. Wolf, Bern 1952 = Altdeutsche Übungstexte, 14.
JT Hahn	Dass., Hrsg. von K. A. Hahn, Quedlinburg und Leipzig 1842 = BGNL, 24.
Kahane	H. and R. Kahane in collaboration with A. Pietrangeli, The Krater and the Grail: Hermetic Sources of the Parzival, Urbana 1965 = Illinois Studies in Language and Literature, 56.
Kchr	Kaiserchronik eines Regensburger Geistlichen, Hrsg. von E. Schröder, Berlin 1892 = MGH, Deutsche Chroniken, 1/1.
Kesting	P. Kesting, Maria – Frouwe, Über den Einfluß der Marienverehrung auf den Minnesang bis Walther von der Vogelweide, München 1965 = Medium Aevum, 5.
Kiefner	W. Kiefner, Wolframs Titurel, Untersuchungen zu Metrik und Stil, Tübingen, Phil. Diss. 1952.
Kl	Diu Klage, Mit den Lesarten sämtlicher Hss. hrsg. von K. Bartsch, Leipzig 1875.
KLD	Deutsche Liederdichter des 13. Jahrhunderts, Hrsg. von C. von Kraus (II: Bes. von H. Kuhn), I, II, Tübingen 1952–1958.
Kluge/Mitzka	F. Kluge, Etymologisches Wörterbuch der deutschen Sprache, 20. Aufl., bearb. von W. Mitzka, Berlin 1967.
KMÜ	Mittelhochdeutsches Übungsbuch, Hrsg. von C. von Kraus, 2., verm. und geänd. Aufl., Heidelberg 1926 = GB, 1/3/2.
Köhn	A. Köhn, Das weibliche Schönheitsideal in der ritterlichen Dichtung, Leipzig 1930 = Form und Geist, 14.
Könneker	B. Könneker, Die Stellung der Titurelfragmente im Gesamtwerk Wolframs von Eschenbach, in: Literaturwissenschaftliches Jahrbuch 6 (1965) 23ff.
Kolb	H. Kolb, Munsalvaesche, Studien zum Kyotproblem, München 1963.
– (Minne)	Ders., Der Begriff der Minne und das Entstehen der höfischen Lyrik, Tübingen 1958 = Hermaea, N. F. 4.
Kr	Heinrich von dem Türlin, Diu Crône, Zum ersten Male hrsg. von G. H. F. Scholl, Stuttgart 1852 = BLVS, 27.
Kudrun	Kudrun, Hrsg. von B. Symons, 4. Aufl., bearb. von B. Boesch, Tübingen 1964 = ATB, 5.
– (M)	Dass., Hrsg. von E. Martin, 2. Aufl., Halle 1902 = GHB, 2.

Kuhn	H. Kuhn, Die Klassik des Rittertums in der Stauferzeit, 1170–1230, in: Annalen der deutschen Literatur, ... hrsg. von H. O. Burger, 2. Aufl., Stuttgart 1963, 99ff.
Kummer	Die poetischen Erzählungen des Herrand von Wildonie und die kleinen innerösterreichischen Minnesinger, Hrsg. von K. F. Kummer, Wien 1880.
L	Wolframs Lieder, zit. nach Lachmann (s. d.), 6. Ausg.
Labusch	D. Labusch, Studien zu Wolframs Sigune, Frankfurt a. M., Phil. Diss. 1959.
Lachmann	Wolfram von Eschenbach, Hrsg. von K. Lachmann, Berlin 1833 (2. Ausg. 1854; 3. Ausg. 1872; 4. Ausg. 1879; 5. Ausg. 1891; 6. Ausg. 1926).
– (Kl. Schr.)	K. Lachmann, Kleinere Schriften zur deutschen Philologie, Hrsg. von K. Müllenhoff, Berlin 1876 = K. L., Kleinere Schriften, I.
Langlois	E. Langlois, Table des noms propres de toute nature compris dans les chansons de geste imprimées, Paris 1904.
Lanz	Ulrich von Zatzikhoven, Lanzelet, Eine Erzählung, Hrsg. von K. A. Hahn, Frankfurt a. M. 1845.
Lehmann-Filhes	M. Lehmann-Filhes, Über Brettchen-Weberei, Berlin 1901.
Leitzmann	Wolfram von Eschenbach, Hrsg. von A. Leitzmann, V, Halle 1906 (2., verb. Aufl. 1926; 3. Aufl. 1950; 4. Aufl., Tübingen 1956; 5. Aufl., Tübingen 1963) = ATB, 16.
Leuthold	G. R. Leuthold, »Gnade« und »Huld« (Ein Beitrag zur Wort- und Begriffsgeschichte aufgrund deutscher Geistlichen- und Ritter-Dichtungen aus der Zeit der Salier und Staufer), Freiburg, Phil. Diss. 1953.
Levy	E. Levy, Provenzalisches Supplement-Wörterbuch, Berichtigungen und Ergänzungen zu Raynouards Lexique roman (VIII: Fortges. von C. Appel), I–VIII, Leipzig 1894–1924.
Lexer	M. Lexer, Mittelhochdeutsches Handwörterbuch, Zugleich als Supplement und alphabetischer Index zum mittelhochdeutschen Wörterbuche von Benecke-Müller-Zarncke, I–III, Leipzig 1872–1878.
Lieres und Wilkau	M. von Lieres und Wilkau, Sprachformeln in der mittelhochdeutschen Lyrik bis zu Walther von der Vogelweide, München 1965 = MTU, 9.
LKr	Die Kreuzfahrt des Landgrafen Ludwigs des Frommen von Thüringen, Hrsg. von H. Naumann, Berlin 1923 = MGH, Deutsche Chroniken, 4/2.
Loh	Lohengrin, Zum ersten Male kritisch hrsg. und mit Anm. vers. von H. Rückert, Quedlinburg und Leipzig 1858 = BGNL, 36.
Marner	Der Marner, Hrsg. von Ph. Strauch, Straßburg und London 1876 = QF, 14.
Marti	Wolfram von Eschenbach, Parzival und Titurel, Hrsg. von K. Bartsch, 4. Aufl., bearb. von M. Marti, III, Leipzig 1932 = DKM, 11.
Martin	Dass., Hrsg. und erkl. von E. Martin, I, II, Halle 1900–1903 = GHB, 9/1, 2.
– (Gralsage)	E. Martin, Zur Gralsage, Straßburg und London 1880 = QF, 42.
Martina	Hugo von Langenstein, Martina, Hrsg. von A. von Keller, Stuttgart 1856 = BLVS, 38.
Massmann	E. H. Massmann, Schwertleite und Ritterschlag, Dargestellt auf Grund der mhd. literarischen Quellen, Hamburg, Phil. Diss. 1933.

MATTHIAS	Th. MATTHIAS (Übers.), Die Werke Wolframs von Eschenbach, Im Geiste des Dichters erneuert, II, Hamburg 1925.
MATZ	E.-L. MATZ, Formelhafte Ausdrücke in Wolframs Parzival, Kiel, Phil. Diss. 1907.
MAURER	F. MAURER, Leid, Studien zur Bedeutungs- und Problemgeschichte, besonders in den großen Epen der staufischen Zeit, 3. Aufl., Bern und München 1964 = Bibliotheca Germanica, 1.
Megenberg	Konrad von Megenberg, Das Buch der Natur, Die erste Naturgeschichte in deutscher Sprache, Hrsg. von F. PFEIFFER, Stuttgart 1861.
MERGELL	B. MERGELL, Wolfram von Eschenbach und seine französischen Quellen, II, Münster 1943 = Forschungen zur deutschen Sprache und Dichtung, 11.
– (Gral)	Ders., Der Gral in Wolframs Parzival, Entstehung und Ausbildung der Gralsage im Hochmittelalter, Halle 1952.
MF	Des Minnesangs Frühling, Nach K. LACHMANN, M. HAUPT und F. VOGT neu bearb. von C. von KRAUS, Leipzig 1944.
MGH	Monumenta Germaniae Historica.
Minneburg	Die Minneburg, Nach der Heidelberger Pergaments. ... hrsg. von H. PYRITZ, Berlin 1950 = DTM, 43.
Minnereden	Mittelhochdeutsche Minnereden, Hrsg. von K. MATTHAEI (II: Auf Grund der Vorarbeiten von W. BRAUNS hrsg. von G. THIELE), I, II, Berlin 1913–1938 = DTM, 24, 41.
MLR	The Modern Language Review.
MlWb	Mittellateinisches Wörterbuch bis zum ausgehenden 13. Jahrhundert, In Gemeinschaft mit ... hrsg. von der Bayer. Ak. der Wiss. und der Deutschen Ak. der Wiss. zu Berlin, (Bisher:) I, München 1967.
MPL	MIGNE, Patrologiae Cursus Completus, Series Latina.
MRD	Die religiösen Dichtungen des 11. und 12. Jahrhunderts, Nach ihren Formen besprochen und hrsg. von F. MAURER, I–III, Tübingen 1964–1970.
MTU	Münchener Texte und Untersuchungen zur deutschen Literatur des Mittelalters.
Neidh	Neidhart, Die Lieder, Hrsg. von E. WIESSNER, 2. Aufl., rev. von H. FISCHER, Tübingen 1963 = ATB, 44.
Neoph	Neophilologus.
Nib	Das Nibelungenlied, Nach der Ausgabe von K. BARTSCH hrsg. von H. DE BOOR, 18. Aufl., Wiesbaden 1965 = DKM.
Otfrid	Otfrid, Evangelienbuch, Hrsg. von O. ERDMANN, 4. Aufl., bes. von L. WOLFF, Tübingen 1962 = ATB, 49.
P	Wolframs Parzival, zit. nach LACHMANN (s. d.), 6. Ausg.
PANZER	F. PANZER, Gahmuret, Quellenstudien zu Wolframs Parzival, Heidelberg 1940 = Sitzungsberichte der Heidelberger Ak. der Wiss., Phil.-hist. Kl. 1939–40/1.
– (Zitieren)	Ders., Vom mittelalterlichen Zitieren, Heidelberg 1950 = Sitzungsberichte der Heidelberger Ak. der Wiss., Phil.-hist. Kl. 1950/2.
PIPER	Wolfram von Eschenbach, Bearb. von P. PIPER, I, Stuttgart o. J. = Deutsche National-Litteratur, 5/1.
– (Abdruck)	(Abdruck der Hs. G in:) Nachträge zur älteren deutschen Litteratur von KÜRSCHNERS deutscher National-Litteratur, Hrsg. von P. PIPER, Stuttgart o. J. = Deutsche National-Litteratur, 162, p. 352ff.

PM	H. PAUL, Mittelhochdeutsche Grammatik, Fortgef. von E. GIERACH und L. E. SCHMITT, Die Satzlehre von O. BEHAGHEL, 19. Aufl., bearb. von W. MITZKA, Tübingen 1963 = Sammlung kurzer Grammatiken germanischer Dialekte, A/2.
PMS	Dass., 20. Aufl. von H. MOSER und I. SCHRÖBLER, Tübingen 1969.
POHNERT	L. POHNERT, Kritik und Metrik von Wolframs Titurel, Prag 1908 = Prager Deutsche Studien, 12.
PSCHMADT	C. PSCHMADT, Die Sage von der verfolgten Hinde, Ihre Heimat und Wanderung, Bedeutung und Entwicklung mit besonderer Berücksichtigung ihrer Verwendung in der Literatur des Mittelalters, Greifswald, Phil. Diss. 1911.
QF	Quellen und Forschungen zur Sprach- und Culturgeschichte der germanischen Völker.
RADTKE	R. RADTKE, Der Artikel bei Wolfram von Eschenbach, Straßburg, Phil. Diss. 1906.
RAHN	B. RAHN, Wolframs Sigunendichtung, Eine Interpretation der »Titurelfragmente«, Zürich 1958 = Geist und Werk der Zeiten, 4.
RAl	Rudolf von Ems, Alexander, Ein höfischer Versroman, Zum ersten Male hrsg. von V. JUNK, I, II, Leipzig 1928–1929 = BLVS, 272, 274.
RAPP	A. RAPP, Wolfram von Eschenbach, Titurel, Zwei Bruchstücke des Gedichtes Sîgune und Schîonatulander (mhd. und nhd.), München 1924 = Aldus-Bücherei, 1.
Reinb	Reinbot von Durne, Der heilige Georg, Nach sämtlichen Hss. hrsg. von C. von KRAUS, Heidelberg 1907 = GB, 3/1.
Renner	Hugo von Trimberg, Der Renner, Hrsg. von G. EHRISMANN, I–IV, Tübingen 1908–1911 = BLVS, 247, 248, 252, 256.
Rfr	Reinfrid von Braunschweig, Hrsg. von K. BARTSCH, Tübingen 1871 = BLVS, 109.
RICHEY	M. F. RICHEY (Übers.), Schionatulander and Sigune, An Episode from the Story of Parzival and the Graal as Related by Wolfram von Eschenbach, Translated with Explanatory Framework, 2. ed. (revised), London 1960.
RIEMER	G. C. L. RIEMER, Die Adjektiva bei Wolfram von Eschenbach stilistisch betrachtet, Der Wort- und Begriffsschatz, Leipzig, Phil. Diss. 1906.
RÖLL	W. RÖLL, Studien zu Text und Überlieferung des sogenannten Jüngeren Titurel, Heidelberg 1964 = GB, 3.
ROGOZINSKI	P. ROGOZINSKI, Der Stil in Wolframs von Eschenbach Titurel, Jena, Phil. Diss. 1903.
Rol	Pfaffe Konrad, Das Rolandslied, Hrsg. von C. WESLE, 2. Aufl., bes. von P. WAPNEWSKI, Tübingen 1967 = ATB, 69.
RWchr	Rudolf von Ems, Weltchronik, Aus der Wernigeroder Hs. hrsg. von G. EHRISMANN, Berlin 1915 = DTM, 20.
RWl	Ders., Willehalm von Orleans, Aus dem Wasserburger Codex... hrsg. von V. JUNK, Berlin 1905 = DTM, 2.
RZw	Reinmar von Zweter, Die Gedichte, Hrsg. von G. ROETHE, Leipzig 1887.
SALZER	A. SALZER, Die Sinnbilder und Beiworte Mariens in der deutschen Literatur und lateinischen Hymnenpoesie des Mittelalters, Mit Berücksichtigung der patristischen Literatur, Eine literarhistorische Studie, Linz 1893.

SANDERS	W. SANDERS, Glück, Zur Herkunft und Bedeutungsentwicklung eines mittelalterlichen Schicksalsbegriffs, Köln und Graz 1965 = Niederdeutsche Studien, 13.
SAN-MARTE	SAN-MARTE (Übers.), Lieder, Wilhelm von Orange und Titurel von Wolfram von Eschenbach und der jüngere Titurel von Albrecht in Übersetzung und im Auszuge ..., Magdeburg 1841 = Leben und Dichten Wolframs von Eschenbach, 1.
– (Studien 2)	Ueber das Religiöse in den Werken Wolframs von Eschenbach und die Bedeutung des heiligen Grals in dessen »Parcival«, Hrsg. von SAN-MARTE, Halle 1861 = S.-M., Parcival-Studien, 2.
– (Studien 3)	Die Gegensätze des heiligen Grales und von Ritters Orden, Hrsg. von SAN-MARTE, Halle 1862 = S.-M., Parcival-Studien, 3.
SCHARMANN	Th. SCHARMANN, Studien über die Saelde in der ritterlichen Dichtung des 12. und 13. Jahrhunderts, Frankfurt a. M., Phil. Diss. 1935.
SCHLEGEL	A. W. SCHLEGEL, Rez. DOCEN (s. d.), in: A. W. S., Sämmtliche Werke, Hrsg. von E. BOECKING, XII, Leipzig 1847, 288ff.
SCHMELLER	J. A. SCHMELLER, Bayerisches Wörterbuch, 2., mit des Verf. Nachträgen verm. Ausg., bearb. von G. K. FROMMANN, I, II, München 1872–1877.
SCHMIDT	E. SCHMIDT, Reinmar von Hagenau und Heinrich von Rugge, Eine literarhistorische Untersuchung, Straßburg und London 1874 = QF, 4.
SCHNEIDER	H. SCHNEIDER, Heldendichtung, Geistlichendichtung, Ritterdichtung, Neugest. und verm. Aufl., Heidelberg 1943 = Geschichte der deutschen Literatur, 1.
SCHREIBER	A. SCHREIBER, Neue Bausteine zu einer Lebensgeschichte Wolframs von Eschenbach, Frankfurt a. M. 1922 = Deutsche Forschungen, 7.
SCHRÖDER	F. R. SCHRÖDER, Die Parzivalfrage, München 1928.
SCHUCHHARDT	W. SCHUCHHARDT, Weibliche Handwerkskunst im deutschen Mittelalter, Berlin 1941.
SCHULTHEISS	H. SCHULTHEISS, Die Bedeutung der Familie im Denken Wolframs von Eschenbach, Breslau 1937 = Sprache und Kultur der germanischen und romanischen Völker, B/26.
SCHULTZ	A. SCHULTZ, Das höfische Leben zur Zeit der Minnesinger, 2., verm. und verb. Aufl., I, II, Leipzig 1889.
SCHUMACHER	M. SCHUMACHER, Die Auffassung der Ehe in den Dichtungen Wolframs von Eschenbach, Heidelberg 1967 = GB, 3.
SCHWIETERING	J. SCHWIETERING, Die deutsche Dichtung des Mittelalters, 2., unveränd. Aufl., Darmstadt 1957 = Handbuch der Literaturwissenschaft.
– (SCHULD)	Ders., Parzivals Schuld, Frankfurt a. M. 1946. (Sonderdruck aus ZfdA 81 [1944] 44ff.)
– (Typologisches)	Ders., Typologisches in mittelalterlicher Dichtung, in: Vom Werden des deutschen Geistes, Festgabe G. EHRISMANN zum 8. Oktober 1925 dargebracht ..., Hrsg. von P. MERKER und W. STAMMLER, Berlin 1925, 40ff.
Seifr	Seifried Helbling, Hrsg. und erkl. von J. SEEMÜLLER, Halle 1886.
SIMON	W. SIMON, Zu Wolframs Titurel, in: Festgabe für U. PRETZEL zum 65. Geburtstag ..., Hrsg. von W. SIMON, W. BACHOFER, W. DITTMANN, Berlin 1963, 185 ff.

SIMROCK	K. SIMROCK (Übers.), Parzival und Titurel, Rittergedichte von Wolfram von Eschenbach, Übers. und erl., II, Stuttgart 1862.
SINGER	S. SINGER, Literarhistorische Miszellen, in: Untersuchungen und Quellen zur germanischen und romanischen Philologie, J. von KELLE dargebracht..., I, Prag 1908 = Prager Deutsche Studien, 8, p. 303ff.
– (Gral)	Ders., Wolfram und der Gral, Neue Parzival-Studien, Bern 1939 = Schriften der Literarischen Gesellschaft Bern, 2.
– (Parzival)	Ders., Zu Wolframs Parzival, in: Abhandlungen zur germanischen Philologie..., Festgabe für R. HEINZEL, Halle 1898, 353ff.
– (Stil)	Ders., Wolframs Stil und der Stoff des Parzival, Wien 1916 = Sitzungsberichte der Kais. Ak. der Wiss. in Wien, Phil.-hist. Kl. 180/4.
SMS	Die Schweizer Minnesänger, Hrsg. von K. BARTSCH, Frauenfeld 1886 = Bibliothek älterer Schriftwerke der deutschen Schweiz, 6.
Solin	G. J. Solinus, Collectanea rerum memorabilium, Iterum rec. Th. MOMMSEN, Berlin 1895.
SONNTAG	G. SONNTAG, Die Entwicklung einiger Beiworte von Personen in der deutschen Dichtung von der Frühgotik zur Hochgotik, Breslau, Phil. Diss. 1937.
SPRINGER	O. SPRINGER, Playing on words: A stylistic note on Wolfram's Titurel, in: Research Studies 32/2 (1964) 106ff.
STEINMEYER	E. STEINMEYER, Über einige Epitheta der mhd. Poesie, Rede beim Antritt des Prorectorates der K. Bayerischen Friedrich-Alexanders-Universität Erlangen, Erlangen 1889.
STRÜMPELL	R. STRÜMPELL, Über Gebrauch und Bedeutung von saelde, saelic und Verwandten bei mittelhochdeutschen Dichtern, Leipzig, Phil. Diss. 1917.
SUOLAHTI	H. SUOLAHTI, Der französische Einfluß auf die deutsche Sprache im dreizehnten Jahrhundert, in: Mémoires de la société néophilologique de Helsingfors 8 (1929) 1ff., 10 (1933) 1ff.
T	Wolframs Titurel.
Thomasin	Thomasin von Zirclaria, Der wälsche Gast, Zum ersten Male hrsg. ... von H. RÜCKERT, Quedlinburg und Leipzig 1852 = BGNL, 30.
TOBLER-LOMMATZSCH	A. TOBLER und E. LOMMATZSCH, Altfranzösisches Wörterbuch..., (Bisher:) I–VII, Wiesbaden 1954ff. (I, II: Photomech. Neudr.).
Tr	Gottfried von Straßburg, Tristan und Isold, Hrsg. von F. RANKE, Text, 10., unveränd. Aufl., Berlin/Zürich/Dublin 1966.
TrojKr	Konrad von Würzburg, Der Trojanische Krieg, Nach den Vorarbeiten K. FROMMANNS und F. ROTHS zum ersten Male hrsg. durch A. von KELLER, Stuttgart 1858 = BLVS, 44.
UAl	Ulrich von Etzenbach (Eschenbach), Alexander, Hrsg. von W. TOISCHER, Tübingen 1888 = BLVS, 183.
UWl	Ders., Wilhelm von Wenden, Kritisch hrsg. von H.-F. ROSENFELD, Berlin 1957 = DTM, 49.
W	Wolframs Willehalm, zit. nach LACHMANN (s. d.), 6. Ausg.
WACKERNAGEL	W. WACKERNAGEL, Altdeutsches Lesebuch, 5. Aufl., Basel 1873 = W.W., Deutsches Lesebuch, 1.
– (Kl. Schr.)	Ders., Abhandlungen zur deutschen Alterthumskunde und Kunstgeschichte, Leipzig 1872 = W.W., Kleinere Schriften, 1.
Walther	Walther von der Vogelweide, Die Gedichte, Hrsg. von K. LACHMANN, 13., aufgrund der 10. von C. von KRAUS bearb. Ausg. neu hrsg. von H. KUHN, Berlin 1965.

– (W)	Dass., Hrsg. und erkl. von W. WILMANNS, 4., vollst. umgearb. Aufl., bes. von V. MICHELS, II, Halle 1924 = GHB, 1/2.
WANDER	K. F. W. WANDER, Deutsches Sprichwörter-Lexikon, Ein Hausschatz für das deutsche Volk, I–V, Leipzig 1867–1880.
WAPNEWSKI	P. WAPNEWSKI, Wolframs Parzival, Studien zur Religiosität und Form, Heidelberg 1955 = GB, 3.
WEBER	G. WEBER, Wolfram von Eschenbach, Seine dichterische und geistesgeschichtliche Bedeutung, I, Frankfurt a. M. 1928 = Deutsche Forschungen, 18.
WECHSSLER	E. WECHSSLER, Das Kulturproblem des Minnesangs, Studien zur Vorgeschichte der Renaissance, I, Halle 1909.
WEINHOLD	K. WEINHOLD, Mittelhochdeutsche Grammatik, 2. Ausg., Paderborn 1883.
– (Frauen)	K. WEINHOLD, Die deutschen Frauen in dem Mittelalter, 3. Aufl., I, II, Wien 1897.
WG	Deutsche Wortgeschichte, Hrsg. von F. MAURER und F. STROH, 2. neu bearb. Aufl., I, Berlin 1959 = Grundriß der germanischen Philologie, 17/1.
WIESSNER	E. WIESSNER, Kommentar zu Neidharts Liedern, Leipzig 1954.
Wig	Wirnt von Grafenberg, Wigalois, Der Ritter mit dem Rade, Hrsg. von J. M. N. KAPTEYN, I, Bonn 1926 = Rheinische Beiträge und Hülfsbücher zur germanischen Philologie und Volkskunde, 9.
WILMANNS	W. WILMANNS, Deutsche Grammatik, Gotisch, Alt-, Mittel- und Neuhochdeutsch, 3. verb. Aufl. (II: 2. Aufl., III: 1. und 2. Aufl.), I–III, Straßburg 1899–1911.
Wisse/Colin	Claus Wisse und Philipp Colin, Parzifal, Eine Ergänzung der Dichtung Wolframs von Eschenbach, Zum ersten Male hrsg. von K. SCHORBACH, Straßburg 1888 = Elsässische Literaturdenkmäler aus dem 14.–17. Jahrhundert, 5.
WOLF	s. JT.
WOLFF	L. WOLFF, Wolframs »Schionatulander und Sigune«, in: Studien zur deutschen Philologie des Mittelalters, F. PANZER zum 80. Geburtstag am 4. September 1950 dargebracht, Hrsg. von R. KIENAST, Heidelberg 1950, 116ff.
Wolkenst	Oswald von Wolkenstein, Die Lieder, Unter Mitwirkung von W. WEISS und N. WOLF hrsg. von K. K. KLEIN, Musikanh. von W. SALMEN, Tübingen 1962 = ATB, 55.
WvÖ	Johann von Würzburg, Wilhelm von Österreich, Aus der Gothaer Hs. hrsg. von E. REGEL, Berlin 1906 = DTM, 3.
WW	Wirkendes Wort.
ZEHME	A. ZEHME, Über Bedeutung und Gebrauch der Hilfsverba, 1. »soln« und »müezen« bei Wolfram von Eschenbach, Halle, Phil. Diss. 1890.
ZELL	H. ZELL, Das Adjektiv bei Wolfram von Eschenbach, Hartmann von Aue und Gottfried von Strassburg, Eine vergleichende Studie, Straßburg, Phil. Diss. 1908.
ZfdA	Zeitschrift für deutsches Altertum und deutsche Literatur.
ZfdPh	Zeitschrift für deutsche Philologie.
ZfdW	Zeitschrift für deutsche Wortforschung.
ZfrPh	Zeitschrift für romanische Philologie.
ZWIERZINA	K. ZWIERZINA, Beobachtungen zum Reimgebrauch Hartmanns und Wolframs, in: Abhandlungen zur germanischen Philologie, Festgabe für R. HEINZEL, Halle 1898, p. 437ff.

Sachregister

Das Sachregister erfaßt eine Auswahl der im Kommentar behandelten Probleme. Mhd. Begriffe und Namen mit den Anlauten c/k und f/v sind unter k und v eingeordnet. Wenn nichts anderes vermerkt ist, beziehen sich die Zahlen auf Strophe und Zeile; die Indices verweisen auf die Anmerkungen. Bei Kommentierungsproblemen, die mehrfach vorkommen, ist in der Regel nur die erste Stelle angegeben, sofern die anderen im Kommentar selbst durch Querverweise erschlossen sind.

adamas (symbolisch gedeutet) 142, 1f.
Adjektiv
  prädikatives – 9, 4. 30, 2
  attributives – 19, 1. 91, 2. 119, 4. 123, 1. 143, 1f. 158, 2. 159, 3. 164, 1
admirât 93, 2
Agremuntîn 121, 4
Ahkarîn 40, 2
al + Part. Präs. 88, 2
alt / junc 28, 4. 65, 1
âmîs 151, 2
Anakoluth 63, 1ff. 87, 4. 121, 2f. 133, 1. 137, 1
Anfortas 9, 3
angest 48, 1
Anphlîse 38, 1
Anrede
  – an die Zuhörer 36, 1
  – an eine Stadt 46, 1
  – an personifizierte Abstrakta 49, 1
  – in der dritten Person / Personenwechsel 92, 4
Anschevîn 40, 1
ἀπὸ κοινοῦ 41, 2. 44, 2. 70, 3f. 109, 1ff.
arâbensch 137, 2
arbeit 56, 1
  süeziu sûriu – 72, 2
arm / rîche 102, 4. 150, 4
arômâten / balsmen 21, 2
art 4, 3. 53, 2. 58, 2. 146, 2
Artikel
  ein – für mehrere Substantive 29, 4
  fehlender – 31, 4. 54, 2. 103, 3. 144, 1
  bestimmter – beim Vokativ 7, 4
  bestimmter – beim prädikativen Adjektiv 9, 4

  bestimmter – bei Ortsnamen mit Adjektivattribut 42, 2
  bestimmter –, durch eingeschobenen Gen. vom Regens getrennt 54, 2. 138, 4
  bestimmter – zur Bezeichnung der ganzen Gattung 83, 4
  bestimmter – bei Zahlgrößen und Mengenangaben 139, 4
  unbestimmter – / unbestimmte Individuation 119, 1
  unbestimmter – zwischen Adjektiv und Substantiv 137, 2
  unbestimmter –, durch eingeschobenen Gen. vom Regens getrennt 144, 2
âsanc 90, 1f.
aschen / vorhen 154, 2
Asyndese 153, 2. 164, 2
Aufforderung an das Publikum 32, 4
Augen
  – des Herzens 62, 2
  –, werden rot vor Kummer 110, 1
Autor-Präsens 17, 3
âventiure 132, 4
  der – hêrre 39, 4. 43
Azagouc 80, 1

Bär (Sinnbild der Ungeschicktheit) 87, 4
Baldac 73, 2ff.
balsmen / arômâten 21, 2
bant 116, 4
  der minnen – 48, 4
  sorgen – 107, 2
bâruc 40, 2
bêâs 59, 1
begân 3, 2
beine (*rîterlîchiu – tragen*) 134, 2

bekant vür 133, 2f.
bekantlîch 146, 4
Belakâne 37, 1
bendec 116, 4
Berbester 42, 2
berîfen 162, 1f.
berihten ze 30, 3
bernde 96, 1
Beschränkung des Hörerkreises 56, 1, 4
besitzen 12, 3
Beuframunde 150, 3
bevinden + Gen. 102, 1
Biene, zieht die Süße aus den Blüten 83, 4
blat 139, 2. 140, 2
blîclîch 106, 4
Blinder, nimmt die Minne wahr 49, 2
bluome 103, 3
   — *diu wilde* 152, 4
botschaft
   süeziu — 54, 2
   eine — (*er*)*werben* 54, 4
Bracke 132, 2f.
Brackenseil 132, 2f. 138, 4. 139, 2. 166, 4
breit
   — / *smal* 51, 1
   — / *lanc* 128, 3
brief 153, 2
briefbuoch 164, 2
bringen (Indikativ *bræhte*) 168, 4
Brûbarz 28, 2
brûn
   Haarfarbe 36, 2
   daz brûne 81, 4
   symbolisch gedeutet 139, 3
brûnen 36, 2
brust
   gedræte brüste 36, 2
   der — *enphüeren* 124, 1
   herze under — 129, 1

Darstellung, indirekte 11, 2
Datierung des T 18, 2. 35, 4. 37, 4. 40, 2.
   42, 2. 55, 4. 78, 4. 82a. 93, 2
Dativ
   possessiver — 9, 2
   reflexiver — 46, 4
   ethischer — 122, 2
Demutsformel 170, 3f.
die (mitteldeutsch für *der*) 132, 4. 134, 2
Dienstforderung im Minnedialog 71, 4
diet
   des grâles — 44, 1
   getouftiu — 82, 4
Dorn, wächst in die *swære* 111, 4

drîhe 91, 4. 137, 2
drîzec (formelhafte Maßangabe) 119, 2
ducisse 58, 1
dürkel 89, 4

ê / *sît* 14, 2
ecke 2, 4
Eheschließung 26, 3. 27, 3. 152, 2
Ehkunat 42, 1
Ehcunaver 152, 4
eigen 71, 2
Eigennamen
   allegorisch gedeutet 1, 1[2]
   genitivische — in Zweitstellung 35, 1
Einzigartigkeitstopos 15, 4
ellen 16, 2
ellende 115, 4
ellenthaft 102, 4
Ellipse cf. Ersparung
ende (*ein* —) *nemen* 17, 4
enphâhen 5, 1
   (*den*) *schilt* — 39, 1
entwerfen 91, 4
   — *ze* 130, 1
entwilden 97, 3
erben 4, 4
erblüejen 106, 4
êre / *sælde* 32, 3
êren 2, 2
ergetzen 170, 1
erglüejen 121, 2ff.
erkantlîch 104, 4
erlamen (übertr.) 51, 4
Ersparung
   — des Verbum substantivum 20, 2
   — eines pronominalen Subjekts 41, 2
   — des Hauptsatzes 50, 1ff.
   — des finiten Verbs 83, 4
   — des regierenden Substantivs 112, 2
   — des Nebensatzes 114, 1
   — des Subjekts beim adhortativen
      Konjunktiv 134, 2
erteilen 150, 4
erwelt (*die erwelten*) 44, 1
erwerben (*eine botschaft* —) 54, 4
Erzählereinmischung 18, 2
erzwîgen 103, 2
Eva (aus Adams Rippe erschaffen / Verwandtschaft mit ihr) 95, 4

Falkenmetaphorik 3, 4. 64, 4. 116, 2, 4
Fernstellung 19, 1. 26, 2, 4. 28, 2. 50, 1ff.
   62, 1. 77, 2. 79, 1. 96, 1. 108, 3f. 137, 2
Festschilderung 15, 4

Formel 5, 1. 7, 1. 11, 1. 14, 2. 15, 4. 21, 2.
  26, 1. 32, 3. 36, 1. 50, 1ff. 51, 1. 52, 1ff.
  58, 1. 61, 4. 63, 4. 65, 1, 2, 4. 69, 1ff.
  70, 1. 78, 2. 79, 1. 83, 1. 84, 4. 88, 4.
  100, 1. 101, 4. 103, 3. 116, 1. 119, 2.
  128, 3. 133, 4. 149, 3. 150, 4. 151, 3.
  153, 2. 154, 2. 169, 4. 170, 3f.
fortitudo-et-liberalitas-Topos 4, 2
Fragen aus dem Mund der Zuhörer 138, 1
Fragment (der T ein –?) 39, 4. 78, 4.
  128, 1. p. 179f. 170, 3f.
Französisches im deutschen Text 59, 1
Frau, hält nach dem Geliebten Ausschau
  117
Funken, werden im Kampf aus der
  Rüstung geschlagen 2, 4

Gahmuret 27, 2
gân (loufen) / vliegen / kriechen / vliezen
  65, 4
Gandîn 82, 2
Gardevîaz 143, 4
gedanke, wilde 116, 4
gedenken, wachendez 99, 4
gedinge 98, 1
  ûf gedingen vrô 80d, 1
gegenhurte 162, 2
gehundet 142, 2f.
gel (symbolisch gedeutet) 139, 3
geleben (eine zît –) 169, 2
gelingen an 72, 4
gelt (ûf –) 130, 4
gemâc 95, 2
gemannen 40, 4
gemezzen 130, 1
genâde 60, 1ff. 168, 1
genendekeit 40, 4
geniezen
  tugende – 14, 3
  – lân 58, 1
Genitiv, adverbieller 132, 2f.
gernde (al –) 116, 2
gerüeren (refl.) 1, 1
geschicke 89, 1
geseilet 142, 2f.
geselle (übertr.) 51, 4
gesellekeit 57, 1ff.
  werdiu – 60, 3
geunsüezen 163, 2
gevilde / walt 153, 2
gewalt 101, 4
geweinen 25, 2
gewin 63, 4
  Cf. auch Verlust-Gewinn-Metaphorik

Gewöhnung in der Liebe 81, 1f.
gezierde (mit –) 139, 4
Glück
  Glücksrad 8, 2f.
  Formel vom Walten des Glücks 169, 4
Gott
  got weiz wol 63, 4
  got der reine 80b, 1
  – als Bildner schöner Menschen 104, 2.
    130, 1
Grâharz 41, 2
Grâharzoys 84, 3
Gral 1, 1. 3, 1. 4, 1. 6, 2. 3. 7, 1. 9, 2. 10, 1.
  11, 2. 12, 3, 4. 13, 2. 14, 1. 19, 2. 24, 4.
  38, 1. 40, 1[55]. 43. 44, 1, 2, 4. 45, 1, 2.
  51, 2. 58, 2, 4. 166, 4
  Etymologie 6, 1
  des grâles hêrre 7, 1
  des grâles krône 7, 4
  des grâles diet 44, 1
grânât (symbolisch gedeutet) 142, 1f.
Grâswaldân 83, 2
grîs / tump 70, 1
grôzgemuot 136, 3
grüene (symbolisch gedeutet) 139, 3
grüezen 39, 4. 105, 3
Gurnemanz 41, 2
Gurzgrî 41, 4

haben
  Indikativ *hæte* 19, 2
  = »zu Lehen haben« 22, 1
halt 158, 1
hant 64, 4
  blanc linde hende 156, 2
hâr
  hâres grôz 33, 2
  brûnez – 36, 2
heide / walt / velt 103, 3
heiden, werder 55, 4
heilhaft 44, 4
heizen von 22, 2. 153, 1
hel 9, 4
helbære 88, 2
helfe
  minnen – 57, 3
  etw. in jemandes – bringen 106, 3
helfec 58, 1
helfeclîch 57, 4
helf(en)lîch 57, 4
helm 22, 4
  under helme 50, 4
Hemd der *vrouwe*, wird vom Ritter im
  Kampf getragen 81, 2f.

hêr 6, 2. 30/31
hervart 73, 2ff.
Herz
  dem Herzen entsprießen *sælde* und *êre* 32, 3
  das – als Sitz der Minne 50, 4
  das – schaut durch die Augen 62, 2
  Herztausch 97, 2
  daz herze stîget 103, 1
  herzen schric 109, 4
  herze under brust 129, 1
  daz herze stât hôhe 151, 3
herzeliebe 56, 4
Herzeloyde 10, 3
hiez-Konstruktion 41, 2
Himmel (Sonne), wird von Geschossen o. ä. verfinstert 2, 3
hin über 40, 2
hôchgemüete 36, 3
hôchlûtes 132, 2f.
hôchrîche 123, 1
hœhe (übertr.) 87, 2
holt 124, 4
hôre 160, 4
houbetstat (übertr.) 45, 4
hüeten (der verte –) 143, 4. 144, 3. 166, 4
hulde 107, 3
  – / *vride* 98, 2
  – / *rât* / *trôst* 116, 1
Hund als Geschenk 146, 1f.
huntwilt 156, 4

Ilinôt 147, 2
imer 5, 2
Infinitiv
  – mit passiver Bedeutung 61, 1
  – mit in den übergeordneten Satz verschobener Ergänzung 155, 4
Ipomidôn 73, 2ff.
îser (ze –) 79, 4

junc / *alt* 28, 4. 65, 1, 2

Kampfschilderung 2, 2, 3, 4. 8, 2f. 31, 4. 71, 4. 102, 1. 129, 3, 4
Kanadic 147, 1
Kanvoleiz 26, 3
Kardeiz 28, 1
Kastis 26, 1
Katelangen 14, 1
kemenâte 47, 2
kiesen vür 32, 2
Kinder, müssen kriechen, ehe sie gehen lernen 86, 4
Kingrivâls 26, 4

Kîôt (angeblicher Gewährsmann Wolframs) / *Kîôt*-Problem 1, 1. 14, 1. 27, 2[41]. 73, 2ff.
Kîôt von Katelangen 14, 1
kiusche (Adj.) / *reine* 7, 1
kiusche (Subst.) 4, 1
Klage über den Lauf der Welt 17, 4
klâr 19, 1
klâren 125, 1
Clauditte 149, 2
Klausner, wird von der Minne bezwungen 50, 1ff.
knappen âne schilt 79, 4
Konditionalsatz, durch Konjunktiv und Inversion des Verbums ausgedrückt 124, 4
Kondwirâmurs 25, 3
Konstruktionswechsel 3, 3. 4, 2. 107, 4
  Cf. auch Präpositionswechsel
Koordination statt Subordination 38, 2
koste 14, 4
  ûf – 101, 2
kosteclîch 15, 4
kouf 24, 2
kranc 67, 2
krenke 99, 3
kriechen / *vliegen* / *loufen (gân)* / *vliezen* 65, 4
krisolît (symbolisch gedeutet) 142, 1f.
krône
  des grâles – 7, 4
  – tragen 26, 4
  Flexion 74, 3
  under – 146, 2
  diu – stât hôhe 151, 3
künne 38, 2
kumber 55, 3
  Reim –: *summer* 88, 3f.
kunt / *vremde* 149, 3

lanc / *breit* 128, 3
lant
  – / *liute* 61, 4
  – / *mer* 100, 1
lâzen 38, 1
leben (eine zît –) 169, 2
Lehnswesen 22, 1, 3. 152, 2
Leibeigenschaft (übertr. auf das Minneverhältnis) 71, 2
leide
  – sehen 23, 1f.
  einem ist – ze 75, 1
lêren 143, 3
lîchlege 21, 4

liebe
   – / *leit* 20, 1. 52, 1ff.
   – / *minne* 17, 1f. 66, 3
Liebestod 84, 4
lieht gemâl 7, 4
liep
   – *gewinnen* 17, 1f.
   vil – 78, 1
lîhen 22, 3. 39, 2
lîp (bî lîbe lân) 80c, 3
Litotes 46, 2. 67, 2
liute / lant 61, 4
locken 64, 4
Löwe, schlafender 99, 4
lop
   lobes jâr 32, 4
   daz – vert diu virre 35, 3
lôsen 36, 4
lôslîch 36, 4
loufen
   – *(gân) / vliegen / kriechen / vliezen* 65, 4
   – / *springen* 133, 4
lûter / trüebe 46, 4
lûterlîchiu minne 46, 4
lûtersnel 159, 3

Mabonagrîn 41, 4
mære (von mæren) 66, 1
mâge / man 79, 1
maget
   süeziu – 57, 4
   – / *man / wîp* 69, 1ff.
magetlîch (magtuomlîch) 19, 3. 27, 2
   magetlîchiu (magtuomlîchiu) witwe 35, 1
   magetlîchiu (magtuomlîchiu) minne 37, 4
Mahaute 42, 1
man
   – / *wîp* 65, 1
   – / *wîp / maget* 69, 1ff.
   – / *mâge* 79, 1
mâne / sunne 14, 2
manen 57, 1ff.
Manfilôt 23, 1f.
mâze (ze – komen) 92, 4
meienblic 32, 2
melde 103, 4
mer / lant 100, 1
minne
   hôhiu – 3, 1
   wâriu – mit triuwen 4, 4
   – / *liebe* 17, 1f. 66, 3

magetlîchiu (magtuomlîchiu) – 19, 3. 37, 4
minnen ursprinc 34, 3
lûterlîchiu – 46, 4
Allmacht der – 48, 1. 50, 4. 51, 1. 70, 1
–, *in der jugent begriffen, wert aller langest* 48, 2
der minnen bant 48, 4
Anrede an die – 49, 1
–, wird von einem Blinden wahrgenommen 49, 2
–, bezwingt Mönche und Klausner 50, 1ff.
in der – (Bittformel) 50, 1ff.
–, bezwingt Ritter 50, 4
–, wohnt im Herzen 50, 4
–, führt zu Gott 51, 2
– *heln* 53, 3
–, ist erlernbar 54, 1
– *an sich legen* 56, 1
minnen helfe 57, 3
– *hân* 63, 1ff.
–, trägt ihren Namen zu Unrecht 63, 1ff.
minnen vlust 63, 4
Frage nach dem Wesen der – 64, 1f.
Geschlecht der – 64, 1f.
– als Schütze 65, 2, 3
–, ist vom Hörensagen bekannt 66, 1
– *ist an gedanken* 66, 3
– als Dieb 66, 4
der – ir reht tuon 68, 4
Rächen der – 69, 1ff.
–, kann nicht betrogen werden 70, 3f.
– *jaget an den rê* 74, 4
– *wirt vremde* 81, 1f.
– als Krankheit 84, 1
bleich werden infolge der – 89, 3
Hitze der – 90, 1f.
–, kann sich nicht verbergen 91, 1f.
– als Künstlerin 91, 4
Spuren der – 91, 4. 95, 1
–, beraubt sich selbst 94, 4
berndez saf minnen blüete 96, 1
werdiu – 102, 3
süeziu – (Anrede) 114, 4
heiß und kalt werden infolge der – 121, 2f.
bîligendiu – 147, 3
Mönch, wird von der Minne bezwungen 50, 1ff.
müemel(în) 103, 4
müezen 21, 3
Muntsalvâtsche 12, 4

Nägel, goldene (symbolisch gedeutet) 141, 4
nâhen / verre 169, 4
Nebensatz, verkürzter 14, 4. 113, 2. 130, 2
Negation des Gegenteils einer Aussage 28, 4. 46, 2
Norgâls 82, 1
nôt (senende –) wenden 54, 4

oder 167, 3
orden 6, 3
ôsten 118, 2
ougenweide 23, 2
ôwê (substantiviert) 120, 2
Oxymoron 72, 2. 84, 1

Partizip Präs.
  – in Verbindung mit dem Verbum substantivum (periphrastisch) 77, 2
  – in Verbindung mit *al* 88, 2
Partizip Prät. mit aktivischem Sinn 85, 4
Parzivâl 78, 4
Pelrapeire 22, 2
Personalpronomen + appositionelles Substantiv in elliptischen Ausrufen 33, 3
  Cf. auch Pronomen
Personifizierung abstrakter Begriffe 31, 3. 49, 1. 57, 1ff.
Pflugrad 8, 2f.
phlege 43, 3
phlihte tragen 93, 1
Pompeius 73, 2ff.
poneiz cf. *puneiz*
Possessivpronomen
  ein – für mehrere Substantive 62, 4
  pleonastisches – 83, 4. 90, 1f.
  Cf. auch Pronomen
Präpositionswechsel 103 ,3
Präsens + Präteritum ein und desselben Wortes 96, 4
prîs
  der – wirt hel 9, 4
  hôher – 14, 4
  – halten 127, 4
  an prîse ûf stîgen 128, 1
  –, breitet sich nach allen Seiten aus 128, 3
  der – wirt veile getragen 145, 2
  an prîse sweben / sinken 170, 4
Pronomen
  – als Bestimmung des späteren Gliedes 104, 2
  vorweggenommenes – 147, 1

Cf. auch Personalpronomen, Possessivpronomen, Relativpronomen
puneiz 81, 4

quelehaft 116, 3
Quellenberufung 152, 4
queln 116, 4

ram 91, 4
rat 8, 2f.
rât 8, 2f.
  – / *trôst* / *hulde* 116, 1
recke 110, 4
Reichtum, genügt nicht, etwas zu bewirken (Topos) 93, 3
Reim
  erweiterter – 24, 3f.
  Zäsurreim 30/31. 33/34. 80a–d
  kummer : summer 88, 3f.
reine 43, 3. 80b, 1
  – / *kiusche* 57, 1
reiniu vruht 33, 2
Relativpronomen
  konsekutives – 10, 2
  konditionales – 58, 4
  Cf. auch Pronomen
Repanse de schoye 10, 4
rîche (Adj.)
  – / *arm* 102, 4. 150, 4
  – / *sælec* 102, 4
rîche (Subst.) 152, 1
ringen mit 80d, 2
rîter
  – / *vrouwen* 11, 1
  –, von der Minne bezwungen 50, 4
rîterschaft 8, 2f.
Rose im Tau 110, 1
rôt (symbolisch gedeutet) 139, 3
rouben ûf / an 107, 4
rubîn (symbolisch gedeutet) 142, 1f.

sælde 3, 2. 4, 1. 10, 2. 19, 2. 31, 3. 58, 4
  – / *êre* 32, 3
sælec / *rîche* 102, 4
saf (*berndez – minnen blüete*) 96, 1
Salamandersage 121, 4
Salfâsch Flôrîe 152, 4
sâme 44, 3
schaft 1, 4. 31, 4
scharflîch 105, 1
schate 2, 3
scherm 101, 4
schicken (refl.) 129, 2
schiezen + effiziertes Objekt 65, 3

schilt 1, 4. 22, 4. 74, 2
   schiltes ambet 8, 2f.
   (den) – enphâhen 39, 1
   knappen âne – 79, 4
   = »Ritter« (Metonymie) 80, 2
   niesender – 80, 3f.
   schiltes hêrre 101, 2
schilteclîch (schiltlîch) 71, 4
    schilteclîchez dach 71, 4
    schiltlîchiu vart 147, 4
Schîonatulander 42, 3
schœne 59, 1
Schönheit eines Menschen
   –, mit Sonne und Mond verglichen 14, 2
   –, übertrifft die Schönheit der Natur 32, 2
Schönheitsideal 7, 4. 14, 2. 32, 2. 36, 2. 110, 1. 162, 1f.
Schôette 126, 4
Schoy de la kurte 41, 4
Schoysîâne 10, 1
Schuld cf. Sigunes –
schûr (übertr.) 45, 2
schuzlîchen 65, 2
Schwertleite 39, 1. 72, 1
Sibilje 82, 1
sicherbote 170, 3f.
siecheit, lieplîchiu 84, 1
Sigûne 24, 1
Sigunes Schuld 4, 1. 19, 2. 36, 3. 48, 1. 131, 4. 166, 4
sin
   –(sinne) hân 18, 4
   mit allen sinnen 29, 2
sît / ê 14, 2
siuftebære 93, 4
slâfen / wachen (von sælde, sorge u. ä.) 31, 3
slâge 95, 1
slôzlîch 101, 1
smal / breit 51, 1
smârât (symbolisch gedeutet) 142, 1f.
snel 9, 3
snüere 156, 1
soln 40, 4. 165, 2
Sonne cf. Himmel, sunne
sorge 56, 2
   Gewinn an sorgen 20, 4
   – wenden 54, 4
   sorgen bant 107, 2
spæte 46, 2
spannen + Dat. der Person 65, 2
spelte 91, 4

sperbrechen 85, 1
sprechen nâch 123, 3
Sprichwort 17, 4. 40, 4. 48, 2. 50, 4. 66, 4. 77, 4. 86, 4
springen / loufen 133, 4
stæte 4, 1
stætekeit 5, 2
stam 80a, 2. 103, 2
stelehaft 95, 4
Stil cf. Register passim, vor allem Anakoluth, Anrede, Aufforderung an das Publikum, Darstellung, Erzählereinmischung, Formel, Fragen aus dem Mund der Zuhörer, Französisches im deutschen Text, Litotes, Sprichwort, Transitio-Aposiopese, Umschreibung, Verstärkung, Vorausdeutung, Wiederholung, Wortspiel, Zeugma
stolzen / lôsen 36, 4
strâlsnitec 136, 2
strîchen 91, 4
stricken 91, 4
stuften 161, 2
süeze 7, 2
   vil – 33/34
   süeziu botschaft 54, 2
   süeziu maget 57, 4
   süeziu sûriu arbeit 72, 2
   süeziu minne (Anrede) 114, 4
   süeziu stimme 132, 2
sünden (refl.) 61, 2
sumer
   Reim – : kummer 88, 3f.
   – / winter 88, 4
sunne / mâne 14, 2
sunneclîch 112, 4
sunnenbære 104, 3
sunnenlieht 112, 4
Swarzwalt (wird zu Speeren verarbeitet) 31, 4
   Cf. auch walt
swert 22, 4

talfîn 92, 2
talfînette 126, 3
Tampunteire 15, 2
teilen 142, 4
teilhaft 102, 3
templeis 11, 2
Titel des Werkes 1, 1. 39, 4[54]
Titurel 1, 1
tocke 64, 3
tôt ligen 41, 4
toufbære 55, 4

tounaz 32, 2
tragen
   – + Dat. der Person und Akk. der Sache 91, 2
   – + Gen. der Sache 99, 2
   beine – 134, 2
Transitio-Aposiopese 37, 4
Trevrezent 9, 3
triuwe 4, 4. 19, 4
   der triuwen houbetstat 45, 4
triuwenbernde 80a, 2
trôst 3, 1
   – / *rât* / *hulde* 116, 1
trüebe / *lûter* 46, 4
trûren 17, 3. 61, 1
tugen under + Akk. 49, 1
tugende geniezen 14, 3
tump 48, 1. 166, 4
   – / *grîs* 70, 1
tuon (Indikativ *tæten*) 55, 4
twinclîch 90, 4
Tyolet-Perceval-Sagen 132, 2f.

Überbietungstopos 38, 4. 82a
übersehen 145, 4
Umschreibung
   – der Person durch einen Körperteil 4, 2
   – der Person durch den Zustand, in welchem, oder durch die Eigenschaft, mit der sie etwas bewirkt 71, 3
   – der Person durch einen ganzen Satz 95, 4
   – des einfachen Verbs mit *beginnen* 22, 4
   – des einfachen Verbs mit *sîn* + Part. Präs. 77, 2
unberoubet 48, 4
unbilden 97, 4
unde (konditional) 128, 4
underscheiden 20, 1
underscheit 146, 3
ungemach 85, 2
ungeverte 160, 3
Unsagbarkeitstopos 49, 4. 70, 2
unvergezzen 85, 4
unverzagetlîch 138, 2f.
urborn 8, 2
urloup 131, 4
Urrepanse de schoye 10, 4
ursprinc (übertr.) 34, 3
ûzborgen 20, 3
ûzen 53, 3

vâhen an 140, 4
vâr (*ze vâre sprechen*) 166, 1
vart
   der verte hüeten 143, 4
   schiltlîchiu – 147, 4
   niuwiu – 158, 2
vederangel 154, 1
velt / *heide* / *walt* 103, 3
verblenket 140, 1
verbundet 142, 1f.
verch 95, 3
vereinen 29, 4
   refl. + Gen. der Sache 59, 2
vergâhen gegen (refl.) 59, 4
verhengen 128, 4
Verlust-Gewinn-Metaphorik 20, 4. 63, 4
verphlihten in (refl.) 30/31. 30, 4
verre / *nâhen* 169, 4
Verstärkung der Aussage
   – durch Negation des Gegenteils 28, 4. 46, 2
   bildliche – 33, 2
versünden (refl.) 61, 2
versunnen 30/31
verwilden 3, 4
veterlîn 30/31
vliegen / *loufen* (*gân*) / *kriechen* / *vliezen* 65, 4
vliezen / *vliegen* / *loufen* (*gân*) / *kriechen* 65, 4
Flôrîe 147, 1
vlustbære 138, 4
volgen 120, 2
volprîsen 70, 2
von (instrumental) 85, 1
Vorausdeutung 17, 3. 108, 3f. 129, 3
vorhen / *aschen* 154, 2
Franzoys (Franzoyser) 54, 2
vremde
   vremdiu wunder 36, 1
   minne wirt – 81, 1f.
   – / *kunt* 149, 3
vride / *hulde* 98, 2
Frimutel 7, 2
vriunt 13, 2. 132, 4. 151, 2
vröude
   Verlust der – 20, 4
   – *wern* 75, 2
   an vröuden siechen 86, 3
   vröuden lære 92, 2
   an vröuden phenden 93, 4
   – *rouben* 107, 4
   spilendiu – 120, 1
   kurzlîchiu 125, 4

an vröuden verderben 126, 1
– verkoufen 134, 2
– erwenden 136, 4
vröuden vlustbæriu zît 138, 4
vrouwen / rîter 11, 1
vruht, reiniu 33, 3
vürste 13, 4
furrieren 138, 2f.

wâc, wilder 119, 1
wachen / slâfen (von sælde, sorge u. ä.) 31, 3
wal 105, 4
Wâleis 40, 3
walt
    den – swenden 102, 1
    – / heide / velt 103, 3
    – / gevilde 153, 2
    Cf. auch *Swarzwalt*
wân / wârheit 83, 1
wanc / zwîvel 51, 4. 52, 1ff.
wanclîch 97, 4
wâpen leiten 72, 1
wârheit / wân 83, 1
Wasser, brennt eher, als daß etwas geschieht 77, 4
weise 61, 4
wellen mit / an 17, 1f.
werben
    eine botschaft – 54, 4
    = »sich verkehren« 68, 3
wert 9, 1
    werder heiden 55, 4
    werdiu gesellekeit 60, 3
    werdiu minne 102, 3
westen 118, 2
wie 37, 1
Wiederholung eines substantivischen Begriffes durch ein vom gleichen Stamm gebildetes Adjektiv 78, 2
wilde

wilde gedanke 116, 4
wilder wâc 119, 1
wîle (die –) 101, 4
willen (mit –) 104, 2
winde 157, 4
winter / sumer 88, 4
wîp
    ze wîbe gewinnen 27, 1
    – / man 65, 1
    – / man / maget 69, 1ff.
wîplîch 19, 3
wîse 54, 1. 122, 1
witwe, magetlîchiu (magtuomlîchiu) 35, 1
wizzen
    ich weiz wol 5, 1
    got weiz wol 63, 4
    ich weiz den... 87, 4
Wolfram von Eschenbach (Biographie) 18, 2. 86, 4
wort (mit worten) 73, 2
Wortspiel u. ä. 12, 4^{19}. 17, 2f. 50, 1ff. 57, 3. 60, 1ff. 65, 2. 70, 2. 72, 4. 78, 2. 81, 2f. 85, 3f. 87, 2. 89, 4. 90, 1f. 96, 4. 98, 1. 105, 4. 106, 1. 113, 1. 116, 3. 123, 2. 142, 2f. 151, 3. 153, 2
wunder, vremdiu 36, 1
wunschlîch 89, 1

zäher 129, 3
Zeitangaben, unbestimmte 15, 4. 26, 1. 88, 4
zelen vür 113, 2
Zeugma 1, 2. 80, 2
ziehen ûz 8, 2f.
Zimier 2, 4
zucken (her vür –, vür – u. ä.) 43, 4
zuht 53, 2
zuschen (ziuschen?) 162, 3
zwelf (symbolisch gedeutet) 139, 2
zwîgen 103, 2
zwîvel / wanc 51, 4. 52, 1ff.

Quellenregister

Das Quellenregister erfaßt die im Kommentar erwähnten antiken und mittelalterlichen Autoren und Texte mit Ausnahme Wolframs und des JT, die so häufig herangezogen werden, daß die Aufführung der Stellen keinerlei Informationswert hätte. Als Ordnungswort dient – soweit bekannt – der Name des Verfassers, auch wenn im Kommentar selbst nur das Werk genannt ist; Querverweise erleichtern hier das Auffinden. Wie im Sachregister beziehen sich die Zahlen auf Strophe und Zeile, die Indices auf die Anmerkungen.

Abälard 43[60]
Ainune-Bruchstück 72, 2
Albrecht von Johannsdorf 58, 1
Albrecht von Scharfenberg / Ulrich Füetrer: Seifrid de Ardemont 162, 2
Alexander, Wilder 120, 2. 121, 2ff.
Aliscans 40, 2. 42, 2
Altswert, Meister: Spiegel 99, 4
Andreas Capellanus: De amore 38, 1[51]. 81, 1f.
Angel- und Fischbüchlein, Tegernseer 154, 1
Arthour and Merlin 27, 2
Athis und Prophilias 132, 2f.
Atre perilleux 27, 2[41]

Bataille d'Aliscans cf. Aliscans
Berchta mit der langen Nase 64, 1f.
Beuve de Hantone 10, 1
Bibel 6, 4. 14, 2. 17, 4. 31, 3. 44, 1, 3. 46, 1. 50, 1ff. 51, 2. 65, 2. 95, 4. 103, 2, 3. 125, 4
Biterolf 35, 3. 85, 1. 137, 2. 146, 1f.
Burkhard von Hohenfels 32, 3. 33/34. 75, 2. 91, 4. 99, 4. 116, 4

Chrestien de Troyes
  Conte du Graal 9, 3. 10, 3. 22, 2. 24, 1. 27, 2. 40, 3. 41, 2. 49, 4
  Erec 1, 1. 28, 1. 40, 1[55]. 41, 2, 4. 82, 2. 147, 1, 2
  Cf. auch Perceval-Fortsetzungen
Christan von Hamle 120, 1
Cod. Guelf. Aug. 8° 57 cf. Neuper, Anna
Cod. Pal. Vind. 2682 cf. Psalmen
Colin, Philipp cf. Wisse, Claus

Damen, Hermann 91, 4[112]
Dietmar von Eist 84, 4. 117
Düring 65, 3

Ebernand von Erfurt: Heinrich und Kunegunde 128, 4
Eckenlied 35, 3
Egenolf von Staufenberg (?): Peter von Staufenberg 35, 1

Fleck, Konrad: Flore und Blanscheflur 2, 4. 16, 2. 38, 2. 40, 4. 66, 1. 70, 3f. 73, 2ff. 89, 4. 95, 3. 102, 4. 121, 2ff. 134, 2. 140, 2
Foulque de Candie cf. Herbert le duc de Dammartin
Freidank: Bescheidenheit 43, 4. 49, 4
Friedrich von Hausen 17, 1f.[28]. 151, 3
Füetrer, Ulrich cf. Albrecht von Scharfenberg

Geiler von Kaisersberg, Johann: Der höllische Löwe 99, 4[120]
Glaubensbekenntnis eines Liebenden 138, 4
Gliers 80d, 1
Gottfried von Neifen 36, 4. 43, 4. 65, 3. 72, 4. 120, 1. 151, 3
Gottfried von Straßburg: Tristan und Isold 2, 4. 8, 2. 16, 2. 19, 2. 36, 1. 38, 2. 39, 1, 4. 54, 2. 56, 1, 4. 59, 1. 66, 1. 73, 2ff. 89, 4. 91, 4. 95, 3. 102, 4. 105, 4. 110, 4. 132, 2f. 137, 2. 158, 1
Graf Rudolf 40, 2
Guiraut de Cabreira: Cabra joglar 10, 3

Hadamar von Laber: Jagd 36, 2. 66, 4.
132, 2. 140, 4. 143, 4
Hans, Bruder: Marienlieder 70, 2
Hartmann, Armer: Rede vom Glauben
24, 1³⁴
Hartmann von Aue 54, 2. 73, 2ff. 89, 4.
105, 4. 110, 4. 158, 1
Erec 1, 1. 2, 4. 8, 2. 9, 3. 14, 1. 16, 2.
23, 1f. 28, 1, 2. 38, 2. 40, 4. 41, 2, 4.
42, 1, 3. 50, 4. 80, 1⁹⁸. 80c, 3. 81, 1f.
82, 2. 91, 4. 102, 4. 147, 1, 2. 163, 1
Gregorius 16, 2. 38, 2. 102, 4
Der arme Heinrich 19, 4. 38, 2
Iwein 16, 2. 19, 4. 38, 2. 50, 4. 95, 3.
137, 2
Klage 5, 1. 14, 3. 62, 2. 70, 1. 72, 4.
84, 4
Lieder 23, 2. 59, 4
Hawart 64, 1f.
Heidin 17, 1f.²⁸. 91, 1f.
Heinrich: Litanei 27, 2⁴²
Heinrich, Kaiser cf. Heinrich VI. von
Hohenstaufen
Heinrich von Freiberg: Tristan 130, 4
Heinrich (der Glîchesære?): Reinhart
Fuchs 63, 1ff.
Heinrich von Hesler: Apokalypse 43, 4
Heinrich (VI. von Hohenstaufen?) 151, 3
Heinrich von Melk: Erinnerung an den
Tod 21, 3
Heinrich von Morungen 5, 1. 50, 4. 72, 4.
151, 3
Heinrich von Neustadt
Apollonius von Tyrland 85, 1
Visio Philiberti 49, 4
Gottes Zukunft 91, 4
Heinrich von Rugge 151, 3
Heinrich der Teichner 31, 4
Heinrich von dem Türlin: Krone 6, 1.
27, 2. 68, 4. 78, 4. 80, 1⁹⁸. 110, 4. 132, 2f.
147, 1, 2
Heinrich von Veldeke
Eneide 21, 2. 48, 1. 49, 4. 50, 4. 51, 1.
52, 4. 53, 3. 54, 1. 63, 1ff., 4. 64, 1f.
65, 2, 3. 69, 1ff. 70, 1, 2. 73, 2ff. 90, 1f.
117. 121, 2f. 132, 2f. 137, 2. 143, 1f.
146, 1f.
Lieder 125, 1
Heinrich Hetzbold von Weißensee 60, 1ff.
Helbling, Seifried 8, 2f.
Helinand von Froidmont: Chronicon 6, 1
Heloise 43⁶⁰
Herbert le duc de Dammartin: Foulque
de Candie 38, 1⁵¹

Hermann, Bruder: Leben der Gräfin
Jolande von Vianden 70, 2
Herodot 2, 3
Herzog Ernst B 72, 1
Herzog Ernst D cf. Ulrich von Etzenbach
Hieronymus von Stridon: Comm. in
Epist. ad Ephesios 40, 2
Hildebert von Lavardin: De infidelitate
fortunae et amoris mundi 8, 2f.
Hildegard von Bingen: Scivias 143, 4
Hiltbold von Schwangau 151, 3
Hug cf. Hugo
Hugo von Langenstein: Martina 91, 4
Hugo von Montfort 143, 4
Hugo von Trimberg: Renner 8, 2f. 11, 2.
87, 4. 116, 4
Hugo von Werbenwag 36, 1

Johann von Freiberg: Rädlein 49, 4
Johann von Würzburg: Wilhelm von
Österreich 43, 4. 64, 1f., 4. 66, 1. 85, 1.
102, 1. 132, 2f. 137, 2
Kaiserchronik 6, 2. 43, 4. 54, 4. 73, 2ff.
Karl Meinet 121, 2ff.
Klage cf. Nibelungenklage
König Rother 75, 1
König Tirol cf. Tirol und Fridebrant
Kol von Neunzen 91, 4. 151, 3
Konrad, Pfaffe: Rolandslied 14, 2. 49, 4.
82, 1. 93, 2
Konrad, Priester: Predigtbuch 44, 4⁶²
Konrad von Kirchberg 64, 1f. 103, 2
Konrad von Landeck 58, 1
Konrad von Megenberg: Buch der Natur
132, 2. 142, 1f.
Konrad von Würzburg
Engelhard 17, 1f.²⁸. 36, 1. 62, 2. 91, 4.
91, 4¹¹²
Partonopier und Meliur 39, 1
Die goldene Schmiede 91, 4
Schwanritter 36, 1
Silvester 36, 1
Trojanerkrieg 91, 4. 91, 4¹¹²
Turnier von Nantes 134, 2
Kreuzfahrt Ludwigs des Frommen 11, 2
Kristan cf. Christan
Kudrun 1, 1. 6, 2. 8, 2. 15, 4. 19, 4. 30/
31⁴⁴. 50, 4. 54, 2. 92, 4
Kürenberg 78, 1

Lai de Tidorel 1, 1
Lanzelot (Prosa) 136, 2
Livre d'Artus 37, 1. 40, 2
Lohengrin 2, 3. 8, 2f.

Macer de herbis 21, 2
Mai und Beaflor 64, 1f.
Marienleben, Grazer 91, 4
Marienlied, Melker 103, 3
Mariensequenz aus Muri 58, 1
Marner 11, 2. 64, 1f.
Minneburg 43, 4. 64, 1f. 66, 4. 68, 4. 70, 2. 91, 4. 132, 2. 165, 2ff.
Minneturnier 71, 4
Moriz von Craûn 50, 4. 71, 2. 72, 4. 84, 4. 117. 157, 4
Mule sanz frain cf. Paien de Maisières

Neidhart von Reuental 8, 2f. 14, 2. 72, 4. 84, 4. 89, 1. 91, 4[108]
Neuper, Anna: Modellbuch (Cod. Guelf. Aug. 8° 57) 91, 4
Nibelungenklage 8, 2. 15, 4. 39, 1. 89, 1. 154, 4. 163, 1
Nibelungenlied 8, 2. 15, 4. 17, 4. 19, 4. 26, 4. 39, 2. 49, 4. 50, 4. 54, 2. 80, 1. 80a–d. 84, 4. 117. 130, 1. 158, 2
Niklas cf. Nikolaus
Nikolaus von Jeroschin: Deutschordenschronik 11, 2
Nikolaus von Wyle: Translationen 47, 2

Oswald von Wolkenstein 8, 2f. 101, 2
Otfrid von Weißenburg: Evangelienbuch 31, 3. 39, 2. 51, 2
Otte, Meister: Eraclius 121, 2ff.
Otto von Botenlauben 72, 4. 120, 1
Otto von Freising: Chronicon 40, 2. 73, 2ff.
Ovid: Fasti 72, 2

Paien de Maisières: La mule sanz frain 132, 2f.
Passional 91, 4
Perceval-Fortsetzungen 132, 2f.
Perlesvaus 10, 1. 11, 2
Peter von Staufenberg cf. Egenolf von Staufenberg
Physiologus 99, 4
Pleier
    Meleranz 72, 2
    Tandareis und Flordibel 47, 2
Psalmen (frühmhd. Interlinearversion aus Millstatt, Cod. Pal. Vind. 2682) 89, 1
Püterich von Reichertshausen, Jakob: Ehrenbrief 96, 1[114]

Rädlein cf. Johann von Freiberg
Reinbot von Durne: Der heilige Georg 8, 2f. 36, 4. 44, 3. 49, 4. 87, 4

Reinfried von Braunschweig 11, 2. 62, 2. 71, 4
Reinhart Fuchs cf. Heinrich der Glîchesære
Reinmar der Alte 5, 1. 14, 3. 50, 4. 54, 1. 63, 1ff. 120, 1. 151, 3
Reinmar von Brennenberg 50, 4
Reinmar von Zweter 12, 4. 142, 2f.
Robert de Boron: Estoire du saint Graal 6, 1[8]
Rolandslied cf. Konrad, Pfaffe
Roman de Thebes 73, 2ff.
Rost von Sarnen 91, 4
Rudolf von Ems
    Alexander 79, 4
    Weltchronik 21, 2. 38, 2. 82, 1. 91, 4. 91, 4[112]. 106, 3. 130, 4
    Willehalm von Orlens 2, 2. 83, 1. 98, 1
Rudolf von Rotenburg 70, 2. 151, 3

Sachsendorf 80d, 1
Schulmeister von Eßlingen 103, 2. 116, 4
Solin: Collectanea rerum memorabilium 73, 2ff. 80, 1. 149, 2
Speculum Ecclesiae 45, 4
Sperber 91, 4[112]
Spervogel 87, 4. 102, 4
Stricker
    Daniel vom blühenden Tal 8, 2f.
    Frauenehre 70, 2
    Karl der Große 49, 4

Thomasin von Zerklaere: Der wälsche Gast 53[74]. 87, 4. 102, 4. 146, 1f.
Tirol und Fridebrant 9, 3. 27, 2
Trojanerkrieg, Göttweiger 112, 4

Ulrich von Etzenbach (Eschenbach)
    Alexander 2, 3. 20, 1. 32, 2, 4. 33/34. 40, 4. 65, 2
    Herzog Ernst (D) 11, 2. 17, 1f. 79, 4
    Wilhelm von Wenden 11, 2. 32, 4. 33/34
Ulrich von Lichtenstein
    Frauendienst 54, 2. 59, 4[81]. 164, 2
    Lieder 64, 1f. 83, 4
Ulrich von dem Türlin: Willehalm 55, 4
Ulrich von Winterstetten 72, 4
Ulrich von Zatzikhofen: Lanzelet 1, 4. 2, 4. 14, 1. 2. 16, 2. 38, 2. 73, 2ff. 89, 4. 95, 3. 102, 4. 147, 2. 151, 2. 157, 4

Vergil
    Aeneis 2, 3
    Georgica 70, 1

Vincenz von Beauvais: Speculum naturale 99, 4
Virginal 137, 2

Wachsmut von Mülhausen 96, 1
Walther von der Vogelweide 19, 4. 30/31. 46, 4. 50, 4. 51, 2. 53, 3. 58, 1. 63, 1ff. 64, 1f. 68, 3. 72, 4. 118, 4
Wernher der Gärtner: Meier Helmbrecht 63, 1ff. 87, 4

Wilhelm von Tyrus: Historia rerum in partibus transmarinis gestarum 40, 2
Winsbecke 35, 3
Wirnt von Grafenberg: Wigalois 2, 4. 16, 2. 38, 2. 39, 1. 73, 2ff. 89, 4. 95, 3. 102, 4. 105, 4. 132, 2f. 136, 2. 145, 3. 146, 1f. 147, 1
Wisse, Claus und Philipp Colin: Parzifal 132, 2f. 137, 2
Wittenwiler, Heinrich: Ring 2, 3
Wolfdietrich D 1, 1